YIYUAN AN BINGZHONG YU BINGZU FENZHI FUFEI
JICHU LILUN YU YINGYONG

医院按病种与病组分值付费基础理论与应用

周民伟　赖永洪　袁　勇◎主编

中山大学出版社
SUN YAT-SEN UNIVERSITY PRESS
·广州·

版权所有　翻印必究

图书在版编目（CIP）数据

医院按病种与病组分值付费基础理论与应用/周民伟，赖永洪，袁勇主编. —广州：中山大学出版社，2019.6

ISBN 978-7-306-06629-9

Ⅰ.①医… Ⅱ.①周… ②赖… ③袁… Ⅲ.①医疗保险—医疗费用—研究—中国 Ⅳ.①F842.684

中国版本图书馆 CIP 数据核字（2019）第 091710 号

出 版 人：	王天琪
策划编辑：	鲁佳慧
责任编辑：	鲁佳慧
封面设计：	曾　斌
责任校对：	邓子华
责任技编：	何雅涛
出版发行：	中山大学出版社
电　　话：	编辑部 020 - 84111996，84113349，84111997，84110779
	发行部 020 - 84111998，84111981，84111160
地　　址：	广州市新港西路 135 号
邮　　编：	510275　　传　真：020 - 84036565
网　　址：	http://www.zsup.com.cn　E-mail：zdcbs@mail.sysu.edu.cn
印 刷 者：	广东虎彩云印刷有限公司
规　　格：	787mm × 1092mm　1/16　24.75 印张　560 千字
版次印次：	2019 年 6 月第 1 版　2021 年 11 月第 3 次印刷
定　　价：	75.00 元

如发现本书因印装质量影响阅读，请与出版社发行部联系调换

本书编委会

主　编：周民伟　赖永洪　袁　勇

副主编（按姓氏笔画为序）：

　　　陈维雄　段成惠　彭传薇　熊　莺

编　委（按姓氏笔画为序）：

　　　丁昕炜　［依据数据（湖南）科技有限公司］

　　　牛启润　（广州医博信息技术有限公司）

　　　尹劲峰　（深圳市龙华区人民医院）

　　　孙　茜　（北京东软望海科技有限公司）

　　　汤洁芬　（中山市人民医院）

　　　杜剑亮　（中山大学附属第七医院）

　　　杨　凌　（白银市第一人民医院）

　　　何　攀　（广州市曦鸿信息科技有限公司）

　　　余　莹　（南部战区总医院）

　　　辛子艺　（中山大学附属第一医院）

　　　陈维雄　（广东省人民医院）

　　　陈彩霞　（深圳市人民医院）

　　　陈朝阳　（北京东软望海科技有限公司）

　　　张武军　（中山大学附属第一医院）

　　　林佩珊　（深圳市人民医院）

　　　周小雕　（中山市人民医院）

　　　周民伟　（南部战区总医院）

　　　洪伊敏　（中山市人民医院）

　　　胡占生　（南部战区总医院）

　　　段成惠　（北京东软望海科技有限公司）

姚惠东　（南部战区总医院）
贺　婷　（中山市人民医院）
高　轶　（北部战区总医院）
袁　勇　（中山市人民医院）
贾洪波　（北京航空航天大学）
贾继斌　（沈阳鸿信科技有限公司）
梁　健　（艾登科技有限公司）
彭传薇　（南部战区总医院）
程　岚　（艾登科技有限公司）
赖永洪　（广州医科大学附属第三医院）
赖伏虎　（深圳宝安人民医院集团第一医院）
赖红梅　（联勤保障部队第九〇八医院）
熊　莺　（中山大学附属第一医院）
谭卉妍　（广州医科大学附属第一医院）
魏汉波　（中山大学附属第一医院）

主 编 简 介

周民伟 中国人民解放军南部战区总医院主任医师、教授，医疗管理学硕士，广州中医药大学、广东药科大学兼职教授，硕士研究生导师。担任广东省卫生经济学会卫生信息分会会长，广东省胸痛中心协会监事长。曾任南部战区总医院病理科住院医师，医务部助理员、副科长、科长，医务部副主任，信息科主任等。从事医院医疗、科研、教学管理和战备工作30余年，获集体三等功和个人三等功各1次，参与获广东省科技进步一等奖、军队科技进步二等奖，获广东省科研基金多项，发表论文30余篇，主编、参编专著3部。在建立国内首批国际认证的胸痛中心、院内急救快速反应组织等信息化方面进行了有效的工作，是国内急救物联网的早期实践者。

赖永洪 儿科主任医师。现任广州医科大学附属第三医院党委书记，曾任广州医学院第一附属医院常务副院长、广州医学院第三附属医院院长。担任中国医院协会医院医保管理专业委员会副主任委员、广东省医院协会医院医保管理专业委员会主任委员、中国医师协会人文医学专业委员会副主任委员、广州市医学会监事长。长期从事医学领域的医疗、教学、科研及医院管理工作。获教育部科技进步奖二等奖、卫生部科技进步奖三等奖、广东省教学成果奖二等奖、广东省自然科学奖三等奖、广东省科技进步奖三等奖等科研成果奖励。获广东省五一劳动奖章、中共广东省委省政府记一等功、全国卫生系统抗击"非典"先进个人、广州市优秀党务工作者、广州市优秀教师等荣誉奖励。

袁勇 医学博士，主任医师，硕士研究生导师。中山市人民医院党委书记、院长。享受国务院政府特殊津贴。从事心血管内科专业20余年，擅长冠心病、风湿性心脏病、先天性心脏病、心肌疾病等疾患的诊断及治疗。在国内率先把体外膜肺氧合技术（ECMO）应用于心脏泵功能衰竭的抢救，首先提出ECMO的使用和撤机标准。担任广东省医师协会第二、第三届理事会副会长，广东省医院协会第九届理事会副会长，广东省医学会心血管病学分会第十届委员会副主任委员，广东省医院协会心血管介入管理专业委员会第一届委员会副主任委员，广东省医学会心脏起搏与电生理学分会第二、第三届委员会副主任委员，中山市医学会第八届理事会会长，中山市医学会心血管病学分会第三届委员会主任委员，广东省第十一、第十二、第十三届人民代表大会代表。

内 容 简 介

根据当前国家医保支付制度改革，结合部分前期开展试点的实际，本书积极探索了医院按病种与病组分值付费的支付改革。国家深化医药卫生改革的难点是医保支付改革，医保方可以全方位地影响医疗服务流程，医院方在医疗理念、策略、路径、措施、功能、人员配置等方面出现了新的变化，谈判协商机制、激励约束机制等已成为医保和医院双方出现的新常态，医院数据管理进入全新时代。发挥资源合理配置的新理念、促进医疗机构间的良性竞争、控制不合理医疗费用增长、维护医保基金的平稳运行成为医疗改革的目标。本书从八个方面进行论述：一是国内医疗保障概述，二是按病种与病组分值付费概述，三是病案首页质量与督查，四是医院医保与医疗管理优化，五是医院管理应用案例分析，六是疾病诊断相关分组（DRGs）的发展与应用，七是医院信息系统升级与改造，八是医院信息系统实例。

本书适用于医政管理、医院管理、医保管理、病案管理、信息化管理等相关从业人员阅读使用。

序

国家进一步深化基本医疗保险支付方式改革的意见明确指出,对住院医疗主要按病种、按疾病诊断相关分组付费。按病种与病组分值付费制度的变化给医院管理带来的变化,成为指导公立医院综合改革的重要内容。

2018年是我国新一轮医改第10年,也正值国家医疗保障局挂牌1周年之际。2月18日,中共中央、国务院正式印发了《粤港澳大湾区发展规划纲要》,作为"9+2"中占9个地市的广东,在医保支付方面做了大量探索性的试点,尤其是地处珠三角的广州、中山、东莞、珠海等地大胆先行先试。部分早期开展试点的医院已经积累了较丰富的经验,形成了一些方法和管理制度,对其他医院有很好的学习参考和指导借鉴作用,有助于各级医疗机构的管理人员和医务人员及时适应新常态,不断提高医疗质量和效率,提升医院的竞争力。

本书介绍了按病种分值付费工作基本理论、基本知识、基本技能,面向全国医保支付机构、医疗机构,有理论,有案例,充分参考文献资料,综合利用各地经验,总结方法、做法,涵盖医院管理、医疗管理、医保管理、病案管理、数据分析、信息系统改造等内容,全面覆盖医疗,作为国内指导医院按病种与病组分值付费工作的实践应用性图书,非常值得相关工作人员开卷一读。

广东省卫生经济学会会长

2019年2月23日

前　言

医保支付制度改革是我国深化医药卫生体制改革的重点之一，按病种与病组分值付费是在总额预算基础上支付方式改革的积极探索。自2003年江苏省淮安市首创对不同病种赋予不同的分值进行医疗费用支付后，全国又有江苏、广东、山东、安徽、湖南、江西、宁夏等地相继开展，医保支付改革呈现新的态势，医保方可以全方位地影响医疗服务流程，医院方在医疗理念、策略、路径、措施、功能、人员配置等方面出现了新的变化，谈判协商机制、激励约束机制等已成为医保和医院双方出现的新常态，医院数据管理进入全新的时代。充分理解分工协作、有序竞争和资源合理配置的新理念，促进医疗机构间的良性竞争，控制不合理医疗费用增长，减轻群众负担，维护基金的平稳运行成为医疗改革的目标。

医院落实按病种与病组分值付费中还存在一些认识上的薄弱环节。医生的认识尚未及时跟进，医院的措施尚未及时调整，医保数据、医疗行为的全程指导与监督尚未及时体现，绩效考核方法的修订尚未及时变化，这些都对医院管理提出了新的挑战。

本书从八个方面进行论述：一是国内医疗保障概述，二是按病种与病组分值付费概述，三是病案首页质量与督查，四是医院医保与医疗管理优化，五是医院管理应用案例分析，六是疾病诊断相关分组（DRGs）的发展与应用，七是医院信息系统升级与改造，八是医院信息系统实例。由于各地经济条件的不同，在实施的过程中，对病种与病组分类方法、分值测算、医院系数确定、分级诊疗影响等还有待政策层面和实践层面的深化探索。

本书的撰写得到了广东省卫生经济学会、中国人民解放军南部战区总医院、中山市人民医院、广州医科大学第三附属医院、北京东软望海科技有限公司、艾登科技公司的大力支持，同时也得到了厦门嘉时软件科技有限公司、广州医博信息技术有限公司、沈阳鸿信科技有限公司、广州市曦鸿信息科技有限公司、依据数据（湖南）科技有限公司的积极支持及鼎力相助。在此，对所有参加讨论、撰写的个人及单位表示衷心的感谢。由于我们水平有限，加上时间比较紧迫，本书如有不当之处，恳请各位读者提出宝贵意见。

2019年6月

目 录

第一章 国内医疗保障概述 ... 1
- 第一节 社会保障制度概述 ... 1
- 第二节 医疗保障制度概述 ... 6
- 第三节 医疗保障支付改革进展 ... 12

第二章 按病种与病组分值付费概述 ... 22
- 第一节 基本概念 ... 22
- 第二节 基本方法 ... 27
- 第三节 核心要领 ... 36
- 第四节 国内应用现状 ... 58

第三章 病案首页质量与督查 ... 73
- 第一节 病案首页质量规范 ... 73
- 第二节 病案数据质量与编码管理 ... 91
- 第三节 病案首页督导检查 ... 101
- 第四节 疑难编码案例 ... 113

第四章 医院医保与医疗管理优化 ... 128
- 第一节 医院医保管理优化策略 ... 128
- 第二节 医院医疗管理优化策略 ... 167
- 第三节 中山市按病种分值付费制度实践 ... 180
- 第四节 医院精细化管理案例 ... 188

第五章 医院管理应用案例分析 ... 195
- 第一节 病案首页数据质量对医保基金支付的影响 ... 195
- 第二节 临床医师技能等级评价 ... 205
- 第三节 医院学科竞争力评估及重点专科增长力模型 ... 218
- 第四节 依托临床路径，优化诊疗过程 ... 236

第六章 疾病诊断相关分组（DRGs）的发展与应用 ... 248
- 第一节 疾病诊断相关分组（DRGs）的研究与发展 ... 248
- 第二节 中国疾病诊断相关组（CN-DRGs）的研究与应用 ... 253

第三节　疾病诊断相关组（DRGs）在医改中的应用 ……………………… 258
第四节　疾病诊断相关组（DRGs）智能管理平台的应用 ………………… 267
第五节　疾病诊断相关组（DRGs）支付方式改革实践 …………………… 275

第七章　医院信息系统升级与改造 …………………………………………… 281
第一节　需求分析 …………………………………………………………… 281
第二节　规划与设计 ………………………………………………………… 289
第三节　组织与实施 ………………………………………………………… 309
第四节　经验教训 …………………………………………………………… 311

第八章　医院信息系统实例 …………………………………………………… 316
第一节　医院医保控费综合管理系统 ……………………………………… 316
第二节　无纸化数字病案管理平台 ………………………………………… 327
第三节　医博数据分析系统 ………………………………………………… 347
第四节　医院信息集成平台 ………………………………………………… 361

附录 ……………………………………………………………………………… 372
附录一　国务院办公厅关于进一步深化基本医疗保险支付方式改革的指导意见
　　　　（国办发〔2017〕55号）………………………………………… 372
附录二　广东省人力资源和社会保障厅、广东省卫生和计划生育委员会
　　　　关于全面开展基本医疗保险按病种分值付费工作的通知
　　　　（粤人社函〔2017〕3457号）……………………………………… 376
附录三　广州市人力资源和社会保障局、广州市财政局、广州市卫生和计划
　　　　生育委员会关于开展广州市社会医疗保障住院医疗费用按病种
　　　　分值付费工作的通知（穗人社发〔2017〕70号）………………… 378
附录四　中山市社会医疗保险住院病种分值库（2018年度）……………… 383
附录五　广州市社会医疗保险住院医疗费用病种分值库（2018年版）…… 383

第一章 国内医疗保障概述

第一节 社会保障制度概述

社会保障是人类文明发展到一定阶段的产物。不同国家、地区在不同历史时期的政治、经济、文化、社会等环境都影响着人们对社会保障的理解和认识。社会保障在全球经过几百年的发展已经形成了一些一般的、共性的理解和认识。

一、社会保障的概念

社会保障的英文是 social security，最早来自于 1935 年美国的《社会保障法案》。1938 年，新西兰政府在将原有和新增的社会补助法案合并为一项新的法案时也使用了社会保障这个词。1941 年战时的《大西洋宪章》中两次使用了社会保障这个词。后来，国际劳工组织先后在不同场合使用了社会保障这个词，从而使社会保障这一概念快速传播到全世界。

大多数学者或者机构对社会保障的概念界定基本都认同如下四个方面的内容：

（1）国家或者政府是社会保障的主要责任主体。这说明国家应该在社会保障建设中起主导作用。国家在社会保障制度建设中的主导作用并不妨碍其他社会主体在社会保障中发挥积极作用，比如第三部门、社区、家庭、个人在社会保障中的作用。

（2）社会保障的实施手段是法律法规。国家履行社会保障主体责任的一个方面就是制定社会保障的法律法规。社会保障资金的筹集、基金的管理和待遇的支付均需要相应的法律法规来规范。1601 年英国的《伊丽莎白济贫法》、19 世纪 80 年代德国的社会保险相关法律以及 1935 年美国的《社会保障法案》等在社会保障发展中起过非常重要的作用。

（3）社会保障的直接目的是化解被保障成员面临的各种社会风险。这些社会保险主要包括年老、疾病、伤残、失业、生育、死亡、灾害等。社会保障制度建立之初，其目的是为在工业化进程中陷入困境的人士提供最基本的生活保障。这一保障民生的作用现在仍是社会保障制度的主要功能。

（4）社会保障的最终目标是保障被保障人员的基本经济生活安全。这里需要强调两层含义：一是社会保障通常实施经济保障。社会保障项目通常是通过实物或者现金的形式来改善被保障对象的经济状况；二是社会保障通常实施基本保障。社会保障不会追求过高的经济生活保障，当然也要防止被保障对象在经济上陷入贫困。

综上所述，我们可以对社会保障做出如下定义：社会保障是国家通过法律法规组织实施的，旨在化解社会成员面临的年老、疾病、伤残、失业、生育、死亡、灾害等社会风险的，以保障其基本经济生活安全的一种制度安排。社会保障概念的这一表述涵盖了社会保障的主要责任主体、实施手段、目的和目标。

二、社会保障的特征

1. 社会性

（1）社会保障应对的是具有普遍性的社会问题，如化解人们面临的疾病、生育、工伤、失业、伤残、年老和死亡等方面的风险。这些风险的普遍性和长期性决定了单个人是难以应对的，需要以国家为主导组织全社会成员来予以应对。

（2）社会保障的被保障对象是全体社会公民。在特定的时间里，享受社会保障资金帮助的是部分社会成员，而参与社会保障资金缴纳的是全体社会成员。这正是社会保障"社会化"和"社会"保障的本意之所在。

（3）社会保障资金筹集社会化。无论是与收入关联的社会保障项目还是与收入非关联的社会保障项目，其资金最终来自于全体社会成员劳动创造的价值。

（4）社会保障基金管理社会化。社会保障资金的管理一般是集体行为而非个人行为，这也体现了社会保障的社会性特征。

（5）社会保障待遇支付社会化。随着信息技术的发展，社会保障资金筹集、基金管理和待遇支付实现了一定程度的分离，各大金融机构的营业网点和社区服务中心往往为社会保障待遇支付提供直接和专门的服务。

2. 强制性

（1）社会保障参与具有强制性。凡是实施社会保障制度的国家，国家通常会明确规定哪些人应该成为社会保障的直接被保障对象、哪些主体应该参与社会保障事业、参与社会保障事业需要具备哪些资格。这些规定一经形成法律和政策，当事人通常没有选择的权利，只能按照相关规定去履行各自的责任。

（2）社会保障缴费具有强制性。就各个社会保障项目而言，一般由国家制定相关法律法规来对其缴费主体及缴费负担等做出明确规定，任何参与主体都必须依法按规定及时缴纳社会保障费用，否则就要受到法律的制裁。

3. 福利性

在社会保障项目在实施过程中，社会保障管理机构提供的是直接的货币或物质的援助，或者是无偿、低偿性的服务。社会保障中所讲的福利通常是指被保障者的所得一定大于其所费。

4. 互济性

互济性体现在社会保障的国民收入再分配的功能上。社会保障通过税收和政府转移支付等方式实现社会成员的部分收入再分配，具有统筹互济和分散风险的能力。穆怀中对社会保障的收入再分配功能进行了系统研究，他的基本观点可以概括为：社会保障收入再分配属于劳动生产要素分配的一部分，具体包括代际收入再分配、富裕者阶层与贫困者阶层之间的收入再分配、富裕地区与贫困地区之间的收入再分配、劳动者自身生命周期内的收入再分配即劳动者的劳动期和非劳动期之间的收入再分配、国际社会保障收入再分配如国际扶贫和救灾援助等社会保障项目。

三、社会保障的基本原则和功能

（一）社会保障的基本原则

1. 公平与效率相结合的原则

社会保障以保障人们的基本经济生活安全为目标，因而需要秉持公平的理念和实施方式，但是这并不是否认效率在社会保障领域的存在性，没有效率的社会保障制度是不可持续的。因此，社会保障领域需要追求公平与效率的结合。社会保障基金筹集应该坚持起点公平，基金管理应该实施过程公平，基金发放应该实施结果公平。在社会保障中的公平和效率是可以统一起来的，公平程度提高了有助于提高效率，效率程度提高了有助于更好地实现公平。

2. 权利与义务相对应的原则

没有无义务的权利，也没有无权利的义务，两者互为前提，互为条件。在社会保障领域，社会保障成员在享受社会保障权利的同时，必须要履行一定的社会保障义务，社会保障权利和义务是统一的。但这并不是说社会保障主体的权利和义务必须平衡，在享受权利的同时必须履行义务，而是说如果有人享有社会保障权利，那么就必须有其他人承担义务，就必然表明社会保障这项权利不能受到某些人的侵犯，这些人有义务避免侵犯社会保障权利。在社会保障领域，权利和义务关系是多层次的，存在着不履行义务的权利和无实质性权利的义务，权利和义务不可能在个人层次上统一，只能在社会层次上统一。政府、企业和其他社会组织有义务为居民提供社会保障，当然，他们也应当享受由于社会保障给其带来相应收益的权利。个人有劳动和缴费的义务，也享有社会保障的权利。

3. 普遍性与选择性相结合的原则

社会保障总体设计应该在保障对象和覆盖范围方面坚持普遍性的原则，把凡是符合社会保障保障对象的人群均纳入到社会保障体系中去，尽可能不使任何一个应该受到社会保障的成员遗漏在社会保障体系之外；同时，社会保障制度在具体保障项目、适用对象、保障标准等方面应该坚持选择性的原则。"普遍性与选择性相结合"是指一个国家的社会保障制度内部不能以"普遍性"或"选择性"单一原则贯彻到底，而需要不同情况不同对待，因为在社会保障中，既有普遍性福利项目，如社会福利，也有选择性福利项目，如社会救助。

4. 社会保障与社会经济发展相适应的原则

社会保障制度的产生和发展是以一定的社会状况存在为前提的，社会发展为社会保障制度的变迁提供了社会基础。因此，社会保障制度是社会发展到一定阶段的产物，超越社会发展阶段的社会保障制度是不可取的。社会保障制度发展不能脱离经济发展水平，必须坚持与经济发展水平相适应的原则。这就要求社会保障支出应该保持在一个适度水平，既不能滞后于经济发展，也不能超越经济发展。

（二）社会保障的功能

1. 社会稳定功能

社会保障的社会稳定功能主要通过社会保障支出保障了被保障对象的基本经济生活安全，减轻了这部分人由于基本生活没有着落对社会稳定的负面影响。例如，"德国首相俾斯麦时期正是欧洲资本主义兴盛时期，同时也是资本主义社会问题大暴露时期，失业、凶杀、抢劫等日益增多，加之社会民主党和社会主义工人党在选举中抗衡，作为执政的俾斯麦不得不从各方面抓住人心，于1883—1889年颁布了老年残废保险、疾病保险和意外事故保险三项保障制度，使受益人口达到430万（占当时总人口的10%），从而缓解了矛盾、稳定了社会"。

2. 经济调节功能

社会保障资金筹集、基金管理和待遇支付参与到了整个国民经济运行系统中去，因而在一定程度上产生了对经济的调节功能。这种调节功能主要表现在：①维持劳动力再生产；②促进资本市场的发展；③履行作为自动稳定器的财政政策职能。

三、社会保障制度的发展历程

（一）早期社会保障制度的萌芽

1. 早期社会保障制度萌芽的原因

经济因素方面，传统农业社会生产技术落后造成的生产力水平低下使人们抵御自然和社会风险的能力薄弱，这决定了这一时期核心的保障方式以救灾济贫等事后救济为核心。封建社会末期，资本主义工商业有了初步发展，人们面临着更多的风险，这也进一步促进了社会保障制度的萌芽。政治因素方面，在社会保障萌芽阶段，统治者为了维护统治、防止社会动乱，采取了救灾济贫措施，统治者的社会救济意愿促进了早期社会保障的萌芽。思想文化因素方面，西方国家的社会保障思想文化更多是直接传承于古希腊、罗马时期的文化。例如，古希腊思想家柏拉图的理想国、中世纪的基督教文化等均是西方社会保障萌芽的重要思想源泉。在中国古代，关于社会保障的思想文化也源远流长。例如，老子"天之道，其犹张弓欤？高者抑之，下者举之，有余者损之，不足者补之；天之道，损有余而补不足"的思想为多代王朝所接受。

2. 早期社会保障的形式

在社会保障制度的萌芽阶段，社会保障多为非正式的制度安排，具体的社会保障形式有：①民间慈善。当有人受到饥寒或疾病的威胁时，其他人会给予衣食等方面的帮助。后来，社会用成文或不成文的社会规范将其固定下来，便有了慈善事业。②宗教慈善。宗教使得社会成员之间自发的互助互济的保障行为规范化，以宗教为载体来完成的宗教慈善事业。③社会互助。为了得以生存和抵御风险，社会成员之间的互助行为由来已久。例如，在资本主义发展的初期阶段，产业工人自发形成互助组织对抗失业、工伤、疾病等劳动风险。④官方济贫。1601年英国政府颁布的《伊丽莎白济贫法》是社会保障历史上第一个通过国家立法干预贫困救济的制度安排。在现代社会保障制度建立之前，中国的执政者也实施了一些济贫措施。

(二) 现代社会保障制度的建立与发展

1. 现代社会保障制度形成的原因

1883—1889年,德国三项社会保险立法是现代社会保险制度建立的标志。社会经济方面,社会化大生产代替工厂手工业生产以及市场经济的发展积累了大量的社会财富,这为建立现代社会保障制度提供了物质条件。同时,社会化大生产的发展也直接导致了家庭保障功能的弱化,也增加了社会成员面临的各种社会风险,客观上增加了社会成员对社会保障的需求。思想理论方面,伴随着社会变革所带来的工人运动的不断高涨和社会动荡,各种对国家履行社会保障义务和政府在降低公民社会风险和提高社会保障需求方面责任的理论思潮大量涌现。国家干预主义中新历史学派、福利经济学、凯恩斯主义这些理论流派成为现代社会保障制度建立和发展的直接理论依据。

2. 现代社会保障制度的建立与发展

德国于1883年颁布的《疾病社会保险法》、1884年颁布的《工伤事故保险法》、1889年颁布的《老年与残障保险法》在德国建立起了社会保险制度,这标志着现代社会保险制度得以建立。20世纪30年代,美国颁布了《社会保障法案》,它是世界上第一部完整的社会保障法,标志着社会保障由社会保险制度向综合性社会保障制度发展。1942年,贝弗里奇提交了题为《社会保险和相关服务》的报告,即《贝弗里奇报告》,推动了福利国家的诞生。1952年国际劳工组织通过了《社会保障最低标准公约》,制定了评价各国社会保障制度的指标体系,国家履行社会保障义务和政府执行社会保障责任的状况被纳入国际社会的评价范畴。至20世纪70年代,社会保障制度进入了快速全面发展阶段,社会保障项目增加、覆盖面扩大、待遇水平提高、支出增加。20世纪70年代,随着石油危机的爆发,西方工业化国家先后陷入经济停滞和通货膨胀并发的滞胀危机,国家财政不堪重负。在新自由主义及"第三条道路"思想的影响下,70年代末,社会保障进入改革时期。改革的总体趋势是增加缴费收入,节约开支;改变单一由政府管理的模式,实现多层次、多方参与的社会保障制度,实现社会保障制度的可持续性。

(三) 新中国社会保障制度的建立与发展

1. 新中国社会保障制度初步创建

1949—1965年是中国社会保障制度初步创建阶段。这一时期国家颁布了一系列社会保障方面的法律法规。劳动保险制度、公费医疗制度、农村五保制度、农村合作医疗制度、社会救济制度、优待抚恤制度等一些主要的社会保障制度在这一时期建立起来。

2. 新中国社会保障制度遭受破坏

1966—1977年是中国社会保障制度遭受破坏的阶段。在这一时期,除了一些基本的社会救济项目还得以实施外,其他社会保障项目基本上都停滞不前。

3. 新中国社会保障制度恢复发展

1978—1985年是中国社会保障制度恢复发展阶段。这一时期国家对"文革"中遭到破坏的社会保障体系逐步进行恢复。尽管如此,这一时期我国社会保障制度依然延续了许多计划经济体制下社会保障的做法,还没有彻底摆脱计划经济体制下社会保障覆盖面狭窄、制度条块分割情况严重、给付水平差别过大与平均主义并存、总体经济发展低水平下的局部高福利、社会化程度低这些特征。

4. 新中国社会保障制度改革调整

1986年至今是中国社会保障制度改革调整阶段。1985年《中华人民共和国国民经济和社会发展第七个五年计划》提出了要进一步加强劳动保护，逐步建立和健全适应新形势需要的社会保障制度。"七五"计划首次提出了社会保障概念，这标志着中国社会保障制度进入了改革调整时期。此后，中国社会保障体系的改革调整过程主要围绕三个方面展开：

（1）社会救助制度改革。1999年，国务院颁布了《城市居民最低生活保障条例》。2007年，国务院颁布了《关于在全国建立农村最低生活保障制度的通知》，城乡居民最低生活保障制度得以建立。

（2）社会保险制度改革。1997年，国务院颁布了《关于建立统一的企业职工基本养老保险制度的决定》，建立了城镇职工基本养老保险制度。1998年，颁布了《关于建立城镇职工基本医疗保险制度的决定》，建立了城镇职工基本医疗保险制度。1999年，颁布了《失业保险条例》，建立了失业保险制度。2003年，国务院转发卫生部、财政部、农业部《关于建立新型农村合作医疗制度的意见》，建立了新型农村合作医疗制度。2003年，国务院颁布了《工伤保险条例》，社会化工伤保险制度得以基本完善与定型。2007年，颁布了《国务院关于开展城镇居民基本医疗保险试点的指导意见》，城镇非从业人口被纳入到基本医疗保险范畴。2009年，颁布了《国务院关于开展新型农村社会养老保险试点的指导意见》，农村居民社会养老保险制度得以建立。2011年，颁布了《国务院关于开展城镇居民社会养老保险试点的指导意见》，城镇非从业人口社会养老制度得以建立。2011年，《中华人民共和国社会保险法》正式实施，我国社会保险制度全面步入法制化轨道。2014年，国务院印发《关于建立统一的城乡居民基本养老保险制度的意见》，提出在全国逐步合并新农保和城居保制度。2015年，国务院发布《关于机关事业单位工作人员养老保险制度改革的决定》，机关事业单位和企业职工基本养老保险制度全面并轨。2016年，国务院印发《关于整合城乡居民基本医疗保险制度的意见》，新农合制度和城镇居民基本医疗保险制度开始整合。

（3）住房保障制度改革。1998年国家颁发了《国务院关于进一步深化城镇住房制度改革加快住房建设的通知》，确立了城镇住房货币化制度。1999年，国家颁布了《住房公积金管理条例》，建立了住房公积金制度。2004年，建设部等部门印发了《经济适用住房管理办法》，建立经济适用房制度。2007年，建设部等九部委颁布了《廉租住房保障办法》，建立了廉租住房制度。2010年，国家颁布了《关于加快发展公共租赁住房的指导意见》，建立了公共租赁房制度。

第二节　医疗保障制度概述

医疗保障制度是社会保障的重要组成部分。它与人们的日常生活密切相关，对于保证人们的基本医疗费用支出安全以及促进社会生产的顺利发展都起到了积极作用。中国的医疗保障制度主要包括医疗保险制度和医疗救助制度。

一、医疗保险制度

（一）社会医疗保险概述

1. 社会医疗保险的含义

社会医疗保险是指国家通过立法手段强制实施的，旨在化解社会成员所面临的疾病风险，以保障其基本医疗费用支出安全的一项社会保险制度。理解社会医疗保险制度可以从以下四个方面着手：①社会医疗保险的主要责任主体是国家。②社会医疗保险的实施手段是法律法规。③社会医疗保险的目的是化解社会成员面临的疾病风险。④社会医疗保险的目标是保障基本医疗费用支出安全。

2. 社会医疗保险的特征

医疗保险制度作为社会保障制度的一个具体项目，它具有社会性、强制性、福利性和互济性等社会保障的共同特征。此外，医疗保险还具有其他一些社会保险制度所不具备的特殊性。

（1）社会医疗保险具有普遍性。

社会医疗保险是社会保险系统中保障对象最为广泛的项目，因为社会医疗保险需要分散的是社会成员面临的疾病风险。与其他社会风险不同，疾病风险可能发生于任何人，也可能发生于任何人生命周期中的任何阶段。

（2）社会医疗保险具有复杂性。

社会医疗保险的复杂性主要是由社会医疗保险参与主体的多元性所决定的。社会医疗保险的参与主体有雇主、雇员、医疗服务机构、医生、社会保险经办机构、政府、药品生产商、医疗器械生产商、药品流通商、医疗器械流通商。在社会医疗保险中，这些参与主体之间形成了一个错综复杂的关系网，给医疗保险制度的顺利实施带来困难。

（3）社会医疗保险补偿具有短期性和经常性。

疾病发生是经常随机发生的不确定性事件。从单个被保险人来看，单个人单次患病时间通常不会太长，从而使社会医疗保险的补偿期也较短；从全社会来看，同类疾病或者不同类型疾病会经常发生，这使社会医疗保险补偿具有经常性的特点。

（4）社会医疗保险追求健康服务的公平性。

社会医疗保险作为实现健康服务的一个手段，在筹资方面和待遇支付方面，坚持"相等的需要有相等的支出、建立在支付能力上的累进筹资办法"的原则，符合医疗服务领域水平公平和垂直公平的标准。

3. 社会医疗保险基金的筹集、管理和支付

（1）社会医疗保险基金的筹集。

社会医疗保险基金的筹资渠道主要包括雇主和雇员的缴费、政府补贴、基金利息收入、捐赠收入、滞纳金等其他方面的收入。国际上比较常见的做法是雇主和雇员双方分担筹资责任或者采取雇主、雇员和政府三方分担筹资责任的做法。

社会医疗保险的财务模式和其他社会保险的财务模式一样，不外乎是完全基金制、现收现付制和部分基金制这三种模式。由于疾病发生的不确定性带来的影响，世界上大多数国家在社会医疗保险领域均采用了现收现付制的财务模式。新加坡在医疗保险制度中实施了完全基金制的财务模式；中国城镇职工基本医疗保险制度中实行了社会统筹与个人账户相结合的部分积累制的财务模式。

社会医疗保险的缴费方式通常可以分为定额缴费方式和比例缴费方式。定额缴费方式是指定期以固定金额向承担缴费义务者筹集社会医疗保险资金。比例缴费方式是指定期按照某项收入（通常是工资）的一定比例向承担缴费义务者筹集社会医疗保险资金。各个国家采取的缴费方式不尽相同，即使在同一个国家，不同的社会医疗保险项目其缴费方式也可能不一样。大多数国家通常采用比例缴费方式。

（2）社会医疗保险基金的管理。

广义的社会医疗保险基金管理是指有关主体依据相关规定征缴、投资运营、支出和监督社会医疗保险基金全过程的行为。狭义的社会医疗保险基金管理通常是指广义社会医疗保险基金管理中投资运营和监督管理这两个阶段。这里指的是狭义的社会医疗保险基金管理。

社会医疗保险基金管理应该坚持如下三个原则：①安全性原则。安全性原则是社会医疗保险基金管理的首要原则。②收益性原则。相比较而言，收益性对社会医疗保险现收现付制财务模式的重要性相对较低，对完全基金制财务模式的重要性相对较高，对部分积累制财务模式的重要性居于对现收现付制财务模式的重要性和完全基金制财务模式的重要性之间。③流动性原则。疾病发生的不确定性引起了医疗保险费用支出的随机性和不确定性，因此，坚持社会医疗保险基金管理的流动性原则对保障参保者的基本医疗费用支出安全是至关重要的。

社会医疗保险基金投资规则主要包括分散化投资、控制高风险的投资工具所占的比例、注重投资的长期性。社会医疗保险基金投资的金融工具有银行存款、政府债券、公司债券、公司股票等。实物投资工具包括房地产、基础设施建设等。在通货膨胀较高的时期社会医疗保险基金一般会较多地选择实物投资工具。

社会医疗保险基金监督的目的主要包括保证基本医疗保险基金安全、维护社会医疗保险各参与主体的利益、促使社会医疗保险政策改进。社会医疗保险基金监督体系由内部监督和外部监督两部分构成。内部监督主要是指社会医疗保险基金管理的相关主体依据社会医疗保险基金的财务制度、会计制度进行的监督。外部监督主要是指除了内部监督之外的其他监督，从社会医疗保险基金的监督主体来看，世界范围内的社会医疗保险基金的外部监督主要包括行政监督、审计监督和社会监督。

（3）社会医疗保险基金的支付。

根据社会医疗保险基金具体的支付对象，可以把社会医疗保险基金的支付分为对被保险人的支付和对定点医药服务机构的支付两大类。

社会医疗保险基金对被保险人的支付通常有如下规定：①起付线。起付线又叫免赔额，即就医时先要自付一部分费用，社会医疗保险基金管理机构开始承担起付线以上的医疗费用。实行起付线后，可以减少由于小额赔付产生的交易成本过高问题，减少了审核时的管理费用。此外，合理的起付线可以抑制一部分不必要的医疗服务需求，从而降低医疗保险费的总支出。②共同保险。保险人为被保险人支付了一定比例的医疗费用就叫作共同保险（coinsurance）。在整个医疗费用中，被保险人负担的医疗费用所占的比例叫作共保率（coinsurance rate）。在共同保险中，一般认为共保率达到20%～25%，医疗服务的需求有明显的降低，所以国际上一般医疗保险的共保率都在20%左右。③封顶线。封顶线又叫作止付线，是指社会医疗保险基金所支付费用的最高限额。超出限额的部分费用，社会医疗保险基金将不再支付。

社会医疗保险基金对定点医药服务机构的支付是指社会医疗保险经办机构作为付款人，代替被保险人即病人支付他们因接受医疗服务所花去的费用，对医疗服务提供者所消耗的医疗资源进行经济补偿。社会医疗保险制度的建立改变了传统的医疗服务市场中医生与病人之间的经济关系，使社会医疗保险经办机构和医疗服务提供者之间的费用支付方式成为社会医疗服务中占主导地位的经济关系。社会医疗保险基金对定点医药服务机构的具体支付方式主要可以分为后付制和预付制两种。

（二）城镇职工基本医疗保险制度

1998年颁布的《国务院关于建立城镇职工基本医疗保险制度的决定》规定城镇职工基本医疗保险制度的内容主要包括：

（1）参保对象。城镇所有用人单位，包括企业（国有企业、集体企业、外商投资企业、私营企业等）、机关、事业单位、社会团体、民办非企业单位及其职工，都要参加基本医疗保险。乡镇企业及其职工、城镇个体经济组织业主及其从业人员是否参加基本医疗保险，由各省、自治区、直辖市人民政府决定。

（2）资金筹集。基本医疗保险费由用人单位和职工共同缴纳。城镇职工基本医疗保险总缴费率为职工工资总额的8%，其中用人单位缴费率大约为职工工资总额的6%左右，职工缴费率一般为本人工资收入的2%。职工个人缴纳的职工工资总额2%的基本医疗保险费，全部计入个人账户。用人单位缴费的30%左右划入个人账户。

（3）基金管理。基本医疗保险基金实施社会化管理。基本医疗保险原则上以地级以上行政区（包括地、市、州、盟）为统筹单位，也可以县（市）为统筹单位，北京、天津、上海三个直辖市原则上在全市范围内实行统筹。基本医疗保险基金纳入财政专户管理，专款专用，不得挤占挪用。社会保险经办机构负责基本医疗保险基金的筹集、管理和支付，并要建立健全预决算制度、财务会计制度和内部审计制度。劳动保障部会同卫生部、财政部等有关部门制定基本医疗服务的范围、标准和医药费用结算办法，制定国家基本医疗保险药品目录、诊疗项目、医疗服务设施标准及相应的管理办法。

（4）待遇支付。

1）普通人员的医疗待遇。统筹基金和个人账户划定各自的支付范围，分别核算，不得互相挤占。确定统筹基金的起付标准和最高支付限额，起付标准原则上控制在当地职工年平均工资的10%左右，最高支付限额原则上控制在当地职工年平均工资的4倍左右。起付标准以下的医疗费用，从个人账户中支付或由个人自付。起付标准以上、最高支付限额以下的医疗费用，主要从统筹基金中支付，个人也要负担一定比例。超过最高支付限额的医疗费用，可以通过商业医疗保险等途径解决。统筹基金的具体起付标准、最高支付限额以及在起付标准以上和最高支付限额以下医疗费用的个人负担比例，由统筹地区根据以收定支、收支平衡的原则确定。

2）特殊人员的医疗待遇。特殊人员按照如下规定享有医疗待遇：离休人员、老红军、二等乙级以上革命伤残军人的医疗待遇不变，医疗费用按原资金渠道解决。退休人员参加基本医疗保险，个人不缴纳基本医疗保险费。对退休人员个人账户的计入金额和个人负担医疗费的比例给予适当照顾。国家公务员在参加基本医疗保险的基础上，享受医疗补助政策。

（三）城乡居民基本医疗保险制度

1. 城镇居民基本医疗保险制度

城镇居民基本医疗保险制度的内容是由 2007 年颁布的《国务院关于开展城镇居民基本医疗保险试点的指导意见》规定的。城镇居民基本医疗保险制度的内容主要包括：

（1）参保对象。不属于城镇职工基本医疗保险制度覆盖范围的中小学阶段的学生（包括职业高中、中专、技校学生）、少年儿童和其他非从业城镇居民都可自愿参加城镇居民基本医疗保险。

（2）资金筹集。城镇居民基本医疗保险以家庭缴费为主，政府给予适当补助，有条件的用人单位可以对职工家属参保缴费给予补助。国家对个人缴费和单位补助资金制定税收鼓励政策。

（3）基金管理。城镇居民基本医疗保险基金的组织管理原则上参照城镇职工基本医疗保险的有关规定执行。城镇居民基本医疗保险基金要纳入社会保障基金财政专户统一管理，单独列账。

（4）待遇支付。城镇居民基本医疗保险基金的使用要坚持以收定支、收支平衡、略有结余的原则。城镇居民基本医疗保险基金重点用于参保居民的住院和门诊大病医疗支出，有条件的地区可以逐步试行门诊医疗费用统筹。

2. 新型农村合作医疗制度

新型农村合作医疗是由 2003 年国务院转发的卫生部、财政部、农业部《关于建立新型农村合作医疗制度的意见》规定的。新型农村合作医疗制度的内容主要包括：

（1）参保对象。新型农村合作医疗制度的参保对象为农村居民。但是，随流动人口的增加和城乡二元结构的变化，一般应该考虑把如下人群纳入到新型农村合作医疗的参保对象中：凡户口在农村的常住居民；外来人口在本地乡村居住 1 年以上者；进城务工的农民；某些没有参加城镇人口基本医疗保险的城市郊区的居民和小城镇居民。

（2）资金筹集。新型农村合作医疗制度实行个人缴费、集体扶持和政府资助相结合的筹资机制。2003 年起，首先，农民个人每年的缴费标准不应低于 10 元，经济条件好的地区可相应提高缴费标准。其次，有条件的乡村集体经济组织应对本地新型农村合作医疗制度给予适当扶持。再次，地方财政每年对参加新型农村合作医疗农民的资助不低于人均 10 元，具体补助标准和分级负担比例由省级人民政府确定。农民对新型农村合作医疗的缴费以及各级政府对新型农村合作医疗的补助资金会随着经济社会的发展动态提高。

（3）基金管理。农村合作医疗基金是由农民自愿缴纳、集体扶持、政府资助的民办公助社会性资金，要按照以收定支、收支平衡和公开、公平、公正的原则进行管理，必须专款专用，专户储存，不得挤占挪用。新型农村合作医疗制度一般采取以县（市）为单位进行统筹。农村合作医疗基金由农村合作医疗管理委员会及其经办机构进行管理。

（4）待遇支付。新型农村合作医疗基金主要补助参加新型农村合作医疗农民的大额医疗费用或住院医疗费用。有条件的地方，可实行大额医疗费用补助与小额医疗费用补助结合的办法。对参加新型农村合作医疗的农民，年内没有动用农村合作医疗基金的，要安排进行一次常规性体检。

3. 整合城乡居民基本医疗保险制度

2016年，国务院印发《关于整合城乡居民基本医疗保险制度的意见》，要求整合城镇居民基本医疗保险制度和新型农村合作医疗制度，建立统一的城乡居民基本医疗保险制度。依据该文件，城乡居民基本医疗保险制度要求实现覆盖范围、筹资政策、保障待遇、医保目录、定点管理、基金管理六个方面的统一。2018年，国家医疗保障局的成立实现了城乡居民医疗保险经办机构的整合。

二、医疗救助制度

（一）医疗救助的含义和作用

1. 医疗救助的含义

医疗救助是对贫困人口中因病而无经济能力进行治疗的人实施专项帮助和支持的一种社会救助制度。它是在政府主导和社会广泛参与下，通过医疗机构提供医疗服务，旨在帮助受助对象恢复健康。医疗救助的含义包括：①对每一个公民来说，医疗救助是他们应享受的权利，对于国家和社会来说，医疗救助是他们应负的社会义务，这种权利和义务是通过立法确定的。②公民只有因病而无经济能力进行治疗时才发生作用。③这一项目的受益者通常是无权享受医疗保险的穷人，也包括那些在享受了医疗保险以后医药费用负担仍然很重的人。④资金主要来源于财政预算拨款、税收减免或社会捐赠。总之，医疗救助具有在权利和义务方面单向性、资金来源单一性、享受对象特殊性等特点。

2. 医疗救助的作用

医疗救助的作用主要为：①保障困难群体的最低医疗服务需求。医疗救助的最根本目的是扶危济困，对贫困人口中因病而无经济能力进行治疗的人实施专项帮助和支持，使他们尽快恢复健康。②有利于稳定社会秩序。对困难群体实施医疗救助有利于增强社会关系的和谐度，这为社会稳定创造了一定的条件。③有利于熨平经济周期。医疗救助作为社会救助的一个项目通常在财政政策中被当作自动稳定器来使用。当经济过热的时候，贫困人口数量及其贫困程度会相对减少，这使用于医疗救助的支出会自动地减少，从而抑制经济过热的程度。当经济不景气的时候，贫困人口数量及其贫困程度会相对增加，用于医疗救助的支出会自动地增加，从而抑制经济衰退的程度。可见，医疗救助具有一定的自动熨平经济周期的作用。

（二）城镇医疗救助制度

2005年，国务院办公厅转发了民政部、卫生部、劳动保障部和财政部《关于建立

城市医疗救助制度试点工作意见》,该文件全面规定了城镇医疗救助制度的基本内容:

(1) 救助对象。主要是城市居民最低生活保障对象中未参加城镇职工基本医疗保险人员、已参加城镇职工基本医疗保险但个人负担仍然较重的人员和其他特殊困难群众。

(2) 资金筹集。通过财政预算拨款、专项彩票公益金、社会捐助等渠道建立基金。

(3) 基金管理。地方财政每年安排城市医疗救助资金并列入同级财政预算,中央和省级财政对困难地区给予适当补助。城市医疗救助基金纳入社会保障基金财政专户,专项管理、专款专用,不得提取管理费或列支其他任何费用。

(4) 待遇支付。对救助对象在扣除各项医疗保险可支付部分、单位应报销部分及社会互助帮困等后,个人负担超过一定金额的医疗费用或特殊病种医疗费用给予一定比例或一定数量的补助。具体补助标准由地方政府民政部门会同卫生、劳动保障、财政等部门制订。对于特别困难的人员,可适当提高补助标准。

(三) 农村医疗救助制度

2003年,民政部、卫生部、财政部颁布了《关于实施农村医疗救助的意见》,该文件全面规定了农村医疗救助制度的基本内容:

(1) 救助对象。农村五保户、农村贫困户家庭成员以及地方政府规定的其他符合条件的农村贫困农民。

(2) 资金筹集。各地要建立医疗救助基金,基金主要通过各级财政拨款和社会各界自愿捐助等多渠道筹集。

(3) 基金管理。地方各级财政每年年初根据实际需要和财力情况安排医疗救助资金,列入当年财政预算。中央财政通过专项转移支付对中西部贫困地区农民贫困家庭医疗救助给予适当支持。医疗救助资金纳入社会保障基金财政专户。各级财政、民政部门对医疗救助资金实行专项管理、专款专用。

(4) 待遇支付。开展新型农村合作医疗的地区,资助医疗救助对象缴纳个人应负担的全部或部分资金,参加当地合作医疗,享受合作医疗待遇。因患大病经合作医疗补助后个人负担医疗费用过高,影响家庭基本生活的,再给予适当的医疗救助。尚未开展新型农村合作医疗的地区,对因患大病个人负担费用难以承担,影响家庭基本生活的,给予适当医疗救助。国家规定的特种传染病救治费用,按有关规定给予补助。医疗救助对象全年个人累计享受医疗救助金额原则上不超过当地规定的医疗救助标准。对于特殊困难人员,可适当提高医疗救助水平。

第三节　医疗保障支付改革进展

科学合理地对医疗保障基金进行支付是保障医疗保障基金收支平衡、补偿医药服务提供者价值消耗以及维护参保病人基本权益的必然要求。一些发达国家医疗保障的经验和教训都一致表明,对医疗保障支付制度的改革和完善是合理控制卫生费用的最有效的办法。因此,医疗保障支付方式改革成为各国医药卫生体制改革普遍关注的问题之一。本节首先对医疗保障支付方式进行概述,其次对中国医疗保障支付方式的实践进行总结,最后对医疗保障支付方式改革的趋势进行简要分析。

一、医疗保障支付方式概述

(一) 医疗保障支付方式的界定

广义的医疗保障支付方式包括医疗保障基金经办机构对被保险人的支付和对定点医药服务机构的支付两大类。狭义的医疗保障支付方式仅仅指医疗保障基金经办机构对定点医药服务机构的支付。前面第二节已经详细介绍了对被保险人的支付方式,这里只对狭义的医疗保障支付方式进行详细论述。狭义的医疗保障支付方式可以定义为:医疗保障支付方式是指社会医疗保障经办机构对医疗服务提供方提供的医疗服务所消耗的资源进行补偿的方式。医疗保障基金对定点医药服务机构的具体支付方式主要可以分为后付制和预付制两种。

(二) 后付制

后付制是在医疗服务提供者提供医疗服务后,按照标准支付费用的方式。这是一种传统的、应用最广泛的、按照一般商品交换规律形成的医疗保障费用支付方式。在后付制下,对成本效率的激励机制很成问题。按服务项目付费的后付制和医疗服务市场的特征相结合后产生的弊端主要表现在以下三个方面:①医疗服务提供者诱导需求道德风险严重。医疗服务提供者诱导需求的道德风险是由于医疗服务供求双方信息不对称造成的。在任何医疗服务提供者的信息多于病人的时候,接受不必要的医疗服务的可能性就是存在的。因为医疗服务提供者作为病人的代理人,其提供医疗服务的努力程度只有自己清楚,而病人要么观察不到医疗服务提供者的努力程度,要么即使观察到了医疗服务提供者的努力程度也无法知道提供这种医疗服务的努力程度是否是最优的。在医疗保障中,后一种情况居多,即病人观察到了医疗服务提供者提供医疗服务的努力程度,但无法判断其是否为最优努力,或者即使能判断,其成本也高得让病人难以接受。在医疗服务提供者准备从销售更多的医疗服务中获得利益与他们如何更好地为病人提供医疗服务之间出现潜在冲突时,医疗服务提供者诱导需求(induced-demand)的道德风险就产生了。医疗服务提供者产生诱导需求的道德风险主要来自于两方面:一是医疗服务提供者有一定程度的提供医疗服务的垄断权,二是医疗服务提供者夸大疾病的严重程度是出于规避医疗事故中相关法律责任的考虑。②医疗服务行为监督检查成本高。由于按服务项目付费的后付制没有在医疗服务需求方和供给方之间形成激励相容的有效机制,因此,医疗服务提供者没有动力提供和医疗服务需求方目标函数一致的医疗服务,其医疗行为发生了一定程度的扭曲。在这种情况下,为了保障人口的基本医疗安全,使医疗服务提供者的医疗行为尽量合理化,相关监管部门必然要加大监督力度,而这需要大量的人力、物力和财力投入。在某些情况下,由于监督成本太高而使监督不符合成本-效益原则从而导致监督没有办法进行下去。③医疗服务供求双方关系恶化。按服务项目付费的后付制在一定程度上造成了基本医疗费用的过快上涨,从而增加了基本医疗服务需求方的财力负担，提高了病人灾难性疾病支出发生率，使医疗服务供求双方关系紧张，出现了医疗服务供求双方的信任度降低、沟通不畅、人文关怀缺乏等不良现象。

（三）预付制

预付制是指医疗服务提供者在提供医疗服务之前就预先设定支付费率。通过设定一个相对固定的支付标准，预付制为节约资源提供了经济激励。如果医疗服务提供者使用的资源超过统一费用，它们也得不到更多的补偿，而那些成本低于该统一费用的医疗服务提供者则保持了优势。预付制医疗费用支付方式的最大特点就是根据合约规定的支付额度进行支付，超出规定的费用由医疗服务提供者负担，盈余的费用由医疗服务提供者所拥有。预付制的特点决定了其本质上是一种对医疗服务费用实行供给方的成本分担制（supply-side cost sharing）。预付制有助于降低医疗保障机构介入医疗审查的监督成本，提高医疗服务提供者的专业自主性，对新型医疗技术的使用产生适当的激励，增强医疗保障费用的控制效果，促进医疗服务提供者之间的公平性。其不足之处是可能会降低医疗服务提供者的积极性和主动性，有可能在一定程度上降低医疗服务的质量。

在预付制医疗费用支付方式中，按照预付计量单位的不同又可以分为三个类型或三个层次。一是以单个医疗服务机构为单位的总额预算制，二是以病人数为单位的预算制，三是以疾病为单位的预算制。国际上实施的预付制医疗费用支付方式有 7～8 种，但常见的预付制医疗保险基金支付方式有按服务单元付费、总额预算式、按病种付费、按人头付费、工资雇佣制。按服务单元付费是指将医疗过程划分为相同的服务单元（如一个门诊人次、一个住院日或一位病人一次住院），医保机构根据历史资料制定出平均服务单元费用标准，根据定点医疗机构为参保病人提供的服务单元数量结算付费。总额预算式（global budget）即由医疗保险人根据与医院协商确定的年度预算总额进行支付，实行医疗费用封顶（expenditure caps）。疾病诊断相关分组付费（diagnosis related groups，即 DRGs）是指根据国际疾病分类法，将住院病人按诊断、年龄等分为若干组，每组根据疾病的轻重程度及有无并发症、并发症为几级，对每一组不同级别的病种分别制定价格，按照这种价格对该组某级疾病治疗全过程向医疗服务提供者一次性付费。按人头付费（capitation）是指按月或其他特定时间（通常为 1 年）根据医生服务人数支付一笔固定的费用。在此期间，医生负责提供合同规定的一切医疗服务，不再收取费用。工资雇佣制（salaried employment）也叫薪金制，即医疗保险人根据医生或其他卫生服务人员提供医疗服务时间的价值向他们发放工资。

预付制基本医疗保险费用支付方式的最大特点就是根据合约规定的支付额度进行支付，超出规定的费用由医疗服务提供者负担，盈余的费用由医疗服务提供者所拥有。预付制的特点决定了其本质上是一种对医疗服务费用实行供给方的成本分担制（supply-side cost sharing）。假设治疗某种疾病可以使用的医疗服务数量为 Q，治疗该种疾病时基本医疗保险机构对医疗服务提供者的补偿比率为 r，则可以用图 1-3-1 来分析医疗保障费用的供给方成本分担制。

在图 1-3-1 中，横轴表示治疗某种疾病时医疗服务提供者可以供给的医疗服务数量 Q，纵轴表示医疗保障机构对治疗某种疾病所花费的医疗费用的补偿比率 r。其中，r 的最优值为 1，即医疗服务提供者在治疗某种疾病时所花费的医疗费用正好可以得到

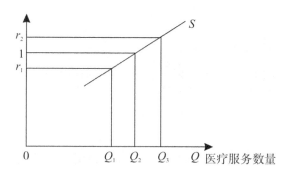

图1-3-1 医疗服务供给曲线

补偿。在这种情况下,医疗服务提供者供给 Q_0 单位的医疗服务。当 $r=r_1<1$ 时,即医疗服务提供者在治疗某种疾病时所花费的医疗费用部分可以得到补偿时,医疗服务提供者供给 Q_1 单位的医疗服务。显然,$Q_1<Q_0$。同理,如果 $r=r_2>1$ 时,则 $Q_2>Q_0$。可见,如果某种预付制确定了对医疗服务提供者的补偿比率,则实际上确定了医疗服务提供者对医疗服务的最优供给量。在预付制下,r 通常接近于 1,所以医疗服务提供者不会存在 Q_2-Q_0 的医疗服务诱导需求。在按服务项目收费的后付制下,医疗服务提供者预期到可能会有 $r=r_2$,因此,医疗服务提供者通常会存在 Q_2-Q_0 的医疗服务诱导需求。因此,预付制有助于降低医疗保障机构介入医疗审查的监督成本,提高医疗服务提供者的专业自主性,对新型医疗技术的使用产生适当的激励,增强医疗保险费用的控制效果,促进医疗服务提供者之间的公平性。其不足之处是可能会降低医疗服务提供者的积极性和主动性,有可能在一定程度上降低医疗服务的质量。

二、中国医疗保障支付方式改革的实践

(一) 从后付制向预付制的转变

1998年,中国对城镇职工基本医疗保险制度实施改革后,为了控制医药费用的过快上涨以及尽力保持基本医疗保险基金平衡,我国逐步摒弃了容易导致医疗服务提供者诱导需求道德风险严重、医疗服务行为监督成本高、医疗服务供求双方关系恶化这种弊端较严重的按项目付费的后付制,进而把基本医疗保险费用支付方式转向了预付制。例如,深圳市、东莞市、广州市、济南市、济宁市、武汉市、沈阳市实施了以按服务单元付费为主的混合支付方式,九江市、镇江市、青岛市、上海市实施了以按总额预算为主的混合支付方式,牡丹江市以及济宁市济宁医学院附属医院实施了以单病种付费为主的支付方式。

2009年,《中共中央国务院关于深化医药卫生体制改革的意见》中指出要强化医疗保障对医疗服务的监控作用,完善支付制度,积极探索实行按人头付费、按病种付费、总额预付等方式,建立激励与惩戒并重的有效约束机制,这是目前我国探索基本医疗保障费用支付方式的纲领性文件。为更好地落实新医改关于医保费用支付方式改革的规定,2014年颁布的《关于推进县级公立医院综合改革的意见》也提出要深化支付方式改革,要求在开展医保付费总额控制的同时,加快推进按病种、按人头付费等为主的付

费方式改革。2015年颁布的《关于城市公立医院综合改革试点的指导意见》也要求深化医保支付方式改革，要求建立以按病种付费为主，按人头付费、按服务单元付费等复合型付费方式，逐步减少按项目付费，鼓励推行按疾病诊断相关组（DRGs）付费方式。上述文件要求的这些预付制医保费用支付方式在新医改实施的过程中在各地都有不同程度的实践。在总结各地实践经验和教训的基础上，2017年，国务院办公厅下发了《关于进一步深化基本医疗保险支付方式改革的指导意见》，对我国医保费用支付方式改革做出了最新规定。该文件要求："2017年起，进一步加强医保基金预算管理，全面推行以按病种付费为主的多元复合式医保支付方式。各地要选择一定数量的病种实施按病种付费，国家选择部分地区开展按疾病诊断相关分组（DRGs）付费试点，鼓励各地完善按人头、按床日等多种付费方式。到2020年，医保支付方式改革覆盖所有医疗机构及医疗服务，全国范围内普遍实施适应不同疾病、不同服务特点的多元复合式医保支付方式，按项目付费占比明显下降。"总之，新医改后，我国各地均对上述文件要求的医保费用支付方式改革进行了探索，形成了以按人头付费、按病种付费、总额预算式、按服务单元付费、按疾病诊断相关组（DRGs）付费相结合的、预付制支付方式为主的，按项目付费的后付制支付方式比例下降且处于辅助地位的混合制医保费用支付方式。

（二）按病种分值付费的实践

1. 按病种分值付费的实践历程

按病种分值付费就是我国在基本医疗保险费用支付方式由后付制转向预付制过程中多地在以总额预算制为主的基础上，针对基本住院医药费用支付方式实施的一次积极探索。它是基本医疗保险基金经办机构以基金总额控制为基础，通过对不同病种（病种分组）赋予不同的分值，以病人出院累计分值与协议医疗机构进行费用结算的一种付费方式。

基本医疗保险基金按病种分值付费是由江苏省淮安市在2003年首创的。2003年10月10日，江苏淮安市政府办公室颁布了《市政府办公室关于实行市区基本医疗保险按病种分值结算的意见（试行）》（淮政发〔2003〕156号），首次提出了对基本医疗保险基金按病种分值付费。2003年10月至2004年5月为按项目付费向按病种分值付费的过渡期。在过渡期内，基本医保经办机构对各协议医疗机构每月分配的资金为各协议医疗机构当月实际发生的基本医保住院费用中应由统筹基金支付资金的总和，具体按所有协议医疗机构当月实际出院费用总和扣除该院个人自付总费用来确定。2004年6月，按病种分值付费开始在淮安正式实施。根据前3年实施的经验，淮安市医保中心又分别于2007年5月和2013年6月出台了《基本医疗保险病种分值标准》（2008版）和《淮安市基本医疗保险病种分值标准》（2013版），对实施基本医疗保险基金按分值付费过程中的病种及其分值进行调整。

淮安市实施按病种分值付费后，由于其控费效果较好，对多地起到了示范效应。此后，多地纷纷出台文件实施了按病种分值付费方式，包括：广东省中山市（2010年7月实施）、江西省南昌市（2013年1月实施）、江苏省宿迁市（2013年7月实施）、广东省清远市（2014年1月实施）、安徽省芜湖市（2014年10月实施）、山东省东营市（2015年1月实施）、宁夏回族自治区银川市（2015年1月实施）、江西省新余市

（2015年1月实施）、湖南省长沙市（2016年1月实施）、宁夏回族自治区石嘴山市（2016年1月实施）、广东省汕头市（2017年1月实施）、山东省淄博市（2017年1月实施）、安徽省安庆市（2017年1月实施）。可见，全国实施基本医疗保险基金按分值付费方式的地区正在逐步增多。

2. 按病种分值付费的基本内容

（1）按病种分值付费的费用确定办法。

按病种分值付费的费用确定涉及总额费用的确定、分阶段结算费用的确定以及年终决算费用的确定。在目前所有的试点城市中，有两种方法用于当年住院医药费用总额的确定。一种方法是将费用总额等于统筹地所有协议医疗机构住院医药费用可供分配的资金总额，另一种方法是在上一种计算方法的基础上，年度可分配总资金根据实际情况进行一定的上下浮动。例如，宿迁市、南昌市、东营市、淄博市、芜湖市、石嘴山市、长沙市、安庆市用第一种方法确定当年住院医药费用总额；中山市、汕头市采取第二种方法，在年度全市各协议医疗机构可分配资金总额确定的基础上，根据实际情况以浮动的方式进行最终总额费用确定。分阶段结算是指在一定阶段的医疗行为结束后，医疗保险机构审核各协议医院提交结算资料并支付上一阶段住院医药费用。目前，按病种分值付费的分阶段结算有按月结算和按季度结算两种方式。除去东营市和淄博市采取按季度结算的方式之外，其他的试点城市均采用按月结算的方式。年终决算实际是医疗保险管理机构对协议医疗机构的计划拨付额与医疗机构实际发生额进行比较，医疗保险管理机构根据协议医疗机构当年的控费情况采取奖惩措施。奖惩的标准是医疗机构实际发生额等于或低于计划拨付额。如果满足这一标准，医保经办机构将对协议医疗机构支付等于或高于计划拨付额的费用。如果不满足这一标准，经办机构将对协议医疗机构拨付的费用少于医院实际发生的费用。例如，中山市、宿迁市、芜湖市、安庆市、淄博市均采取了这种具有奖惩特征的年终决算方式。

（2）按病种分值付费中的绩效考核办法。

按病种分值付费并不仅仅设定病种分值这一条考核标准，医疗机构等级、服务质量、医疗机构是否存在违规行为等也作为考核的标准。医疗机构等级系数是分阶段结算中分值的重要权重，它作为病种分值的加权影响着每月或每季度医疗机构获得的基本医疗保险费用的多少。例如，2015年，东营把三级、二级、一级医院等级系数分别暂定为1.0、0.6、0.3。服务质量考核主要有两种做法：一种是设置服务质量考核系数，作为一项付费权重；另一种则在分阶段结算额中扣除一定比例的质量保证金，服务质量达标则返还，不达标则扣减。依据多个指标如实际报销比例、均次住院费用增长率、重复住院率等计算的考核系数应用于年终决算，是计算年终分值、结算支出的一项权重。东营市、银川市、南昌市、长沙市、石嘴山市、汕头市、安庆市都在年终决算时加入了考核系数。服务质量保证金则应用于分阶段结算和年终决算两部分之中，分阶段结算时扣减，年终决算时考核达标即返还。南昌市、汕头市、石嘴山市依据协议医院级别的不同通常预留月结算额度1%～5%作为服务质量保证金，通常是低级别协议医院服务质量保障金较高，高级别医院服务质量保证金较低。除以上试点城市外，长沙市、中山市、银川市、宿迁市（履约保证金）也都采取了服务质量保证金的考核方式。大部分实施按病种付费的地区均规定对医疗机构的违规行为进行惩罚。对于"高套分值""诊疗升级"等违规医疗行为，大部分试点城市都设置了负向激励措施，一旦发现违规行为，即扣减甚至多倍扣减相对应的医疗保险费用。上述各种考核方式均是利用基本医疗保险基金本身来进行激励。除了这些激励方式外，有些地区在实施按病种分值付费的过程中由政府额外拨付奖励金来对医疗机构实施激励。例如，中山市政府额外设立了奖励金，对医疗保险工作执行较好、考核优秀、次均费用低于全市同类医院的15%以上、参保人员自付水平低于5%以上的协议医疗机构进行奖励。长沙市政府对表现好的医院提供额外的奖励费用。

3. 基本医疗保险基金按病种分值付费评价

（1）按病种分值付费的优点。

费用控制效果明显是按病种分值付费的最大优点。按病种分值付费之所以能够起到明显的控费作用是由其总额预付的特征所决定的。在当年医保基金总量固定的情况下，基本医疗保险基金经办机构通过不同医院的等级、病种分值等标准对医保基金实施分阶段结算和年终决算，对控费达标的医疗机构进行奖励，让控费不达标的医疗机构自己承担超支费用。这种方式倒逼医疗机构加强精细化管理，努力实现合理费用控制。各地在实践过程中均达到了较好的费用控制效果。例如，2003年，淮安市实施按病种分值付费后，2004年市直医保人均住院医疗费和次均住院天数比上年分别下降了22.58%和20.68%。2013年1月，南昌市实施按病种分值付费后，2014年南昌市住院人次增长率、参保病人个人自负的住院医疗费用同比分别下降4.08%和0.62%。2013年7月，宿迁市实施按病种分值付费后，2014年宿迁市城镇职工医疗保险住院次均费用与2013年相比增长率仅为0.25%。2015年1月，银川市实施按病种分值付费后，当年银川职工医保和城乡居民医保住院次均费用增长率分别下降1.75%和2.67%。

（2）按病种分值付费的缺点。

1）病种分值确定的难度大。准确地确定病种分值是科学有效地实施按病种分值付费的基本前提。病种分值的最终确定者是医疗保险部门，但是医疗保险部门对每个病种的实际医用资源消耗不甚了解，这可能导致病种分值的制定偏差。另外，随着科技水平的进步，同一病种的资源消耗量可能发生迅速的减少或增加，相应的病种分值也应降低或升高。然而，医疗保险部门由于没有该领域的专业知识以及处于管理成本的考虑而不能及时地调整病种分值。各地在实践按病种分值付费的过程中普遍存在着病种分值确定难度大、分值确定不够合理的问题。例如，有些地方的按病种分值结算仅仅以病人的首次诊断为唯一的病种判断指标，没有将后续诊断纳入分值确定过程，没有区别病人的病情及年龄、性别、既有病史等，不区分治疗手段的差别而对同种病制定相同分值、不同级别医院分值系数差异不够合理等。

2）诱致协议医疗机构降低服务质量。在基本医疗保险基金对于医疗机构年度预算总额一定的情况下，住院病人人数的增加会稀释每分值的价格，会出现医院服务住院病人的增多并不引起收入的增加，从而直接导致医院推诿病人的情况发生或者通过其他的诱导需求方式来弥补住院病人诊治边际收入为零甚至下降的情况。

3）掣肘医疗新材料、新技术和新药物在临床的使用。就治疗同一病种而言，医学新技术、新材料和新药物的价格明显高于传统技术、普通材料和常用药物的价格，而按病种分值付费制度在确定分值时往往根据全统筹地的平均水平确定。医院为了控制费用，在提供医疗服务的过程中转而不采用新技术、新材料和新药物的做法，客观上不利于医学技术的创新和医药科技的发展。

（3）按病种分值付费的实质。

按病种分值付费与按服务项目付费、按病种付费以及总额预算制有密切关系，三者之间存在着细微的区别。按病种分值付费与按服务项目付费的一个区别是两者的付费标准不同。按病种分值付费的标准是根据不同病种的分值和病例的数量所计算出来的病种分值的年度总额，而按服务项目付费则是根据服务项目和服务量计算出的总额为支付标准。按病种分值付费与按服务项目付费的另外一个区别是两者的支付时间不同。按病种分值付费在医疗行为结束后分阶段进行部分费用支付，由病种分值标准所确定的费用额度作为年终结算时的考核工具。按服务项目付费属于后付制，依据提供的医疗服务项目确定的费用额度直接决定结算的支付额度。按病种分值付费根据各病种的分值及每个分值对应的费用额度对协议医疗机构进行支付，而按病种付费直接根据某一病种所对应的费用额度对协议医疗机构进行支付。按病种分值付费与总额预付制也是有区别的。总额预付是指医保经办机构与医疗服务提供方协商确定供方的年度总预算，以该总预算作为对供方费用支付的上限。总额预付的最大优点就是控费，医疗保险的经办部门对医药总费用有着高度的控制权，但是确定预算费用总额难度较大且会导致医疗机构推诿病人和降低医疗服务质量和数量。按病种分值付费一方面以总额预付为前提，另一方面通过病种分值使得给付的评判标准更细化，相对于总额预付制而言有助于促进预算确定的合理化。大病分值高，小病分值低，也有助于在一定程度上缓解推诿重症病人的不合理医疗行为。可见，按病种分值付费是对按服务项目付费、按病种付费以及总额预算制的变异，是三种费用支付方式的混合体，实质上是兼具预付制和后付制特征的按绩效付费制。按病种付费预付制的特征表现为在医疗服务发生之前医保经办机构就把大部分费用支付费给了医疗服务机构，其后付制的特征表现在医保经办机构会把部分费用在医疗服务发生后根据医疗服务提供方的绩效考核结果给予支付，其按绩效付费的特征表现在分值的确定、每分值所对应的医保资金补偿额度以及大多数地区在年终决算时给医疗服务机构付费的多少取决于是否完成了控费指标。

三、医疗保障支付方式改革的趋势

医疗保障支付方式改革的趋势是走向按绩效付费。应该摒弃按服务项目付费的后付制，因为后付制难以在费用控制方面有所作为。预付制可以达到控制费用的目的，但在保障医疗服务质量方面存在漏洞。因此，基本医疗保险基金对基本医疗费用的支付方式应该摒弃简单的后付制或者预付制的思维方式，走向按绩效付费。按绩效付费为基本医疗保险基金经办机构与协议医院就其提供的基本医疗服务谈判的顺利实施创造了条件。根据谈判结果的实施绩效给予相应的费用支付有利于实现控费和保质双重目的。20世纪90年代，英国工党在大选中获胜后率先对英国的医疗保障支付实施按绩效付费方式改革。后来医疗保障按绩效付费方式在多个国家开始实践。英国、美国、澳大利亚、法国、坦桑尼亚、卢旺达、巴西这7个国家主要把医疗保障付费是否有利于疾病预防与控制、是否保证医疗服务质量、是否使用医疗信息管理系统、是否降低医疗费用、是否增加病人满意度作为医疗保障按绩效付费项目的绩效标准。这些国家的实践表明，医疗保障按绩效付费的绩效标准要符合整个医药卫生体制改革的战略。医疗保障按绩效付费不能以牺牲医疗服务质量为代价来换取良好的医药卫生费用控制效果。按绩效付费方式实施的有效性与其运行方式密切相关。费用支付的主体、费用支付的受益主体、费用支付的时间、费用支付的资金来源、费用支付的标准的不同组合构成不同的医疗保障按绩效付费运行方式。英国、美国、澳大利亚、法国、坦桑尼亚、卢旺达、巴西这7个国家的实践表明，医疗保障按绩效付费的费用支付主体可以是社会性医保部门、非营利组织和商业保险机构，费用支付的受益主体包括医疗服务机构和医务人员，费用支付的时间可以是预付、后付、预付和后付相结合，费用支付的资金来源包括现有资金再分配、节约的资金以及新投入的资金，费用支付的标准要综合考虑疾病防控效果、医疗服务质量、医疗信息系统使用、医疗费用支出节约、病人满意程度提高这些因素。

（贾洪波）

参考文献

[1] 史柏年. 社会保障概论 [M]. 北京：高等教育出版社，2012.

[2] 穆怀中. 社会保障概论 [M]. 沈阳：辽宁大学出版社，2000.

[3] 穆怀中. 国民财富与社会保障收入再分配 [M]. 北京：中国劳动社会保障出版社，2003.

[4] 潘锦棠. 社会保障学概论 [M]. 北京：北京师范大学出版社，2012.

[5] 郑功成. 中国社会保障30年 [M]. 北京：人民出版社，2008.

[6] 王靖元. 新型农村合作医疗知识问答 [M]. 北京：北京大学医学出版社，2008.

[7] Pope G C. Using hospital-specific cost to improve the fairness of prospective reimbursement [J]. Journal of Health Economics，1990，9（3）：237 – 251.

[8] 穆怀中. 社会保障国际比较 [M]. 北京：中国劳动社会保障出版社，2007：209 – 211.

[9] ELLIS，R P MCGUIRE T G. Supple-side and demand-side cost sharing in health care [J]. Journal of Economics Perspectives，1993，7（4）：135 – 151.

[10] 常文虎. 医疗服务支付方式的选择与管理 [J]. 北京：人民卫生出版社，2011：（2），69 – 81.

[11] 徐伟，郝梅，杜珍珍. 总额控制下按病种分值付费的实践与思考 [J]. 中国药房，2016（6）：721 – 723.

[12] 人力资源和社会保障部社会保险事业管理中心. 医疗保险付费方式改革经办管理城市实例 [M]. 北京：中国劳动社会保障出版社，2012：128.

[13] 吴思勇. 南昌医疗保险付费方式改革成效明显 [N/OL]. 中国日报，2005 – 03 – 26 [2017 – 10 – 03]. http://www.chinadaily.com.cn/hqcj/xfly/2015 – 03 – 26/content_13439494.html.

[14] 李涛，袁振. 宿迁市城镇医保按病种分值付费绩效分析 [J]. 中国医疗保险，2016（8）：46 – 49.

[15] 张博，刘涛，龚福玲. 总额控制下的按病种分值付费评价——基于银川市的实践 [J]. 中国医疗保险，2016（7）：35 – 38.

[16] 贾洪波,王清河. 医疗保障按绩效付费方式的文献综述 [J]. 中国卫生经济, 2015 (3): 26-28.

[17] 贾洪波,王清河. 医疗保障按绩效付费方式的绩效标准研究: 来自多国的实践 [J]. 中国卫生经济, 2015 (10): 13-15.

[18] 贾洪波,王清河. 医疗保障按绩效付费运行方式探究 [J]. 价格理论与实践, 2016 (5): 35-39.

第二章 按病种与病组分值付费概述

第一节 基本概念

按病种与病组分值付费是按病种分值付费及按病组分值付费的合称,均是以按病种付费为基础,与基本医疗保障基金总额预算管理相结合,运用"点数法"实行医保基金统筹区整体总额控制的一种支付方式。按病种分值付费、按病组分值付费两者的核心是一致的,其一是保方赋予不同病种或病种组合以不同分值,其二是保方确定的支付计算方法。保方依各医院提供医疗服务取得的分值及医保服务管理质量评价,按约定的支付方法进行支付。按病种分值付费、按病组分值付费的本质区别在于确定病种组合的分组逻辑不同,按病种分值付费的病种组合分组一般按照疾病主要诊断与主要诊疗方式进行病种组合的分组,按病组分值付费则是基于疾病诊断相关分组(diagnosis related groups,DRGs)技术逻辑进行病种组合的分组。

一、按病种付费

(一)按病种付费的基本概念

按病种付费是指依据统一的疾病诊断分类制定各病种的医保定额(或限额)支付标准并以此为据进行医疗费用支付。保方按照确定的按病种支付标准与医院实际的医疗服务人次(常用于住院医疗服务),向医院支付参保人的医疗费用(常用于支付住院费用)。

《国务院办公厅关于进一步深化基本医疗保险支付方式改革的指导意见》(国办发〔2017〕55号,以下简称"55号文")提出"重点推行按病种付费",要求原则上对诊疗方案和出入院标准比较明确、诊疗技术比较成熟的疾病实行按病种付费。

(二)按病种付费的优点

按病种付费在较大程度上克服了按项目付费、按人次平均定额付费等支付方式的弊端。其主要优点还体现在:

(1)在一定区域内,能较一致地评价对疾病诊疗的医疗费用,此费用与医院所诊疗住院病人的疾病复杂程度和诊疗服务强度成正比。换言之,就是明确诊疗某种疾病需要花费(或支付)多少钱。

（2）能在一定程度上有效管控不合理的药品使用、诊疗措施的现象，较有效地避免过度医疗行为，有利于控制医疗成本支出，也减少了病人的医疗费用支出。

（3）有助于医院诊疗成本评价，可在区域内对不同医院间的同一病种医疗费用进行横向比较，利用评价结果促进医院提升绩效、控制不合理费用。

（4）有助于医疗服务收费与支付的"腾空间、调结构"，控制药品和卫生耗材的花费，尽可能体现增加医务人员的技术价值、劳动价值和知识价值。

（5）有助于医院的管理策略不断优化，如重视引导分级诊疗、缩短病人的住院时间、提高病床利用效率等。

（三）按病种付费的弊端

按病种付费主要存在以下弊端：

（1）医院有可能通过减少合理诊疗疾病的措施或降低诊疗服务强度来保障自身的经济利益，甚至把不符合出院指征的病人安排出院、无合理原因把本院有条件有能力诊疗的病人推转到其他医院，或者和其他小医院"抱团转院"等。

（2）医院为了控制费用，可能在诊疗中不采用适宜的新技术、新材料和新药物，甚至降低医疗服务质量。

（3）保方在制定按病种付费的支付标准时，有可能不够科学、合理，或者难以做到及时动态调整。

（4）由于按病种付费方式未充分考虑疾病并发症等伴随因素，医院有可能出现推诿重症病人的现象，损害病人利益，也有可能采取分解住院等方式规避经济风险。

（5）从医疗卫生事业长远发展来看，片面强化成本控制或不合理的费用支付有可能在一定程度上制约了医院开展医疗先进技术的探索和应用等。

二、按病种分值付费

（一）按病种分值付费的基本概念

按病种分值付费是指根据各病种组合的均次医疗费用与某基准病种或固定值的比例关系确定相应的病种组合分值（简称"病种分值"或"分值"），根据体现医院等级、服务能力和水平等特征的综合指标确定各医院的医院权重系数，保方每年度在本统筹区基本医疗保险基金用于按病种分值付费结算的统筹基金支出总额预算内，以医院得到的总分值和医院权重系数，按约定的医保费用支付规则与医院进行费用结算的付费方式。

按病种分值付费的本质是融合宏观的医保基金总额预算管理和微观的按病种付费的一种支付方式，也就是通常所称的"点数法"。其实质是通过《病种分值表》中各病种组合的分值，反映不同病种与不同诊疗方式所形成的病种组合的医疗资源消耗情况，而目前的病种组合分值通常只是反映不同病种组合的医疗费用情况，尚可客观体现区域内医疗耗费的情况。一般而言，大病重病、诊疗措施多者分值高，小病轻病、诊疗措施少者分值低。换一个角度更实际来说，医院提供了某一病种的诊疗，该病种组合所得的分值就代表了这个病种诊疗所应得的医疗费用收入。

按病种分值付费对每一个病种组合确定了明确的分值，且不知道结算时保方对各病种组合的支付价格。各病种组合的结算支付价格则由统筹区年终结算时确定的分值单价

（即每分值费用）决定，分值单价直接取决于统筹区内当年度统筹基金的可支出总额和各医院提供的服务总量（即各医院"产出"总分值的总和），此分值单价只有在当年的 12 月 31 日 24 时后经统筹区内全域数据运算才能知道，而此分值单价直接决定着各医院取得的医保支付效果。因此，各医院在日常医保管理中的优选策略只能合理诊疗，合理控制费用，注重成本管理，同时注重医院之间的有序竞争。

保方对按病种分值付费支付方式的预算总额管理，采用统筹区（或一定范围内）医保基金"整体总额"管理代替具体医院的"个体总额"管理，即在确定本统筹区（或一定范围内）医保基金总额控制指标后，不再细化明确各医院的总额控制指标。按病种分值付费是将病种、床日等各种医疗服务的价值以一定分值体现，年底根据各医院所提供医疗服务的总分值以及统筹区医保基金支出预算总额指标，得出每分值的实际价值，按照各医院实际总分值付费。

按病种分值付费目前只用于医院住院病人的医保统筹基金的费用结算，各地通常采用的基本原则是"预算管理、总额控制、按月预付、年终清算"。当年度基金支出总额确定后，医院最终获得保方支付的费用由总分值、每分值费用、医院权重系数、医保服务质量、年度考核结果等要素决定。各医院依据各自业务能力获得分值，分值高、质量好、考核结果优，获得医保支付的份额就大。

（二）按病种分值付费的优点

按病种分值付费除了具有按病种付费的优点外，还有以下优点：

（1）实现了总额预付和按病种付费的优点互补，又弥补了付费方式自身的缺陷。

（2）确保了医保基金总额控制的效果，不断完善收支平衡略有结余的机制，有效保证基金预算管理规范和有效执行。

（3）保方实现了"不再细化明确各医疗机构的总额控制指标"的要求，医保基金总额控制由医院"个体总额"管理转变为统筹区内的"整体总额"管理，这让医院收治病人时无须考虑病人增加对总额控制预算的影响，能避免"个体总额"分配产生的负面效应。

（4）有助于保方较好落实"淡化定额"的管理思路，能够使保方工作由被动变主动，一定程度上减轻了医保经办机构的工作压力。

（5）有助于医疗费用管控得好的医院获得较好的医保支付效果，即获得医保费用补偿相对较多，有利于促使医院自我控制和降低医疗费用，有利于区域内医院间的相互约束，对控制人均医疗费用不合理增长具有积极作用，在一定程度上能够减缓医疗费用的增长速度。

（6）有助于促进医院把医疗管理重心放在提高专科医疗水平、保障医疗质量与安全、内部控制成本和减少浪费等方面上。

（7）病种组合的分值所反映费用的货币价值是间接、动态的，模糊了病种及诊疗行为与医疗费用间的直接对应关系，有助于引导医生把诊疗病人的注意力放在合理诊疗上。

（8）有利于保方把监管覆盖到医务人员的诊疗行为，实现医疗费用和医疗质量双控制。

（三）按病种分值付费的弊端

按病种分值付费除了具有按病种付费的弊端外，还有以下弊端与风险：

（1）医保基金总额控制采用医院"个体总额"管理模式时，医院医保管理（特别是医保费用管理）"优者则优"，即做得好的医院能够获得比较好的医保支付效果，可获得一定的"结余留用"。但实施按病种分值付费后，保方的医保基金总额控制由医院"个体总额"管理转变为统筹区内的"整体总额"管理，则有可能导致医院医保管理出现"优者非优"的状态。如果统筹区内一些医院的医保管理不好，或受其"冲分值""冲费用"等策略行为的影响，导致"分值单价"降低，这样将使某些医保管理做得好的医院，有可能受"分值单价"下降所累而不能获得理想的医保支付效果，造成"优者非优"或"劣币驱逐良币"的不良局面。

（2）医院医务人员在病种组合分值的"引导"下，有可能在一定程度上出现抢收或推诿病人、"高套分值"等不良行为，也有可能通过降低入院标准收治病人、"分解住院"等以获得分值，或有可能倾向做出高分值的病种诊断等。

（3）如果《病种分值表/库》离科学、合理、适宜等基本要求存在差距时，可能造成医生的"逆向选择"，放弃对病人个体利益最佳而分值较低的诊疗方案等；也容易诱发"道德风险"，可能诱导医生"合理高选分值"、合理让病人接受高分值的诊疗措施等。长久以往，甚至可能出现在第一诊断中某些病种或某些主要诊疗措施明显减少甚至消失的怪现象。

（4）保方确定的医院系数可能欠合理，有些欠公开透明，一些配套制度没有及时跟上，单例特议机制不完善等。

（三）影响按病种分值付费效果的主要因素

按病种分值付费的效果关键体现于病种组合方式是否与医疗临床工作规律相契合、是否与医保支付效果相契合，也关键取决于制定《病种分值表》的质量和设定医院权重系数的科学合理程度。目前常用的病种组合方式有大组合、中组合、精细化组合等多种方式，各有利弊，将在本章第二节、第三节详细介绍。

如果制定的《病种分值表/库》离科学、合理、适宜等基本要求存在差距，则《病种分值表/库》质量不高，这将直接影响实施按病种分值付费的效果，也直接或间接导致不同程度、不同表现形式的弊端、不足与风险。提高制定《病种分值表/库》和设定医院权重系数的科学性和合理性，是一个需要不断完善的过程。分值和权重系数的设置和完善，需要依据历史和实时数据进行科学分析、动态调整，需要依靠强大的信息系统对基础数据的全面、清晰、准确掌握。

另外，推行按病种分值付费的基础前提条件是疾病诊断编码和手术操作编码已实现规范统一，医院的病案首页填写已经得到规范且质量有保证。否则，在不具备推行按病种分值付费的基础前提条件时，为了完成医保支付方式改革任务而强行推行按病种分值付费，只能是缘木求鱼。

三、按病组分值付费

按病组分值付费的基本概念、基本方法与按病种分值付费相似，均属于"点数法"。按病组分值付费与按病种分值付费的本质区别在于确定病种组合的分组逻辑不同,按病组分值付费是基于疾病诊断相关分组技术逻辑进行病种组合的分组。

按病组分值付费是指以统筹区基金总额控制为基础,通过对不同病组分组赋予不同的点数分值,以病人出院累计分值与医院进行费用结算的一种付费方式。每点数费用是动态的,医院在日常工作中无法得知具体每点数费用,直至年终保方才能计算获得。

（一）按病组分值付费的基本做法

下面以目前广东省佛山市试行的按病组分值付费为例,简明介绍按病组分值付费的基本做法（参见《佛山市人力资源和社会保障局佛山市卫生和计划生育委员会关于试行基本医疗保险住院医疗费用按病组分值付费的通知》）。

1. 病组分组的方法

结合 ICD-10 编码和手术与操作编码（ICD-9-CM-3）,按疾病诊断相关组分组技术（DRGs）,并根据当地实际情况进行分组本地化调整和改进确定（如广东佛山市的调整原则上病组组内变异系数 cv≤1,总体方差减小系数 riv≥70%,采用中间区段法裁剪数据）,实现组间差异最大化,组内差异最小化。

2. 点数的计算

（1）病组基准点数 =（本病组人次均医疗总费用÷全市人次均住院医疗总费用）×100（保留2位小数）,基准点数以近两年的住院医疗总费用为依据确定,由市社保局根据实际情况每年公布一次。

（2）住院病例点数 = 对应的病组基准点数×医疗机构系数。

（3）费用偏差较大病例的点数：当病例医疗总费用在该病组当年同类别定点医疗机构次均结算费用的50%以下或2倍以上时,为费用偏差较大病例。

费用在50%以下的病例病组点数 = 该病例的住院总费用÷当年同类别医疗机构对应的病组人次均住院总费用×病组基准点数×医疗机构系数；

费用在2倍以上的病例病组点数 =［(该病例的住院总费用÷当年同类别医疗机构对应的病组人次均住院总费用 -2)×40% +1］×病组基准点数×医疗机构系数。

（4）高额费用病例的病种点数：在符合病组点数表结算的所有住院病例中按一定比例（2018年的比例暂定为2‰）设立高额费用病例。

将各定点医院年度内各病例住院总费用除以全市人次均住院医疗总费用,乘以100,计算出病例点数,再减去病组点数表中对应病组点数,按点数差将各病例从高到低排序,排序前2‰的病例为高额费用病例（不足一人次的,按一人次算）。

高额费用病例的病种点数 = 该病例的医疗总费用÷全市人次均住院医疗总费用×100。

（5）无法分入已有病组的特殊病例,按"特病单议"原则,相应计算点数。

3. 每点数费用的计算

全市年度每点数费用 =（全市年度病组点数可分配统筹基金总额 + 全市年度参保人住院个人自负总额）÷医院年度病例总点数。

4. 年度结算

（1）医院年度支付总额计算。

医院年度应支付总额＝本医院考核后年度总点数×全市年度每点数费用×考核清算系数－该医院参保人住院个人自负总额。

其中，医院考核后年度总点数＝医院年度病例总点数±奖罚点数。

医院人次均医疗费用增长幅度低于9.5%的，在年度总点数的基础上增加1%。

5. 清算费用

医院年度清算拨付金额＝医疗机构年度实际支付总额－月度已预拨总额（含月度审核扣款总额）

原则上在年度结束后3个月内完成拨付。

（二）按病组分值付费的利弊

按病组分值付费的利弊与按病种分值付费基本相似，其病种组合与医疗临床工作规律相契合的程度取决于所采用的DRG分组器及DRG分组逻辑。但按病组分值付费对于利用DRG分组工具进行医院精细化管理是有好处的。

第二节 基 本 方 法

按病种与病组分值付费的基本方法主要由确定预算总额、确定病种及病种组合、研制与动态调整晚上《病种分值表/库》、设定医院权重系数、确定结算办法、建立监督考核机制等环节构成（图2-2-1）。

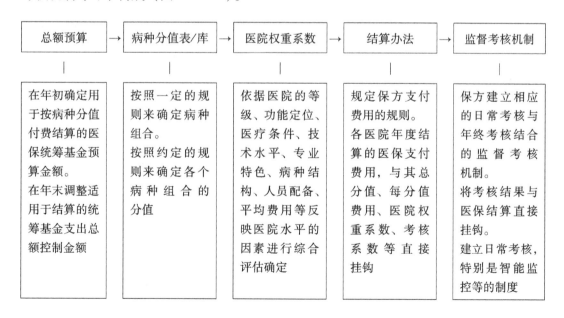

图2-2-1 按病种分值付费基本方法的主要环节示意

本章主要介绍按病种分值付费的基本方法，按病组分值付费的基本方法除病种分组的方法不同外，其余的基本方法与按病种分值付费基本一致。

一、确定医保基金支出总额

当前，我国基本医疗保险支付方式改革的基本原则之一是"保障基本""坚持以收定支、收支平衡、略有结余，不断提高医保基金使用效率，着力保障参保人员基本医疗需求"（55号文）。在国家的层面，要求进一步加强医保基金预算管理，全面推行以按病种付费为主的多元复合式医保支付方式。

按病种分值付费一般以"预算管理、总量控制"为基本原则，保方确定按病种分值付费的医保基金支出总额。保方主导的"预算管理、总量控制"主要工作环节基本是：在年初确定能够用于按病种分值付费结算的医保统筹基金预算金额，在年末或年中调整适用于按病种分值付费结算的总额控制金额。

按病种分值付费的医保基金支出总额必须是在保方确定的统筹区当年医保统筹基金总量之内。故保方一般首先在年初按照参保人数、财政补助、缴费基数、退休人群缴费、利息收入、个人账户划拨等因素，结合上年度基金支出情况、当地社会经济发展水平、物价水平等，按险种对当年度可用于分配的医保统筹基金总量做出预算。在此基金总额预算的基础上，扣除调剂金、门诊慢特病、普通门诊统筹、异地就医费用等相关特定项目费用后，确定预算用于按病种分值结算的统筹基金总额。

二、确定病种、病种组合及其分值

（一）确定病种及病种组合

根据医院一定时期（通常采用近2～3年）出院病例的临床主要诊断编码（ICD-10国标版），结合手术与操作编码（ICD-9-CM-3），筛选出有关病种。一般会把当地省级人社部门印发的《××省（市、自治区）基本医疗保险按病种分值付费的病种参考目录》作为重要参考，结合统筹区的实际，把《参考目录》覆盖的病种尽量纳入统筹区按病种分值付费病种范围。

确定病种实质上是确定病种组合，通常采用出院病案首页的第一诊断（ICD-10的前4位编码）结合主要手术或诊疗操作，按照一定的规则来确定病种组合。通常依据主要手术或诊疗操作的分类方法及分类程度，产生了病种组合的大组合、中组合、精细化组合等多种的病种组合方式。

（1）"大组合"方式。往往只是把主要手术或主要诊疗操作按以下的大分类进行病种组合：如非手术、手术、保守治疗、传统手术、微创手术、介入手术，有些还加上透析、放疗等。较多地区采取这样的病种组合方式。

（2）"中组合"方式。往往把临床常用的主要手术或主要诊疗操作归类为十数种至数十种不等进行病种组合，如保守治疗、传统手术、微创手术、介入治疗、人工肝治疗、血液净化、透析治疗、干细胞移植、机械通气、体外碎石、腹水回输术、超声乳化、玻璃体切割、适形放疗、适形调强放疗、容积调强、修复手术、机械持续降温等。个别地区采取这样的病种组合方式。

（3）"精细化组合"方式。把目前已有的临床常用的主要手术或主要诊疗操作基本纳入，即以临床主要诊断编码（ICD-10 国标版编码的前 4 位）和主要手术与操作编码（ICD-9-CM-3 编码的前 6 位）进行细分的病种组合。例如，广州市的按病种分值付费共纳入 1 688 个主要疾病诊断（含 25 个综合病种）、12 030 个病种组合。

对于一些指定病种长期住院、精神病专科和护理医疗机构住院治疗等住院时间较长的住院病例，可组成床日费用结算病种。

为增加按病种分值付费的实用性和可操作性，有些地区往往仅选取常见病、多发病纳入按病种分值付费，对少见的病种不予考虑。一些地区还把部分科室的病例排除在外，如中山市排除了产科病例。未纳入的病种按照特殊病例、无对照病例或综合病种处理，对于这些病例可以采用通过一定的分类方法来确定每一类特殊病例的平均分值，纳入按病种分值结算；也可以按照另行约定的结算方式进行按病种分值付费补充结算。

（二）确定基准病种

基准病种是指常见的、诊疗技术成熟、并发症与合并症少、质量控制与评价明确、临床路径相对清晰且费用相对稳定的病种。例如，南昌市的基准病种为"胆囊结石伴慢性胆囊炎"，广州市的基准病种为"急性阑尾炎+经腹腔镜阑尾切除术"。

通常把基准病种的分值设定为一个整数，以便在确定各病种组合分值时参照，如目前广州市、南昌市的基准分值设定为 1 000 分。基准病种费用一般由基准病种在全统筹区各医院（或相应等级医院）、在统计年度范围内的均次住院统筹费用（或均次住院总费用）来确定。

有些地区不确定基准病种，只是确定基准费用或一个基准数字。

（三）确定病种分值

确定病种及病种组合后，对纳入范围的病例数据进行清洗、统计、整理，然后按照设定的运算规则来确定各个病种组合的分值。本书"病种组合"简称为"病种"，"病种组合分值"简称为"病种分值"。

1. 常态的病种分值

提取当地既往一定时期实际发生的各个病种组合的平均人均住院费用进行病种分值测算，把每一个病种的平均费用或床日费用，除以基准病种的次均费用或固定的参数，计算出各个病种的分值。

$$病种分值 = \frac{该病种次均住院总费用（或次均住院统筹基金费用）}{基准病种次均住院总费用（或次均住院统筹基金费用）} \times 基准病种分值$$

（式 2-2-1）

$$病种每床日分值 = \frac{该病种床日平均住院总费用（或平均住院统筹基金费用）}{基准病种次均住院总费用（或次均住院统筹基金费用）} \times 基准病种分值$$

（式 2-2-2）

保方以编制《病种分值表/库》的形式确定病种分值。

2. 费用偏差病例的分值

费用偏差病例是指病例费用过低或过高两种情况，也有称其为异常病例。

通常通过设定阈值，区分费用过低和费用过高病例的分值确定，对于费用过高、超过阈值以上的部分，按实际费用计算分值；对于实际费用低于阈值下限的，也按实际费用计算分值。阈值的设定因各地而异，一般阈值上限为该病种上一年度同级别医院次均住院费用的 2～2.5 倍，即阈值上限值一般为 2～2.5；阈值下限为该病种上一年度同级别医院次均住院费用 40%～50%。次均住院费用的统计口径因各地而定，可以是次均住院医疗总费用，也可以是次均住院统筹基金费用。

（1）费用在阈值下限以下的病例病种分值：

$$病例病种分值 = \frac{该病例住院费用}{上一年度同级别医院该病种次均住院费用} \times 该病种分值$$

（式 2-2-3）

（2）费用在阈值上限以上的病例病种分值：

$$病例病种分值 = \left(\frac{该病例住院费用}{上一年度同级别医院该病种次均住院费用} - 阈值上限值 + 1 \right) \times 该病种分值$$

（式 2-2-4）

大多数地区设定费用偏差病例的阈值是 40%～250%，而在大城市的三级医院，费用低于次均费用平均水平 50% 的病例不多，阈值下限设为 40%，看起来是对医院"低费用病例"的补偿空间较大，但由于相应的阈值上限是 250%，这样医院在"高费用病例"中的损失额度也较大，起码损失 1.5 个分组，实际上医院出现"高费用病例"的机会明显大于"低费用病例"。

个别地区（如广州市）设定费用偏差病例的阈值是 50%～200%，就在一定程度上克服了上述不太有利于医院的不足，相对让医院的"高费用病例"不要损失太多。

有些地区确定费用偏差病例分值是通过专家评估方式确定费用偏差病例的分值。也有些地区规定一定份额内的特例按服务项目付费支付费用，由医院自主调配，如南昌市每年给予三级医院 1.5‰～2.0‰ 的特例指标，由医院统一申报，年终结算时按项目支付费用。

3. 特殊病例的分值

特殊病例是指没有能与按病种分值付费的病种组合相匹配的病例，也就是未列入《病种分值表/库》的病种，也有称为无病种分值对照病种。其分值的确定通常是把所有特殊病例或无病种分值对照病种作为 1 个或数个特别病种，或者分门别类作为若干个综合病种，根据这些病种的既往数据或当期数据，计算各个特别病种或综合病种相应的分值。采用次均床日费用结算方式的，无病种分值对照病种依照折价过的日均住院费用，折算分值。有一些地区由保方或专家根据病种相关病历材料核定出合理费用，将合理费用比照基准病种确定该病例的病种分值。

特殊病例所占比例虽然很少，但在医院的医保结算中却不能忽视，而妥当处理好特殊病例的结算对于保方实施按病种分值付费更是关键，如果不能客观、合理地给予特别结算，由个别病例的结算不合理而产生的矛盾、纠纷，往往直接指向医保的付费方式。因此，保方对那些特别病例必须给予足够的关注，不能以符合例外原则为由而等闲视之，也不能因怕麻烦而简单处之，而是对非常规性问题更要予以重视。

某些地区则采用对三级以上医院确定一定比例的人次作为特殊病例，不纳入考核指标的计算，以体现对三级医院承担较多的急危重症和疑难复杂疾病诊疗服务的重视，在一定程度上也能防止医院推诿重症病人和疑难疾病病人。例如，南昌市年度实际发生住院1万人次以上的特殊病例比例为3‰，住院1万人次以下的特殊病例比例为2‰，病例由医院自行确定。

4. 6岁（含）以下儿童分值加成

广州市的按病种分值付费实行了6岁（含）以下儿童分值加成的措施。根据《关于广州地区公立医院实行6岁（含）以下儿童基本医疗服务项目价格加收政策的通知》（穗发改规字〔2018〕6号），自2018年5月1日起，对6岁（含）以下儿童部分基本医疗服务项目（408项）价格加收30%。保方经测算，涉及的408项医疗服务项目住院记账费用占住院总记账费用17.54%，对该部分费用提升30%，对6岁（含）以下儿童发生的住院病例在《病种分值表》确定分值的基础上增加5.3%（分值结果取整数）。

三、计算每分值费用

每分值费用俗称"分值单价"。

$$每分值费用 = \frac{统筹区年度按病种分值付费的统筹基金支出总额}{统筹区医院年度总分值的总和}$$

（式2-2-5）

很显然，当统筹区年度统筹基金支出总额不变的情况下，各医院的总分值越高，统筹区内医院总分值的总和越大，每分值费用就减少，也就是通俗说的"分值贬值"。因此，每分值费用是按病种分值付费的核心关键指标，在第三节中将进一步阐述。

一些地区在基金总额预算时，按统筹区内不同等级的医院分类做了各等级医院的基金总额预算，这样，每分值费用的计算如下：

$$每分值费用 = \frac{统筹区年度某等级的医院按病种分值付费的统筹基金支出总额}{统筹区该等级的医院年度总分值的总和}$$

（式2-2-6）

四、设定医院权重系数

按病种分值付费的权重系数，称为医院权重系数，又可称为医院系数、医院等级系数、不同等级医院分值折算系数等，医院权重系数的本质是反映不同医院治疗同种疾病所消耗综合资源的比例关系，也可以理解为是反映不同医院治疗同种疾病所需要获得费用偿付的比例关系。按病种分值付费设定的医院权重系数主要用以调节不同医院的医疗服务成本付出，调节因病种分值同城同价的统一医保支付标准对不同水平医院的影响，以尽可能体现医保支付水平与医院水平相近。医院权重系数需依据当地不同医院的等级、功能定位、医疗条件、技术水平、专业特色、病种结构、人员配备、病人构成、平均费用等反映医院水平的因素进行综合评估确定。

（一）惯用的设定医院权重系数方法

（1）简单地以医院等级一而代之，用医院等级划分、确定医院权重系数。一般中小城市、中小型统筹区常用这样的简便方式。医院权重系数按三级甲等医院、其他三级医院、二级医院、一级医院（社区卫生服务中心）由高到低设定。例如淮安市，三级医院的调整系数为1，二级医院为0.85，一级医院为0.6；中山市的医院等级系数原则上三级医院、二级医院、一级医院、社区卫生服务中心与专科医院分别确定1、2个等级系数，将三级医院系数设为1，其余医院为0.49～0.89。

（2）采用数理模型综合评估的方法，主要依据医院以往的真实数据，通过建立较复杂综合的数学、统计学、经济学数理模型，采用当前的现实数据按照数理模型运算得出反映各医院水平的个性化医院权重系数。通常设置医院权重系数的各项数据取医院当年度申报结算数据，在次年第一季度确定。

（3）采用数据比较的方法，主要依据往年医保信息系统中各级医院次均住院费用等相关数据，有条件者还可结合不同医院的临床成本核算，计算出不同病种、不同级别医院之间的费用比例关系，加权得到相应的权重系数关系，确定分级、分类的医院权重系数。

保方做出医院权重系数的综合评估后，一般会征求当地卫计/卫健部门、财政部门的意见，也可听取一些医院的意见，然后确定医院权重系数。当年度为新增的定点医院，其医院权重系数一般由保方按同级别同类型医院的最低档执行。

有一些地区采用由行政部门讨论赋值的方法，保方与有关的政府行政部门（如人社、卫生、财政、发改或物价等部门）根据本部门掌握的情况，对不同医院的医院权重系数进行赋值，并进行讨论磋商确定。

（二）广州市创新探索设定医院权重系数的方法

广州市创新探索采用以客观数据为基础、行政决策为主导、整合专家意见的方式，根据医院特征设定医院权重系数。设定医院权重系数的基本原则：①结合实际，合理设定。对按病种分值结算和按床日分值结算分别设置权重系数，以当年度数据设定权重系数，更加符合客观事实。②明确规则，强化激励。统筹兼顾定点医疗机构各方面情况，明确权重系数设定规则，激励引导定点医疗机构良性发展（参见《广州市社会医疗保险按病种分值付费定点医疗机构权重系数确定规则》）。

1. 设置基本权重系数

以不同级别医疗机构相同病种（不含综合病种）医疗费用比例关系作为基本权重系数，三级医院初始值设置为1。

2. 加成权重系数

（1）CMI 加成系数。$CMI \geqslant 1$ 时，加成 1%；CMI 每增加 0.1，依次多加成 1%。最高加成 10%。

CMI 为各医院的病例组合指数。其计算公式如下：

$$CMI = \frac{RW}{\sum_{i}^{k} n_i} \div 1000 \qquad （式2-2-7）$$

$$RW = \sum_{i=1}^{k} rw_i \times n_i \qquad （式2-2-8）$$

其中，RW 为各医院的总分值；rw_i 为 i 类病种组合的分值；n_i 为 i 类病种组合在该医院住院的例数；k 为该医院住院病种组合的数量。

简易公式：某医院 cmi =（该院所有病例总分值 ÷ 该院总例数）÷1000

计算 cmi 时以具体病种组合数据计算，不含综合病种。

（2）老年病人比例加成系数。医院 60 岁（含）以上老年人住院人次占比大于等于全市平均水平时，加成 1%；平均水平上每增加 0.1，依次多加成 1%。最高加成 5%。

（3）医保分级管理等级评定加成系数。医院医保分级管理等级评定为 AAA 级的，加成 1.5%；分级管理等级评定为 AA 级的，加成 0.5%。

（4）"登峰计划"医院加成系数。属于"登峰计划"医院的，加成 0.5%。"登峰计划"医院是指广东高水平医院建设"登峰计划"的入选医院。

（5）重点专科加成系数。有国家、本省或本市卫生部门评定的重点专科的定点医疗机构加成 0.5%。重点专科只定性，不计数。同一证照的，则各院区均加成，否则只加成获得认证的院区。

3. 床日权重系数

按床日分值结算的医院权重系数称为床日权重系数。精神病床日住院、老年护理医疗专区床日住院、指定病种床日住院以及护理院床日住院的权重系数统一设置为 1。

五、费用结算办法

按病种分值付费一般实行"月预结算、年终结算"的基金结算方式。具体结算办法因各地而异。

（一）月度预结算

采用月度预结算的主要目的是缓解医院垫付资金压力，保障医院资金周转；通过按月度计算各医院提供医疗服务的量，对医院进行分值预告，便于医院及时改善管理；便于保方获得医院运行数据，进行动态监测和管理。

通常以各医院当月申报的纳入按病种分值付费结算范围病例发生的统筹基金记账金额为基数，由医保经办机构按照 95% 的比例（一般预留 5% 的质量保证金）预拨付给各医院。

有些地区将各医院上年度参保人住院月均基金支付额作为月预结算额，若医院实际发生的报销金额小于月预结算额，取小值，扣减违规金额后，由医保经办机构按月预付给各医院。若年度清算拨付金额为负数，则需要在以后月度预付时抵扣。

有些地区在月度预结算时，按照智能审核系统审核和病例抽检人工审核等审核方式对出院病例进行审核的结果，违规金额作为月度审核扣款，在月度预结算扣减。

也有些地区根据上年度月平均实际统筹费用及当月统筹费用情况，在基金月度预结算预算总额内进行计算，计算月内总病种分值，明确分值单价，进而明确各医院的月预结算费用。

月预结算费用计算办法：医院月预结算费用 =（统筹区该等级医院月预结算额度÷统筹区该等级医院当月总分值）×该医院当月总分值×该医院权重系数。

（二）年终结算

各医院按病种分值付费的年度结算所能获得的医保支付费用，主要由其年度总分值、每分值费用（分值单价）、医院权重系数、考核系数、基金决算总额来决定，一些地区的年度决算还与各医院的医疗费用水平、参保人自付比例、统筹基金支付率、病例病历质量评审结果等挂钩。

年度结算时，保方一般首先对基金总额预算进行合理调整，确定决算基金总额，然后计算统筹区按病种分值结算的总分值，并计算分值单价。接着核算各医院的总分值，计算各医院可获得的结算金额；结合年度考核及日常监督考核情况，按照约定的结算办法，计算出各医院实际获得的年度结算金额。

1. 年终决算基金支出总额的调整

年终结算时，保方一般需进行年终决算基金支出总额的调整。

一些地区还考虑整个医保基金支出总额的限制，年末往往需结合实际基金收入及门诊特定项目、普通门诊统筹、零星报销、转外就医等科目的超支或结余情况，调整年终可分配基金总量。

一些地区按照年度住院统筹费用实际发生额结合住院人数、筹资能力、政策性待遇水平调整等因素调整年度决算额度。例如，南昌市和银川市主要考虑上年度住院统筹费用实际发生额、住院人数增长率、人均统筹基金增长率和调整政策待遇水平所需统筹基金支出额确定年度决算额度。

一些地区依据医院实际发生的统筹费用总额与可支配基金的比例，确定当年度分配基金的额度。例如，中山市规定全市医院住院实际发生的统筹费用总和未达到可分配基金总额的95%时，则按最高不超过实际发生统筹费用总和的105%作为当年度住院分配基金总额；如实际发生的统筹费用总和达到可分配基金总额95%及以上时，则将可分配基金总额作为当年度住院分配基金总额。

2. 各医院年度总分值

医院总分值的计算公式：

$$医院总分值 = \sum_{i=1}^{k} rw_i \times n_i \quad (式2-2-9)$$

其中，rw_i 为 i 类病种组合的分值；n_i 为 i 类病种组合在该医院住院的例数；k 为该医院住院病种组合的数量。

医院年度总分值通用的基本计算公式表述如下：

医院年度总分值 = $\sum$ [各病种（床日）分值 × 医院年度各病种病例（床日）数] + 医院费用偏差病例总分值 + 医院综合病种（特殊病例）总分值 − 审核扣减的病种（床日）分值。

各地区一般会在此基本计算公式的基础上，根据各自的政策加上各种各项调整系数，包括医院权重系数、病例质量评价结果等。

3. 各医院年度统筹基金决算支付金额

一般年终决算通用的计算办法：

当年度决算支付各医院住院统筹费用 = 统筹区的每分值费用 × 该医院当年度总分值 × 该医院考核系数 − 该医院当年度按月预结算费用总金额。

除年度考核外，还有一系列分值调整和扣款事宜。如淮安市在年终对危重病例进行审议调整分值，同时年末依据基金结余情况集中讨论特殊材料的折算分值事宜。

六、监督考核

各地往往建立了相应的年度考核体系，并将考核结果与医保结算结果紧密相关。一般将日常考核与年终考核结合起来，且更重视日常考核，特别是智能监控，一些地区日常考核占70%。保方定期将按病种分值付费运行情况向医院通报，不断完善相应服务协议，对违反有关规定的定点医疗机构，按医疗保险相关政策规定及服务协议要求进行处理。

（一）年度考核

各地医保经办机构对医院为参保人的医疗服务进行年度考核，通常结合当地实际情况，将选择人均住院费用增长率、重复住院率增长率、人次人头比增长率、年度总体自费率、实际报销比例、个人支付比例、住院人次与人数比、疾病和手术编码准确率以及病人满意度调查等若干指标纳入医院年度考核内容，年度考核结果与医院医保支付挂钩。

一些地区保方设定考核指标，确定考核系数，用考核系数来衡量医院提供医疗服务的质量，考核系数可反映各医院在费用控制、质量监管、保障参保人员权益等方面实际运行数据与监控标准之间的比例关系。如通过评价以下指标来形成考核系数：重复住院率增长率指标（目的是约束定点医疗机构分解住院、挂床住院等行为）、人均住院费用增长率指标（目的是防止过度医疗，控制统筹费用的支出）、实际报销比例指标（目的是保障参保病人的医疗待遇，减轻个人负担）。

各地办法统筹对查实高套分值、分解住院、挂名住院、体检住院、不满一个疗程并且无合理原因、不符合入出院指征、无特殊原因把本院有条件有能力诊治的病人推转到其他医院、将住院自费费用分解至门诊结算的病例，将不予结算病例分值，并扣罚相应病例分值若干倍（一般为2~3倍）。

(二) 日常监督考核

保方通过智能监控系统、平时调查、日常稽查、现场考察、暗访、抽查病历、随机抽查、专家评审、医院互审、第三方核查、处理举报投诉等方式对医院的医疗服务、医保管理进行日常监督检查考核。日常考核的评价标准越来越细化，扣罚范围及分值越来越加大，尤其是就医业务、医疗诊疗行为方面。扣罚分值直接与基金支付挂钩。

一些地区保方定期或不定期组织医疗专家对实施按病种分值付费的费用偏差病例和综合病种（特殊病种）病例按一定比例抽调，进行集体评审，计算定点医疗机构平均得分。

(三) 建立诚信机制及约束机制

一些地区保方建立监督病种分值对照的诚信机制。例如，南昌市规定，发现诊断升级、高套分值的，按实际核定的病种确定其实际分值，并从第二例开始扣除其因诊断升级、高套分值而高出实际分值部分的50%；当年病种分值高套率超过10%以上的，年终全额扣除其年度服务质量保证金。广州市规定，医院有分解住院、挂名住院、诊断升级、高套分值或降低入院标准等行为的，当次住院的分值不予计算，并按该分值的3倍予以扣减。

保方通常规定，年度内医院因违反医疗保险有关规定受到保方责令限期整改、暂停服务协议、解除服务协议等处理或因各种原因受到卫生计生部门行政处罚的，不予支付调节金或服务质量保障金。

(四) 建立公示机制

一些地区的保方对各医院为参保人员提供医疗服务所产生的收治病种、病组、费用结构等大数据进行分析，并把分析结果在一定范围内进行公示。公示的内容主要包括各医院的各病组数据、CMI值、时间消耗指数、相对工作权指数等有关指标，有的地区还提一些典型病案予以公示。

第三节 核心要领

《国务院办公厅关于进一步深化基本医疗保险支付方式改革的指导意见》（以下简称"55号文"）明确要求："建立健全谈判协商机制，以既往费用数据和医保基金支付能力为基础，在保证疗效的基础上科学合理确定中西医病种付费标准，引导适宜技术使用，节约医疗费用。做好按病种收费、付费政策衔接，合理确定收费、付费标准，由医保基金和个人共同分担。加快制定医疗服务项目技术规范，实现全国范围内医疗服务项目名称和内涵的统一。逐步统一疾病分类编码（ICD-10）、手术与操作编码系统，明确病历及病案首页书写规范，制定完善符合基本医疗需求的临床路径等行业技术标准，为推行按病种付费打下良好基础。""各统筹地区要结合医保基金预算管理完善总额控制办法，提高总额控制指标的科学性、合理性。完善与总额控制相适应的考核评价体系和动态调整机制，对超总额控制指标的医疗机构合理增加的工作量，可根据考核情况按协议约定给予补偿，保证医疗机构正常运行。健全医保经办机构与医疗机构之间的协商机制，促进医疗机构集体协商。总额控制指标应向基层医疗卫生机构、儿童医疗机构等适当倾斜，制定过程按规定向医疗机构、相关部门和社会公开。"落实执行好55号文的这些要求，就是推行按病种分值付费基础、基本的要领。

在实际工作中，把握好目的意图、确定好科学合理的基金支出总额、保障好《病种分值表/库》的质量、设计好结算的核心算法、运用好激励与约束等要素，成为推行好按病种分值付费的核心要领。

一、目的意图

（一）准确把握深化医保支付方式改革的目的意图

深刻领会、准确把握55号文的政策内涵，在国家层面的"顶层设计"中，深化医保支付方式改革的目的意图主要有以下的内容：①充分发挥医保在医改中的基础性作用，规范医疗服务行为、控制医疗费用不合理增长。②健全医保支付机制和利益调控机制，实行精细化管理，不断提高医保基金使用效率，切实保障医保制度长期可持续发展。③更好地保障参保人员权益，切实保障广大参保人员基本医疗权益，着力保障参保人员基本医疗需求。④健全医保对医疗行为的激励约束机制以及对医疗费用的控制机制，激发医院规范行为、控制成本、合理收治和转诊病人的内生动力，提高医院自我管理的积极性，促进医院从规模扩张向内涵式发展转变。⑤有效发挥医保对医疗服务供需双方特别是对供方的引导制约作用，促进医疗卫生资源合理利用。⑥引导医疗资源合理配置和病人有序就医，支持建立分级诊疗模式和基层医疗卫生机构健康发展。⑦建立健全保方与医院间公开平等的谈判协商机制、"结余留用、合理超支分担"的激励和风险分担机制。⑧进一步加强医保基金预算管理，全面推行以按病种付费为主的多元复合式医保支付方式。⑨各地的医保支付方式改革要从当地实际出发，充分考虑医保基金支付能力、医保管理服务能力、医疗服务特点、疾病谱分布等因素。

（二）准确把握推行医保按病种分值付费改革的目的意图

在国务院办公厅55号文提出了"2017年起，进一步加强医保基金预算管理，全面推行以按病种付费为主的多元复合式医保支付方式"和"有条件的地区可积极探索将点数法与预算总额管理、按病种付费等相结合，逐步使用区域（或一定范围内）医保基金总额控制代替具体医疗机构总额控制"的要求后，各地积极开展了按病种分值付费改革。

在国家层面鼓励有条件的地区积极探索按病种分值付费改革的目的意图主要有三方面：①为落实医保支付方式改革的主要内容"重点推行按病种付费"提供有力支撑。②"积极探索将点数法与预算总额管理、按病种付费等相结合，逐步使用区域医保基金总额控制代替具体医疗机构总额控制。"③"促进医疗机构之间分工协作、有序竞争和资源合理配置"。

在省、市医保统筹区的层面，推行医保按病种分值付费改革的目的意图主要如下：

①确保基金预算总额管理到位,基金总额控制无风险。②激励医院加强自我管理,强化医院规范化管理。③控制医疗费用不合理增长,减轻群众就医负担,提高医保基金使用效率。④建立完善医疗保险费用质量监控标准体系,加强对医院费用的控制和质量的监管,重点防范降低住院标准、诊断升级、分解住院等违规行为,维护基金平稳运行。⑤完善考核评价办法,充分利用信息管理系统,通过完善数据采集和加强数据分析,探索将各医院基本医保指标与同级别医院管理指标平均水平对比,促进医疗机构间良性竞争。⑥健全保方与医院的谈判协商机制,建立高额医疗费用专家评审等多种机制。⑦促进合理治疗,调动医院和医生的积极性,把诊疗行为的主动权交给医生,防止过渡医疗或医疗缺失。⑧促进精细化管理,医保费用的风险全由医院承受了,促使医院管理重视节约医疗费用、控制医疗成本。⑨促进分级诊疗模式建立,引导医疗资源合理配置和病人有序就医。⑩促进医院相互监督,形成医院相互制约机制,促进医院良性发展。

有些地区还通过推行医保按病种分值付费而实现改进原来工作的目的,如:整合住院付费方式,改变当地原住院付费方式结算项目众多、结算办法复杂、碎片化等状况;完善总额控制机制,改变当地原总额控制机制只覆盖了普通疾病住院医疗费用,对指定结算项目、床日付费项目等的总额约束性不强的状况等。

(三)认真研判医院自身的目的意图

面对按病种分值付费改革,医院应该对有关的政策、制度、内容、措施、流程、标准、算法等内容进行认真研究分析,以判断形成有利于医院发展的实施按病种分值付费的目的意图。特别是在大城市实施按病种分值付费,同城各医院的医保费用管理无法"独善其身",应该形成各医院发挥优势、品质至上、尊重规则、有序竞争的健康发展局面。

医院需主动作为,以此促进医疗能力建设,重视收治病人的病种构成,以体现医院、学科专科的能力与水平;抓好病案质量特别是病案首页的质量,评价医疗团队与收治病种匹配的医疗能力水平,促进医生医疗水平提高且提升成就感;促使医院科室节约诊疗费用、控制医疗成本等;合理把握病种费用及费用结构;也可以为实施DRG付费打好基础。

二、基金总额预算

按病种分值付费的核心要素之一是"预算管理、总额控制"。总额预算的水平决定着统筹区实施按病种分值付费的质量与水平。国务院办公厅55号文明确要求"各统筹地区要结合医保基金预算管理完善总额控制办法,提高总额控制指标的科学性、合理性"。

通常每年年初保方要编制医保基金的收入预算和支出预算,根据当年度医保统筹基金收入和医疗费用增长情况等,编制收入预算,确定统筹基金年度可支付金额。然后根据近年医保基金实际支付情况及预测,编制统筹基金年度支出预算,确定统筹基金各支付科目的控制总量,作为总额控制的依据。

(一)整体总额控制与"分块总额"控制

在国家层面的按病种分值付费制度要求,"逐步使用区域(或一定范围内)医保基金总额控制代替具体医疗机构总额控制。采取点数法的地区确定本区域（或一定范围内）医保基金总额控制指标后，不再细化明确各医疗机构的总额控制指标"（55号文）。大多数地区在实施按病种分值付费后，就采用统筹区的整体总额控制的预算管理。

一些地区采用了"分块总额"控制的基金总额预算管理，按统筹区三个等级的医院分块做出各等级医院的总额控制预算，把整体总额分配为三级、二级、一级医院三个"分块总额"，各级医院实施"分块总额"、分别预算，而且个别地区还规定三块之间互相不能挤占。从长远来看，这样的"分块总额"不利于医院的有序竞争和医疗资源的优化。特别是在一、二级医院的问题比较突出，少数发展较猛的一、二级医院抢分值的行为可能导致同级医院出现普遍的医保支付效果明显变差。保方如确实需要采用"分块总额"预算管理，也应该按照国家政策的要求，"总额控制指标应向基层医疗卫生机构、儿童医疗机构等适当倾斜"。

（二）总额控制预算的合理增长

保方通常会综合考虑统筹区医保基金收入水平、经济社会发展水平、物价水平、参保人员就医增长、政策待遇水平等因素，根据上年度住院统筹基金实际支出情况，确定当年度住院统筹基金支出增长率和支出总额。

较多地区主要考虑住院人数增长率、统筹基金增长率等因素。例如南昌市，当年度住院统筹基金决算额度 = 上年度住院统筹费用实际发生支付额 × （1 + 住院人数增长率） × （1 + 70% × 人均统筹基金增长率） + 调整政策待遇水平所需统筹基金支出额。

广州市在确定全市年度住院统筹基金支出总额时，综合考虑本市社会医疗保险基金收入水平、参保人员就医需求、经济社会发展水平、物价水平及政策要求或突发事件情形等因素，根据上年度住院统筹基金实际支出情况，合理确定全市年度住院统筹基金支出增长率和全市住院统筹基金支出总额。具体方法如下：

全市年度住院统筹基金支出总额 = 全市上年度住院统筹基金实际支出总额 × （1 + 全市年度住院统筹基金支出增长率[a]） + 全市年度按病种分值付费调节金支出总额[b]

a. 全市年度住院统筹基金支出增长率 = （全市上年度参保人员住院就医人数增长率 + 1） × （本市上年度医疗保健消费价格同比增长率 + 1） − 1

b. 全市年度按病种分值付费调节金支出总额 = 上一年度全市按病种分值付费调节金支出总额 × （本市上年度医疗保健消费价格同比增长率 + 1）

如全市年度住院统筹基金支出增长率高于省下达市医疗费用增长率控制目标或省、市规定公立医院医疗费用增长幅度的，按其规定确定基金支出增长率。因重大政策调整、影响范围较大的突发事件、自然灾害或其他特殊情形发生需要调整住院统筹基金支出总额或全市年度按病种分值付费调节金支出总额的，由医保经办机构根据实际情况提出调整意见，报市人力资源社会保障行政部门审定后执行。

佛山市在确定全市年度统筹基金支出总额时，与当地上年度GDP增长、医改控制目标等挂钩。基金支出增长率 = 本市上上年度GDP增长率 × 1.16。基金支出增长率高于省下达给市医疗费用增长率控制目标的，按其控制目标确定基金支出增长率。结合广东省医改控制目标，佛山市2018年基金支出平均增长率确定为9.5%。

三、研制《病种分值表/库》

(一) 病种组合方式的比较

病种组合的方式是研制《病种分值表/库》的基础,通常采用出院病案首页的第一诊断(ICD-10的前4位编码)结合主要手术或诊疗操作,按照一定的规则来确定病种组合。依据主要手术或诊疗操作的分类方法及细分程度,一般有大组合、中组合、精细化组合3类病种组合方式,各具特色、各有利弊。(表2-3-1)

表2-3-1 《病种分值表/库》病种组合方式的比较

	"大组合"方式	"中组合"方式	"精细化组合"方式
病种组合数	数百~4 000	4 000~6 000多	10 000多
诊疗方式分类	4~6类	20项左右	涵盖临床常用的数十项
例:子宫平滑肌瘤的病种组合数	4	12	27
例:支气管或肺恶性肿瘤的病种组合数	4	17	52
利	简明、方便; 分值均值的宽度较大; 医院调控力度较大	比大组合精确些又无精细化组合那么繁杂	相对贴近临床现状; 医生清晰明了; 分值精细
弊	比较"粗糙"; 逆向选择风险较大	介于两者	对分值表制定要求高; 合理"高选"空间大; 分值宽度过于狭窄

"精细化组合"方式的病种组合是主要依据病例规范的疾病主要诊断和细分的主要诊疗方式而产生不同的病种组合,与病例的个体特征无关,这就是按病种组合分组与DRG分组的本质区别所在。"精细化组合"方式病种组合的细分程度,远大于DRG方式分组。

广州市积极探索以"精细化组合"方式来研制按病种分值付费《病种分值表》,共纳入1 688个主要疾病诊断病种(含25个综合病种)、12030项病种组合,每一项病种组合及每一个综合病种就对应一个分值。

长沙市的病种组合方式则基本只区分手术、非手术两类,575个病种设定了非手术分值428项、手术分值268项,80个病种设定了分组分值25项,恶性肿瘤非手术病种按化疗、放疗、化疗+放疗、姑息治疗(包含所有除手术、化疗、放疗以外的治疗方式)4种治疗方式设置了治疗方式分值4项,还有慢性病分级治疗27个病种设定疾病进展分值44项。《病种分值表》共749项病种分值,未包含的病种病例则申请无对照病种,无对照病例当月赋予预算分值,年终再根据该病例基金支出核定病种分值。虽然长沙市的《病种分值表》只分非手术分值、手术分值,但保方要求医院对手术的病例需要根据术式按传统手术（开放式手术）、微创手术、介入手术，进行准确的治疗方式申报，为以后进一步细化病种组合分类打下坚实且真实的数据基础。

对于研制《病种分值表/库》采用哪类病种组合方式为好呢？目前并无有说服力的研究分析结论，更无定论。任何病种组合的分组方式都反映了保方的多重目标，特别需要与临床工作实际的良好匹配，需要更广泛、更深入的研究分析。下面以常见病"支气管或肺恶性肿瘤（C34.9）"为例，可大致比较3类病种组合方式产生的《病种分值表/库》的具体情况。

1. 采用"大组合"方式

通常把主要手术或主要诊疗操作按大分类区分为非手术、手术；保守治疗、传统手术、微创手术、介入手术、透析及血液过滤、干细胞移植、体外碎石等，一般只形成4～6类诊疗方式的病种组合，这是各地最常用的。例如，"支气管或肺恶性肿瘤（C34.9）"一般只形成4项病种组合，举例见表2-3-2。

表2-3-2 AB市社会医疗保险按病种付费病种分值库（C34.9病种）

ICD-10编码	病种名称	代码	诊疗方式	分值
C34.9	支气管或肺恶性肿瘤	0	保守治疗	241
C34.9	支气管或肺恶性肿瘤	1	传统手术	513
C34.9	支气管或肺恶性肿瘤	2	微创手术	548
C34.9	支气管或肺恶性肿瘤	3	介入治疗	354

注：引自《AB市社会医疗保险按病种付费病种分值库》。

"大组合"方式的病种组合简明、方便，不会诱导医生花精力去钻研分值表，而且分值的宽度较大，也有助于医院在医保费用管理上能够更好地精细化管理。但如果分值表的质量不太高、科学性不够强的话，则个别病种组合与分值之间存在倒挂现象。

2. 采用"中组合"方式

"中组合"方式有两种病种组合的情形。

（1）把临床常用的主要手术或主要诊疗操作归类为十数种至数十种不等进行病种组合，如分类为保守治疗、传统手术、微创手术、介入治疗、人工肝治疗、血液净化、透析治疗、干细胞移植、机械通气、体外碎石、腹水回输术、超声乳化、玻璃体切割、适形放疗、适形调强放疗、容积调强、修复手术、机械持续降温等。例如，中山市把临床常用的5 398个手术或诊疗操作归类为19种诊治方式，采用"中组合"方式进行病种组合，共产生4 654项病种组合，其《病种分值库》举例见表2-3-3。

表2-3-3 中山市社会医疗保险住院病种分值库（局部举例）

ICD-10亚目	疾病名称	代码	诊治方式
I21.0	前壁急性透壁性心肌梗死	19	冠脉造影
N18.0	肾终末期疾病	18	器官移植

续表 2-3-3

ICD-10 亚目	疾病名称	代码	诊治方式
P91.6	新生儿缺氧缺血性脑病	17	机械持续降温
P57.9	未特指的核黄疸	16	血液净化
Z51.0	放射治疗疗程	15	容积调强
N20.2	肾结石伴有输尿管结石	14	体外碎石
M17.9	未特指的膝关节病	13	修复手术
K74.6	其他和未特指的肝硬化	12	腹水回输术
Z51.0	放射治疗疗程	11	适形调强放疗
Z51.0	放射治疗疗程	10	适形放疗
H43.1	玻璃体出血	9	玻璃体切割术
H26.8	其他特指的白内障	8	超声乳化
J15.1	假单胞菌性肺炎	7	机械通气
J18.9	未特指的肺炎	7	机械通气
C91.0	急性淋巴细胞白血病	6	干细胞移植
C92.0	急性髓样白血病	6	干细胞移植
E11.2	非胰岛素依赖型糖尿病，伴有肾的并发症	5	透析治疗
N17.9	未特指的急性肾衰竭	5	透析治疗
N03.9	慢性肾炎综合征，未特指	5	透析治疗
B19.9	未特指的病毒性肝炎，不伴肝昏迷	4	人工肝治疗
I71.4	腹主动脉瘤，未提及破裂	3	介入治疗
I60.1	大脑中动脉的蛛网膜下出血	3	介入治疗
I49.8	其他特指的心律失常	3	介入治疗
I63.3	大脑动脉血栓形成引起的脑梗死	3	介入治疗
C17.0	十二指肠恶性肿瘤	3	介入治疗
C34.1	上叶、支气管或肺的恶性肿瘤	3	介入治疗
I83.9	下肢静脉曲张不伴有溃疡或炎症	3	介入治疗
I60.8	其他的蛛网膜下出血	2	微创手术
C17.0	十二指肠恶性肿瘤	2	微创手术
C34.1	上叶、支气管或肺的恶性肿瘤	2	微创手术
N71.1	子宫慢性炎性疾病	2	微创手术
I63.0	入脑前动脉血栓形成引起的脑梗死	1	传统手术
N47.x	包皮过长、包茎和嵌顿包茎	1	传统手术

续表 2 - 3 - 3

ICD - 10 亚目	疾病名称	代码	诊治方式
I60.1	大脑中动脉的蛛网膜下出血	0	保守治疗
C94.7	其他特指的白血病	0	保守治疗

注：引自《中山市社会医疗保险住院病种分值库（2017 年版）》。

（2）采用主要疾病与临床常用手术或诊疗操作进行组合，可产生 6 000 多项的病种组合，如"支气管或肺恶性肿瘤（C34.9）"就形成 17 项病种组合，包含诊疗操作的有 16 项。表 2 - 3 - 4 是某地进行病种分组表研制过程中，以"中组合"方式进行病种组合的模拟测试结果。

表 2 - 3 - 4　某地按病种分值付费病种模拟测试的病种分值表（C34.9 病种）

疾病编码	主要疾病	操作编码	操作名称	分值
C34.9	支气管或肺恶性肿瘤	n	无手术操作	1 103
C34.9	支气管或肺恶性肿瘤	34.9101	胸腔穿刺抽气术	1 329
C34.9	支气管或肺恶性肿瘤	33.2301	支气管镜检查术	1 493
C34.9	支气管或肺恶性肿瘤	33.2401	支气管活组织检查，经支气管镜	1 497
C34.9	支气管或肺恶性肿瘤	34.0401	胸腔闭式引流术	1 554
C34.9	支气管或肺恶性肿瘤	33.2701	肺活组织检查，经支气管镜	1 663
C34.9	支气管或肺恶性肿瘤	40.1101	淋巴结活组织检查	1 680
C34.9	支气管或肺恶性肿瘤	33.2201	光导纤维支气管镜检查术	1 700
C34.9	支气管或肺恶性肿瘤	34.9102	胸腔穿刺抽液术	1 705
C34.9	支气管或肺恶性肿瘤	33.2601	肺穿刺活组织检查	1 788
C34.9	支气管或肺恶性肿瘤	40.2101	颈淋巴结切除术	2 077
C34.9	支气管或肺恶性肿瘤	38.9901	静脉穿刺术	2 392
C34.9	支气管或肺恶性肿瘤	38.9302	中心静脉插管术（PICC）	2 455
C34.9	支气管或肺恶性肿瘤	38.9301	静脉插管术	2 567
C34.9	支气管或肺恶性肿瘤	32.4101	肺叶切除术，经胸腔镜	5 797
C34.9	支气管或肺恶性肿瘤	32.4103	肺叶切除术，经胸腔镜辅助小切口	6 022
C34.9	支气管或肺恶性肿瘤	32.4103 40.5907	肺叶切除术，经胸腔镜辅助小切口 纵隔淋巴结清扫术	6 551

"中组合"方式的病种组合比"大组合"方式精确些，但又无"精细化组合"那么繁杂。但如果《病种分值表》的质量不高、与临床实际的匹配不够好的话，则会容易诱发医生的"道德风险"。

3. 采用"精细化组合"方式

以临床主要诊断编码（ICD-10 国标版编码的前 4 位）和主要手术与操作编码（ICD-9-CM-3 编码的前 6 位）进行精细化的病种组合，广州市的按病种分值付费共纳入 1 688 个主要疾病诊断（含 25 个综合病种）、12 030 个病种组合，如"支气管或肺恶性肿瘤（C34.9）"的病种组合数多达 52 项，涵盖几乎所有临床常用的诊疗操作，仅保守治疗并有各种诊疗操作的病种组合就有 28 项，见表 2-3-5。

表 2-3-5　广州市社会医疗保险按病种分值付费病种分值表（C34.9 病种）

诊断编码	诊断名称	操作编码	操作名称	分值
C34.9	支气管或肺恶性肿瘤	n（y）	保守治疗（含简单操作）	
C34.9	支气管或肺恶性肿瘤	31.4201	保守治疗（含气管镜检查术）	
C34.9	支气管或肺恶性肿瘤	31.4202	保守治疗［含纤维喉镜检查（电子喉镜检查）］	
C34.9	支气管或肺恶性肿瘤	31.4401	气管活组织检查，经支气管镜	
C34.9	支气管或肺恶性肿瘤	32.2001	肺病损切除术，经胸腔镜	
C34.9	支气管或肺恶性肿瘤	32.2003	肺部分切除术（含肺楔形切除术），经胸腔镜	
C34.9	支气管或肺恶性肿瘤	32.2301	肺切开病损消融术	
C34.9	支气管或肺恶性肿瘤	32.2402	肺病损射频消融术（RFA），经皮	
C34.9	支气管或肺恶性肿瘤	32.2404	肺病损微波消融术，经皮	
C34.9	支气管或肺恶性肿瘤	32.3001	肺段切除术，经胸腔镜	
C34.9	支气管或肺恶性肿瘤	32.4101	肺叶切除术，经胸腔镜	
C34.9	支气管或肺恶性肿瘤	32.4901	肺叶切除术	
C34.9	支气管或肺恶性肿瘤	33.2201	保守治疗（含光导纤维支气管镜检查术）	abcd
C34.9	支气管或肺恶性肿瘤	33.2301	保守治疗（含支气管镜检查术）	abcd
C34.9	支气管或肺恶性肿瘤	33.2302	超声支气管镜检查术	
C34.9	支气管或肺恶性肿瘤	33.2401	保守治疗（含支气管活组织检查，经支气管镜）	abcd
C34.9	支气管或肺恶性肿瘤	33.2402	保守治疗［含诊断性支气管肺泡灌洗，经内窥镜（BAL）］	
C34.9	支气管或肺恶性肿瘤	33.2403	保守治疗（含支气管采样刷检查，经内窥镜）	abcd
C34.9	支气管或肺恶性肿瘤	33.2601	保守治疗（含肺穿刺活组织检查）	abcd
C34.9	支气管或肺恶性肿瘤	33.2701	保守治疗（含肺活组织检查，经支气管镜）	abcd
C34.9	支气管或肺恶性肿瘤	34.0201	开胸探查术	
C34.9	支气管或肺恶性肿瘤	34.0401	保守治疗（含胸腔闭式引流术）	abcd
C34.9	支气管或肺恶性肿瘤	34.0402	胸腔闭式引流管修正术	
C34.9	支气管或肺恶性肿瘤	34.2001	胸膜活组织检查，经胸腔镜	

续表 2-3-5

诊断编码	诊断名称	操作编码	操作名称	分值
C34.9	支气管或肺恶性肿瘤	34.2101	胸腔镜检查（VATS）	
C34.9	支气管或肺恶性肿瘤	34.2401	保守治疗（含胸膜穿刺活组织检查）	
C34.9	支气管或肺恶性肿瘤	34.9101	保守治疗（含胸腔穿刺抽气术）	abcd
C34.9	支气管或肺恶性肿瘤	34.9102	保守治疗（含胸腔穿刺抽液术）	abcd
C34.9	支气管或肺恶性肿瘤	34.9103	保守治疗（含胸膜病损穿刺定位术，经皮）	abcd
C34.9	支气管或肺恶性肿瘤	38.9301	保守治疗（含静脉插管术）	abcd
C34.9	支气管或肺恶性肿瘤	38.9302	保守治疗［含中心静脉插管术（PICC）］	abcd
C34.9	支气管或肺恶性肿瘤	38.9902	岩下窦静脉取血术（IPSS）	
C34.9	支气管或肺恶性肿瘤	40.1101	保守治疗（含淋巴结活组织检查）	abcd
C34.9	支气管或肺恶性肿瘤	40.1102	淋巴结活组织检查，经内窥镜	
C34.9	支气管或肺恶性肿瘤	40.2101	颈淋巴结切除术	
C34.9	支气管或肺恶性肿瘤	40.2904	锁骨上（下）淋巴结切除术	
C34.9	支气管或肺恶性肿瘤	41.3102	保守治疗（含骨髓穿刺活组织检查）	
C34.9	支气管或肺恶性肿瘤	44.1301	保守治疗（含胃镜检查）	
C34.9	支气管或肺恶性肿瘤	50.1101	保守治疗（含肝穿刺活组织检查）	
C34.9	支气管或肺恶性肿瘤	54.9101	保守治疗（含腹腔穿刺引流术）	
C34.9	支气管或肺恶性肿瘤	86.0701	保守治疗（含植入式输液港置入术）	
C34.9	支气管或肺恶性肿瘤	86.1101	保守治疗（含皮肤和皮下组织活组织检查）	
C34.9	支气管或肺恶性肿瘤	92.2705	肺肿瘤放射性粒子植入术（碘-125）	
C34.9	支气管或肺恶性肿瘤	96.0401	保守治疗（含气管插管）	
C34.9	支气管或肺恶性肿瘤	96.5602	保守治疗（含吸痰，经支气管镜）	
C34.9	支气管或肺恶性肿瘤	99.2501	保守治疗（含注射或输注抗肿瘤药物）	
C34.9	支气管或肺恶性肿瘤	03.3101	保守治疗（含腰椎穿刺术）	
C34.9	支气管或肺恶性肿瘤	32.1 01	支气管部分切除术	
C34.9	支气管或肺恶性肿瘤	32.4103 或 32.4103 40.5907	肺叶切除术，经胸腔镜辅助小切口或肺叶切除术，经胸腔镜辅助小切口/纵隔淋巴结清扫术	
C34.9	支气管或肺恶性肿瘤	32.6 01	胸腔结构根治性清扫术	
C34.9	支气管或肺恶性肿瘤	37.0 01	心包穿刺术	
C34.9	支气管或肺恶性肿瘤	37.0 03	心包穿刺置管引流术	

注：引自《广州市社会医疗保险按病种分值付费病种分值表》。

"精细化组合"方式的病种组合相对贴近临床实际,诊疗方式基本包含临床常用的诊疗措施,分值细分,并让医生比较清晰明了。但却在不同程度上造成了医生花精力去钻研分值表,以保障医院的合理利益,也对医院在合理诊疗及医保费用管理上提出了更高的要求。尽管保方已考虑到尽量避免医生可能出现的"道德风险",把相似相近的一系列病种组合设定为同一个分值,如表2-3-5所示,13项包含不同诊疗措施的保守治疗的病种组合的分值均设定为同一个分值(abcd),但如果分值表的质量与水平不够高的话,仍难以避免医生可能出现与"大组合""中组合"相比更多见的"逆向选择""道德风险"。

(二)《病种分值表/库》存在的主要问题

目前,各地使用的按病种分值付费《病种分值表/库》普遍存在一些问题,下面梳理出一些地区正在应用的《病种分值表/库》中存在有一定代表性的问题。为了避免有直接映射出某某地区之嫌,故对分值的具体数值进行了等比例放大或缩小。

1. 分值错配

表2-3-6显示,同一个病种微创手术的分值低于保守治疗,极容易诱导医生的"逆向选择",对该病种病人的诊疗宁愿倾向推荐采用保守治疗,而不去做此分值表明示的"费力不划算"的微创手术。同一个病种微创手术的分值低于传统手术,这可能是在制定分值表时,只是由计算机简单的基于历史费用资料的运算而设定分值,这样的与临床实际不符的病种分值,势必造成"保护落后"的恶果。

表2-3-6 CD市按病种分值付费分值表(局部)

ICD-10编码	主要诊断	代码	诊疗方式	分值
K40.2	双侧腹股沟疝,不伴有梗阻或坏疽	0	保守治疗	326
K40.2	双侧腹股沟疝,不伴有梗阻或坏疽	1	传统手术	328
K40.2	双侧腹股沟疝,不伴有梗阻或坏疽	2	微创手术	304
K31.7	胃和十二指肠息肉	0	保守治疗	130
K31.7	胃和十二指肠息肉	1	传统手术	149
K31.7	胃和十二指肠息肉	2	微创手术	146
K35.1	急性阑尾炎伴有腹膜脓肿	0	保守治疗	164
K35.1	急性阑尾炎伴有腹膜脓肿	1	传统手术	230
K35.1	急性阑尾炎伴有腹膜脓肿	2	微创手术	214

注:引自《CD市基本医疗保险住院病种分值库(2017年版)》。

表2-3-7显示,同是进行体外碎石治疗,治疗"输尿管结石"或"肾结石"的分值均高于治疗"肾结石伴有输尿管结石"的分值。

表 2-3-7 EF 市按病种分值付费分值表（局部）

ICD-10 编码	主要诊断	代码	诊疗方式	分值
N13.6	肾积脓	14	体外碎石	81
N20.1	输尿管结石	14	体外碎石	70
N20.0	肾结石	14	体外碎石	67
N20.2	肾结石伴有输尿管结石	14	体外碎石	65

注：引自《EF 市社会医疗保险住院病种分值库（2017 年版）》。

2. 个别病种分值"跑偏"

表 2-3-8 显示，C34.1、C34.2、C34.3 这 3 组病种的分值设定规律与临床实际较匹配的，唯独序号 9 的分值则偏离的规律，属于"跑偏"了的分值。其原因可能是在制定分值表时，只是基于用于运算的历史数据的"真实"，而没有斟酌研判是否符合临床规律。因此，在研制分值表的时候，计算机基于"真实"数据运算出来的结果，必须经过多轮反复的分析、斟酌、研究，尽可能避免个别分值"跑偏"现象。虽然只是个别分值"跑偏"，但涉及这个疾病的临床诊疗将受到按病种分值付费的影响，可能诱发了医生的"逆向选择"。如在治疗"中叶，支气管或肺的恶性肿瘤"病人时，尽管介入治疗方案最有利于某一病人，但医生往往可能"被迫放弃"介入治疗的方案，这就是典型的因病种分值不合理导致医生被迫做了"逆向选择"的违心事。

表 2-3-8 CD 市基本医保住院病种分值库（局部）

序号	诊断编码	主要诊断	代码	诊疗方式	分值
1	C34.1	上叶，支气管或肺的恶性肿瘤	0	保守治疗	381
2	C34.1	上叶，支气管或肺的恶性肿瘤	1	传统手术	885
3	C34.1	上叶，支气管或肺的恶性肿瘤	2	微创手术	1 202
4	C34.1	上叶，支气管或肺的恶性肿瘤	3	介入治疗	1 161
5	C34.1	上叶，支气管或肺的恶性肿瘤	15	容积调强	831
6	C34.2	中叶，支气管或肺的恶性肿瘤	0	保守治疗	314
7	C34.2	中叶，支气管或肺的恶性肿瘤	1	传统手术	990
8	C34.2	中叶，支气管或肺的恶性肿瘤	2	微创手术	1 070
9	C34.2	中叶，支气管或肺的恶性肿瘤	3	介入治疗	554
10	C34.2	中叶，支气管或肺的恶性肿瘤	15	容积调强	846
11	C34.3	下叶，支气管或肺的恶性肿瘤	0	保守治疗	371
12	C34.3	下叶，支气管或肺的恶性肿瘤	1	传统手术	864
12	C34.3	下叶，支气管或肺的恶性肿瘤	2	微创手术	1 317

续表 2-3-8

序号	诊断编码	主要诊断	代码	诊疗方式	分值
14	C34.3	下叶，支气管或肺的恶性肿瘤	3	介入治疗	1 334
15	C34.3	下叶，支气管或肺的恶性肿瘤	15	容积调强	716

注：引自《CD 市基本医疗保险住院病种分值库（2017 年版）》。

表 2-3-9　GH 市医保按病种分值付费病种分值表（局部）

序号	诊断编码	疾病名称	诊疗操作	分值
1	C34.9	支气管或肺恶性肿瘤	光导纤维支气管镜检查术	1 020
2	C34.8	支气管和肺交搭跨越恶性肿瘤的损害	光导纤维支气管镜检查术	2 357
3	J15.8	细菌性肺炎，其他的	光导纤维支气管镜检查术	5 073
4	J18.8	肺炎，病原体其他的	光导纤维支气管镜检查术	1 984
5	J84.1	间质性肺病伴有纤维化，其他的	光导纤维支气管镜检查术	1 154
6	J85.2	肺脓肿不伴有肺炎	光导纤维支气管镜检查术	1 068
7	J69.0	食物和呕吐物引起的肺炎	光导纤维支气管镜检查术	1 454
8	J96.9	呼吸衰竭	光导纤维支气管镜检查术	2 847
9	R91.X	肺诊断性影像检查的异常所见	光导纤维支气管镜检查术	594

注：引自《GH 市社会医疗保险按病种分值付费病种分值表》。

表 2-3-9 显示了一些不同病种与光导纤维支气管镜检查术形成的病种组合分值，其中"细菌性肺炎，其他的（J15.8）+光导纤维支气管镜检查术"组合（序号 3）的分值畸高，而且主要诊断是比较常见的病种。此分值"跑偏"的原因，可能是由于在制定分值表时运算数据受到干扰，如可能包括了一些超高费用的病例，分值被拉高"跑偏"。这样的分值极可能诱发"道德风险"。

3. 个别病种分值可能会被"自动淘汰"

表 2-3-10　IJ 市医保按病种分值付费病种分值表（局部）

序号	诊断编码	疾病名称	操作编码	诊疗操作	分值
1	K25.0	急性胃溃疡伴有出血	n	无术式操作	1 393
2	K25.0	急性胃溃疡伴有出血	44.1301	胃镜检查	1 728
3	K25.0	急性胃溃疡伴有出血	44.1401	胃活组织检查，经胃镜	1 618
4	K25.0	急性胃溃疡伴有出血	44.1301 44.1401	胃镜检查 胃活组织检查，经胃镜	2 814

续表 2-3-10

序号	诊断编码	疾病名称	操作编码	诊疗操作	分值
5	K26.9	急性或慢性的十二指肠溃疡不伴有出血	44.1301 45.2301	胃镜检查 结肠镜检查	1 242
6	K27.9	消化性溃疡不伴有出血	44.1301 45.2301	胃镜检查 结肠镜检查	1 334

注：引自《IJ 市社会医疗保险按病种分值付费病种分值表》。

在表 2-3-10 中，序号 3 的病种分值很可能被自动淘汰，因为医生收治急性胃溃疡伴有出血病人时，经胃镜进行胃活组织检查，同时进行胃镜检查是很常见且规范的，况且选择序号 4 的病种组合，分值较高。序号 5、6 所显示的两个病种分值，主要诊断的疾病存在逻辑包容关系，消化性溃疡包含了急性或慢性的十二指肠溃疡。可以预见，分值低的病种就被自动淘汰，久而久之，主要诊断为十二指肠溃疡的疾病就"少"了，取而代之的是消化性溃疡。这是大家都不希望看到的结果。

4. 诱导医生"合理高选"分值的"道德风险"

面对表 2-3-11，"经济理性"的医生当遇到序号 2 的病例时，很可能选用序号 4 的病种组合。

表 2-3-11　GH 市医保按病种分值付费病种分值表（局部）

序号	诊断编码	疾病名称	诊疗操作	分值
1	C34.1	肺上叶，支气管或肺的恶性肿瘤	光导纤维支气管镜检查术	3 015
2	C34.2	肺中叶，支气管或肺的恶性肿瘤	光导纤维支气管镜检查术	2 030
3	C34.3	肺下叶，支气管或肺的恶性肿瘤	光导纤维支气管镜检查术	2 791
4	C34.9	支气管或肺恶性肿瘤	光导纤维支气管镜检查术	2 550

注：引自《GH 市社会医疗保险按病种分值付费病种分值表》。

从表 2-3-12 可以预料，当医生遇到序号 1 的病例时，有可能选用序号 4 的病种组合；遇到序号 9 的病例时，很可能选用序号 10 的病种组合；甚至出现把序号 5 的儿科病例，选用序号 6 的病种组合等。

表 2-3-12　KL 市医保按病种分值付费病种分值表（局部）

序号	诊断编码	疾病名称	诊疗操作	分值
1	J15.0	肺炎杆菌性肺炎	机械通气	2 768
2	J15.1	假单胞菌性肺炎	机械通气	4 156
3	J15.2	葡萄球菌性肺炎	机械通气	3 804
4	J15.8	其他的细菌性肺炎	机械通气	3 232

续表 2-3-12

序号	诊断编码	疾病名称	诊疗操作	分值
5	J18.0	未特指的支气管肺炎	机械通气	956
6	J18.9	未特指的肺炎	机械通气	2 072
7	J43.9	未特指的肺气肿	机械通气	1 932
8	J44.0	慢性阻塞性肺病伴有急性下呼吸道感染	机械通气	1 324
9	J44.1	未特指的慢性阻塞性肺病伴有急性加重	机械通气	1 660
10	J44.9	未特指的慢性阻塞性肺病	机械通气	1 672

注：引自《KL 市社会医疗保险按病种分值付费病种分值表》。

总之，诱发医生"道德风险"的情况与《病种分值表/库》的质量及水平直接有关。

5. 诱发医生"逆向选择"

表 2-3-13 这样的分值表有可能导致医生在诊疗病人时出现"逆向选择"，如宁可主导病人采取"右半结肠切除术"治疗，而不建议病人施行"右半结肠根治术"。

表 2-3-13　IJ 市医保按病种分值付费病种分值表（局部）

诊断编码	疾病名称	诊疗操作	分值
C18.0	盲肠恶性肿瘤	保守治疗	2 088
C18.0	盲肠恶性肿瘤	结肠镜检查	2 505
C18.0	盲肠恶性肿瘤	右半结肠根治术	10 031
C18.0	盲肠恶性肿瘤	右半结肠根治术，经腹腔镜	10 302
C18.0	盲肠恶性肿瘤	右半结肠切除术	10 837
C18.0	盲肠恶性肿瘤	右半结肠切除术，经腹腔镜	10 505

注：引自《IJ 市社会医疗保险按病种分值付费病种分值表》。

6. 其他

《病种分值表/库》存在的问题还有出现主要诊断与诊疗操作匹配逻辑错误的情况，如主要诊断为"慢性胃炎"与主要诊疗操作为"结肠病损切除术、大肠息肉切除术"组成病种组合等。

（三）精细化组合的《病种分值表》研制（以广州市方案为例）

广州市按病种分值付费病种分值表的研制由广州市人力资源和社会保障局与第三方专家团队（中山大学药学院医药经济研究所）以课题合作的方式进行，通过借鉴上海市卫生和计划生育委员会用于控费管理的"病种综合指数"方法，研制广州市版本的病种及分值，形成"精细化组合"的病种分值表。以下有关广州市按病种分值付费相关内容，参考或引用：①上海市决策咨询委员会委员、中国卫生信息学会健康医疗大数据基层应用专业委员会主任委员、上海市医改办原副主任许速教授的会议交流资料；②广州市人力资源和社会保障局《广州市社会医疗保险按病种分值付费病种分值测算说明》。

1. 数据收集分析

通过海量数据资源，基于客观大数据，采用分类、关联、对应等逻辑运算分析，尽量还原医疗服务状况。

病例纳入条件：2015—2017年，医保、自费及公费医疗（去除享受离休人员医疗待遇）住院病人，病案首页疾病诊断与手术操作代码填写基本规范的；住院天数不超过60天，以及住院天数超过60天的病案数据。

分析运算数据：近300家医院844余万份出院病案首页数据，经数据清洗，排除费用异常的，最终入库病案数据共828余万例。

疾病诊断筛选：选择公立医院的数据，基于第一诊断（ICD-10，小数点后1位）对病案数据分组，根据每诊断组例数降序选取例数累计占比90%的疾病诊断，作为下一步生成病种组合的基础数据，余下10%数据暂时作为综合病种。

临床诊疗逻辑关系梳理。对上述选取的700多万病例按第一诊断及具体手术/诊疗操作（ICD-9-CM-3，小数点后4位）进行梳理，邀请临床专家对某种疾病诊断与具体手术/诊疗操作的逻辑关系进行分类判断。

用公立医院的数据生成病种目录，选取例数累计占比达到90%的疾病诊断，作为构建病种组合分值表的疾病，另外未纳入的10%疾病诊断＋非公立医院新出现诊断的疾病，作为综合病种。

2. 病种组合方式

按照病种与临床应用的诊疗方式进行组合的思路，形成"精细化组合"的病种组合。逻辑结果如表2-3-14。

表2-3-14　广州市医保按病种分值付费病种组合的逻辑

		主要疾病诊断		主要诊疗方式
组1	—	K35.9 急性阑尾炎	+	保守治疗
组2	—	K35.9 急性阑尾炎	+	47.0901 阑尾切除术
组3	—	K35.9 急性阑尾炎	+	47.0101 经腹腔镜，阑尾切除术
……		……		……
组n	—	×××	+	×××

3. 病种组合分值测算

根据住院总费用的比值测算病种组合的分值。

分值测算：$rw_i = (m_i \div M) \times 1000$

其中，m_i为i类疾病诊断与诊疗方式组合病种的病例平均住院总费用；M为全部纳入病例平均住院总费用；m_i的费用数据以年度进行时间加权，2017年、2016年、2015年的权重分别设置为 0.7、0.2、0.1。这样对近三年的费用数据进行时间加权，既能避免了两三年前的费用数据对分值客观性的干扰，又可以避免只采用一年或两年费用数据缺乏趋势性的不足。

$$m_i = 0.7 \times \frac{病种2017年出院总费用}{病种2017年出院总人次} + 0.2 \times \frac{病种2016年出院总费用}{病种2016年出院总人次}$$
$$+ 0.1 \times \frac{病种2015年出院总费用}{病种2015年出院总人次} \qquad （式2-3-1）$$

进行病种组合分值测算后，在测算分值为 1 000 左右的病种组合中，选择了常见的、诊疗技术成熟、并发症与合并症少且费用相对稳定的"K35.9 急性阑尾炎 + 47.0101 经腹腔镜，阑尾切除术"作为基准病种，此病种组合的次均总费用为 13 385.13 元。

根据各病种组合次均住院总费用与基准病种费用的比值计算各病种分值（表 2-3-15）。

$$病种分值 = \frac{该病种次均住院总费用}{基准病种次均住院总费用} \times 1000 \qquad （式2-3-2）$$

表 2-3-15　广州市医保按病种分值付费病种分值的计算（举例）

	主要疾病诊断	主要诊疗方式	分值
组 1	K35.9 急性阑尾炎	保守治疗	306
组 2	K35.9 急性阑尾炎	47.0901 阑尾切除术	686
组 3	K35.9 急性阑尾炎	47.0101 经腹腔镜，阑尾切除术	1000
……	……	……	……

注：引自《广州市社会医疗保险按病种分值付费病种分值表》

4. 形成分值表

在形成病种组合目录初稿后，保方邀请临床专家针对疾病诊断与诊疗操作进行逻辑关系梳理，集中梳理了 20 余万条诊断与术式对应的记录，明确具体疾病诊断下的主要、次要、辅助诊疗操作以及不合理操作。

在与稳定的病种组合目录匹配后，以方法学应用为核心，整合广州的实际情况以及相关专家意见，对各病种赋予相应的分值，形成核心病种分值表、病种补充分值、综合病种分值，以及床日病种分值表等，并对分值表进行了三轮完善。

在公立医院数据的前 90% 诊断病例中，病例的诊疗操作和病种组合主要诊疗操作完全没有任何交集而无法并入主要诊疗操作的数据共有近 45 万条记录。在各病种诊断下，按照费用离散程度分组，用两步聚类法，计算机自动给出组数，这些病例一般采用诊疗操作库中几个操作，然后算出组内的暂定平均值，作为核心病种的补充病种分值。

把例数累计占比在末尾的 10% 的疾病诊断纳入综合病种。把综合病种的病案数据按 ICD 编码疾病大类，即首字母进行分组，共分为 25 个综合病种组合。

（四）《病种分值表/库》的完善

按病种分值付费的《病种分值表/库》需要在运行中不断完善，以使病种分值能够大致反映医院合理应得的技术与服务收入、基本客观的成本支出，并能引导规范的诊疗行为。同时，需要不断完善《病种分值表/库》以支持成熟的新技术，通过适度提高病种分值来鼓励应用新技术，以弥补按病种分值付费本身具有抑制医疗技术发展的缺陷。

各地区通常会每年对《病种分值表/库》进行不断补充、完善，并对病种分值进行纠偏。例如，南昌市保方每年根据住院病种和费用的变化，提出病种分值表的调整方案，由所有定点医疗机构参与，投票确定，2015 年增加了 100 个病种，删除了 100 个病种，调整了 50 个病种的分值。多数地区的保方会组织医院、专家提出修正意见和进行论证。

四、结算的核心算法

各地区按病种分值付费结算的核心算法是比较通用与相似的，与第二节"基本方法"所介绍的一致。

广州市按病种分值付费的核心算法则有创新性探索的特色，主要体现在医院年度分值、全市病种每分值费用、各医院年度统筹基金决算支付金额的计算等几个方面。

（一）医院年度分值

定点医疗机构年度分值 = $\sum$ [各病种（床日）分值 × 定点医疗机构年度各病种病例（床日）数 × 医院权重系数] + 定点医疗机构费用偏差病例总分值 × 医院权重系数 × 当年度病例评审得分占病例评审总分比 + 定点医疗机构综合病种总分值 × 医院权重系数 × 当年度病例评审得分占病例评审总分比 − 审核扣减分值 × 医院权重系数。

对于医院费用偏差病例总分值、医院综合病种总分值，不仅用医院权重系数进行调节，还采用"当年度病例评审得分占病例评审总分比"来调节，以促进医院重视诊疗行为规范、诊疗质量和病历质量。

（二）全市病种每分值费用

全市病种每分值费用 = 全市年度按病种分值付费住院医疗总费用总额[a] ÷ 全市定点医疗机构年度分值总和。

a. 全市年度按病种分值付费住院医疗总费用总额 = 全市年度按病种分值付费住院统筹基金支出总额[b] × 全市按病种分值付费年度住院实际医疗总费用总额 ÷ 全市按病种分值付费年度住院实际记账费用总额（住院实际记账费用是指参保人员在定点医疗机构住院实际发生的记账费用）。

b. 全市年度按病种分值付费住院统筹基金支出总额 = 全市年度住院统筹基金支出总额 − 全市异地住院就医参保人年度实际记账金额 − 全市年度非按病种分值付费项目住院统筹基金支出总额 − 全市年度按病种分值付费调节金支出总额 + 广州市社会医疗保险医疗联合体签约参保人员在签约医疗联合体外定点医疗机构发生的实际记账费用总额。

用更直观的形式表达即：

$$\text{全市病种每分值费用} = \frac{\text{全市年度按病种分值付费住院医疗总费用总额}}{\text{全市定点医疗机构年度分值总和}}$$

(式2-3-3)

$$\text{住院医疗总费用总额} = \text{统筹基金支出总额} \div \frac{\text{住院实际记账费用}}{\text{住院实际医疗总费用}}$$

(式2-3-4)

式2-3-4中的"住院实际记账费用/住院实际医疗总费用"实际就是"住院统筹基金支付率"。

广州市"每分值费用"挂钩的指标由经典的2个指标（基金支出总额、统筹区医院总分值的总和）创新地扩展为4个指标（基金支出总额、统筹区医院总分值的总和、统筹区住院医疗总费用、统筹基金支付率）。也就是说，病种每分值费用不是由基金支出总额直接计算得出，而是由与基金支出总额挂钩的全市年度按病种分值付费住院医疗总费用总额计算而得，其好处是避免了因医院总分值的总和增加而导致病种每分值费用"贬值"。但每分值费用不降低，并不一定意味着医院医保支付效果一定好，因为结算的核心算法嵌入了"医院住院实际医疗总费用统筹基金支付率"作为核心调节运算指标。

如果医院想在获得高分值的同时，以提高实际总费用来提高"医疗总费用"，从而使每分值费用不"贬值"，是没有意义的。因为在基金支出总额不变的情况下，"医疗总费用"增加必然使"统筹基金支付率"下降，"统筹基金支付率"下降连环带来的是医院获得医保支付金额的减少。

（三）各医院年度统筹基金决算支付金额

1. 预决算支付总额的计算

各定点医疗机构按病种分值付费年度统筹基金预决算支付总额 = 定点医疗机构年度分值 × 全市病种每分值费用 × 当年度定点医疗机构住院实际医疗总费用统筹基金支付率^a × 年度考核系数 - 审核扣减金额。

a. 当年度医疗机构住院实际医疗总费用统筹基金支付率 = 当年度纳入按病种分值付费范围参保人员在该定点医疗机构住院发生的实际记账费用总额 ÷ 当年度纳入按病种分值付费范围参保人员在该定点医疗机构住院发生的实际医疗总费用总额。

用更直观的形式表达即：

各医院按病种分值付费年度统筹基金预决算支付总额 = 医院年度总分值 × 全市病种每分值费用 × 当年度医院住院实际医疗总费用统筹基金支付率 × 医院年度考核系数 - 审核扣减金额

(式2-3-5)

2. 决算支付总额的确定

当年度各定点医疗机构纳入按病种分值付费范围参保人员住院发生的实际记账费用

总额在各定点医疗机构按病种分值付费年度统筹基金预决算支付总额80%以下的,各定点医疗机构按病种分值付费年度统筹基金决算支付总额等于纳入按病种分值付费范围参保人住院发生的实际记账费用总额减去审核扣减金额。

在80%～100%（含80%和100%）的,各定点医疗机构按病种分值付费年度统筹基金决算支付总额等于各定点医疗机构按病种分值付费年度统筹基金预决算支付总额。

在100%以上的,各定点医疗机构按病种分值付费年度统筹基金决算支付总额 = 各定点医疗机构按病种分值付费年度统筹基金预决算支付总额 + 各定点医疗机构按病种分值付费调节金。

各定点医疗机构按病种分值付费调节金按以下规定支付：①当年度各定点医疗机构纳入按病种分值付费范围参保人员住院发生的实际记账费用总额与各定点医疗机构按病种分值付费年度统筹基金预决算支付总额两者之间的差额在各定点医疗机构按病种分值付费年度统筹基金预决算支付总额10%（含10%）以内的部分,由全市年度按病种分值付费调节金支出总额按各定点医疗机构前述差额70%的标准支付相应调节金费用。②两者差额超过各定点医疗机构按病种分值付费年度统筹基金预决算支付总额10%以上的部分,不纳入调节金计算范围。③年度内定点医疗机构因违反医疗保险有关规定受到市社会保险经办机构责令限期整改、暂停服务协议、解除服务协议等处理或因各种原因受到卫生计生部门行政处罚的,不予支付调节金。④当全市各定点医疗机构按病种分值付费调节金累计金额大于全市年度按病种分值付费调节金支出总额时,由全市年度按病种分值付费调节金支出总额根据前述计算结果按比例支付。

五、激励与约束

《国务院办公厅关于进一步深化基本医疗保险支付方式改革的指导意见》（55号文）提出要建立健全"结余留用、合理超支分担"的激励和风险分担机制,提高医院自我管理的积极性,促进医院从规模扩张向内涵式发展转变。

（一）激励

多数地区在年度决算支付统筹基金时,一般设定医院实际发生记账费用（医院应收费用）与保方应支付费用的比例在一定范围内时（如广州市为≥80%且≤100%）,保方按应支付费用支付,以体现对医院合理控制费用的激励。

有的地区的激励机制是,当医院住院实际统筹基金报销总额未达到医院住院年度应支付总额90%的,则按医院住院实际统筹基金报销总额的110%作为年度实际支付总额,达到90%以上的（含90%）,则按年度应支付总额作为年度实际支付总额。

保方通过及时调整完善《病种分值表/库》以鼓励应用新技术。保方依据评价或考核结果对医院实施分级管理,将医院分为多个等级,对于等级越高的医院,保方稽核的频次越少（以医院自我管理为主、稽核检查为辅）,每季度（每月）预算资金的拨付比例越高,对疗效确切并价格合理的新项目、新技术纳入医保报销范围时予以优先审批,以此激励医院自我约束、自我管理。

（二）监督与管理

实施按病种分值付费,保方应定期将按病种分值付费运行情况向医院通报。保方通常会加强对医院监督与管理，除医保常态的稽核制度、智能审核和监控系统、考核体系以外，各地还应建立保护参保人权益、保障医院合理诊疗机制，质量保证金机制，病种分值对照诚信机制，医院服务行为互审机制等因地制宜、各具特色、百花齐放的监督与管理机制。

例如：

（1）保护参保人权益的相关机制，各地普遍使用的是对实际报销比例指标的控制机制。

（2）保障医院诊疗自主权、防止推诿危急重症病人，建立特例单议机制，即允许医院将费用异常的病种申请专家评议。

（3）病例评审机制，保方定期组织医疗专家对实施按病种分值付费的费用偏差病例和综合病种病例按一定比例抽调，进行集体评审，计算医院平均得分，与结算直接挂钩。

（4）建立病案填报质量评价信息系统，引入参保人满意度调查、同行评议等评价方式，完善医疗服务质量考核评价办法。医疗服务质量分析评价系统根据实际运行情况适时调整。每月向医院公布服务质量评价结果。

（5）建立和不断完善医院互审制度，保方利用医院之间的竞争关系，由彼此监督诊断是否准确，是否低标准入院，是否高套分值，是否符合临床诊治原则等诊疗行为的需要。保方通过建立互审网络平台，定期组织医院集中互审，或不定期组织现场互审。对于诊断升级、高套分值等行为，则按对应分值的一定比例扣减计算结算分值；对于低标准入院、挂床住院等行为不予计算分值；对分解住院的，仅按对应病种计算一次分值。

（三）考核

1. 综合评价的考核机制

多数地区保方建立了对医院的考核机制，综合评价的考核要素主要有以下几类。

（1）医院管理评价指标：通常包括病历书写规范率、重复住院率、次均费用增长率、药费（检查费）占比、自付比、严重病例比例、转诊率等。

（2）医保服务评价指标：通常包括人次人头比增长率、疾病和手术编码准确率、疾病主要诊断符合率、年度总体自费率、低标准入院率、诊断升级率、病例难度系数、挂床住院率、分解住院率等。

（3）保方评价指标：通常包括日常稽查违规率、病人投诉率、病人满意度等。

2. 设立医院考核清算系数

佛山市为评价各医院的管理质量，将各医院医保管理指标与同级别医院管理指标平均水平对比，设立考核清算系数。考核清算系数由人次人头比增长率指标、人均病组结算费用增长率指标、疾病诊治编码准确率指标确定。

具体计算公式为：

（1）考核清算系数 =（人次人头比增长率指标 + 人均病组结算费用增长率指标 + 疾病诊治编码准确率指标）÷3

各医院考核清算系数低于95%的，按95%计算，高于105%的，按105%计算。

(2) 人次人头比增长率指标 = 同类别医疗机构平均的人次人头比增长率[a] ÷ 该院实际人次人头比增长率[b]

a. 同类别医疗机构平均的人次人头比增长率 = $\sum$（各医疗机构人次人头比增长率 × 出院人数）÷ 同类别医疗机构出院总人数

b. 该院实际人次人头比增长率 =（本年度出院人员人次人头比率[c] ÷ 上年度出院人员人次人头比率）× 100%

c. 人次人头比率 = 出院人次 ÷ 出院人数

(3) 人次均病组医疗总费用增长率指标 = 同类别医疗机构平均的人次均病组医疗总费用增长率[a] ÷ 该院人次均病组医疗总费用增长率[b]

a. 同类别医疗机构平均的人次均病组医疗总费用增长率 = $\sum$（各医疗机构人次均病组医疗总费用增长率 × 病组人数）÷ 同类别医疗机构病组总人次数

b. 该院人次均病组医疗总费用增长率 =（本年度人次均病组医疗总费用[c] ÷ 上年度人次均病组医疗总费用）× 100%

c. 该院人次均病组医疗总费用 = 该院病组医疗总费用 ÷ 该院病组结算总人次数。

(4) 疾病诊治编码准确率指标 = 该院疾病诊治编码准确率[a] ÷ 全市平均的疾病诊治编码准确率[b]

a. 该院疾病诊治编码准确率 = 该院疾病诊治编码抽查准确例数 ÷ 该院抽查总例数 × 100%，

b. 全市平均的疾病诊治编码准确率 = $\sum$（各医疗机构疾病诊治编码准确率 × 病例抽查总例数）÷ 全市抽查总例数。

若医疗机构疾病诊治编码准确率低于 80% 的，按 80% 作为全市平均的疾病诊治编码准确率的计算基数。

（四）约束

通常保方做出明文规定，约束医院要严格按照卫健行政部门规定的病种质量要求掌握入、出院标准，不得推诿病人，不得降低收住院病人的标准，不得诱导病人住院和手术，严禁"挂名住院"和"分解住院"。如广州市保方规定，医院有分解住院、挂名住院、诊断升级、高套分值或降低入院标准等行为的，当次住院的分值不予计算，并按该分值的 3 倍予以扣减。

实施按病种分值付费，医院为了控制费用，有可能减少必要的诊疗措施和药品，甚至做出了诊断后，以不能治疗为由让病人出院，在形式上完成了诊疗过程，获得一个病种分值。保方对费用偏差病例分值设置下限阈值，就是为了约束医院可能出现这样的"道德风险"。如病例的住院费用低于保方设置的下限阈值时，被视为没有完成规定的诊疗活动，保方仅按病例实际发生的费用据实支付。

一些地区保方为了约束医院过度控费而不利于病人治疗的行为，限制医院的获利空间，则按实际发生的医保基金费用乘以固定的百分比来作为医院最终能够获得的"超额收入"，当实际发生的医保基金费用与"超额收入"之和大于按分值结算的医保基金费用时，则按分值结算。从政策意图、权利义务匹配的角度来看，这样的做法值得斟酌。

第四节　国内应用现状

自2011年人社部印发《关于进一步推进医疗保险付费方式改革的意见》后，全国各地积极开展基本医疗保险按病种付费的支付方式改革。自2017年底起，各地积极推行总额控制下按病种分值付费，因地制宜地将总额控制与按病种分值付费有机结合，且各具当地特色。这对于维护医保基金平稳运行、激励医院加强医保管理、减轻群众就医负担发挥了积极作用，同时对于约束医疗费用不合理增长、促进医院间良性竞争、促进医务人员进一步规范合理诊疗行为也起到一定作用。

2003年，淮安市医保中心针对统筹基金当期"收不抵支"的突出问题，在借鉴"总额预付""按病种付费"等付费方式的基础上，参照"工分制"的劳动计量和分配原则，在职工医保结算上首创了总额控制下的病种分值结算办法。2004年6月，淮安市在国内率先实施按病种分值付费，由于医保基金和医院医疗费用的控费效果较好，2004—2011年，职工医保内的次均医疗费用共增长24.6%，年均增幅仅为2.79%，远低于同期全国7.6%的平均增幅，故在一定范围、一定程度起到了一定的示范效应。此后，各地纷纷相继试行、推行按病种分值付费的支付方式改革，包括：广东省中山市（2010年7月实施）、江西省南昌市（2013年7月实施）、江苏省宿迁市（2013年7月实施）、广东省清远市（2014年1月实施）、安徽省芜湖市（2014年10月实施）、山东省东营市（2015年1月实施）、宁夏回族自治区银川市（2015年1月实施）、江西省新余市（2015年1月实施）、湖南省长沙市（2016年1月实施）、宁夏回族自治区石嘴山市（2016年1月实施）、广东省汕头市（2017年1月实施）、山省东淄博市（2017年1月实施）、安徽省安庆市（2017年1月实施）等。

2010年7月，中山市开展按病种分值付费试点，病种组合数达4 654种。试点取得良好效果，医保基金曾出现的收不抵支状况被扭转，实施当年医疗费用增长率从26.8%下降至6%；参保人的医疗费用负担逐步降低；医院进一步健全成本核算体系，自觉规范合理诊疗，而且医院间良性竞争、相互监督。

下面梳理一些地区按病种分值付费的做法，从按病种分值付费的总额管理、按病种分值付费分值表/库的编制及其基本特征、按病种分值付费的结算办法基本情况等方面进行归纳概述，见表2-4-1至表2-4-4。

表2-4-1　各地按病种分值付费的实施和基金总额管理情况

地区	起始时间	原则	基金总额控制及分配（预算/决算）	基金总额预算/决算的增长
淮安	2003年	总额控制 按月结算 年终清算	年初，根据参保人数和缴费基数以及退休人员逐缴收入分摊、困难破产企业退休人员财政补助、利息收入等因素，参照往年资金使用情况，测算出当年可供分配的统筹基金总量，在提取5%的综合调节金后，在提取总量的15%分别用于门诊特定项目、驻外转外人员医疗费用，剩余部分作为医院住院医疗费用可分配总额，按月分配。 每年7月根据缴费基数变化、扩面情况，对可分配统筹基金进行重新测算并调整，使每个月分配的基金与基金收入实际更加相符	预算增长主要考虑参保人数和缴费基数、财政补助、利息收入等因素
中山	2010年	总量控制 按病种分值结算 按月预付 年终清算	年度可分配基金总额＝当年统筹基金总量－风险储备金－个人账户划拨－特定病种和特殊病种门诊报销－零星报销－划拨大病医保资金。 如全市各医院住院实际发生的统筹费用总和未达到可分配资金总额95%，则按最高不超过实际发生统筹费用总和105%作为当年度住院医疗费用分配总资金	主要取决于与上年社平工资挂钩的缴费基数
南昌	2013年	预算管理 总量控制 月预结算 年度决算	年初医保经办机构要编制收入和支出预算，作为总额控制的依据。首先根据本年度统筹基金收入和医疗费用增长情况等，编制收入预算，确定统筹基金年度可支付金额。然后根据前3年医疗保险基金实际支付情况，编制统筹基金年度支出预算，确定统筹基金各支付科目的控制总量。 本年度决算基金额度＝上年度住院统筹费用实际发生支付额×（1＋住院人数增长率）×（1＋70%×人均统筹基金增长率）＋调整政策待遇水平所需统筹基金支出额	主要根据医疗费用增长情况、住院人数增长率、人均统筹基金增长率等确定

续表 2-4-1

地区	起始时间	原则	基金总额控制及分配（预算/决算）	基金总额预算/决算的增长
银川	2015 年	总量控制 预算管理 月预结算 年度决算	医院年度住院统筹基金总量，按全市医疗保险预算方案分配的专项用于按病种分值结算医院住院医疗费用的可支付总额确定。 根据参保人数、缴费基数、财政补助、利息收入等因素，参照往年资金使用情况，测算出当年可供分配的统筹基金总量。在提取 10% 的风险储备金后，再提取按床日付费（精神病院）、按服务项目付费（肾透析按人头包干）、中心现金报销、门诊大病付费、门诊统筹付费、药品零差率补贴、异地联网即时付费等特定项目，剩余作为医院住院医疗费用可支付总额。 本年度决算额度 = 上年度住院统筹费用实际发生额 ×（1 + 住院人数增长率）×（1 + 人均统筹基金增长率）+ 调整政策待遇水平等所需统筹基金支出额	基金预算增长取决于参保人数、缴费基数、财政补助、利息收入等因素。 基金决算额度增长取决于住院人数增长率、人均统筹基金增长率
长沙	2016 年	总量控制 额度分配 月度预拨 年度决算	年初以年度职工医保和城乡居民医保基金预算总收入为总量，提取 5% ~ 10% 的风险储备金后，按上年度基金支出科目所占基金总支出的比例，包括特殊病种门诊费、住院单病种费、异地医疗费用等进行额度分配。 原来的普通住院费用为当年的总控基金支出额，全部用于当年度普通住院医疗费用支出	取决于医保基金总收入的增长
汕头	2017 年	总额控制 分值计算 按月预付 年终清算	年度可分配资金总额 = 当年度基本医疗保险统筹基金收入总额（包括城镇职工医保基金和城乡居民医保基金，剔除一次性趸交收入后加上一次性趸交分摊计入额）- 风险调剂金（以当年度基本医疗保险统筹基金收入总额的 8% 计）- 普通门诊统筹费用 - 门诊特定病种及家庭病床费用 - 异地联网即时结算费用 - 现金报销费用（不含已纳入医院按分值结算的部分）- 其他支出。 决算时，如各医院住院统筹基金发生额总和未达到年度可分配资金总额的，按统筹基金发生额总额的 103% 作为年度可分配资金总额，但最高不超过预算总额	预算增长主要取决于当年度统筹基金收入的水平

续表 2-4-1

地区	起始时间	原则	基金总额控制及分配（预算/决算）	基金总额预算/决算的增长
广州	2018年	总额控制 病种赋值 月预结算 年度清算	全市年度住院统筹基金支出总额＝全市上年度住院统筹基金实际支出总额×（1＋全市年度住院统筹基金支出增长率）＋全市年度按病种分值付费调节金支出总额。 全市年度按病种分值付费调节金支出总额＝上一年度全市按病种分值付费调节金支出总额×（本市上年度医疗保健消费价格同比增长率＋1）。 2018年全市按病种分值付费调节金支出总额为2017年全市住院统筹基金实际记账费用总额的5%。 全市年度按病种分值付费住院统筹基金支出总额＝全市年度住院统筹基金支出总额－全市异地住院就医参保年度实际记账金额－全市年度非按病种分值付费项目住院统筹基金支出总额－全市年度按病种分值付费调节金支出总额＋广州市社保医疗联合体签约参保人员在签约医疗联合体外定点医疗机构发生的实际记账费用总额	基金增长综合考虑本市社会医疗保险基金收入水平、参保人员就医需求、经济社会发展水平、物价水平等因素。 全市年度住院统筹基金支出增长率＝（全市上年度参保人员住院就医人数增长率＋1）×（本市上年度医疗保健消费价格同比增长率＋1）－1。 全市年度住院统筹基金支出增长率高于省下达我市医疗费用增长率控制目标或省、市规定公立医院医疗费用增长幅度的，按其规定确定基金支出增长率
东莞	2018年	总额控制 病种赋值 月预结算 年度清算	可分配总额＝基本险住院统筹基金总收入－其他险种住院统筹预算支付－减去其他支出（减去风险金、调剂金、异地就医住院发生统筹基金支出费用、购买重大疾病的资金、特定门诊等费用）	取决于医保基金总收入的增长

表2-4-2 各地按病种分值付费制定《病种分值表/库》的要素

地区	筛选病种	每年病例数标准	基准病种	确定分值	调整机制
淮安	所有定点医院前3年实际发生病种（以出院第一诊断为准）及费用数据。包括职工医保、居民医保、新农合及自费的所有病例；剔除产科等病种	将每年实际发生数在10例以上的病种作为常见病、多发病	无	根据病种实际平均费用，把各病种3年实际发生的平均次均住院费用除以固定的参数折合成分值。非常见病种折合分值＝实际住院天数×配上年平均床日费用的80%÷上年决算病种分值单价。某病种特例单议折合分值＝（该病种住院总医疗费用×专家评审得分率－个人负担部分）÷上年决算病种分值单价	每3年或5年调整一次
中山	全市前2年出院病历资料（除去产科），包括参保和非参保人，按出院临床第一诊断病种发生频率、医疗费用情况，参照ICD-10编码小数点后1位（亚目）筛选病种，按出院人次的多少排序，涵盖98%以上的病种	一定例数以上	无	各病种分值＝各病种的平均医保费用÷固定参数；固定参数：2010年度为61.8，以后根据医保费的增长相应调整，2014年后为73.6，2018年为81。按床日费用的病种：精神病专科医院	每个社保年度根据运作情况进行病种分值和病种组合的调整
南昌	从保存10年的数据库里筛选病种，按照医院上传的病种发生例数汇总排序，将发生例数多且统筹费用占80%的病种确定为《病种分值表》中的病种，并以ICD-10码规范病种名称	10例以上	胆囊结石伴慢性胆囊炎	前3年医院上传的病种，剔除不属于职工医保范围的病种，仅用统筹基金数据。病种分值＝基准病种分值×（某病种的平均住院统筹费用÷基准病种的平均住院统筹费用）	每年保方提出调整方案，由所有定点医疗机构进行投票确定

续表 2-4-2

地区	筛选病种	每年病例数标准	基准病种	确定分值	调整机制
银川	前 2 年银川市内医院住院病人相关数据，仅医保病人	20 例以上	急性化脓性扁桃体炎	各病种分值 = 各病种的平均住院费用÷基准病种的平均住院费用×基准病种分值。 1.5 倍以上的分值 =（该病例的住院费用÷基准病种的平均住院费用 − 1.5 + 1）×基准病种分值。 80% 以下的分值 = 该病例的住院费用÷基准病种的平均住院费用×基准病种分值。 无病种分值对照的病种分值 =（该病种合理住院费用÷基准病种的住院费用）×基准病种分值×90%	如因医疗技术发展、新药发明使用等原因，导致部分病种医疗费用明显变化时，由市医保经办机构组织专家论证调整，按程序经批准后执行。
长沙	前 2 年医院的数据	常见病	胆囊结石伴胆囊炎	病种非手术分值 =（该病种在三级医院的非手术治疗平均统筹支付费用÷基准病种的统筹支付费用）×基准病种分值。 病种手术分值 =（该病种在三级医院的手术治疗平均统筹支付费用÷基准病种的统筹支付费用）×基准病种分值。 病种分值包括相应的并发症和合并症费用，而且未区分"成人儿童""左右""单双侧"等	建立《病种分值表》动态调整机制

续表 2-4-2

地区	筛选病种	每年病例数标准	基准病种	确定分值	调整机制
汕头	根据上年度出院参保人病历资料，按出院的临床第一诊断、ICD-10编码小数点后1位筛选出常见病、多发病病种，剔除省确定单病种结算的部分病种	大于5例	无	统计已确定病种上年度实际发生的住院基本医疗费用，剔除每一病种费用最高的2.5%及费用最低的2.5%病例后，取95%病例的次均住院费用作为该病种的次均住院费用基准值。 各病种分值=各病种的次均住院费用÷固定参数，此为初步分值； 将病种的初步分值广泛征求意见，得出病种的修正分值；再对病种的修正分值进行纠偏，得出的分值作为用以结算的病种分值	病种分值一经确定，年度内不再改变。如因医疗技术发展、新药发明等原因，导致部分病种医疗费用明显增长时，由医院在年度清算后1个月内提出申请
广州	根据前3年出院病例的临床主要诊断编码，结合手术与操作编码，筛选出有关病种。纳入《广东省基本医疗保险按病种分值付费的病种参考目录》覆盖的病种。指定病种长期住院、精神病专科和护理医疗机构住院治疗等住院时间较长的住院病例，可组成床日费用结算病种。其他病种视为综合病种	根据每诊断组例数降序选取例数累计占比90%的疾病诊断病例。	急性阑尾炎+阑尾切除术，经腹腔镜	各病种分值=（各病种次均医疗总费用÷基准病种次均医疗总费用）×1000。 各病种每床日分值=（各病种床日平均医疗总费用÷基准病种次均医疗总费用）×1000。 费用在50%以下的病例病种分值=该病例医疗总费用÷上一年度同级别定点医疗机构该病种次均医疗总费用×该病种分值。 费用在2倍以上的病例病种分值=[（该病例医疗总费用÷上一年度同级别定点医疗机构该病种次均医疗总费用-2）+1]×该病种分值	年度内不作调整。次年需调整的依程序确定

续表 2-4-2

地区	筛选病种	每年病例数标准	基准病种	确定分值	调整机制
东莞	根据医院既往病种收治情况、历史住院数据、《广东省基本医疗保险按病种分值付费的病种参考目录》等，根据出院第一诊断（主要诊断）编码及其手术与操作编码，选取一定时期内一定数量以上的病种纳入病种范围	一定数量	无	由市社保、卫生、财政部门共同调整确定具体病种及各病种分值。病种分值＝病种平均医疗费用÷固定参数。结合分级诊疗制度建设要求，部分适宜由基层医疗机构诊治的病种，其病种平均医疗费用可根据基层医疗机构数据计算。	年度内不作调整。次年需调整的依程序确定

表 2-4-3 各地按病种分值付费《病种分值表/库》的基本情况

地区	病种数	病种组合数	诊疗方式	费用偏差病例	特殊病种
淮安	892	—	只按主要诊断 ICD-10 编码（小数点后 1 位，亚目），不分诊疗方式	采用特例单议、危重病人合议、长期住院病人补偿等	
中山	—	4 654	普通治疗方法：每个病种分保守治疗、传统手术、微创手术和介入治疗 4 种方式。特殊治疗方法：对某些疾病因治疗方式特殊且费用较大的病例，病种组合包括 16 种治疗方法：人工肝治疗、透析治疗、干细胞移植、机械通气、超声乳化、玻璃体切割、适形放疗、适形调强放疗、腹水回输术、修复手术、体外碎石、容积调强、血液净化、机械持续降温、器官移植、冠脉造影	收治某病种实际住院费用为同等级系数医院该病种平均费用 40%～250% 之间的，给予该病种的一个分值，两头的费用按实计算分值	《病种分值库》未包括病种的病例作为一个特别病种，确定平均分值，同样按病种结算

续表 2-4-3

地区	病种数	病种组合数	诊疗方式	费用偏差病例	特殊病种
南昌	638	—	只按主要诊断 ICD-10 编码（小数点后 1 位，亚目），不分诊疗方式	三级以上医院确定一定比例的人次作为特殊病例。当年度实际发生住院 10 000 人次以上的，按 3‰ 比例由医院自行确定；10 000 人次以下的，按 2‰ 比例医院自行确定	
银川	1 641	—	只按主要诊断 ICD-10 编码（小数点后 1 位，亚目），不分诊疗方式	当参保人员在医院发生的住院费用为该病种在其医院的分值达到 1.5 倍以上或 80% 以下时为费用异常病例	
长沙	683	749	575 个病种分手术、非手术两类。恶性肿瘤非手术病种按化疗、放疗、化疗+放疗、姑息治疗（包含所有除手术、化疗、放疗以外的治疗方式）分 4 种治疗方式	对并发症、综合征较多、费用较高的无对照病种病例，根据实际医疗费用情况，比照基准病种核定病种分值	单列病例：对病情复杂、治疗难度大、费用支出多的病例，可申报单列病例，实施按项目付费
汕头	—	5 080	保守治疗、传统手术、微创手术、介入治疗、人工肝治疗、透析治疗、干细胞移植、机械通气、超声乳化、玻璃体切割、适形放疗、适形调强放疗、腹水回输术、修复手术、体外碎石、容积调强、血液净化、机械持续降温、双眼手术、眼科联合手术、同期放化疗、特别药物、双侧术、联合手术等 24 种		不属省确定单病种、且未纳入上述按分值结算的病种视为一个特别病种
广州	1 685	12 030	"无术式操作"病种组合为"保守治疗"。"有术式操作"的病种组合，明确具体术式操作明细，几乎包含临床常用的诊疗措施	当病例医疗总费用在该病种上一年度同级别医院次均医疗总费用的 50% 以下或 2 倍以上时，为费用偏差病例	设定了 25 个综合病种；根据上年度实际情况，参照普通规定确定综合病种分值计算方法和结果
东莞	1 152	4 427	保守治疗、传统手术、微创手术、介入治疗、透析及血液过滤、干细胞移植、体外碎石	根据直接对应病种和诊治方式直接得出分值。没有偏差病种分值	《病种分值库》设定一个特别病种

表 2-4-4　各地按病种分值付费结算办法的基本情况

地区	医院年度分值计算	费用结算	医院权重系数
淮安	该院当期分值 = 该院当期病种的分值 × 该院的系数。	医院的月医保偿付 = 基金月控制总量 ÷ 期内总分值 × 该医院的当期分值 - 该院个人负担超比例的部分。 基金月控制总量 = 基金月可分配额 + 期内个人总支付。 医院结算后医保偿付费用 = [（所有医院月实际出院费用总和 - 该院个人支付总费用）÷ 所有医院当月病种折合总分值] × 该院月折合分值] - 个人负担超控制比例扣减金额	—
中山	40% ≤ 该病例平均医保费/分值库中该病种平均医保费 < 2.5 倍：等于病种库分值。 低于 40% 的病种分值 = （该病例的平均医保费 ÷ 分值库中该病种的平均医保费）× 该病种分值。 高于 2.5 倍的病种分值 = [该病例平均医保费 ÷ 分值库中该病种平均医保费 - 2.5 + 1] × 该病种的分值	月度预付住院医疗费用 = [（当月用于支付住院医疗费用的可分配资金预算总量 + 当月全市参保人住院个人支付的医保费用总额）÷ 全市当月病种实际总分值（累计各医院当月病种总分值 × 该医院等级系数）] × 该医院当月病种总分值 × 该医院等级系数 - 该医院当月参保人住院个人支付的医保费用总额。 年度清算的住院医疗费用 = [（全市年度住院医疗费用可分配资金总额 + 全市参保人住院个人支付的医保费用总额）÷ 全市年度病种总分值] × 该医院年度病种总分值 × 该医院等级系数 - 预付费用总金额 - 该医院参保人住院个人支付的医保费用总额。 如全市各医院住院实际发生的统筹费用总和达到可分配资金总额 95% 以上的（含95%），则将当年度可分配资金总额作为当年度住院医疗费用分配总资金	三级医院、二级医院、一级医院、社区卫生服务站及专科医院分别确定 1 个或 2 个等级系数，共有 8 个等级，等级系数分别为 0.49、0.62、0.64、0.65、0.70、0.75、0.93、1.0。特殊医院（精神病）：按住院床日费用转为分值结算，不设定等级系数
南昌	医院当月总分值 = 该医院当月病种总分值 × 该医院等级系数； 医院年度总分值 = 该医院月度总分值之和 × 该医院考核系数	医院月预结算费用 = （全市该等级医院月预结算额度 ÷ 全市该等级医院当月总分值）× 该医院当月总分值。 本年度决算支付各医院住院统筹费用 = （全市该等级医院本年度决算额度 ÷ 全市该等级医院本年度总分值）× 该医院本年度总分值 - 该医院本年度按月预结算费用总金额。	等级系数按三级甲等医院、其他三级医院、二级医院、一级医院（社区卫生服务中心）由高到低分别确定

续表 2-4-4

地区	医院年度分值计算	费用结算	医院权重系数
银川	各医院当月总分值 = 该医院当月病种总分值×该医院等级系数 + 无病种分值对照病种病例分值	各医院月预结算费用 =（全市医院月预结算额度÷全市医院当月总分值）×该医院当月总分值×各医院核拨比例（核拨比例：三级医院为97%，二级及以下医院为95%）。 本年度决算支付各医院住院统筹费用 =（全市本年度决算额度÷全市本年度总分值）×该医院本年度总分值×该医院核拨比例 - 该医院本年度按月预结算费用总金额	
长沙	医院总分值 =（1病种分值×1出院人次 + 2病种分值×2出院人次 + … + n病种分值×n出院人次 + 无病种分值的对照病种分值总额）×考核系数。 三级医院收治的病例，在院内两个不同专科的病室治疗，且在每个病室均完成了治疗全过程、达到出院指征，其病例分值按两个专科病种分值进行累加。 医院按月申报无对照病种，当月预算方法为：基准病种分值×（无对照病种当月人次基金支出平均值÷基准病种当月人次基金支出平均值），年终再根据该病种人次基金支出平均值，比照基准病种核定其最后的病种分值	年度决算分值标准 = 本年度总额控制基金支付额度÷统筹区协议医疗机构本年度总分值。 每月初，医保部门根据上年度医院月均基金支出情况，预拨医院当月的医疗费用。年底则根据考核结果，以及基金实际收入进行年度决算	设置病例难度系数，对基金支出在该病种三级医院当月平均基金支出1.5倍以上的病例，医院可申报病例难度系数，医疗保险经办机构审核通过后，给予1.5倍的难度系数。该病例分值 = 该病例所属病种分值×1.5

续表 2-4-4

地区	医院年度分值计算	费用结算	医院权重系数
汕头	医院总分值＝医院分值总数×医院权重系数。 当次发生的住院基本医疗费用等于或高于该病种上年度住院结算费用 2.5 倍的病例，分值＝[（该病例当次住院基本医疗费用÷上年度该同一权重系数医院该病种的结算费用）－2.5＋1]×原该病种分值。 当次发生的住院基本医疗费用等于或低于该病种上年度住院结算费用 40% 的病例，分值＝该病例当次住院基本医疗费用÷上年度同一权重系数医院该病种的结算费用×原该病种分值。 当年度分值单价＝（年度可分配资金总额＋全年按分值结算病种的参保人个人自付总额＋相应的"一站式"结算、补充保险及大病保险支付额）÷当年各协议医疗机构总分值之和；当年度分值单价高于上年度分值单价的 110% 的，以上年度分值的 110% 作为当年度分值单价	各医院月预付金额＝当月医院总分值×当月分值单价－当月医院按分值结算病种的参保人住院个人自付总额－相应的"一站式"结算、补充保险及大病保险支付额； 当月分值单价＝（月预付资金总额＋全市当月按分值结算参保人住院个人自付总额＋相应的"一站式"结算及补充保险、大病保险支付额）÷全市当月各医院总分值之和。 当月统筹基金发生额小于月预付金额时，按统筹基金发生额预付给医院；当月统筹基金发生额大于月预付金额的，按月预付金额预付给医院。 年度清算时应偿付给各医院的住院基本医疗费用＝当年医院总分值×当年分值单价－当年医院按分值结算病种的参保人个人自付总额－相应的"一站式"结算、补充保险及大病保险支付额； 如医院住院统筹基金发生额未达到按上述公式计算出的年度应偿付总额的，按实际发生统筹费用的 103% 作为其年度应偿付总额，但最高不超过按上述公式计算的年度应偿付总额。 年度清算应偿付额＝年度应偿付总额－月预付金额总额	根据各医院级别、病种次均医疗费用的客观差异及医疗机构绩效考核情况，合理确定各医院的权重系数，作为医院病种分值权重分配系数

续表 2-4-4

地区	医院年度分值计算	费用结算	医院权重系数
广州	医院年度分值 = $\sum$〔各病种（床日）分值×医院年度各病种病例（床日）数×权重系数〕+ 医院费用偏差病例总分值×权重系数×当年度病例评审得分占病例评审总分比 + 医院综合病种总分值×权重系数×当年度病例评审得分占病例评审总分比 - 审核扣减分值×权重系数。当病例医疗总费用在该病种上一年度同级别医院次均医疗总费用的50%以上、2倍以下时，分值为分值库对应分值；费用在50%以下的病例病种分值 = 该病例医疗总费用÷上一年度同级别医院该病种次均医疗总费用×该病种分值；费用在2倍以上病例病种分值 = 〔（该病例医疗总费用÷上一年度同级别医院该病种次均医疗总费用-2）+1〕×该病种分值	月度预结算：以各医院当月申报的纳入按病种分值付费结算范围病例发生的统筹基金记账金额为基数，由医保经办机构按照95%的比例预拨付给各定点医疗机构。年度决算：各医院按病种分值付费年度统筹基金预决算支付总额 = 医院年度分值×全市病种每分值费用×当年度医院住院实际医疗总费用统筹基金支付率×年度考核系数 - 审核扣减金额。全市病种每分值费用 = 全市年度按病种分值付费住院医疗总费用总额÷全市医院年度分值总和。	设置基本权重系数：以不同级别医院相同病种（不含综合病种）医疗费用比例关系作为基本权重系数，三级医院初始值设置为1。加成权重系数：与CMI、老年病人比例、分级管理等级评定、三四级手术比例、"登峰计划"医院、重点专科来综合计算加成权重系数

续表2-4-4

地区	医院年度分值计算	费用结算	医院权重系数
东莞	医院年度分值计算总额=全市病种每分值费用×该医院年度总病种分值×该医院的医院系数-(该医院参保人年度住院医疗费用-该医院年度住院统筹记账费用)。 全市病种每分值费用=(全市参保人年度住院医疗费用-全市年度住院统筹记账费用+年度可分配总额)/∑(各医院年度总病种分值×各医院的医院系数)	月预结算额度以其上年度住院统筹支付费用月均值按上年度住院医疗费用总量增幅给予增长后确定;年度内新签订服务协议的医院,按其年度住院医疗费用总量月均值与上年度同级别医院住院报销比例相乘确定。 年度住院统筹记账费用未达到其年度分值计算总额80%的,年度应付总额按其年度住院统筹记账费用确定;年度住院统筹记账费用为其年度分值计算总额80%(含80%)至94%之间的,年度应付总额按其年度住院统筹记账费用106%确定;年度住院统筹记账费用为其年度分值计算总额94%(含94%)至100%之间的,年度应付总额按其年度分值计算总额确定。 年度清算偿付金额=(年度应付总额+分担金额)-月预结算支付总额-医疗保险(或生育保险)基金已支付参保人院外医疗费用的金额。 年度可分配总额超过全市年度住院统筹记账费用108%的,按年度住院统筹记账费用的108%计算	根据定点医院级别、病种结构、就医参保人构成等造成医疗费用的差异,结合定点医院功能定位、社会医疗保险待遇标准等因素,设立医院系数。年度内新签订服务协议的定点医院,医院系数按当年度同级医院的最低值确定

在各地推行按病种分值付费的实践中,由于既往大多数地区的医院的病案内涵质量不好,病案首页反映的医院数据失真比较严重。因此,有些地区简单"移植"先行地区的按病种分值付费政策,特别是在病种分组方式和制定病种分值方法上也简单"移植",则普遍在首年运行时出现较大的问题,需依据首年运行产生的"真实"数据在年终进行大幅度的调整完善。

各地推行按病种分值付费时,应该根据基本医保统筹层次、医院集聚程度、医院质量管理及信息化水平、疾病的规范诊疗状况、医保经办机构管理水平等综合因素,因地制宜综合统筹设计适合当地的按病种分值付费政策与措施,特别是病种组合及其分值的确定。对一些适宜在基层医院诊疗、临床治疗方案明确或有临床路径的疾病,可以取消权重系数设置,真正实现在不同级别医院均采取同病同价同分值,引导基层首诊和建立分级诊疗。省级保方应该加强顶层设计,对已实施按病种分值付费的地区,统筹协调异地就医按病种分值付费改革。

(赖永洪 谭卉妍)

参考文献

[1] 芦丰,宋静,孙晓阳,等. 淮安市按病种分值付费的实证研究 [J]. 南京医科大学学报:社会科学版,2014,(4):280-283.

[2] 张仲芳. 总额控制下的医疗保险"按病种分值付费"改革研究——基于南昌市城镇职工医保的实践 [J]. 社会科学家,2016,(12):47-51.

[3] 邹萃. "工分制"付费的"南昌版本" [J]. 中国社会保障,2016,(9):68-70.

[4] 王宗凡. 如何完善"点数法"总额控制 [J]. 中国社会保障,2017,(3):80-81.

[5] 赵斌. 点数法地方实践的比较 [J]. 中国社会保障,2017,(3):75-77.

[6] 赵斌. 按病种分值结算要点解析 [J]. 中国社会保障,2018,(5):72-75.

[7] 李锦汤,张艳纯,李劲佩. 广东全面开展按病种分值付费的进程和初步成效 [J]. 中国医疗保险,2018,(4):44-46.

[8] 贾洪波,段文琦. 基本医保按病种分值付费的实践探讨 [J]. 卫生经济研究,2018,(5):57-59.

[9] 广州市人力资源和社会保障局,广州市财政局,广州市卫生和计划生育委员会. 关于全面开展基本医疗保险按病种分值付费工作的通知(穗人社发〔2017〕70号)[EB/OL]. 2017-12-28. http://www.hrssgz.gov.cn/zcfg/shbxyzgfl/201801/t20180105_273659.htm.

第三章 病案首页质量与督查

第一节 病案首页质量规范

一、背景和必要性

为进一步提高医疗机构科学化、精细化、信息化管理水平，完善病案管理，为医疗付费方式改革提供技术基础，国家卫生部于 2011 年印发了《卫生部关于修订病案首页的通知》（卫医政发〔2011〕84 号），对住院病案首页有关项目的填写方法进行了详细说明。但在对病案首页数据的实际使用过程中，发现部分医疗机构存在首页内容填写不全、疾病诊断或手术名称不准确等问题，导致大量病案首页数据质量较差，无法满足统计使用，病案首页数据价值未能充分体现，严重阻碍了医疗行业信息化进程。

为进一步提高病案首页数据利用率，实现对病案首页数据的规范化、同质化管理，国家卫计委在充分总结近年来行业管理经验的基础上组织起草了《病案首页数据填写质量规范（征求意见稿）》，并在征求各省级卫生计生行政部门意见的基础上进行了完善，最终形成了《住院病案首页数据填写质量规范（暂行）》和《住院病案首页数据质量管理控制指标（2016 版）》（以下简称《规范》）并印发，对加强医疗机构病案首页数据质量的管理提出明确要求。

二、主要内容

（1）明确对病案首页数据填写的原则性要求。根据《中华人民共和国统计法》和《病历书写基本规范》等相关法律法规的要求，《规范》对病案首页的信息项目、数据标量及疾病诊断和手术操作名称编码依据等进行了明确规范，以利于医疗机构及医务人员掌握病案首页数据填写的基本原则。同时，要求医疗机构应建立质量管理与控制工作制度，确保住院病案首页数据质量。

（2）明确诊断名称等选择规范。随着医疗付费方式改革、单病种质控等工作的进一步深入，相关数据统计工作对住院病案首页中疾病诊断和手术（操作）名称等关键信息的科学性、准确性提出了越来越高的要求。基于现实工作的实际需求，并为了实现未来对病案首页数据进行精准的自动化获取，《规范》以临床医学基本原则为依据，对病案首页出院诊断和手术（操作）名称选择的一般性原则及特殊情况下的选择原则均进行了详细阐述，确保相关信息项目内容的规范性和数据的同质性。

（3）明确病案首页数据填写人员职责。为加强对病案首页数据结构质量的管理，《规范》对医疗机构及其临床医生、编码员及信息管理人员等涉及的病案首页数据质量管理职责进行了明确规定，对涉及病案首页数据质量控制的相关环节实现精细化管理，以利于推动病案首页数据质量持续改进。

（4）明确病案首页数据质控指标及评分标准。《规范》制定了关于住院病案首页数据质量的10项质控指标，对各指标的定义、计算方法及意义和功能等进行了详细阐述，并明确提出住院病案首页必填项目范围及病案首页数据质量评分标准，为各级质控组织、医疗机构等指明了病案首页数据质控工作的着力点和考评标准，有利于实践层面推动病案首页数据质量管理与控制工作的持续改进。下一步，国家卫计委将指导地方各级卫生计生行政部门及医疗机构进一步利用好住院病案首页数据，加强医疗质量管理与控制能力的建设，促进医疗质量持续改进。

三、住院病案首页填写规范与说明

1. 基本要求

（1）凡本次修订的病案首页与前一版病案首页相同的项目，未就项目填写内容进行说明的，仍按照《卫生部关于修订下发住院病案首页的通知》（卫医发〔2001〕286号）执行。

（2）签名部分可由相应医师、护士、编码员手写签名或使用可靠的电子签名。

（3）凡栏目中有"□"的，应当在"□"内填写适当阿拉伯数字或英文字母。栏目中没有可填写内容的，填写"－"。如：联系人没有电话，在电话处填写"－"。

（4）疾病编码：指病人所罹患疾病的标准编码。目前按照全国统一的ICD－10编码执行。

（5）病案首页背面中空白部分留给各省级卫生行政部门结合医院级别类别增加具体项目。

2. 部分项目填写说明

（1）"医疗机构"指病人住院诊疗所在的医疗机构名称，按照《医疗机构执业许可证》登记的机构名称填写。卫生机构（组织）代码由22位数字（或英文字母）组成，包括9位组织机构代码和13位机构属性代码。机构代码由行政区划（6位）、经济类型代码（2位）、卫生机构（组织）类别代码（4位）和机构分类管理代码（1位）四部分组成。卫生机构（组织）代码表示形式如（图3－1－1）：

图3－1－1 卫生机构（组织）代码表示形式

例：某单位组织机构代码为47000000-1，行政区划码为440103，经济类型为国有，机构类别为综合性医院，属非营利性医院，则卫生机构（组织）代码为47000000144010311A1001。

（2）医疗付费方式分为：1. 城镇职工基本医疗保险；2. 城镇居民基本医疗保险；3. 新型农村合作医疗；4. 贫困救助；5. 商业医疗保险；6. 全公费；7. 全自费；8. 其他社会保险；9. 其他。应当根据病人付费方式在"□"内填写相应阿拉伯数字。其他社会保险指生育保险、工伤保险、农民工保险等。

（3）健康卡号：在已统一发放"中华人民共和国居民健康卡"的地区填写健康卡号码，尚未发放"健康卡"的地区填写"医保号"或暂不填写。

（4）"第N次住院"指病人在本医疗机构住院诊治的次数。

（5）病案号：指本医疗机构为病人住院病案设置的唯一性编码。原则上，同一病人在同一医疗机构多次住院应当使用同一病案号。

（6）性别：对未知性别，性别不单纯为男或女的，按照身份证或户口簿上体现的社会性征填为男或女。

（7）年龄：指病人的实足年龄，为病人出生后按照日历计算的实际年龄。大于1岁的用"Y+周岁"表示，不足1岁大于1个月的用"M+月份"表示，不足1个月的用"D+天数"表示。如：28岁写为Y28，3个月的婴儿写为M3，18天的新生儿写为D18。

（8）从出生到28天为新生儿期。出生日为第0天。产妇病历应当填写"新生儿出生体重"；新生儿期住院的患儿应当填写"新生儿出生体重"、"新生儿入院体重"。新生儿出生体重指患儿出生后第一小时内第一次称得的重量，要求精确到10克；新生儿入院体重指患儿入院时称得的重量，要求精确到10克。

（9）出生地：指病人出生时所在地点。

（10）籍贯：指病人祖居地或原籍。

（11）身份证号：除无身份证号或因其他特殊原因无法采集者外，住院病人入院时要如实填写18位身份证号，未领取18位身份证的允许填写15位身份证号码。没有身份证的军官填写军官证，港澳台居民填写港澳台居民通行证号码，外籍人士填写护照号码。

（12）职业：按照国家标准《个人基本信息分类与代码》（GB/T2261.4）要求填写，共13种职业：11. 国家公务员；13. 专业技术人员；17. 职员；21. 企业管理人员；24. 工人；27. 农民；31. 学生；37. 现役军人；51. 自由职业者；54. 个体经营者；70. 无业人员；80. 退（离）休人员；90. 其他。根据病人情况，填写职业名称，如：职员。婴儿或学龄前儿童统一填为"70 无业人员"。

（13）婚姻：指病人在住院时的婚姻状态。可分为：1. 未婚；2. 已婚；3. 丧偶；4. 离婚；9. 其他。应当根据病人婚姻状态在"□"内填写相应阿拉伯数字。

（14）现住址：指病人来院前近期的常住地址。

（15）户口地址：指病人户籍登记所在地址，按户口所在地填写。

（16）工作单位及地址：指病人在就诊前的工作单位及地址。

（17）联系人"关系"：指联系人与病人之间的关系，参照《家庭关系代码》国家标准（GB/T4761）填写：1. 配偶；2. 子；3. 女；4. 孙子；孙女或外孙子、外孙女；5. 父母；6. 祖父母或外祖父母；7. 兄、弟、姐、妹；8. 家庭内其他关系；9. 非家庭关系成员。根据联系人与病人实际关系情况填写，如：孙子。对于非家庭关系人员，统一使用"其他"，并可附加说明，如：同事。

（18）入院途径：指病人收治入院治疗的来源，经由本院急诊、门诊诊疗后入院，或经由其他医疗机构诊治后转诊入院，或其他途径入院。

（19）入院时间是指病人实际入病房的接诊时间；出院时间是指病人治疗结束或终止治疗离开病房的时间，其中死亡病人是指其死亡时间；记录时间应当精确到分钟。

（20）实际住院天数：入院日与出院日只计算1天。如：2011年6月12日入院，2011年6月15日出院，计住院天数为3天。

（21）门（急）诊诊断：指病人在住院前，由门（急）诊接诊医师在住院证上填写的门（急）诊诊断。

（22）出院诊断：指病人出院时，临床医师根据病人所做的各项检查、治疗、转归以及门急诊诊断、手术情况、病理诊断等综合分析得出的最终诊断。

a. 主要诊断：指病人出院过程中对身体健康危害最大，花费医疗资源最多，住院时间最长的疾病诊断。外科的主要诊断指病人住院接受手术进行治疗的疾病；产科的主要诊断指产科的主要并发症或伴随疾病。

b. 其他诊断：除主要诊断外的其他诊断，包括并发症和合并症。

（23）病例分型：A，B，C，D。

A. 一般：病种单纯，诊断明确，病情较稳定，不需紧急处理的一般住院病人。

B. 急：病种单纯，病情较急而需紧急处理，但生命体征尚稳定，不属疑难危重病例。

C. 疑难：病情复杂，诊断不明或治疗难度大，有较严重并发症发生，预后较差的疑难病例。

D. 危重：病情危重复杂，生命体征不稳定或有重要脏器功能衰竭，需做紧急处理的疑难危重病例。

（24）抢救：指对具有生命危险（生命体征不平稳）病人的抢救，每一次抢救都有特别记录和病程记录（包括抢救起始时间和抢救经过）。无"抢救记录"者不计算抢救次数。

抢救成功次数标准：

a. 危重病人的连续性抢救，使其病情得到缓解，按一次抢救成功计算。

b. 经抢救的病人，病情稳定24小时以上再次出现危急情况需要抢救，按第二次抢救计。

c. 果病人有数次抢救，最后一次抢救失败而死亡，则前几次抢救计为抢救成功，最后一次为抢救失败。

d. 慢性消耗性疾病病人的临终前救护，不按抢救计算。

（25）入院病情：指对病人入院时病情评估情况。将"出院诊断"与入院病情进行比较，按照"出院诊断"在病人入院时是否已具有，分为：1. 有；2. 临床未确定；3. 情况不明；4. 无。根据病人具体情况，在每一出院诊断后填写相应的阿拉伯数字。

　　a. 有：对应本出院诊断在入院时就已明确。如：病人因"乳腺癌"入院治疗，入院前已经钼靶、针吸细胞学检查明确诊断为"乳腺癌"，术后经病理亦诊断为乳腺癌。

　　b. 临床未确定：对应本出院诊断在入院时临床未确定，或入院时该诊断为可疑诊断。如：病人因"乳腺恶性肿瘤不除外""乳腺癌？""乳腺肿物"入院治疗，因缺少病理结果，肿物性质未确定，出院时有病理诊断明确为乳腺癌或乳腺纤维瘤。

　　c. 情况不明：对应本出院诊断在入院时情况不明。如：乙型病毒性肝炎的窗口期、社区获得性肺炎的潜伏期，因病人入院时处于窗口期或潜伏期，故入院时未能考虑此诊断或主观上未能明确此诊断。

　　d. 无：在住院期间新发生的，入院时明确无对应本出院诊断的诊断条目。如：病人出现围术期心肌梗死。

（26）损伤、中毒的外部原因：指造成损伤的外部原因及引起中毒的物质，如：意外触电、房屋着火、公路上汽车翻车、误服农药。不可以笼统填写车祸、外伤等。应当填写损伤、中毒的标准编码。

（27）病理诊断：指各种活检、细胞学检查及尸检的诊断，包括术中冰冻的病理结果。病理号：填写病理标本编号。选择与主要诊断相关的病理诊断填写。

（28）药物过敏：指病人在本次住院治疗以及既往就诊过程中，明确的药物过敏史，并填写引发过敏反应的具体药物，如：青霉素。

（29）死亡病人尸检：指对死亡病人的机体进行剖验，以明确死亡原因。非死亡病人应当在"□"内填写"－"。

（30）血型：指在本次住院期间进行血型检查明确，或既往病历资料能够明确的病人血型。根据病人实际情况填写相应的阿拉伯数字：1. A；2. B；3. O；4. AB；5. 不详；6. 未查。如果病人无既往血型资料，本次住院也未进行血型检查，则按照"6. 未查"填写。"Rh"根据病人血型检查结果填写。

（31）签名。

　　a. 医师签名要能体现三级医师负责制。三级医师指住院医师、主治医师和具有副主任医师以上专业技术职务任职资格的医师。在三级医院中，病案首页中"科主任"栏签名可以由病区负责医师代签，其他级别的医院必须由科主任亲自签名，如有特殊情况，可以指定主管病区的负责医师代签。研究生如已取得医师资格证书者应在进修医师栏签名；如无取得医师资格证书者应在实习医师栏签名。

　　b. 责任护士：指在已开展责任制护理的科室，负责本病人整体护理的责任护士。

　　c. 编码员：指负责病案编目的分类人员。

　　d. 质控医师：指对病案终末质量进行检查的医师。

　　e. 质控护士：指对病案终末质量进行检查的护士。

　　f. 质控日期：由质控医师填写。

（32）手术及操作编码：目前按照全国统一的 ICD－9－CM－3 编码执行。表格中第一行应当填写本次住院的主要手术和操作编码。

(33) 手术级别：指按照《医疗技术临床应用管理办法》（卫医政发〔2009〕18号）要求，建立手术分级管理制度。根据风险性和难易程度不同，手术分为四级，填写相应手术级别对应的阿拉伯数字：

  a. 一级手术（代码为1）：指风险较低、过程简单、技术难度低的普通手术。

  b. 二级手术（代码为2）：指有一定风险、过程复杂程度一般、有一定技术难度的手术。

  c. 三级手术（代码为3）：指风险较高、过程较复杂、难度较大的手术。

  d. 四级手术（代码为4）：指风险高、过程复杂、难度大的重大手术。

(34) 手术及操作名称：指手术及非手术操作（包括诊断及治疗性操作，如介入操作）名称。表格中第一行应当填写本次住院的主要手术和操作名称。

(35) 切口愈合等级，按表3-1-1要求填写：

表3-1-1 切口分组与愈合等级

切口分组	切口类别/愈合等级	内涵
0类切口		有手术，但体表无切口或腔镜手术切口
Ⅰ类切口	Ⅰ/甲	无菌切口/切口愈合良好
	Ⅰ/乙	无菌切口/切口愈合欠佳
	Ⅰ/丙	无菌切口/切口化脓
	Ⅰ/其他	无菌切口/出院时切口愈合情况不确定
Ⅱ类切口	Ⅱ/甲	沾染切口/切口愈合良好
	Ⅱ/乙	沾染切口/切口愈合欠佳
	Ⅱ/丙	沾染切口/切口化脓
	Ⅱ/其他	沾染切口/出院时切口愈合情况不确定
Ⅲ类切口	Ⅲ/甲	感染切口/切口愈合良好
	Ⅲ/乙	感染切口/切口欠佳
	Ⅲ/丙	感染切口/切口化脓
	Ⅲ/其他	感染切口/出院时切口愈合情况不确定

  a. 0类切口：指体表无切口或经人体自然腔道进行的手术以及经皮腔镜手术，如经胃腹腔镜手术、经脐单孔腹腔镜手术等。

  b. 愈合等级"其他"：指出院时切口未达到拆线时间，切口未拆线或无须拆线，愈合情况尚未明确的状态。

(36) 择期手术：容许术前充分准备，达到一定的标准条件，再选择最有利的时机施行手术。如甲状腺腺瘤、疝修补、畸形的矫正等，在一段不太长的时间内，手术迟早，不致影响治疗效果。

(37) 麻醉方式：指为病人进行手术、操作时使用的麻醉方法，如全麻、局麻、硬膜外麻等。

（38）离院方式：指病人本次住院出院的方式，填写相应的阿拉伯数字。主要包括：

a. 医嘱离院（代码为1）：指病人本次治疗结束后，按照医嘱要求出院，回到住地进一步康复等情况。

b. 医嘱转院（代码为2）：指医疗机构根据诊疗需要，将病人转往相应医疗机构进一步诊治，用于统计"双向转诊"开展情况。如果接收病人的医疗机构明确，需要填写转入医疗机构的名称。

c. 医嘱转社区卫生服务机构/乡镇卫生院（代码为3）：指医疗机构根据病人诊疗情况，将病人转往相应社区卫生服务机构进一步诊疗、康复，用于统计"双向转诊"开展情况。如果接收病人的社区卫生服务机构明确，需要填写社区卫生服务机构/乡镇卫生院名称。

d. 非医嘱离院（代码为4）：指病人未按照医嘱要求而自动离院。例如：病人疾病需要住院治疗，但病人出于个人原因要求出院，此种出院并非由医务人员根据病人病情决定，属于非医嘱离院。

e. 死亡（代码为5）。指病人在住院期间死亡。

f. 其他（代码为9）：指除上述5种出院去向之外的其他情况。

（39）是否有出院31天内再住院计划：指病人本次住院出院后31天内是否有诊疗需要的再住院安排。如果有再住院计划，则需要填写目的，如：进行二次手术。

（40）颅脑损伤病人昏迷时间：指颅脑损伤的病人昏迷的时间合计，按照入院前、入院后分别统计，间断昏迷的填写各段昏迷时间的总和。只有颅脑损伤的病人需要填写昏迷时间。

（41）住院费用：总费用指病人住院期间发生的与诊疗有关的所有费用之和，凡可由医院信息系统提供住院费用清单的，住院病案首页中可不填写。已实现城镇职工、城镇居民基本医疗保险或新农合即时结报的地区，应当填写"自付金额"。

住院费用共包括以下10个费用类型：

a. 综合医疗服务类：各科室共同使用的医疗服务项目发生的费用。

一般医疗服务费：包括诊查费、床位费、会诊费、营养咨询等费用。

一般治疗操作费：包括注射、清创、换药、导尿、吸氧、抢救、重症监护等费用。

护理费：病人住院期间等级护理费用及专项护理费用。

其他费用：病房取暖费、病房空调费、救护车使用费、尸体料理费等。

b. 诊断类：用于诊断的医疗服务项目发生的费用。

病理诊断费：病人住院期间进行病理学有关检查项目费用。

实验室诊断费：病人住院期间进行各项实验室检验费用。

影像学诊断费：病人住院期间进行透视、造影、CT、磁共振检查、B超检查、核素扫描、PET等影像学检查费用。

临床诊断项目费：临床科室开展的其他用于诊断的各种检查项目费用。包括有关内镜检查、肛门指诊、视力检测等项目费用。

c. 治疗类：

非手术治疗项目费：临床利用无创手段进行治疗的项目产生的费用。包括高压氧舱、血液净化、精神治疗、临床物理治疗等。临床物理治疗指临床利用光、电、热等外界物理因素进行治疗的项目产生的费用，如放射治疗、放射性核素治疗、聚焦超声治疗等项目产生的费用。

手术治疗费：临床利用有创手段进行治疗的项目产生的费用。包括麻醉费及各种介入、孕产、手术治疗等费用。

d. 康复类：对病人进行康复治疗产生的费用。包括康复评定和治疗。

e. 中医类：利用中医手段进行治疗产生的费用。

f. 西药类：包括有机化学药品、无机化学药品和生物制品费用。

西药费：病人住院期间使用西药所产生的费用。

抗菌药物费用：病人住院期间使用抗菌药物所产生的费用，包含于"西药费"中。

g. 中药类：包括中成药和中草药费用。

中成药费：病人住院期间使用中成药所产生的费用。中成药是以中草药为原料，经制剂加工制成各种不同剂型的中药制品。

中草药费：病人住院期间使用中草药所产生的费用。中草药主要由植物药（根、茎、叶、果）、动物药（内脏、皮、骨、器官等）和矿物药组成。

h. 血液和血液制品类：

血费：病人住院期间使用临床用血所产生的费用，包括输注全血、红细胞、血小板、白细胞、血浆的费用。医疗机构对病人临床用血的收费包括血站供应价格、配血费和储血费。

白蛋白类制品费：病人住院期间使用白蛋白的费用。

球蛋白类制品费：病人住院期间使用球蛋白的费用。

凝血因子类制品费：病人住院期间使用凝血因子的费用。

细胞因子类制品费：病人住院期间使用细胞因子的费用。

i. 耗材类：当地卫生、物价管理部门允许单独收费的耗材。按照医疗服务项目所属类别对一次性医用耗材进行分类。"诊断类"操作项目中使用的耗材均归入"检查用一次性医用材料费"；除"手术治疗"外的其他治疗和康复项目（包括"非手术治疗""临床物理治疗""康复""中医治疗"）中使用的耗材均列入"治疗用一次性医用材料费"；"手术治疗"操作项目中使用的耗材均归入"手术用一次性医用材料费"。

检查用一次性医用材料费：病人住院期间检查检验所使用的一次性医用材料费用。

治疗用一次性医用材料费：病人住院期间治疗所使用的一次性医用材料费用。

手术用一次性医用材料费：病人住院期间进行手术、介入操作时所使用的一次性医用材料费用。

j. 其他类：

其他费：病人住院期间未能归入以上各类的费用总和。

（42）"产科分娩婴儿记录表"和"肿瘤专科病人治疗记录表"为广东省推荐附表，各医疗机构可根据自己的情况选择使用。

（43）各医疗机构可根据实际工作需要，利用扩展字段，在首页后面增加统计指标栏目，供医院管理查用。

四、选择原则

疾病的诊断名称一般由病因、部位、临床表现、病理诊断等要素构成。这四个要素为构成疾病诊断名称的主要因素，不是每个疾病诊断名称，都要求同时具备这四个要素，一个疾病诊断名称可以由这些要素组合而产生，出院诊断包括主要诊断和其他诊断（并发症和合并症）。如：病毒性脑膜炎（病因＋部位＋临床表现）；腰椎间盘突出（部位＋临床表现）；肝血管瘤（部位＋病理诊断）。

（1）主要诊断选择的总则：主要诊断一般是病人住院的理由，可以包括疾病、损伤、中毒体征、症状、异常发现，或者其他影响健康状态的因素。世界卫生组织和卫生部规定疾病分类统计采用"单一原因"分析，即"一人一病例"的原则。强调了主要诊断选择的重要性，主要诊断的选择，原则上应选择本次住院对病人健康危害最大、消耗医疗资源最多、住院时间最长的疾病诊断。

例1：急性化脓性阑尾炎，术中或治疗过程中突发急性心肌梗死（对病人健康危害最大）。

主要诊断选择：急性心肌梗死。

例2：膝骨性关节炎；股骨头坏死，行人工髋关节置换术（消耗医疗资源最多）。

主要诊断选择：股骨头坏死。

例3：慢性乙型病毒性肝炎急性期、肺炎共住院28天，其中，乙型病毒性肝炎急性期疗效"好转"，治疗时间28天；肺炎疗效"痊愈"，治疗时间7天。

主要诊断选择：慢性乙型病毒性肝炎急性期。

（2）主要诊断选择的一般原则。

1）病因诊断能包括疾病的临床表现，则选择病因诊断作为主要诊断。

病因：指导致一种疾病发生的原因。它包括致病因子和条件。流行病学中的病因一般称为危险因素。

临床表现：常指病人得了某种疾病后身体发生的一系列异常变化。临床表现常用作对疾病诊断的重要依据。例如：咳嗽，发热，头痛，无力等。

例：高血压动脉硬化性心脏病；心律失常。

主要诊断：高血压动脉硬化性心脏病。

2）以手术治疗为住院目的的，则选择与手术治疗相一致的疾病作为主要诊断。

例：急性上呼吸道感染；颈椎病；慢性扁桃体炎（拟行扁桃体切除术）。

主要诊断：慢性扁桃体炎。

3）以疑似诊断入院，出院时仍未确诊，则选择临床高度怀疑、倾向性最大的疾病诊断作为主要诊断。

例1：急性胆囊炎待排除。

主要诊断：急性胆囊炎。

例2：可疑肺癌——已排除。

主要诊断：可疑恶性肿瘤的观察。

4）因某种症状、体征或检查结果异常入院，出院时诊断仍不明确，则以该症状、体征或异常的检查结果作为主要诊断。但原则上不主张以症状、体征或异常的检查结果作为主要诊断，医生最好能根据症状、体征或异常的检查结果，给出怀疑的疾病诊断名称，以怀疑诊断为主要诊断。

例：发热；腹痛；血红蛋白尿。

5）疾病在发生发展过程中出现不同危害程度的临床表现，且本次住院以某种临床表现为诊治目的，则选择该临床表现作为主要诊断。

例：冠状动脉粥样硬化性心脏病；急性前间壁心肌梗死。

主要诊断：急性前间壁心肌梗死。

6）疾病的临终状态原则上不能作为主要诊断，以原发疾病作为主要诊断。

例：呼吸衰竭；低血容量性休克；恶病质。

死亡原因：主要死亡原因、根本死亡原因。

死亡：是指呼吸心跳不可逆性的停止，生命指征的永远消失，大脑思维不复存在。

主要死亡原因：指最后导致死亡的最主要、最严重的那个疾病。病案首页中死亡原因要求填写主要死亡原因而不是根本死亡原因。

根本死亡原因：世界卫生组织定义为直接导致死亡的一系列疾病过程中最早的那个疾病。

例1：慢性支气管炎—肺气肿—肺源性心脏病—死亡。

根本死亡原因：慢性支气管炎。

主要死亡原因：是肺源性心脏病。

例2：重度颅脑损伤—脑疝—死亡。

根本死亡原因：重度颅脑损伤（导致受伤的外因）。

主要死亡原因：脑疝。

根本死因意义：根本死因追寻的是最早发生的那个疾病，因为这一根本性的原因引起一系列的疾病，最终导致死亡。它与临床上的主要（直接）死因在含义上有着根本性区别，从防止死亡的观点出发，目的是中断可能致死疾病的链条或环节，阻止加速死亡原因的过程，更好地发挥疾病监测系统的预警能力。

7）本次住院仅针对某种疾病的并发症进行治疗时，则该并发症作为主要诊断。

例：（病史）某病人因结肠恶性肿瘤2个月前行外科手术治疗，现并发腹壁手术切口感染收入普外科住院治疗；结肠恶性肿瘤；结肠恶性肿瘤手术后切口感染。

主要诊断：结肠恶性肿瘤手术后切口感染。

（3）住院过程中出现比入院诊断更为严重的并发症或疾病时，按以下原则选择主要诊断：

1）手术导致的并发症，选择原发病作为主要诊断。

例：胃溃疡并穿孔（行胃修补术）；胃瘘。

主要诊断：胃溃疡并穿孔。

2）非手术治疗或出现与手术无直接相关性的疾病，按主要诊断选择的总则选择主要诊断，即：选择本次住院对患者健康危害最大、消耗医疗资源最多、住院时间最长的疾病作为主要诊断。

例：高血压心脏病伴肾功能不全；先天性房间隔缺损；重症肺炎。

主要诊断：重症肺炎。

（4）肿瘤类疾病按以下原则选择主要诊断：

1）本次住院针对肿瘤进行手术治疗或进行确诊的，选择肿瘤为主要。

例：肺部感染；胸腔积液；肺上叶恶性肿瘤。

主要诊断：肺上叶恶性肿瘤。

2）本次住院针对继发肿瘤进行手术治疗或进行确诊的，即使原发肿瘤依然存在，选择继发肿瘤为主要诊断。

例：腹水；肝继发性恶性肿瘤；肺上叶恶性肿瘤。

主要诊断：肝继发性恶性肿瘤。

3）本次住院仅对恶性肿瘤进行放疗或化疗时，选择恶性肿瘤放疗或化疗为主要诊断。

例：肺癌术后；恶性肿瘤术后化疗或放疗；冠心病；高血压。

主要诊断：恶性肿瘤术后化疗或放疗。

4）本次住院针对肿瘤并发症或肿瘤以外的疾病进行治疗的，选择并发症或该疾病为主要诊断。

例：食管癌术后；食管癌术后的瘘；2型糖尿病；类风湿性关节炎。

主要诊断：食管癌术后的瘘或2型糖尿病。

（5）产科的主要诊断应当选择产科的主要并发症或合并症。如：妊娠合并高血压、脐带绕颈等，没有并发症或合并症的，主要诊断应当由妊娠、分娩情况构成，包括宫内妊娠周数、胎数（G）、产次（P）、胎方位、胎儿和分娩情况等。

例：孕40周，孕3产1，活产女婴，胎位LOA；胎儿宫内窘迫。

主要诊断：胎儿宫内窘迫。

（6）多部位损伤，以对健康危害最大的损伤或主要治疗的损伤作为主要诊断。

例：肋骨骨折；腓骨神经损伤；创伤性硬脑膜下出血；全身多处软组织损伤。

主要诊断：创伤性硬脑膜下出血。

（7）多部位灼伤，以灼伤程度最严重部位的诊断为主要诊断。在同等程度灼伤时，以面积最大部位的诊断为主要诊断。

例：上肢Ⅰ度烧伤；下肢Ⅰ度烧伤；躯干部Ⅲ度烧伤。

主要诊断：躯干部Ⅲ度烧伤。

（8）以治疗中毒为主要目的的，选择中毒为主要诊断，临床表现为其他诊断。

例：腹泻；呕吐；蘑菇类中毒；头晕。

主要诊断：蘑菇类中毒。

（9）其他诊断是指除主要诊断以外的疾病、症状、体征、病史及其他特殊情况，包括并发症和合并症。

1）并发症是指一种疾病在发展过程中引起的另一种疾病，后者即为前者的并发症。

例：法络氏四联症（法四根治术）；手术后伤口感染；心功能Ⅱ级。

并发症：手术后伤口感染。

2）合并症是指一种疾病在发展过程中出现的另外一种或几种疾病，后发生的疾病不是前一种疾病引起的。合并症可以是入院时已存在，也可以是入院后新发生或新发现的。

例：糖尿病；前列腺增生；高血压。

这三种疾病互为合并症。

（10）填写其他诊断时，先填写主要疾病并发症，后填写合并症；先填写病情较重的疾病，后填写病情较轻的疾病；先填写已治疗的疾病，后填写未治疗的疾病。

例1：股骨骨折；手术后伤口愈合不良（并发症）；肺心病（合并症）；慢性支气管炎（合并症）。

例2：肺部感染；流行性感冒（已治）；重症肌无力（未治）。

（11）下列情况应当写入其他诊断：

1）入院前及住院期间与主要疾病相关的并发症。

2）现病史中涉及的疾病和临床表现。

3）住院期间新发生或新发现的疾病和异常所见。

4）对本次住院诊治及预后有影响的既往疾病。

例1：脑梗死；脑梗死后遗症（并发症）；言语困难。

例2：前列腺炎；尿频（临床表现）；PSA（前列腺特异抗原）增高。

（12）由于各种原因导致原诊疗计划未执行且无其他治疗出院的，原则上选择拟诊疗的疾病为主要诊断，并将影响原诊疗计划执行的原因（疾病或其他情况等）写入其他诊断。

例：肾盂结石；血尿；艾滋病病毒携带者。

主要诊断：肾盂结石。

其他诊断：艾滋病病毒携带者；血尿。

（13）主要手术及操作名称的选择：手术及操作名称一般由部位、术式、入路、疾病性质等要素构成。

例1：直肠切除术（部位+术式）。

例2：经皮冠状动脉腔内成形术（PTCA）（入路+部位+术式）。

例3：经内窥镜奥狄括约肌切开取石术（器械+部位+术式+目的）。

1）多个术式时，主要手术首先选择与主要诊断相对应的手术。一般是技术难度最大、过程最复杂、风险最高的手术，应当填写在首页手术操作名称栏中第一行。

例：主要诊断：食管恶性肿瘤。

　　主要手术：部分食管切除术（42.41）。

　　其他手术：非端对端的吻合术（42.10 – 42.69）；

　　　　　　　食管造口术（42.10 – 42.19）；

　　　　　　　胃造口术（43.11 – 43.19）。

2）既有手术又有操作时，按手术优先原则，依手术、操作时间顺序逐行填写。

例：主要诊断：胆囊结石。

主要手术：胆囊切除术。

其他手术：胆管造影，经内窥镜（诊断性操作）。

3）仅有操作时，首先填写与主要诊断相对应的、主要的治疗性操作（特别是有创的治疗性操作），后依时间顺序逐行填写其他操作。

例：主要诊断：下腔静脉血栓形成。

主要手术：下腔静脉栓子去除术（治疗性操作）。

其他手术：下腔静脉造影术（诊断性操作）。

五、填报人员要求

（1）临床医师、编码员及各类信息采集录入人员，在填写病案首页时应当按照规定的格式和内容及时、完整和准确填报。

（2）临床医师应当按照本规范要求填写诊断及手术操作等诊疗信息，并对填写内容负责。

（3）编码员应当按照本规范要求准确编写疾病分类与手术操作代码。临床医师已做出明确诊断，但书写格式不符合疾病分类规则的，编码员可按分类规则实施编码。

（4）医疗机构应当做好住院病案首页费用归类，确保每笔费用类别清晰、准确。

（5）信息管理人员应当按照数据传输接口标准及时上传数据，确保住院病案首页数据完整、准确。

（彭传薇）

[附一]

医疗机构_____　（卫生机构（组织）代码：_____）

医疗付费方式：□　　　　**住 院 病 案 首 页**

健康卡号：　　　　　　　第　　次住院　　　　　　病案号：

| 姓名_____ 性别□1.男 2.女 出生日期____年___月__日 年龄_____（Y/M/D） |
| 国籍_____民族_____　　新生儿出生体重_____克　新生儿入院体重_____克 |
| 出生地____省____市____县（区）　籍贯_____省（区.市）_____市 |
| 身份证号_____职业_____婚姻□1.未婚2.已婚3.丧偶4.离婚9.其他 |
| 现住址____省____市____县（区）　　　　电话_____邮编_____ |
| 户口地址____省____市____县（区）　　　　　　邮编_____ |
| 工作单位及地址_____单位电话_____邮编_____ |
| 联系人姓名_____　关系_____　地址_____　　电话_____ |
| 入院途径 □1.急诊 2.门诊 3.其他医疗机构转入 9.其他 |
| 入院时间____年___月__日__时　入院科别_____病房_____ |
| 转科1.__年_月_日_时转_科2.__年_月_日_时转_科3.__年_月_日_时转__科 |
| 出院时间____年__月__日__时　出院科别_____病房_____实际住院____天 |
| 门（急）诊诊断_____疾病编码_____门（急）诊医生_____ |

续表

出院诊断	疾病编码	入院病情		
		有	临床 未确定	情况 不明	无
主要诊断：					
其他诊断：					

病例分型□ A 一般　B 急　C 疑难　D 危重　临床路径病例□1.是 2.否　抢救____次　成功____次

损伤、中毒的外部原因_____疾病编码_____

病理诊断：_____病理号_____疾病编码_____

药物过敏 □1.无 2.有,过敏药物：_____ 死亡病人尸检□1.是　2.否

血型 □1.A　2.B　3.O　4.AB　5.不详　6.未查　Rh □　1.阴 2.阳 3.不详 4.未查

科主任_____　主任（副主任）医师_____　主治医师_____　住院医师_____
责任护士_____　进修医师_____　实习医师_____　编码员_____

病案质量 □1.甲 2.乙 3.丙 质控医师_____ 质控护士_____ 质控日期_____年___月___日

手术及 操作日期	手术及 操作名称	手术 级别	手术及操作医师			切口 /愈合	择期 手术	麻醉 方式	麻醉 医师	手术及 操作编码
			术者	Ⅰ助	Ⅱ助					
						/				
						/				
						/				
						/				
						/				
						/				

续表

离院方式 □ 1.医嘱离院 2.医嘱转院，拟接收医疗机构名称：_____ 3.医嘱转社区卫生服务机构/乡镇卫生院，拟接收医疗机构名称：_____ 4.非医嘱离院 5.死亡 9.其他
是否有出院 31 天内再住院计划 □ 1.无 2.有，目的：_____
颅脑损伤病人昏迷时间：入院前____天____小时____分钟   入院后____天____小时____分钟
住院费用（元）：总费用_____（自付金额：_____）

1. 综合医疗服务类：	（1）一般医疗服务费：_____ （2）一般治疗操作费：_____ （3）护理费：_____ （4）其他费用：_____
2. 诊断类：	（5）病理诊断费：_____ （6）实验室诊断费：_____ （7）影像学诊断费：_____ （8）临床诊断项目费：_____
3. 治疗类：	（9）非手术治疗项目费：_____（临床物理治疗费：_____） （10）手术治疗费：_____（麻醉费：_____ 手术费：_____）
4. 康复类：	（11）康复费：_____
5. 中医类：	（12）中医治疗费：_____
6. 西药类：	（13）西药费：_____（抗菌药物费用：_____）
7. 中药类：	（14）中成药费：_____ （15）中草药费：_____
8. 血液和血液制品类：	（16）血费：____（17）白蛋白类制品费：____（18）球蛋白类制品费：____ （19）凝血因子类制品费：_____（20）细胞因子类制品费：_____
9. 耗材类：	（21）检查用一次性医用材料费：_____（22）治疗用一次性医用材料费：_____ （23）手术用一次性医用材料费：_____
10. 其他类：	（24）其他费：_____

注：（一）医疗付费方式：1. 城镇职工基本医疗保险；2. 城镇居民基本医疗保险；3. 新型农村合作医疗；4. 贫困救助；5. 商业医疗保险；6. 全公费；7. 全自费；8. 其他社会保险；9. 其他。

（二）凡可由医院信息系统提供住院费用清单的，住院病案首页中可不填写"住院费用"，但必须按首页的费用分类提供电子数据。

[附二]

住院病案首页必填项目列表

序号	项目	信息分类	序号	项目	信息分类
1	医疗机构	住院信息	39	ABO 血型	诊疗信息
2	组织机构代码	诊疗信息	40	Rh 血型	诊疗信息
3	第　　次住院	住院信息	41	（主要手术）名称	诊疗信息
4	入院途径	住院信息	42	（主要手术）级别	诊疗信息

续表

序号	项目	信息分类	序号	项目	信息分类
5	入院时间	住院信息	43	（主要手术）切口愈合等级	诊疗信息
6	入院科别	住院信息	44	（主要手术）麻醉方式	诊疗信息
7	（入院）病房	住院信息	45	（入院前）颅脑损伤时间	诊疗信息
8	转科科别	住院信息	46	（入院后）颅脑损伤时间	诊疗信息
9	出院时间	住院信息	47	（重症监护室）名称	诊疗信息
10	出院科别	住院信息	48	（重症监护室）进入时间	诊疗信息
11	（出院）病房	住院信息	49	（重症监护室）转出时间	诊疗信息
12	实际住院天数	住院信息	50	医疗付费方式	病人信息
13	科主任	住院信息	51	病案号	病人信息
14	主任（副主任）医师	住院信息	52	姓名	病人信息
15	主治医师	住院信息	53	性别	病人信息
16	住院医师	住院信息	54	出生日期	病人信息
17	责任护士	住院信息	55	年龄	病人信息
18	编码员	住院信息	56	国籍	病人信息
19	（主要手术）日期	住院信息	57	出生地（省、市、县）	病人信息
20	（主要手术）术者	住院信息	58	籍贯	病人信息
21	（主要手术）Ⅰ助	住院信息	59	民族	病人信息
22	（主要手术）Ⅱ助	住院信息	60	身份证号	病人信息
23	（主要手术）麻醉医师	住院信息	61	职业	病人信息
24	离院方式	住院信息	62	婚姻	病人信息
25	是否有31天内再次入院计划	住院信息	63	现住址（省、市、县、街道）	病人信息
26	日常生活能力评定量表得分（入院）	住院信息	64	现住址电话	病人信息
27	日常生活能力评定量表得分（出院）	住院信息	65	现住址邮编	病人信息
28	门急诊诊断	诊疗信息	66	户口地址（省、市、县、街道）	病人信息
29	门急诊诊断编码	诊疗信息	67	户口地址邮编	病人信息
30	（主要出院诊断）名称	诊疗信息	68	工作单位及地址	病人信息
31	（主要出院诊断）入院病情	诊疗信息	69	工作单位电话	病人信息
32	（主要出院诊断）疗效	诊疗信息	70	工作单位邮编	病人信息

续表

序号	项目	信息分类	序号	项目	信息分类
33	（主要出院诊断）编码	诊疗信息	71	联系人姓名	病人信息
34	损伤中毒的外部原因	诊疗信息	72	联系人关系	病人信息
35	损伤中毒的外部原因编码	诊疗信息	73	联系人地址	病人信息
36	病理号（有一次住院多个标本的可能）	诊疗信息	74	联系人电话	病人信息
37	病理诊断	诊疗信息	75	住院总费用	费用信息
38	有无药物过敏	诊疗信息	76	自付费用	费用信息

注：必填栏不能为空项，没有可填写内容时填写"—"。

[附三]

主要诊断选择练习题

1. [案例摘要] 5岁男童，头痛10天加重伴发热呕吐5天入院，有法洛氏四联症病史。查体颈项强直，克氏征可疑阳性，脑脊液检查为无菌性炎性改变，考虑为病毒性脑膜炎。经脱水降颅内压、抗病毒治疗，2周后症状缓解治愈出院。主要诊断选择：

A. 病毒性脑膜炎；B. 法洛氏四联症

正确答案：A. 病毒性脑膜炎。

选择原则：主要诊断一般是病人住院的理由，原则上应选择本次住院对病人健康危害最大、消耗医疗资源最多、住院时间最长的疾病诊断。

2. [案例摘要] 中年男性，反复发热伴畏寒、寒战10余天入院，入院后查血常规及其他炎症指标明显升高，血培养为肺炎克雷伯菌，住院治疗期间出现脓毒性休克。诊断肺炎克雷伯菌败血症、脓毒性休克。后依据血培养药敏结果抗感染治疗，病愈出院。主要诊断选择：

A. 脓毒性休克；B. 肺炎克雷伯菌败血症

正确答案：B. 肺炎克雷伯菌败血症。

选择原则：病因诊断能包括疾病的临床表现，则选择病因诊断作为主要诊断。

3. [案例摘要] 病人女性，22岁，因鼻塞3年，以慢性鼻窦炎、鼻中隔偏曲收入院，入院后行鼻内镜下鼻中隔矫正术。主要诊断选择：

A. 鼻中隔偏曲；B. 慢性鼻窦炎。

正确答案：A. 鼻中隔偏曲。

选择原则：以手术治疗为住院目的的，则选择与手术治疗一致的疾病作为主要诊断。

4. [案例摘要] 病人女性，38岁，发热伴皮疹2周入院，既往有高血压病史1年。入院后完善免疫自身抗体检测等相关检查，仍未能明确诊断，对症治疗后病情好转出院。依据本病人病史、症状不能除外系统性红斑狼疮的可能，但相关特异性检查不支持。主要诊断选择：

A. 原发高血压病；B. 系统性红斑狼疮可能性大。

正确答案：B. 系统性红斑狼疮可能性大。

选择依据：以疑似诊断入院，出院时仍未确诊，则选择临床高度怀疑、倾向性最大的疾病诊断作为主要诊断。

5. [案例摘要]病人女童，3岁，因发作性抽搐2小时急诊入院，体温正常。入院后给予对症治疗，症状缓解，1天后转入专科医院进一步治疗，主要诊断选择：

A. 抽搐原因待查； B. 热性惊厥。

正确答案：A. 抽搐原因待查。

选择原则：因某种症状、体征或检查结果异常入院，出院时诊断仍不明确，则以该症状、体征或异常的检查结果作为主要诊断。

6. [案例摘要]病人女性，66岁，因间断性喘憋、下肢水肿10余年加重3天，以心功能不全收入院。既往风湿性心脏病30年、冠状动脉粥样硬化性心脏病10余年。入院后给予抗心衰治疗病情好转出院。主要诊断选择：

A. 风湿性心脏病； B. 慢性心力衰竭急性加重； C. 冠状动脉粥样硬化性心脏病。

正确答案：B. 慢性心力衰竭急性加重。

选择原则：疾病在发生发展过程中出现不同危害程度的临床表现，且本次住院以某种临床表现为诊疗目的，则选择该临床表现作为主要诊断。疾病的临终状态原则上不能作为主要诊断。

7. [案例摘要]病人，男性，51岁，因呕血1天住院，既往肝硬化病史10年，给予胃镜下硬化剂治疗后病情缓解出院。主要诊断选择：

A. 门脉高压； B. 肝硬化； C. 食管胃底静脉曲张破裂出血。

正确答案：C. 食管胃底静脉曲张破裂出血。

选择原则：本次住院仅针对某种疾病的并发症进行治疗时，则该并发症作为主要诊断。

8. [案例摘要]病人女性，53岁，因B超发现子宫肌瘤2月入院。入院后行子宫肌瘤剔除术，术后第2天出现腹胀不缓解，CT检查提示有腹壁疝伴小肠梗阻，考虑为手术并发症，行腹壁切口疝修补术，术后病人病情稳定出院。主要诊断选择：

A. 子宫平滑肌瘤； B. 切口疝伴小肠梗阻。

正确答案：A. 子宫平滑肌瘤。

选择原则：住院过程中出现比入院诊断更为严重的并发症或疾病时，按以下原则选择主要诊断：①手术导致的并发症，选择原发病为主要诊断；②非手术治疗或出现与手术无直接相关性的疾病，按第一条选择主要诊断。

9. [案例摘要]80岁男性病人，因发热、咳嗽、咳痰4天，加重伴喘憋1天拟肺炎收入院。既往多种基础疾病，入院后痰培养为金黄色葡萄球菌，血气分析提示Ⅱ型呼吸衰竭，给予抗感染、平喘等药物，以及有创呼吸机辅助通气，病情无改善，并出现急性前壁心肌梗死，给予保守治疗，后病情加重，治疗无效死亡。主要诊断选择：

A. 金黄色葡萄球菌肺炎； B. Ⅱ型呼吸衰竭； C. 急性前壁心肌梗死。

正确答案：A. 金黄色葡萄球菌肺炎。

选择原则：住院过程中出现比入院诊断更为严重的并发症或疾病时，按以下原则选择主要诊断：①手术导致的并发症，选择原发病为主要诊断；②非手术治疗或出现与手术无直接相关性的疾病，按第一条选择主要诊断。

10. [案例摘要]病人男性，76岁，因确诊胃癌4月入院。入院前行5次化疗。本次住院行胃癌根治术，手术后病人病情好转出院。主要诊断选择：

A. 低蛋白血症； B. 胃腺癌。

正确答案：B. 胃腺癌。

选择原则：本次住院针对肿瘤进行手术治疗或进行确诊的，选择肿瘤作为主要诊断。

11. [案例摘要]病人男性，56岁，因头痛、恶心、呕吐1周入院。既往肺癌术后5年病史。头部CT提示颅内占位性病变，考虑肺癌脑转移，入院后行开颅手术治疗，证实为肺癌脑转移，手术后病人病情好转平稳出院。主要诊断选择：

A. 肺癌术后；B. 肺癌脑转移。

正确答案：B. 肺癌脑转移。

选择原则：本次住院针对继发肿瘤进行手术治疗或进行确诊的，即使原发肿瘤依然存在，选择继发肿瘤为主要诊断。

12. ［案例摘要］病人女性，81 岁，因结肠癌术后半月，头晕、乏力 2 天入院。住院后血常规提示中度贫血，给予输血等对症治疗后好转出院。主要诊断选择：

A. 中度贫血；B. 结肠癌术后。

正确答案：A. 中度贫血。

选择原则：本次住院针对肿瘤并发症或肿瘤以外的疾病进行治疗的，选择并发症或该疾病为主要诊断。

13. ［案例摘要］因胎儿相对性头盆不称，活跃期停滞，持续性枕后位，入院行子宫下段横切口剖宫产。本例选择产时并发症为主要诊断。

A. 孕 1 产 1 孕 40 周 LOP；B. 持续性枕后位梗阻分娩；C. 单胎活产。

正确答案：B. 持续性枕后位梗阻分娩。

选择原则：产科的主要诊断应选择产科的主要并发症或合并症。没有并发症或合并症的，主要诊断由妊娠、分娩情况构成，包括宫内妊娠周数、胎数（G）、产次（P）、胎方位、胎儿和分娩情况等。

14. ［案例摘要］病人因重度子痫前期，入院行子宫下段横切口剖宫产。主要诊断选择：

A. 孕 1 产 1 41 周 LOA；B. 单胎活产；C. 重度子痫前期。

正确答案：C. 重度子痫前期。

选择原则：产科的主要诊断应选择产科的主要并发症或合并症。没有并发症或合并症的，主要诊断由妊娠、分娩情况构成，包括宫内妊娠周数、胎数（G）、产次（P）、胎方位、胎儿和分娩情况等。

（彭传薇）

参考文献

[1] 国家卫生与健康委员会医政司. 病案首页填写规范（2011）.
[2] 国家卫生与健康委员会. 住院病案首页数据填写质量规范（暂行）.
[3] 国家卫生与健康委员会. 住院病案首页数据质量管理控制指标（2016 版）.

第二节　病案数据质量与编码管理

国际疾病分类（ICD-10）是按照世界卫生组织的统一标准，将疾病名称转换成字母和数字形式的代码来实现医学交流、医学科研检索、各种医疗保险、病种付费等功能的标准分类方法。它既是国际分类标准，也是我国有关疾病与代码的国家标准。

一、按病种分值付费与 ICD 编码

2010 年 7 月 1 日，中山市在广东省率先实施医保付费按病种分值结算的医保政策，

颁布了《中山市社会医疗保险医疗费用结算办法》（中人社发〔2010〕105号），正式实行住院医保付费按病种分值付费制度，当中明确指出社保局与医疗机构的医疗费用结算方式，是按住院病案首页对应的出院临床主要诊断的ICD-10编码及诊治方式的ICD-9-CM-3编码所对应的分值，并按一定的参数制定相对应的价格，按这种价格对某疾病治疗全过程向医疗机构一次性付款。由此看来，按病种分值付费的数据主要来源于首页，而疾病和手术操作分类作为医保付费的重要依据，其准确性至关重要，只有提供准确的ICD编码，医疗机构才能拿到与诊治相对应的医疗费用。

传统的编码方法是由临床医师在病人出院后在住院病案首页填写疾病诊断和手术操作名称，再由编码员根据编码原则逐一进行编码，临床医师填写的诊断名称，多数以国际疾病命名（IDN）、书刊杂志（国际或国内）、各专业组织（国际或国内）普遍采用或社会广泛认可的命名形式为准，与ICD的分类轴心、命名规则不一致。ICD-10是从统计学角度出发，强调病因、解剖部位、病理和临床表现。标准不一致，会造成临床医师和编码员对问题的看法不一致，从而影响疾病分类的准确性。再者，由于受地域不同、文化差异、书写习惯等因素的影响，临床医师对疾病诊断名称书写通常较随意，常见的问题有：以检查结果代替诊断名称、以症状体征代替诊断名称、中英文混淆书写、诊断名称口语化、诊断名称不准确等。例如：①将手术名称作为主要诊断，如"门诊行左侧乳腺肿物活检，病理诊断乳腺导管癌"，主要诊断应为"左侧乳腺导管癌"，而非"乳腺肿物活检术后"。②以临床症状代替诊断，如"消化道出血""梗阻性黄疸"。③以检查结果代替诊断，如"肝脏占位""肺部阴影"等。④意向性诊断，如"头痛待查""胸痛待查"等。⑤随意命名，如"鼾症术后（扁桃体切除术后）"。⑥部位不明确，如"结肠息肉写为肠息肉"。⑦病因未写明，如"股骨头坏死"未写明是"非创伤性"还是"创伤性"。⑧不规范缩写，如室"间隔缺损"写为"室缺"。⑨已明确病因的合并书写诊断分开来书写，如"输尿管结石并肾盂积水"写成"第一诊断输尿管结石，第二诊断为肾积水"。不规范的诊断名称，使编码员不能给出正确的疾病分类编码，不利于对数据进行分析、管理和应用。另外，ICD-10更新较为缓慢，不能及时跟上医学的发展，不能完全满足临床医生对诊断的需要。而且编码工作是在出院病历回收到病案室后才进行的，管理流程的滞后，使管理人员不能及时、准确地掌握医保数据，不利于对数据进行分析、管理。如何规范临床医生医疗文书的书写行为，让临床医生关注诊疗信息的填写，重视病案首页数据质量，是我们面临的首要问题。提高病案首页数据质量，使医院在规范合理的范围内保证质量与效益并驱，也是管理层要面临的最现实的问题。只有将管理工作前移，才能在第一时间了解医保病种在医院内部的实际情况，对各个专科进行对比分析，对有差异的个体深入剖析，使医院在新的医保付费政策下，精准地获得分值。

二、规范医疗书写行为，提高病案首页数据质量

（一）整合临床诊断字典库

尝试以临床思维为导向，建立基于ICD-10的临床标准化诊断字典库，开发智能自动编码系统，同时与中山市医保病种分值库建立对应关系，并具有综合查询功能。

1. 收集与整理疾病诊断数据

2010年7月，以病案室编码员为主的工作小组，在信息工作师和统计人员的配合下，调取电子病历系统的门诊医生工作站和住院医生工作站的近3年临床诊断名称，约3万条记录，通过信息技术手段，对数据进行清洗，收录规范的诊断名称，废弃不规范的诊断名称，对一些不规则的诊断名称进行更正。如"房扑"更正为"心房扑动"，"肺TB"更正为"肺结核"，最后，剩下2万条有效数据。

2. 梳理疾病诊断

把清洗后的2万条有效数据，按专科进行分类，并与我院使用的广东省卫生厅统一标准的ICD-10字典库进行N对一的绑定。如"乳房导管内乳头状瘤"和"乳房纤维腺瘤"绑定到"D24.X00乳腺良性肿瘤"。

3. 建立疾病诊断名称与ICD-10对照字典库

建立疾病诊断与ICD-10对照关系，以临床思维为导向，根据临床书写习惯，扩展诊断名称。如"角膜溃疡"扩展成"双眼角膜溃疡""左眼角膜溃疡""右眼角膜溃疡"。肿瘤诊断根据病理诊断和临床分期扩展，如"子宫颈恶性肿瘤"扩展成"子宫颈低分化鳞癌""子宫颈中分化鳞癌""子宫颈高分化鳞癌""子宫颈中一低分化鳞癌""子宫颈高一中分化鳞癌""子宫颈类癌""子宫颈腺鳞癌Ⅰb－Ⅱa期""子宫颈腺鳞癌Ⅱb－Ⅲa期"等。

4. 病因不明的诊断提供备注

针对某些病因不明的诊断，如"肝占位病变原因待查"或ICD诊断不能完全满足临床医师对诊断的需要等情况，系统提供"前备注"和"后备注"供临床医师对所选择的诊断进行有效补充。如"原发性肺动脉高压（中一重度）"，可先选择"肺动脉高压"前备注填"原发性"，后备注填"中一重度"。

（二）把字典库嵌入电子病历系统

把对照字典装载到电子病历系统中的临床诊断录入界面，废弃以往自由录入诊断功能，提供多元化智能录入功能，即可通过"诊断名中文检索""拼音首字母检索""诊断代码检索"等方式选择录入临床诊断，录入后，系统自动生成对应的ICD-10编码。例如，录入"冠心病"，临床医生可根据诊断名"冠心病"，或拼音首字母"GXB"，或诊断代码"I25.103"的方式录入，系统将自动生成诊断名称和ICD-10代码，即冠心病I25.103，并自动加载入住院病案首页。

（三）建立临床诊断字典库与我市医保诊断病种分值库的对应关系

当临床医师录入临床诊断后，系统自动会提示该疾病和诊治方式在医保诊断病种分值库对应的分值，使临床医师更规范地制定诊疗计划。

（四）及时做好字典库的维护工作

应建立临床医师和编码员的长效沟通机制。初期的字典库只限于临床常用疾病名称，涵盖的疾病种类仍不够全面。因此，临床各科室各专业方向的医师可根据临床实际需要，对照原有临床诊断字典库，将新增的详细具体的疾病名称及时与编码人员沟通。编码人员在原有字典库的基础上，增加疾病种类及其相对应的国际疾病分类编码。诊名称在电子病历临床工作站界面实时展现，临床医师可以对字典库中不符合临床要求的诊断名称与编码员进行及时沟通。

另外，广东省卫生健康委员会每年都会对国际疾病分类编码字典库进行更新，院内字典库也应做到同步无缝衔接。编码员通过维护功能，严格按照 ICD-10 分类原则，实时对字典库进行增补或删减，对 ICD 诊断名称不符合临床实际应用的，应以规范标准的临床诊断名称进行编码，并及时对字典库中没有的临床诊断进行增补，提高诊疗信息和编码的准确性。

临床诊断字典库的建立，进一步规范临床诊断名称，减少了临床医师手工录入诊断造成的诊断不规范、诊疗信息不准确等问题，降低病案首页诊断的返修率，优化了编码工作流程，编码员的工作逐步从编码过渡到审核编码，工作效率和工作质量大大提高。通过与医保诊断病种分值库的衔接，进一步规范了临床医师的诊疗行为，也为医院后继开展临床路径、数据挖掘等工作打下坚实的数据基础。

（五）整合临床手术分级分类字典库

有了《临床标准化诊断字典库》的开发经验，下一步是整合《临床标准化手术分级分类字典库》，只有将"诊断"和"治疗"有效地结合起来，"规范医疗书写行为，提高病案首页数据质量"才不是一句空话。

《临床标准化手术分级分类字典库》要做到与《临床标准化诊断字典库》功能一致，并且装载到电子病历系统，同样废弃了自由录入功能，临床医师必须从字典库中以选择的方式填写手术操作名称。字典库可以为临床医师准确地定义手术级别，对应医保病种的诊疗方式，使物价收费名称与手术操作名称同步，进一步规范医生的诊疗行为，为提升医院专科医疗服务能力提供数据支持。

三、重视医务人员培训

建立标准化字典库是规范首页诊疗信息的第一步，做到全员参与、全员重视，才是保障病案数据质量的关键。

（一）编码员培训

加强编码员的培训，要求病案室编码员严把编码质量关。传统的编码方法是由临床医师在病人出院后在住院病案首页填写疾病诊断和手术操作名称，再由编码员根据编码原则逐一进行编码，整个编码过程，全由负责该专科编码的编码员一人说了算。《临床标准化手术分级分类字典库》与《临床标准化诊断字典库》的建立，已经使编码工作前移，初编的工作交由临床医生完成，所以病案室应该改变传统的、固有的工作思维模式，寻求新的工作思路和方法。

经过不断地摸索，逐步建立起病案编码"三审"机制。一份出院病案的编码，要经过"初编、交叉审核、系统逻辑判断、最终审核"4 个阶段，做到层层筛查，层层把关，确保编码的准确性。编码员除了要掌握《住院病案首页数据填写质量规范》，按照规范要求进行编码审核外，还应关注与社保有关的规范要求和行为准则，如《广东省基本医疗保险诊疗常规》《中山市社会保险定点医院医疗服务考核表》列明的轻症入院、升级诊断等，这些都是工作中绝对不能触碰的底线，如果在工作中遇到疑似问题出现，应主动地跟临床医生进行沟通，向相关职能部门汇报，防患于未然。

（二）临床一线医务人员培训

为了规范院内社会保险医疗服务行为，强化全体医务人员的法律意识，增强法制观念，做到依法行医，防止医务人员触碰《中山市社会保险定点医疗机构医疗服务协议》的底线，帮助全院的医务人员更好地应用字典库，掌握住院病案首页主要诊断和手术操作的填写规范，合理获得医保分值，病案室每年组织全院医务人员至少1~2场关于病案管理规范和首页数据填写质量培训，同时协助医保部进行全院关于社保相关政策及法律法规的学习，分析分解住院、挂床住院、诊断升级、不符合住院指征及分解处方等医保的认定标准。病案室编码员作为每个社保年度检查团专家组成员，根据各临床科室的专科特点，定期下病房，帮临床医生答疑解惑，解决医生在填写病案首页、书写病历时遇到的问题，听取他们的意见，大大增强临床科室对职能部门的信任感。

四、加大奖惩力度，确保数据质量安全

（一）制定《中山市人民医院住院病案首页质量评分标准》

病案室在原有的《中山市人民医院住院病历扣罚标准》的基础上，根据国家卫生和计划生育委员会发布《电子病历应用管理规范（试行）》、国家卫生计划生育委员会办公厅关于印发《住院病案首页数据填写质量规范（暂行）》和《住院病案首页数据质量管理与控制指标（2016版）》（国卫办医发〔2016〕24号）（表3-2-1）；广东省卫生计划生育委员会《关于填报住院病案首页数据的通知》（粤卫办函〔2015〕82号）、《首页数据质量评估指标体系（西医）》等有关文件的要求，制定了《中山市人民医院住院病案首页质量评分标准》。例如：首页主要手术或操作名称缺陷，出现这样的错误，将扣4分，罚300；首页科主任签名缺陷，将扣2分，罚200元。标准一出，大大提高了临床医生对病案首页的重视程度。

表 3-2-1 住院病案首页数据质量评分标准

医院名称　　　　　　病人姓名　　　　　　病案号

检查项目	项目类别	项目数	评分项	分值	减分
病人基本信息（18分）	A类	2	新生儿入院体重	4	
			新生儿出生体重	4	
	B类	1	病案号	2	
	C类	4	性别	1	
			出生日期	1	
			年龄	1	
			医疗付费方式	1	
	D类	20	健康卡号、病人姓名、出生地、籍贯、民族、身份证号、职业、婚姻状况、现住址、电话号码、邮编、户口地址及邮编、工作单位及地址、单位电话及邮编、联系人姓名、关系、地址、电话号码	0.5分/项，减至4分为止	
住院过程信息（26分）	A类	1	离院方式	4	
	B类	5	入院时间	2	
			出院时间	2	
			实际住院天数	2	
			出院科别	2	
			是否有31天内再住院计划	2	
	C类	3	入院途径	1	
			入院科别	1	
			转科科别	1	
诊疗信息（50分）	A类	6	出院主要诊断	4	
			主要诊断编码	4	
			其他诊断	1分/项，减至4分为止	
			其他诊断编码	1分/项，减至4分为止	
			主要手术或操作名称	4	
			主要手术或操作编码	4	

续表 3-2-1

检查项目	项目类别	项目数	评分项	分值	减分
诊疗信息（50分）	B类	8	入院病情	2	
			病理诊断	2	
			病理诊断编码	2	
			切口愈合等级	2	
			颅脑损伤病人昏迷时间	2	
			其他手术或操作名称	0.5分/项，减至2分为止	
			其他手术或操作编码	0.5分/项，减至2分为止	
			手术及操作日期	2	
	C类	3	门（急）诊诊断	1	
			门（急）诊诊断疾病编码	1	
			麻醉方式	1	
	D类	12	损伤（中毒）外部原因及疾病编码、病理诊断及编码和病历号、药物过敏史、尸检记录、血型及Rh标识、手术级别、术者、第一助手	0.5分/项，减至3分为止	
费用信息（6分）	A类	1	总费用	4	
	D类	10	综合医疗服务类、诊断类、治疗类、康复类、中医类、西药类、中药类、血液和血制品类、耗材类、其他类	0.5分/项，减至2分为止	

总分100分　　　　　　　　　　　　　　　　　　　　　　　　减分：

实际得分：

检查人员：　　　　　　　　　　　　　　　　　　　　　　　　检查时间：

（二）住院病历扣罚纳入医院的绩效管理

《中山市人民医院住院病案首页质量评分标准》的制定和实施得到了院领导的支持，运营管理部将住院病历扣罚纳入医院的绩效管理，实行专项扣罚，直接跟科室的绩效挂钩，跟临床科主任的管理能力挂钩。

五、层层把关，确保病案首页数据质量

一份完整的病历从入院到出院，历经多人之手，病案首页是最后一个项目，作为管

理终末病历的病案室,只是质量的最后一道防线。一份完整的病案首页,从来都不是某一个人或者某个部门单独就能填好写好的事情,需要多部门协助。病历的质量应该从病历形成的最初阶段开始抓起。在医保结算按病种分值付费这项工作中,医疗机构作为协议中的乙方,我们有责任也有义务,积极配合甲方(医保局)严把数据质量关。

(一)出入院处确保病人信息真实有效

出入院处作为病人办理入院的第一关,应该严格审查病人的基本信息是否准确无误,审核病人的就医身份,出入院登记必须完整、准确地录入参保人就医信息,并判断待遇类型,是"医保""全自费"还是"工伤""生育险",这些信息完整与否将影响对符合医保身份的病人在住院期间的规范合理的诊疗过程。

出入院处工作人员在给参保人办理住院登记手续时,必须要求病人凭本人社会保障卡办理,且在入院登记时完整、准确录入参保人个人信息及就医信息。急诊、危重病可于住院3天内补办手续,因特殊原因,出院时才提出用本人社会保障卡补办住院登记的,应当予以办理。参保人住院时,严禁按自费病人办理住院登记及出院结算。出院结算时,应当对其身份与社会保障卡进行核验,凭本人社会保障卡进行医疗费用结算。发现证件无效、人证不符的,不得进行医疗费用结算。

(二)信息中心确保各系统间数据一致性

在数字化医院飞速发展的今天,越来越多的医疗机构的临床作业实现了无纸化运行,病人的门诊和住院病历、检查结果等各类信息都完整地保存在医院数据库中。医生们扔掉了纸和笔,不管是开具处方,还是各类检查检验、图像采集、传输,一切都在电脑前进行。以中山市为例,超过95%的公立医院实现了电子病历(electronic medical record,EMR),多数医院开始或已经使用医院信息系统(hospital information system,HIS)、医学图像档案管理和通信系统(picture archiving and communication systems,PACS)和检验信息系统(laboratory information system,LIS)。而随着医保的加入,医保实时结算、远程诊疗、异地就医、异地医保、异地结算、分级诊疗的出现,不仅要求医院内部数据共享,更要求医院之间、区域之间要实现数据的共享和实时传输,这对数据的一致性、数据的安全性将提出更高的标准和要求。

数据的院内互传,应保证各系统间的数据实时无缝连接。医保协议中列明:"乙方应当充分利用参保人其他医疗机构及在本院既往所做检查检验结果,避免不必要的重复检查。"《住院病案首页数据填写质量规范(暂行)》(国卫办医发〔2016〕24号文件)也指出:"住院病案首页应当使用规范的疾病诊断和手术操作名称,诊断依据应在病历中可追溯。"如果因网络问题引起各系统间数据更新不及时或者数据传输有错漏,将会对诊疗信息造成不可估计的影响。

数据的院外上传应按社保信息系统的技术和接口标准,配备社保联网相关的设施设备,所使用的有关社会保险的医疗管理软件,应与医保局的管理软件相匹配,并留有接口,能够满足信息统计要求,上传的文件应当符合医保局要求的格式及内容,医疗费用报表数据应与上传文件相一致。及时建立社会保险药品、诊疗项目、医疗服务设施、医用材料,以及疾病病种、病种分值等基础数据库,并负责对"三个目录"对应库进行审核,做好相应的信息系统匹配工作。

（三）临床医生规范书写行为

《临床标准化诊断字典库》和《临床标准化手术分级分类字典库》的建立，已经从源头上大大减少了临床医师手工录入造成名称不规范的问题。临床医生更多的是要将医保协议的内容充分理解并结合到日常医疗工作当中去。医保协议中明确列明了分解住院、挂床住院、诊断升级、不符合住院指征及分解处方等医保认定标准：

（1）分解住院是指连续住院过程应当一次出院结算人为地分成多次结算，为参保病人办理2次或以上出院、入院手续的行为。有下列情形之一的，认定为分解住院：①参保病人病情不符合出院标准，重新为其办理出、入院或假出、入院手续的；②参保病人病情不符合出院标准，让其转为自费一段时间后，再重新转为医保结算的；③参保病人在同一医院内治疗，因转科治疗重新办理出、入院手续的；④参保病人病情无明确的转院指征，医院与医院办理相互反复转院手续的。

（2）挂床住院是指参保病人已办理住院手续，但住院期间未按照住院病人进行规范化管理，未在医院接受治疗、观察和住宿的行为。有下列情形之一的，认定为挂床住院：①门诊治疗的病人办理住院手续的（门诊抢救除外）；②住院治疗期间，参保人仍在上班的；③参保病人住院期间，2天（含）以上没有发生医疗费用或诊疗记录的；④参保病人住院期间无床位或同一病床同时有2名以上住院病人的；⑤参保病人所在病区不具有执业资格的医师和护士24小时在岗的；⑥参保病人住院期间，被甲方工作人员或驻院代表查实两次不在院的；⑦参保病人住院期间无住院病历的；⑧主管医生、护士确认的床位号与参保病人确认或病历记录的床位号不相符的。

（3）诊断升级是指将低分值病种编码为高分值病种或临床医生将低分值病种病历资料编造为高分值病种病历资料的行为。

（4）不符合住院指征是指将未达住院标准的病人收住院的行为，经参与社会保险监督考核工作的医学专家认定为不符合住院指征的情况，即认定该病例为不符合住院指征。

（5）分解处方是指参保病人上次开具的检查（验）、治疗项目未治疗完结或药品未服完，同一医疗机构的医生无正当理由又为其开具同一种检查（验）、治疗项目或药品的行为。

（四）编码纠偏及编码审核

《临床标准化诊断字典库》和《临床标准化手术分级分类字典库》建立后，初编的工作交由临床医生完成，所以病案室编码员应该改变传统的、固有的工作思维模式，寻求新的工作思路和方法。要逐步建立起病案编码"三审"机制。一份出院病案的编码，要经过"初编、交叉审核、系统逻辑判断、最终审核"四个阶段，做到层层筛查，层层把关，确保编码的准确性。编码员不但要关注诊断和编码的匹配度，还得准确掌握编码原则，及时提醒临床医生"不要跑偏"。

（五）病案质量审查

2019年1月30日，国务院办公厅发布了关于加强三级公立医院绩效考核工作的意见（国办发〔2019〕4号）明确指出，病案首页质量是三级公立医院绩效考核工作的支撑体系，三级公立医院要加强以电子病历为核心的医院信息化建设，按照国家统一规定规范填写病案首页，加强临床数据标准化、规范化管理。各地要加强病案首页质量控制和上传病案首页数据质量管理，确保考核数据客观真实。2019年3月底前，国家卫生健康委员会推行全国统一的疾病分类编码、手术操作编码和医学名词术语集。国家中医药局印发全国统一的中医病证分类与代码和中医名词术语集。2019年8月底前，各地组织三级公立医院完成电子病历的编码和术语转换工作，全面启用全国统一的疾病分类编码、手术操作编码、医学名词术语。

要抓好病案质量，仅靠病案室几个病案质控员用肉眼来看，是做不到的。有条件的医院，应该运用信息化手段，将病案填写标准和书写规范要求嵌入到电子病历系统，指导并要求临床医师按系统提示规范书写，把好病案书写质量第一关。病案首页的填写应有逻辑判断功能，跟病案中的各类信息资料有对应关系，如"男性病人出现了女性病人的疾病诊断""身份证号与出生日期不符""有死亡讨论，但首页离院方式为医嘱离院"等，都可通过系统嵌入到填写及质控界面，进一步保证上传病案首页数据质量。

（六）多部门联合监管

以医务科、科教科、医保部、病案室为一体的医教部团队，定期对医院临床科室展开医教巡查活动，巡查内容主要针对环节病历缺陷、合理用药、临床路径、终末病历缺陷、医保运行情况等进行检查和反馈，帮助临床科室找到工作中的不足，对容易忽略的地方，落实整改，以促进医院医疗数据精细化管理。由质控办组织的每月两次的院长查房和每季度对全院公布的《质量与安全工作简报》，则有力推进医院管理质量的持续改进工作。被查科室通过全面的质量督查，被查科规范自身的医疗行为，各级人员履行职责的主动性、自觉性得到有效提高。

六、关注 ICD-11

ICD是世界卫生组织（WHO）国际分类家族最核心的知识库，是卫生信息标准体系的重要组成部分。第一版ICD分类颁布于1893年，此后不断更新，目前我们使用的是第10版，简称ICD-10。随着医学的飞速发展，数字化医疗系统、卫生信息交互，医疗精细化管理和医疗付费对ICD的要求越来越高，ICD-10已经难以满足不断变化的需求。2000年起，WHO已经开始筹备ICD-11的修订工作，2007年启动修订，2012年在官网上公开了ICD-11 Beta Draft（修订版），2018年6月正式对外颁布，成为健康信息的最新国际标准。国家卫生健康委员会积极推进ICD-11在中国的应用，于2018年12月正式公布了ICD-11中文版，同时要求自2019年3月1日起，各级各类医疗机构应当全面使用ICD-11中文版进行疾病分类和编码，并加大ICD-11中文版应用管理和监督指导力度，要求地方各级卫生健康行政部门要加大宣传贯彻和监督指导力度，指导辖区内医疗机构做好相关工作，自2019年3月1日起，卫生健康行政部门开展医疗机构绩效考核、质量控制与评价等工作时，均应当采用ICD-11中文版进行医疗数据统计分析。

ICD-11与医学发展同步，广泛采纳国际上现行的ICD-10临床修订版本，结合当代的医学发展，对涉及的医学术语和概念进行增补和修订，更能贴近临床，体现最新的临床研究成果，ICD-11 提供分类单元的明确定义，辅助疾病分类与临床诊断，能提高数据的准确性。ICD-11 不同于 ICD-10，它采用的是组合式编码，能使疾病表达信息更为完整准确，它结构化的定义模型将有利于计算机对其进行深度处理，有利于卫生信息的交互。

ICD 是病案管理人员日常工作的重要工具书，我们应该学习和掌握国际疾病分类的最新进展，为新的疾病分类标准做好专业和技术准备，有利于 ICD-10 到 ICD-11 的顺利过渡。在现有的医保支付体系下，病案编码准确性直接影响医保费用的给付，病案编码是医保稽查诊疗、检查及用药合理性的重要依据，并对医院的社会效应、经济效应产生重大影响。

（汤洁芬）

第三节　病案首页督导检查

一、病案首页督导检查的产生背景

1. 新形势对病案首页数据质量提出更高的要求

病案首页自 1990 年建立以来，早期主要用于医疗卫生统计及医疗、教学、科研的信息检索，受早期首页信息使用的局限性及有限性影响，管理各方未对首页提出更高要求，首页诊断及编码质量长期被忽视。随着医院信息化发展，住院病案首页信息进一步得到挖掘和利用，逐渐开始服务于医院管理、医保支付改革等各项工作。例如，2011 年 8 月 1 日，北京市人力资源和社会保障局启动了 DRGs 付费试点工作（京人社医发〔2011〕207 号）；2013 年 7 月，北京市卫生局在平谷区启动新农合综合付费方式改革试点（京卫基层字〔2013〕5 号）（包括住院按 DRGs 方法，社区按人头，慢病按床日付费）。2014 年，北京市怀柔区启动应用 DRG 在新农合综合付费试点。2018 年，广东省在全省范围内实行按病种分值付费。

住院病案首页汇集的大数据信息已经逐渐成为管理部门对医院进行医疗质量监管和分析的数据来源、支撑医院信息系统的重要数据库、医疗保险支付体制改革费用核算的主要信息，病案首页信息已经成为卫生行政部门评价医院临床能力及医疗质量的主要依据。近十年来，随着 DRGs 的推广应用以及医保病种支付方式的逐步实施，病案首页作用引起医院管理者的高度重视。病案首页数据质量已成为决定政策能否成功推行、能否科学评价的重要影响因素，其所反映的病案内容的真实性、准确性、完整性得到前所未有的重视，是病案管理工作中最重要的课题之一。在探索多种方式相结合的医保支付改革工作中，全国多个地区相继开展 DRG 病种付费或病种分值付费方式，而无论是 DRG

付费还是病种分值付费，病种权重或病种分值的计算完全来源于该地区的病案首页大数据，病种权重或分值的客观正确与否完全取决于首页数据质量。所以，病案首页质量的高低不仅直接影响医院医疗服务能力的客观评价与准确考量，而且直接影响了医疗卫生资源以及医保经费的合理分配。

2. 现阶段病案首页数据质量仍然存在较多问题

为适应新形势对病案首页质量的要求，各地相继开展首页质量检查工作，以查促改，以评促建。例如，2015年，广西13家医院出院病案首页编码质量及影响因素的调查中显示：抽取的1 314份病案，其中指定病种病案为648份，随机抽样病案666份，主要诊断、其他诊断、主要手术/操作和其他手术/操作整体错误率分别为27.3%、25.7%、21.1%、84.2%。2008年起，北京市DRGs项目组就通过信息采集平台的逻辑校验、自动审核、现场督导检查和人员培训等多项措施来加强数据质量控制，2014年共组织专家近100名，通过历时2个月的现场督导检查，共检查医疗机构153家，检查病历22 400份，发现问题病历14 040份，问题病历占总检查病历的62.68%。在各类问题中，发现主要诊断问题的病历4 369份，占总检查病历的19.5%；其他诊断问题的病历3 828份，占总检查病历的17.1%；主要手术问题的病历2 165份，占总检查病历的9.7%，其他手术、操作问题的病历7 374份，占总检查病历的32.9%。在主要诊断问题病历中，错误较为集中的问题为与核心治疗不符和疾病编码选择错误，分别占了主要诊断问题的40.9%和31.1%，其次与主要手术、操作不符的也占了14.9%。在其他诊断问题病历中其他诊断漏报是较为普遍的错误。在主要手术问题病历中，错误较为集中的问题为未与主要诊断对应、手术编码过于简单和漏报3类错误，分别占了主要手术问题的37.9%、26.7%和34.8%。在其他手术、操作问题病历中错误非常集中的为漏报，占了其他手术、操作问题的91.0%，其次为错报和编码选择错误。2017年，广东省病历质控中心组织的病案首页督导检查，检查了3家医院300份病历，首页正确上报的129份，上报正确率为43.0%。其中，错误病历171份，上报问题数263个（同类型问题不重复计算），错误首页平均问题数1.54个。根据检查内容将问题分为五大类，分别是主要诊断问题、其他诊断问题、主要手术及操作问题、其他手术及操作问题和其他问题。检查医院首页各类问题分布情况显示，目前首页中突出问题依次是主要诊断问题（32.7%）、其他诊断问题（29.3%）、其他手术（操作）问题（24.0%）。从临床医师与编码员错误类型分析看，临床医师常见的填写问题依次为诊断及手术操作漏填（48.5%），主要诊断、主要手术选择错误（23.5%），诊断手术填写不规范（18.1%）。而编码人员存在的主要问题是编码不准确、编码错误（77.2%）。

多项检查结果表明，现阶段首页数据质量存在较多问题，必须要采用各种检查督导的方式来促进首页数据质量的快速提高。

3. 卫生行政部门和医保管理部门对首页数据质量高度重视

近两年，针对病案首页的管理，国家卫生行政部门相继出台《住院病案首页部分项目填写说明》《住院病案首页数据填写质量规范（暂行）》等；2017年，国家卫生和计划生育委员会下发《关于开展2017年住院病案首页数据质量检查工作的函》，要求各地病案质量控制中心开展首页数据质量检查工作。广东省中山市、珠海市每年分别开展由医保部门组织的首页数据督导检查。由于首页大数据在医疗卫生管理和病种支付改革中的广泛应用，卫生行政部门和医保管理部门对首页数据质量体现出前所未有的重视。

二、病案首页督导组织部门与检查形式

各地区、各医院为提高病案首页质量，可以组织开展不同形式的检查与督导工作：

（1）院内首页质量检查：包括科室自查、科室交叉检查、管理部门抽查等形式。

（2）院间首页质量检查：包括专家现场调查、数据抽查等形式。

（3）卫生行政部门组织开展的首页督导检查：一般为组织专家现场调查的检查形式。

（4）社会保险基金管理部门组织开展的首页督导检查：一般是根据偏差病历，组织专家现场调查的检查形式。

三、病案首页督导检查方案设计

详尽具体的检查方案将直接影响首页督导检查工作是否能顺利有效实施，通过查阅国内外文献并参考实际案例，总结病案首页检查方案的设计应尽可能包含以下五方面内容。

1. 明确病案首页督导检查的目的

明确病案首页督导检查的目的是开展首页督导检查具体工作的首要前提，不同部门组织的首页检查显然存在不同的目的。例如，卫生行政部门组织开展的检查，其目的一般是为了解当地首页数据质量，尤其是临床诊断书写质量以及编码质量，以便于促进各医疗机构病案质量管理以及医疗数据质量的提升，便于为当地医疗服务能力建设提供数据决策依据；而社会保险基金管理部门组织开展的首页督导检查，其目的主要是通过检查，发现各医疗机构病历书写是否存在违规或欺诈行为，诊断手术及编码是否存在高套病种分值或错误行为，以规范临床诊疗行为，确保医疗保险基金的合理有效分配。

2. 确定检查医院的选取方法与范围

选取医院应根据检查目的和检查范围而定，检查范围是全国范围内，还是局限于某省、某个地区或是几家医院，应考虑不同性质医院的选取，包括三级医院、二级医院还是一级医院，同时还要考虑是选取综合性医院还是专科医院。英美一些国家组织的编码质量检查，往往是采取对几家医院的某一个专科进行专项检查，如果检查只是想调查某个专科的情况，则需在确定选取专科的同时，确定检查的医院范围。

3. 明确首页检查的主要内容

首页检查内容主要包括四个方面：①临床诊断书写质量；②手术操作书写质量；③编码质量；④首页其他信息质量，包括基本信息、出入院信息（出入院时间、科别）、费用信息等。

4. 针对检查内容，明确检查结果的问题类型

（1）临床诊断书写问题。

1）主要诊断问题。包括主要诊断与主要手术操作不符合，主要诊断与实际诊断治疗内容不符、缺少重要诊断依据，主要诊断选择错误，主要诊断名称不规范以及其

他问题。

2）其他诊断问题。包括其他诊断遗漏、其他诊断与实际诊断治疗内容不符、缺少诊断依据，其他诊断名称不规范以及其他问题。

（2）手术操作书写问题。

1）主要手术操作问题。包括主要手术操作与主要诊断不符合、主要手术操作遗漏、主要手术操作和实际治疗内容不符合、手术操作名称不规范以及其他问题。

2）其他手术操作问题。包括其他手术操作遗漏、其他手术操作和实际治疗内容不符合、其他手术操作名称不规范以及其他问题。

（3）编码质量问题。编码质量问题类型包括：

1）编码约束。由于病历文书中缺乏明确的诊断，编码员不能给出这个后来临床医生回顾后认为正确的诊断编码。例如：如果病历的尿素与电解质指标表明是急性肾功能衰竭，但是病历中没有正式写出"急性肾功能衰竭"的诊断，编码员不能推断这个诊断，也不能对"急性肾功能衰竭"这个诊断进行编码。

2）编码错误。包括高编码、多编码、低编码、主要编码选择错误、其他错误六类问题。

3）编码遗漏。包括两种形式的编码遗漏，一种是指病历内容完整准确，而编码员在编码工作中遗漏编码，从而遗漏实际发生的诊疗信息；另一种是指由于病历内容需要临床进一步给予解释，编码员遗漏编码，有待进一步与临床医生沟通解决的问题，如病历中记录已实施对"急性肺水肿"的治疗，但诊断中没有写明"急性肺水肿"的诊断，从而导致编码员遗漏编码；

4）编码不规范。没有正确使用编码规则，导致编码不完整，不能准确体现临床实际的诊断或手术操作内容。

（4）首页其他信息质量问题。首页其他信息包括：病人基本信息、出入院信息（时间、科室）、费用信息等。

信息质量问题包括：错误、不规范、遗漏以及其他问题。

5. 明确受检病案的抽样方法

常见的病案抽样方法有以下几种：

（1）利用各家医院的病案首页数据库，直接从信息科后台数据库中随机抽取受检病案。

（2）根据指定病种或手术操作进行首页数据检索抽样。

例如：广西13家医院出院病案首页编码质量及影响因素的调查中表明：50%的样本病案来源于指定病种，共涉及29个病种。每所医院调研10个病种，三级综合医院调研病种包括急性冠状动脉综合征、急性心肌梗死、肺炎/混合型细菌性肺炎、胆囊结石伴胆囊炎、脑出血、2型糖尿病、肝癌、腰椎间盘突出症、前置胎盘、肺癌；肿瘤专科医院包括肝、肺、胃、结肠、膀胱、甲状腺、鼻咽、乳腺、卵巢和宫颈的恶性肿瘤；二级县医院包括急性冠状动脉综合征、急性心肌梗死、肺炎/混合型细菌性肺炎、肝硬化、脑出血、2型糖尿病、肝癌、肾功能不全、腰椎间盘突出症、瘢痕子宫（伴有分娩）；二级县妇幼保健院包括前置胎盘、瘢痕子宫（伴有分娩）、先兆流产、梗阻性分娩、妊娠期糖尿病、早产儿、新生儿缺血缺氧性脑病、手足口病、急性支气管炎及新生儿高胆红素血症。

（3）根据 DRG 疾病诊断相关分组方法，针对分组后疑似问题进行病案首页抽样。利用各地区统计信息平台中各医院上报的病案首页数据，采用 DRG 的分组方法，将各医院的首页数据进行疾病诊断相关分组，分组结果显示部分病历出现未入组病历、QY 组病历、MDC0 组病历、低风险死亡组病历等问题，表明这些病历可能存在某些问题，聚焦此类病案首页，可能更容易发现首页质量中存在的突出问题。

例如：北京市公共卫生信息中心在 2008—2013 年组织的督导检查中均采用了疑似问题病例追踪的方法，且取得了显著的效果，全市出院病例的 DRGs 入组率从 2008 年的 91.52% 增加到了 2013 年的 99.9%。通过多年实践，构建了以疑似问题病例为主进行抽样、以主要诊断选择为聚焦点的督导检查方法。

（4）根据检查具体要求，进行病案首页信息组合检索抽样。检索条件应根据检查内容的具体要求而设定。

例如：检查某段时间内死亡病例首页质量、某专科手术后死亡的病历首页质量；检查非计划再次手术的病历首页；检查某段时间内转科的病案首页质量；等等。

四、病案首页督导检查方案具体实施步骤

为进一步实施既定的首页督导检查方案，建议组织单位逐步完成以下工作。

1. 院内首页质量检查的实施步骤

（1）病案管理部门或质控部门根据国家及省（市）相关要求，制定本院的首页质量检查标准、检查方法与要求。

（2）设计院内首页质量检查表格。

（3）组建临床科室病历质控员检查队伍。

（4）开展院内培训。

（5）根据不同的检查形式，制定检查具体要求：①科内自查，要求各诊疗组每月完成一定份数的首页自查，将检查完成的表格上交到病案管理部门或质控部门。②科内诊疗组间互查。③临床科室交叉检查。④管理部门抽查。

2. 院间首页质量检查的实施步骤

（1）选取开展院间检查的医院。

（2）组建检查专家团队，人员应包括临床医生、病案质控、编码专家等。

（3）制定检查方案和检查表格。

（4）培训检查专家团队。

（5）现场检查。

（6）数据录入与统计分析。

（7）现场问题反馈。

3. 卫生行政部门组织开展的首页督导检查

（1）检查方法表格设计、检查指标的定义。

（2）专家团队的组建。

（3）预检查。
（4）检查方法培训。
（5）现场检查方法与要求。
（6）检查结果的数据汇总方法。
（7）检查结果的统计分析。

4. 社会保险基金管理部门组织开展的首页督导检查

（1）检查方式的确定：如委托第三方或自行组建检查专家团队。
（2）检查方法的确定及检查表格的设计。
（3）检查病历的范围与抽取。
（4）预检查。
（5）检查方法培训。
（6）现场检查方法与要求。
（7）检查结果的数据汇总方法。
（8）检查结果的统计分析。

五、首页督导检查实际案例

（一）案例1：广西13家医院出院病案首页编码质量及影响因素的调查

摘自：周婧雅，吴韫宏，秦安京，等. 广西13家医院出院病案首页编码质量及影响因素的调查 [J]. 中国病案. 2016, 17 (11): 41-44.

检查目的：了解广西病案首页编码质量现状，为地区推行医疗保险付费制度改革及决策提供依据。

检查方案设计：采用横断面研究方法，利用方便抽样选取广西9所三级和4所二级医疗机构，通过实地调研、问卷调查及随机抽取病案相结合的形式对病案首页编码质量进行评价，并探讨其影响因素。13所医院共抽取2014年出院病案1 314份。

检查方案具体内容：

（1）选取医院：采取方便抽样的方式，抽取广西5个城市的13所三级医院和二级医院，其中三级医院包含8所综合医院和1所肿瘤专科医院，二级医院包含2所县人民医院及2所县妇幼保健院。

（2）选取病种：本次研究的50%的样本病案来源于指定病种，共涉及29个病种。每所医院调研10个病种，三级综合医院调研病种包括急性冠状动脉综合征、急性心肌梗死、肺炎/混合型细菌性肺炎、胆囊结石伴胆囊炎、脑出血、2型糖尿病、肝癌、腰椎间盘突出症、前置胎盘、肺癌；肿瘤专科医院包括肝、肺、胃、结肠、膀胱、甲状腺、鼻咽、乳腺、卵巢和宫颈的恶性肿瘤；二级县医院包括急性冠状动脉综合征、急性心肌梗死、肺炎/混合型细菌性肺炎、肝硬化、脑出血、2型糖尿病、肝癌、肾功能不全、腰椎间盘突出症、瘢痕子宫（伴有分娩）；二级县妇幼保健院包括前置胎盘、瘢痕子宫（伴有分娩）、先兆流产、梗阻性分娩、妊娠期糖尿病、早产儿、新生儿缺血缺氧性脑病、手足口病、急性支气管炎及新生儿高胆红素血症。

(3) 病案抽样：以 2014 年 1 月—2014 年 12 月全部出院病案为基础样本，以医院为单位，每家医院调研 10 个特定病种，每个病种随机选取 5 本病案，共抽取 50 本病案，同时随机挑选某个月的出院病案 50 份为非指定病种病案，因此，每家医院原则上不少于 100 份检查病案。

(4) 组建专家团队：专家团队由两部分组成，共 21 名。其中，由来自中国医院协会病案管理专业委员会的 10 名长期在一线从事疾病分类工作至少 15 年以上、经验丰富且经过正规培训的专家组成，另外 11 名由当地病案质控中心、病案管理分会指定的地方专家构成。

(5) 设计调查表格及预实验：根据经验，专家组自行设计病案科管理质量监控调研表、病案首页信息填写质量及编码错误案例调查表，并在北京协和医院进行预实验，根据预实验结果对表格进行重新修改后形成最终调查表格。

(6) 培训与现场调查：根据预实验结果，专家统一评判标准，在实地调研前统一对地方专家进行培训，再次统一标准。

(7) 统计指标定义：在本研究中，错误可能是由医师不正确书写、排序或漏填写诊断、手术及操作名称且编码员未能有效纠正（医师相关责任或共同责任）或为编码员自身原因编码不正确（编码员责任）所致，此外，单纯由医师编码的情况下则不进行责任划分。具体错误类型也未进一步分类。专家组根据实体病案或电子病案内容对首页编码进行审核，以原始编码与专家组审核意见不一致判为错误。疾病编码错误率计算不是以总的疾病条目为分母，而是以所查病案份数为分母，其分子是医院编码与编码专家组判定不一致的病案数。对于手术或操作编码错误率，则以所抽样病案中需要进行手术或操作编码的病案总数为分母，相应错误病案数为分子计算错误率。对编码员工作负荷评价指标采用日人均编码病案数进行描述，某医院日人均编码病案数 = 2014 年该院全年出院人次数/（该院实际参与编码或编码审核的编码人员总数×250），其中 250 为 2014 年度工作日总数。

(8) 统计方法：采用 SPSS 19.0 软件，对编码人员和系统应用、编码错误率均采用描述性统计分析方法。对影响编码错误率的编码方式及医院级别等影响因素采用卡方检验分析，对 4 所同一市区的完全由编码员编码的三级医院主要诊断和主要手术/操作错误编码的责任归属进行描述性分析。

(二) 案例 2：北京市 DRGS 项目组住院病案首页上报信息的督导检查设计与评分

摘自：刘婉如，黄锋，白玲，等. 住院病案首页上报信息的督导检查设计与评分 [J]. 中华医院管理杂志，2015，31（11）：834-836.

背景：为保障数据质量，自 2008 年起，北京市 DRGs 项目组就通过信息采集平台的逻辑校验、自动审核、现场督导检查和人员培训等多项措施来加强数据质量控制。

(1) 抽样方法：按照多阶段分层随机抽样的方法，从全市 2014 年 1—8 月病案首页数据库中抽取影响 DRGs 分组或影响医疗服务绩效评价指标准确性的疑似问题病例，按照每家三级医院抽取 200 份，每家二级医院抽取 100 份的原则进行抽样。其中，5 类疑似问题病例及其抽样量分别为：

1）未入组病例（40份）：在未入组病例中分为"出院主要诊断与主要手术、操作不符"和"疾病诊断编码或手术、操作编码与DRGs分组系统要求不符"2种情况，这2种情况均能直接追踪到疑似病例。

2）死亡病例（40份）：按照DRGs分组和死亡风险分级的评价方法[2≈]，将全部死亡病例分为：低风险组、中低风险、中高风险、高风险死亡病例4类，每类随机抽取10份。

3）离散度高的病例（40份）：每个DRGs中的住院费用分布服从偏态分布，对于能够通过适当的变量转换为正态分布的数据，采用正态分布法抽取病例。对于不能转化为正态分布的数据且病例数样本含量不低于100例的，采用百分位数法抽取各DRGs组中实际住院费用离散度较高的病例，每家医院费用偏高和偏低的病例各20份。

4）复杂及特殊病例（40份）：包括转科的病例、主要诊断入院病情缺如的病例、手术（不含操作）条数大于等于2的病例、其他诊断条数大于等于10的病例、住院日期在40～60天之间的病例5类；每个类别调取8～20份病例进行检查。

5）循迹追踪编码疑似问题病例（40份）：在每年上报的数据当中，都会有部分病例的出院主要诊断是明显与选择原则相悖的，这类以主要诊断或主要诊断复合手术、操作信息为索引条件的病例也是重点筛范围。

（2）督导检查内容：2014年督导检查主要包括了以下内容：

1）主要诊断问题，包括与主要手术、操作不符，与核心治疗不符，缺少重要诊断依据，疾病编码选择错误和其他错误共5类问题。

2）其他诊断问题，包括高编、多编、低编、未联合编码、不符合上报要求、其他错误共6类问题。

3）主要手术、操作问题，包括未与主要诊断相对应，手术、操作编码过于简单，不能满足术式内容、缺记录报告、漏报共4类问题。

4）其他手术、操作问题，包括错报，手术、操作编码选择错误，缺记录报告共3类问题。

凡发现的问题均设定了责任划分选项，即此错误为医师病历书写不规范造成，还是编码员编码错误问题，抑或是双方均有责任，如医师病历书写存在明显漏报、病案编码人员未认真审核补报等。

5）入院病情是否选择正确，指住院病案首页中主要诊断和其他诊断的入院病情，分为有、临床未确定、情况不明、无4类。如果病例的出院诊断的入院病情为无，意味着这个病例的此项诊断是在入院后发现或发生的，预示着出入院诊断不符或医疗过程中存在着新发院感等问题的可能。

6）新生儿出生体重、新生儿入院体重、重症监护时间、呼吸机使用时间、入院前昏迷时间、入院后昏迷时间的填写是否正确。

7）离院方式填写是否正确。

（3）督导检查方法：督导检查采用专家组现场检查的方式，检查组每组5～6人，调取医院方存档的住院病案进行问题追踪。通过逐一阅读病案中的住院治疗记录、检查化验单、出院小结、死亡讨论等信息对病案首页中主要诊断、主要手术的选择，其他诊断、其他手术、操作的选择及完整性，诊断及手术编码的准确性，以及新生儿信息、重症监护信息等的准确性和完整性进行判断。

（4）数据汇总方法：在现场督导检查前统一下发督导检查表汇总模板。现场检查结束后，由各督导检查组病案编码人员对每家医院具体检查结果进行汇总，并提交DRGs项目办公室组织人员对督导检查表结果进行汇总，撰写全市督导检查报告。

（5）医院住院病案首页上报信息质量评分方法：由督导检查抽样病历的合格率推算医院的总体合格率。具体计算方法如下：

1）记录督导检查抽样病例占比，记下未入组病例、死亡病例、费用离散度高的病例、复杂病例、疑似编码错误病例等各部分内容分别在各医院总病历中的占比，作为基础比值。

2）分别按照每份检查病历错误与否计算各医院各类病例的样本错误率。

3）根据每类病例的样本错误率推算出每家医院的未入组病例、死亡病例、费用离散度高的病例、复杂病例、疑似编码错误病例5大类问题病例的总体错误率，进而根据5大类问题病例在医院总出院病例中的构成比，推算出医院病案信息的总体错误率。

4）评分完成后，召开专家研讨会，最终由专家会确定质量不合格的医院。

（三）案例3：2017年国家卫生健康委员会首页质量检查

摘自：国家卫生和计划生育委员会医政医管据2017年首页质量检查工作要求。

检查目的：规范病历数据填写与编码行为，推动对病历数据的规范化、同质化管理落实《住院病案首页数据填写质量规范（暂行）》及《住院病案首页数据质量管理与控制指标》。

检查标准：《住院病案首页数据填写质量规范（暂行）》及《住院病案首页数据质量管理与控制指标》。

检查对象：抽查各省（市）临床重点专科上报数据的三家三级综合医院（部属部管医院、省级医院、市级医院各1家）。

检查表格：详见表3-3-1和表3-3-2。

表3-3-1 住院病案首页数据专项督导检查

省份			医院名称					序号	
医院类型			病案号					出院日期	
检查项目	ICD编码	入院病情	正确入院病情	诊断手术上报正确	医师填写错误代码	编目录入错误代码	系统错误代码	应填报正确内容	医师填写错误内容
主要诊断	ICD-10编码								
				是否	A1 A2 A3 A9	B1 B3 B9	C1 C3 C9		

续表 3-3-1

其他诊断	ICD-10 编码							
				是 否	A1 A2 A3 A9	B1 B3 B9	C1 C3 C9	
				是 否	A1 A2 A3 A9	B1 B3 B9	C1 C3 C9	
				是 否	A1 A2 A3 A9	B1 B3 B9	C1 C3 C9	
				是 否	A1 A2 A3 A9	B1 B3 B9	C1 C3 C9	
				是 否	A1 A2 A3 A9	B1 B3 B9	C1 C3 C9	
				是 否	A1 A2 A3 A9	B1 B3 B9	C1 C3 C9	
				是 否	A1 A2 A3 A9	B1 B3 B9	C1 C3 C9	
漏报其他诊断				否	A2	B2	C2	
				否	A2	B2	C2	
				否	A2	B2	C2	
主要手术操作	ICD-9 编码							
				是 否	A1 A2 A3 A9	B1 B2 B3 B9	C1 C2 C3 C9	
其他手术操作	ICD-9 编码							
				是 否	A1 A2 A3 A9	B1 B3 B9	C1 C3 C9	
				是 否	A1 A2 A3 A9	B1 B3 B9	C1 C3 C9	
				是 否	A1 A2 A3 A9	B1 B3 B9	C1 C3 C9	
				是 否	A1 A2 A3 A9	B1 B3 B9	C1 C3 C9	
				是 否	A1 A2 A3 A9	B1 B3 B9	C1 C3 C9	
				是 否	A1 A2 A3 A9	B1 B3 B9	C1 C3 C9	
				是 否	A1 A2 A3 A9	B1 B3 B9	C1 C3 C9	
				是 否	A1 A2 A3 A9	B1 B3 B9	C1 C3 C9	
漏报其他手术操作				否	A2	B2	C2	
				否	A2	B2	C2	
				否	A2	B2	C2	

续表 3-3-1

其他项目名称	上报值	正确值	其他项目名称	上报值	正确值	医院提供检查病历情况，请在项目上画"○"	
入院前昏迷时间			新生儿出生体重			提供检查病历	是　否
入院后昏迷时间			新生儿入院体重				
			离院方式				
检查日期		医师检查员签字		编码检查员签字		录入员签字	
被检查医院意见，请在项目上画"○"							
1. 同意　2. 不同意　9. 其他（详细说明）：						被检查医院签字	

诊断或手术操作问题，请在相应项目上画"○"

入院病情：1 有：入院时就已明确诊断。2 临床未确定：入院时临床未确定，或入院时该诊断为可疑诊断。3 情况不明：入院时情况不明，患者住院后新发现的情况。4 无：在住院期间新发生的，入院时明确无对应本出院诊断的诊断条目

A 类代码：医师填写错误。A1 医师错填。A2 医师漏填。A3 医师多填。A9 医师填写其他问题（详细说明）

B 类代码：编目录入错误，导致上报错误。B1 编码员错编。B2 编码员漏编。B3 编码员多编。B9 编目录入其他问题（详细说明）

C 类代码：系统上传错误，导致上报错误。B1 系统错传。B2 系统漏传。B3 系统多传。B9 系统其他问题（详细说明）

说明：（1）当入院病情错误时，只填写正确入院病情。

（2）A、B、C 三类错误代码表示诊断或手术操作的错误类型。

（3）当医师填写错误，编码员根据医师填写内容编目录入而出现上报错误时，单选"A"。

（4）当医师填写错误，编码员未按照医师填写内容编目，但又编错时，同时选"A"和"B"。

（5）当上报错误时，必须同时选择和填写：①诊断手术上报正确项目中"否"；②错误代码；③应填报正确内容。

（6）当上报正确，医师填写错误时，必须同时选择和填写：①诊断手术上报正确项目中"是"；②A 类错误代码；③医师填写错误内容

表 3-3-2 病案首页督导检查问题代码

类别	代码	错误原因	说　明
A类医师填写问题	A1	选错	主要诊断及手术选择错误
	A2	漏填	医生未填写病历中已确定或治疗过的疾病，以及实施过的手术操作
	A3	多填	医生填写的疾病诊断或手术操作病历中无依据
	A9	其他（详细说明）	上述情况未包含的其他问题，如诊断不规范等，请详细说明具体情况
B类编目/录入问题	B1	错编	疾病诊断或手术操作代码选择错误，或错误合并、错误拆分等
	B2	漏编	对于首页中医生填写的疾病诊断或手术操作没有通过代码表示
	B3	多编	编目上报了医师未填写、病案中也无相关内容支持的疾病诊断或手术操作
	B9	其他（详细说明）	上述情况之外的编码错误，请详细说明具体情况
C类信息系统问题	C1	错传	接收端数据与本地报送数据发现不同
	C2	漏传	接收端数据与本地报送数据核对发现有漏报
	C3	多传	接收端数据与本地报送数据核对有多报
	C9	其他（详细说明）	上述情况未包含的其他问题，请详细说明具体情况

（四）案例4：国外编码质量检查实际案例

摘自：Nick A. Improving accuracy of clinical coding in surgery：collaboration is key [J]. Journal of Surgical Research, 2016, 8 (204)：490-495.

检查背景：临床编码数据为医院统计和医疗资源组代码提供数据基础。支付费用结果、健康资源的分配以及公共卫生数据与计划制定需要病历信息的高度准确。此次检查的目的为了证明在英国西北部的跨医院之间的普通外科临床编码的准确水平。

检查方法：临床编码部门从7家医院联合机构2013年3月1日—8月15号的出院病历中选择总共208份急诊普通外科病人（中位数=20，范围=16-60）。高级临床编码员对挑选出的病历进行盲法重新编码，重新编码的结果和初始的编码结果进行比较。已记录的编码从 OPCS-4 和 ICD-10 产生。

检查结果：208份病历中，194份病历（占93.3%）至少有1个编码错误，9份病历（占4.3%）既有主要诊断编码错误，又有主要操作编码错误。64份病历（占30.8%）有主要诊断编码错误。137份病历中，有30份病历（占21.9%）主要手术（操作）编码错误。使用初始编码计算出的费用中位数是1 411.5 英镑（范围，409~9 138 英镑），使用更新的编码重新计算，显示费用中位数是1 387.5 英镑，P 值为0.997（范围，406~10 102 英镑）。产生不正确编码的最常见的原因是"编码错误"

和"病历内容需要临床进一步解释"。

结论：临床编码错误是多因素的。编码错误对主要诊断产生重要影响，并潜在地影响医院统计数据准确性，相应地会影响卫生资源的分配和公共卫生计划的制定。但我们转向外科专科结果时，结果表明外科医生应该加强与编码部门的合作，以确保系统是稳固的。

（熊莺　辛子艺）

参考文献

[1] 刘婉如，黄锋，白玲，等. 住院病案首页上报信息的督导检查设计与评分 [J]. 中华医院管理杂志, 2015, 31 (11): 834-836.

[2] 王怡，马云波，樊美娜，等. 试行 DRGs 后住院病案首页督导检查方法 [J]. 中国病案, 2017, 18 (9): 12-15.

[3] 刘霖芯，段占祺，潘惊萍，等. 利用病案首页数据构建县级综合医院医疗质量指标体系的适用性探讨 [J]. 中华医院管理杂志, 2017, 33 (1): 30-33.

[4] 周婧雅，吴韬宏，秦安京，等. 利用病案首页数据构建县级综合医院医疗质量指标体系的适用性探讨 [J]. 中国病案, 2016, 17 (11): 41-44.

[5] SAWSAN AS-SANIE, DENNIZ Z, MARY ELLEN WECHTER, et al. Teaching residents coding and documentation: Effectiveness of a problem-oriented approach [J]. American Journal of Obstetrics and Gynecology, 2005 (193): 1790-1793.

[6] NICK A H, MICHAEL D G, NATASHA C, et al. Improving accuracy of clinical coding in surgery: collaboration is key [J]. Journal of Surgical Research, 2016 (204): 490-495.

[7] JAMES R B, SANDRA Y L, STACEY L I. Directed educational training improves coding and billing skills for residents [J]. International Journal of Pediatric Otorhinolaryngology, 2013 (77): 399-401.

第四节　疑难编码案例

一、脓毒症编码实例解析

1. 病案摘要

病人邵某，女性，65岁，因"突发意识障碍2小时"入院，急诊予以心肺复苏，经口气管插管、呼吸机辅助等抢救治疗，病人恢复自主心跳，呼吸未恢复，拟诊"心跳呼吸骤停、心肺复苏术后"收住重症医学科。

入院查体：T 35.4℃，HR 121次/分，R 15次/分，BP 101 mmHg/89 mmHg，SpO_2 95%。神志深昏迷，GCS评分3分，双侧瞳孔等大等圆，直径约2.0 mm，对光反射消失，四肢中-重度凹陷性水肿，神经生理反射消失。皮肤巩膜无黄染，经口气管插管，接呼吸机辅助呼吸。颈软，双下肺呼吸音减弱，可闻及湿性啰音，未闻及哮鸣音。心率

121次/分，律不齐，心音有力，各瓣膜听诊区未闻及杂音，腹平，腹肌软，压痛、反跳痛检查不合作，未扪及包块，肝脾触诊查不满意，移动性浊音查体不满意，肠鸣音未闻及，双下肢重度凹陷性水肿，双侧肢体肌张力正常，肌力检查不合作，神经生理反射消失，病理反射未引出。

既往史：有高血压病史10年，平素口服降压药，未规律监测血压。有高血压心脏病史、心力衰竭病史10年，曾多次在外院住院治疗。10天前已乏力、下肢凹陷性水肿，未行特殊处理。

辅助检查：入院急诊头胸腹CT提示：①腹主动脉及冠状动脉粥样硬化，双侧胸壁积气水肿；②腹腔大量游离气体，广泛腹膜炎，提示消化道穿孔；③左侧额叶、丘脑、侧脑室旁多发脑梗死；④双侧胸腔积液伴压迫性肺不张，双侧肺炎。入科末梢血糖2.0 mmol/L。

诊疗经过（抢救经过）：入院后告病危，完善相关检查，经机械通气，静脉穿刺置管，并予以补液、血管活性药物维持血压、抗感染、制酸护胃、维持内环境稳定等抢救治疗。胃肠外科会诊考虑诊断：消化道穿孔可能。鉴于病人入院后生命体征不平稳，手术风险大，建议暂予禁食胃肠减压对症处理。病人病情持续恶化，意识深昏迷，留置经口气管插管接呼吸机辅助呼吸，持续大剂量升压药下血压仍不稳定最终死亡（入院24小时内）。医生死亡讨论：死亡原因明确为慢性充血性心力衰竭。

主要诊断：冠心病，慢性充血性心力衰竭急性加重，心功能Ⅳ级。

其他诊断：重症脓毒症；消化道穿孔；弥漫性腹膜炎；双侧肺炎；双侧胸腔积液；多发性脑梗死；高血压病3级（极高危）；低血糖。

2. **存在问题**

（1）编码员选择的脓毒症编码为A41.901，".9"在ICD-10里属于垃圾编码，医生诊断的是重症脓毒症，A41.901没有体现重症。

（2）编码员对主要诊断的选择存在分歧：有的认为应以慢性充血性心力衰竭急性加重，理由是医生分析了已经明确了死亡原因为慢性充血性心力衰竭；有的认为应以脓毒血症为主要诊断，理由是该病人花费较大，查广东省CN-DRGs（2015版）主要诊断选择脓毒症A41.901，可入组SR11（脓毒症伴有严重并发症或伴随症），权重为1.776，如果选择慢性充血性心力衰竭I50.000，则入组FR27（心力衰竭、休克，入院5天内死亡或转院），权重只有0.6。

（3）临床医师在病案首页填写的主要诊断有3个，不符合首页填写的基本要求，一份病历中主要诊断只能有1个。医生做了机械通气、静脉插管等操作，但是未在首页操作栏填上相应的操作。

3. **疑难点评**

（1）脓毒症认识过程及定义。脓毒症是创伤、烧伤、休克、感染等临床急危重病人的严重并发症之一，也是诱发脓毒性休克、多器官功能障碍综合征（MODS）的重要原因。对脓毒症的认识和定义医学界经历了三个阶段：脓毒症1.0版本的定义是指由感染引起的全身炎症反应综合征，按脓毒症严重程度可分脓毒症、严重脓毒症和脓毒性休克，严重脓毒症，是指脓毒症伴有器官功能障碍，而脓毒性休克则是严重脓毒症的特殊类型,即严重脓毒症导致的循环衰竭,表现为经充分液体复苏仍不能纠正的低血压和组织低灌注。脓毒症2.0版本的定义未做更新,只是扩展了诊断标准。脓毒症3.0版本的最新定义是宿主对感染的反应失调而致的危及生命的器官功能障碍,也就是说当机体对感染的反应损伤了自身组织和器官进而危及生命就称为脓毒症。3.0版本的脓毒症的定义其实与1.0版本的严重脓毒症定义相似,强调有器官功能障碍。根据脓毒症的定义,我们编码员编码时至少应编2个码,1个是感染的码,还有1个是全身炎症反应综合征,严重脓毒症出现器官衰竭,可由亚目来体现:R65.0 传染性病因的全身炎症反应综合征不伴有器官衰竭,R65.1 传染性病因的全身炎症反应综合征伴有器官衰竭,R65.2 非传染性病因的全身炎症反应综合征不伴有器官衰竭,R65.3 传染性病因的全身炎症反应综合征伴有器官衰竭。此份病历医生诊断为"重症脓毒症",病历里未提示查明某种细菌感染,则应编码 A41.9、R65.1。

(2) 脓毒症的ICD-10的编码。在《疾病和有关健康问题的国际统计分类》第10次修订本第三卷中,以脓毒症为主导词进行编码查找,ICD-10的脓毒症的分类主要有以下几种:

1) 分类于第一章节的某些传染病与寄生虫病:脓毒症(全身性)(化脓性)(另见败血症) A41,应区分具体的感染细菌或病毒,如病历中确实无法提供,则编码 A41.9。

2) 分类于第七章眼和附器疾病:脓毒症—眼内 H44.0。

3) 分类于第十章呼吸系统疾病:脓毒症—气管造口术后吻合口 J95.0。

4) 分类于第十四章的泌尿生殖系统疾病:脓毒症—泌尿系 N39.0。

5) 分类于第十三章的肌肉骨骼系统和结缔组织疾病:脓毒症—关节 M00.9。

6) 分类于第十五章的妊娠、分娩和产褥期:脓毒症—产褥期、产后、分娩中(盆腔)O85。

—后

——流产(随后发生)O08.0

———异位妊娠或葡萄胎妊娠 O08.0

7) 分类于第十六章的起源于围生期的某些疾病:脓毒症—新生儿 NEC P36.9。

——特指的 NEC P36.8

——由于

———大肠杆菌 P36.4

———链球菌 NEC P36.8

————B 族 P36.0

———葡萄球菌 NEC P36.3

————金黄色 P36.2

———厌氧菌 NEC P36.5

8) 分类于第十九章的损伤、中毒和外因的某些其他后果:脓毒症—后。

——免疫接种 T88.0

——输注、治疗性注射或输血 T80.2

—局部、手术伤口中 T81.4

——由于装置、植入物或移植物 T85.7
———导管
————泌尿系（留置）T83.5
————输注 NEC T82.7
———电（极）
————骨 T84.7
———关节假体 T84.5
———生殖系 NEC T83.6
———心脏 NEC T82.7
————瓣膜（假体）T82.6

通过主导词的查找及核对卷一，根据国际疾病分类体现的病因分类特点，可以发现不同原因导致的脓毒症编码有区别。编码员应与临床医生多沟通，让医生也知道脓毒症的 ICD 的分类特点，才有助于脓毒症的精确编码。

（3）脓毒症主要诊断的选择原则。在实际工作中，编码员对脓毒症主要诊断的选择还存在困惑，尤其是在实行 DRG 付费、病种分值付费之后，仅仅根据权重高低或病种分值高低来选择主要编码，则违背了付费改革的初衷。主要诊断选择的原则应清晰明了，总则是在本次医疗事件中选择对健康危害最严重、花费医疗精力最多、住院时间最长的诊断名称为病人的主要诊断。脓毒症可否做主要诊断，什么时候以脓毒症做主要诊断，应有更具体的可遵循的原则。病案编码员在选择主要诊断时，应根据主要诊断的三大原则及相应的细则来选择主要诊断编码，死亡病历应选择将导致死亡的疾病作为第一诊断。参考美国医疗保险中心新近发布的《ICD – 10 – CM Official guidelines for coding and reporting FY 2019》中对脓毒症的编码指南，结合我国编码实际工作，笔者考虑脓毒症主要诊断选择原则有以下几点：

1）入院时已有脓毒血症，治疗精力和花费主要在治疗脓毒症，是急危重病人的严重并发症时，建议以脓毒症为主要诊断。

2）因其他病因住院，或者有明确的导致脓毒症的疾病病因，建议以病因诊断为主要诊断。

3）脓毒性休克不建议做主要诊断，国家库感染性休克（脓毒性休克）的编码为 R65.201。

4）死亡病历经医生讨论明确死因为脓毒血症，未提及其他致死病因，且主要针对脓毒症实施的治疗，则以脓毒血症为主要诊断。

据此分析，此份病历医生讨论了明确的死亡原因是慢性充血性心力衰竭急性加重，脓毒症是其并发导致的，那么主要诊断应选择慢性充血性心力衰竭急性加重，编码为 I50.000。医生不应在首页主要诊断栏里写 3 个主要诊断，主要诊断一份病历里有且只能有 1 个，这样才能按照按病种分值付费和按疾病诊断相关分组的原则进行分组或付费。

（4）首页操作填写的重要性 该案例医生对病人实施了机械通气、股静脉穿刺置管的操作，但未将相应的操作编码填写到首页，漏填操作编码会直接影响到 DRG 的入组及付费分值。通过阅读病历，该病人机械通气的时间小于 96 小时，应编码 96.7101（辅助呼吸机疗法，持续时间小于 96 小时），股静脉穿刺置管编码 38.9301（静脉穿刺置管术），补上手术操作后，主要诊断选择为 I50.000（充血性心力衰竭），DRG 入组 FJ11 循环系统其他手术，伴重要合并症与伴随症，参考权重为 2.785，FJ 才是这份病历的正确入组，而非去除手术操作后的入组 FR27，FR27 的入组权重仅为 0.6。中山市社会医疗保险住院病种分值表中，充血性心力衰竭保守治疗的分值为 126，标准费用为 10 206 元，传统手术治疗的分值为 245，标准费用为 19 845，介入手术的分值为 267，标准费用为 21 627。医疗治疗方式不一样，分值和费用不同，所以首页操作填写完整与否至关重要，编码员应仔细阅读病历，补全操作编码。

综上所述，医学界对脓毒症的认识也在不断地进步发展中，脓毒症发病机理复杂，病案编码员应了解掌握临床医学动态和相关知识，仔细阅读病历，对疾病准确编码。此案例主要诊断选择充血性心力衰竭 I50.000，第二诊断为严重脓毒症，需编 2 个码：A41.901 脓毒症及 R65.101 传染性病因的全身炎症反应综合征伴有器官衰竭。医生亦应了解疾病 ICD 的病因分类特点，按照主要诊断的选择原则准确填写主要诊断，规范完整填写首页，不能遗漏操作编码。在 DRG 及病种付费的实际应用推广方面需要病案编码员和临床医师共同做更多更细致的工作。

（尹劲峰　赖伏虎）

参考文献

［1］姚永明，盛志勇．脓毒症防治学［M］．北京：科学技术文献出版社，2008．

［2］American College of Chest Physicians. Society of critical care medicine consensus conference: definitions for sepsis and organ failure and guidelines for the use of innovative therapies in sepsis［J］. CritCare Med, 1992, 20（6）：864-874.

［3］董景五．疾病和有关健康问题的国际统计分类（第三卷）［M］．北京：人民卫生出版社，2008：1063．

［4］万学红，卢雪峰．诊断学：8 版［M］．北京：人民卫生出版社，2013．

二、唐氏综合征编码实例解析

1. 病案摘要

病人为孕妇，因"发现胎儿染色体异常"入院，B 超示宫内妊娠，孕周 22 周 +5 天，血清学唐氏筛查结果提示胎儿唐氏综合征（高风险），遂于 1 月前行胎儿脐静脉穿刺，染色体核型为：46，XX，der（13；21）（q10；q10），+21，同时测序结果显示变异遗传自母亲，母亲的核型为 45，XX，der（13；21）（q10；q10）。本次住院要求引产，行羊膜腔内注射依沙吖啶（利凡诺）引产后出院。

主要诊断：中期人工引产 O04.9。

其他诊断：胎儿染色体异常 O35.1。

主要手术：羊膜腔内注射依沙吖啶（利凡诺）引产 75.0。

2. 存在问题

唐氏综合征又称为21-三体综合征，是人类最先确认也是最为常见的一种染色体病，主要特征为严重的先天智力障碍，特殊面容，并常伴有各种先天畸形。随着国家"二胎"政策的全面放开，我国高龄产妇的比例急速上升，而高龄又是染色体发生变异的重要影响因素。随着近年来基因检测技术的不断发展且逐渐成熟，临床上有越来越多的孕妇接受基因检测，而基因检查的结果，医生会直接记录在病历中。因此，能够看懂、读懂病历中的基因检测结果，是编码员能够正确进行ICD10编码的重要前提。

在本例中，孕妇及胎儿均在此次住院前接受了基因检测，基因检测结果也明确记录在病史中，但编码员在进行ICD10编码时，却忽略了该结果，遗漏了相应的ICD10编码。

随着医保支付方式改革逐渐在全国铺开，按病种分值付费、按DRGs付费在全国很多地区开始实施或试点，而病案首页中的诊断信息、手术信息以及对应的ICD10编码，是影响付费最为重要的依据。遗漏ICD10编码，往往意味着疾病严重程度不能得到充分体现，医院从医保端得到的费用补偿将会大打折扣，给医院带来不该有的经济损失。

3. 疑难点评

（1）遗漏的ICD10编码。在本例中，孕妇的染色体核型为46，XX，der（13；21）（q10；q10），+21，其含义为：具有45条染色体，其中含两条X染色体，13号染色体与21号染色体的短臂均发生丢失，丢失后的两条染色体长臂在着丝粒处发生融合，产生一条衍生染色体，故总的染色体数为45条。该变异属于罗伯逊易位，是平衡易位中的一种。因此，对孕妇的染色体变异，可用O99.8（其他特指的疾病和并发症并发于妊娠、分娩和产褥期）表示，因丢失的13号及21号染色体短臂上几乎没有可表达的基因，丢失后的个体一般没有异常表现，因此，可使用附加编码Q95.0（正常个体中平衡易位和插入）进一步说明变异的类型。

（2）主要诊断选择存在争议。在编码实践中，当流产结局（O00-O08）和流产病因同时出现在诊断中，应选择结局，还是选择病因作为主要诊断，不同的学者有不同的看法。如徐氏认为，对于20～28周的流产或引产，如果胎儿娩出后存活，或28周后的流产或引产，应选病因作为主要诊断，O03或O04作为附加编码。而蔡氏认为，应选择O03或O04作为主要诊断编码。而美国医疗保险中心（CMS）发布的ICD-10-CM编码和报告官方指南指出，第15章中的编码可以作为附加编码与O04、O07、O08一并使用。笔者认为，当流产结局（O00-O08）和流产病因同时出现在诊断中，应选择结局（O00-O08）作为主要诊断编码。

（3）唐氏综合征的编码。直接查主导词"唐氏综合征"，即可得到Q90.9的编码，核对卷一，Q90包括".0减数分裂不分离"".1（同源）嵌合体（有丝分裂不分离）"".2易位"".9未特指"共4个亚目。显而易见，对于已做染色体检测的病例，不应分类于".9未特指"。对于核型为47，XX（XY），+21的病人，编码应为Q90.0。对于核型为46，XX（XY）/47，XX（XY），+21的病人，编码应为Q90.1。而本例中胎儿的核型，可用Q90.2表示。反之，对于没有做染色体检测的病历，可归类于.9。因染色体异常Q90-Q99的编码涉及较多医学名词及概念，编码员在编码前应先理解其含义，才有可能做到正确编码。

（4）小结。编码遗漏、主要诊断选择有误、编码亚目选择不正确，是编码日常工作中常出现的3个问题。要做到编码准确、规范，首先要求编码员熟悉编码规则，并能结合实际灵活运用；其次，要求编码员理解ICD编码的分类结构及各个分类轴心；再次，要求编码员理解临床的一些基本概念和基础知识，遇到罕见、疑难疾病，应查阅文献、资料，或与临床医师沟通，并组织疑难编码讨论。随着医保支付改革的确立，按病种分值付费、按DRGs付费将倒逼编码员不断提高编码水平，编码员应顺势而上，不断提高编码准确率，才能在新时期真正体现出编码员的核心价值。

根据2017版广东省出院病人DRGs分组结果，OS2*流产不伴手术室操作可分为4个DRG组：①OS21 流产，无手术室操作，伴重要合并症与伴随病，权重0.50；②OS23 流产，无手术室操作，伴合并症与伴随病，权重0.42；③OS25 流产，无手术室操作，不伴合并症与伴随病，权重0.31；④OS27 流产，无手术室操作，住院5天内死亡或转院，权重0.20。OZ1*其他与妊娠相关的诊断可分为3个DRG组，分别为：①OZ11 其他与妊娠相关的诊断，伴重要合并症与伴随病；②OZ13 其他与妊娠相关的诊断，伴合并症与伴随病；③OZ15 其他与妊娠相关的诊断，不伴合并症与伴随病。

DRG的分组因素包括主要诊断、其他诊断、手术方式、年龄等等，换言之，主要诊断选择、其他诊断书写是否规范都直接影响分组结果。本案例中，因编码员遗漏其他诊断编码O99.8以及Q95.0，会使病例被分到OS25组，权重只有0.31，相比OS23组，医院将损失0.11权重所对应的医保费用返还。如果主要诊断选择胎儿染色体异常，本例将会被分到OZ13组，权重虽然比OS23组高0.1，但因医保会对医院提交的病案首页数据进行审核，如果发现不符合编码原则或高编码，也会对医院进行处罚，因此，编码员应严格按照主要诊断选择原则和编码指南来进行编码。

（杜剑亮、赖伏虎）

参考文献

[1] 徐俊. 流产与引产的ICD编码分析［J］. 中国病案，2017，18（11）：44-47.

[2] 蔡小春. 流产结局的妊娠相关ICD-10分类编码［C］//中国医院协会病案管理专业委员会，中国医院协会病案管理专业委员会第二十四届学术会议论文集汇编，2015：2.

[3] ICD-10-CM official guidelines for coding and reporting FY 2019：68.

三、与肿瘤相关的Z51其他医疗照顾疑难编码实例解析

1. 病案摘要

案例1：病人男性，50岁，主因"右上肺鳞癌2周期化疗后2月余，胸部放疗18天"入院。病人按计划继续放疗，放疗进行顺利，未出现明显副反应，医嘱出院。

案例2：病人女性，60岁，因"卵巢子宫内膜样腺癌术后1年余"入院。本次住院行第4次化疗，过程顺利。

案例3：病人男性，45岁，因"吞咽困难3年余，食管上段鳞状细胞癌并全身多处

转移"入院，予行多西他赛 120 mg + 奈达铂 100 mg 维持性化疗。

案例4：病人因"发现肝占位2月余"入院。入院后完善术前常规检查，于行肝转移瘤微波消融术，术程顺利，术后予护肝、抗炎等对症治疗。

实例5：病人因"发现PSA升高7年，前列腺癌，排尿困难4年，加重1月"入院。入院查体直肠指检：前列腺Ⅱ度增大，质硬，表面可触及硬结感。入院后予亮丙瑞林、坦索罗辛对症支持治疗，病人排尿困难症状好转，请示上级医师同意出院。

案例6：病人因"左肾癌根治切除术后一年半"入院。入院查体：心肺腹未见明显异常，入院后完善常规检查，行 DC-CIK 治疗，疗程顺利，无不适及过敏等不良反应。现病人恢复好，经请示上级医师，予今日出院，嘱定期复查，不适随诊。

案例7：病人因"胆总管中段癌根治术后12月余"入院。入院行肝肿瘤放射性I125粒子植入术，术后给予抗炎及止血等支持治疗。

2. 疑难点评

疾病分类编码 Z51 其他医疗照顾中的手术后恶性肿瘤化学治疗与恶性肿瘤维持性化学治疗是18种重点疾病其中两个监测指标，国家 ICD 码字典库里的编码分别是 Z51.102 手术后恶性肿瘤化学治疗，Z51.103 恶性肿瘤维持性化学治疗。

与肿瘤相关的 Z51 编码分类为：251.0 放射治疗疗程，251.1 为肿瘤化学治疗疗程，251.8 对其他的医疗照顾。

Z51 的分类轴心是住院目的，编码规则是当肿瘤首次住院，无论是否在其他医院住院治疗过，原发部位恶性肿瘤为主要诊断；只有在原发部位不明的情况下，继发部位码为主要诊断。再次住院进行治疗，选择本次住院治疗目的为主要编码，放疗的编码是Z51.0，化疗编码是Z51.1，其他医疗照顾比如肿瘤靶向治疗，免疫治疗等编码是Z51.8。另外，要用原发部位肿瘤为其他诊断，作为识别。

国家 ICD 字典库中 Z51.8 是特指医疗照顾，包括了 Z51.801 恶性肿瘤靶向治疗、Z51.802 恶性肿瘤中医治疗 Z51.803 牙外科正畸术后、Z51.804 肿瘤内分泌治疗、Z51.805 肿瘤术后免疫治疗、Z51.806 肿瘤术后同位素治疗、Z51.807 恶性肿瘤术后靶向治疗、Z51.808 恶性肿瘤术后中医治疗、Z51.809 肿瘤术后内分泌治疗、Z51.810 肿瘤免疫治疗、Z51.811 肿瘤同位素治疗。

因此：

案例1：本次住院进行放射治疗，因此以恶性肿瘤放射治疗 Z51.0 作为主要编码。另外，为了保证统计与检索数据的准确性，恶性肿瘤编码肺鳞癌 C34.1 为其他诊断给予附加编码。

案例2：本次住院主要进行术后化疗，因此以恶性肿瘤术后化疗 Z51.102 作为主要编码。卵巢子宫内膜样腺癌 C56 为其他诊断给予附加编码。

案例3：本次住院主要进行维持性化疗，因此以恶性肿瘤维持性化疗 Z51.103 作为主要编码。食管上段鳞状细胞癌 C15.3 为其他诊断给予附加编码。

案例4：靶向治疗，是在细胞分子水平上，针对已经明确的致癌位点，来设计相应的治疗药物，药物进入体内会特异地选择致癌位点来相结合发生作用，使肿瘤细胞特异性死亡，而不会波及肿瘤周围的正常组织细胞，所以分子靶向治疗又被称为"生物导弹"。靶向治疗包括氩氦超导手术治疗系统、射频消融和微波消融、间质内激光治疗和光动力、高强度聚焦超声、放射性粒子植入间质内照射治疗、血管内介入治疗和局部药物注射治疗等。本次住院主要进行肝转移瘤微波消融术属于靶向治疗，因此以肿瘤术后免疫治疗 Z51.805 作为主要编码。肝转移瘤 C78.7 为其他诊断给予附加编码。

实例 5：亮丙瑞林是释放促黄体生成激素，能有效地抑制垂体-性腺系统的功能。对前列腺癌病人皮下注射醋酸亮丙瑞林，能使血清睾酮浓度降至去势水平之下，属于内分泌治疗。本次住院主要进行肿瘤内分泌治疗，因此，以肿瘤内分泌治疗 Z51.804 作为主要编码，前列腺癌 C61 为其他诊断给予附加编码。

案例 6：DC-CIK 是细胞免疫疗法，本次住院主要进行肿瘤术后 DC-CIK 治疗，因此，以肿瘤术后免疫治疗 Z51.805 作为主要编码，肾癌 C64 为其他诊断给予附加编码。

案例 7：同位素治疗是利用某些放射性元素或其放射性同位素经过衰变所发出的射线来治疗某些特殊疾病，包括碘-131 消融治疗、钴-60 放疗仪、磷 32 等。因此，以同位素治疗 Z51.806 作为主要编码。胆总管中段癌 C24 为其他诊断给予附加编码。

由中山市社会医疗保险住院病种分值库可见：Z51.0 放射治疗疗程保守治疗分值为 476、传统手术分值为 395、介入治疗分值为 465、适形放疗分值为 400、适形调强放疗分值为 534、容积调强分值为 889；Z51.1 为肿瘤化学治疗疗程保守治疗分值为 185、传统手术分值为 420、微创手术分值为 531、介入治疗分值为 311；Z51.8 对其他的医疗照顾保守治疗分值为 105、微创手术分值为 202、介入治疗分值为 317。故案例 1 属于放射治疗疗程保守治疗的分值为 476、案例 2、案例 3 属于肿瘤化学治疗疗程保守治疗的分值为 185，案例 4、案例 5、案例 6 属于保守治疗的分值为 105，案例 7 属于介入治疗的分值为 317。

综上所述，与肿瘤相关的 Z51 其他医疗照顾分类轴心是住院目的，病案统计员必须阅读现病史、病程、手术（操作）记录、出院小结等，了解病人的治疗经过，根据住院的目的以及按病种分值付费和 DRG 的规则，给出准确的编码。

（林佩珊　赖伏虎）

四、妊娠高血压疑难编码实例解析

1. 病案摘要

案例 1：产妇因"发现血压高 2 年，停经 38+5 周，蛋白尿阴性"入院。产妇于 2017-04-02 顺利分娩一单活女婴，体重 2.67 kg，羊水清，无脐带绕颈，胎盘胎膜自娩完整。产妇恢复好，产后复查彩超未提示明显异常，予出院。

案例 2：产妇因"发现血压高 2 年，停经 32 周，我院查尿常规：尿蛋白 2+，白细胞数 2+，余阴性"入院。入院后查 24 小时尿蛋白定批 0.656↑ g/24 h 尿，予地塞米松促胎肺成熟，予安定口服镇静，硫酸镁静滴解痉。口服拜新同 30 mg QD 降压，目前产妇血压控制尚可，124～l35/80～107 mmHg，复查尿常规尿蛋白 3.0 g/L，24 小时尿蛋白定量 3.059 g，浮肿 ++，考虑子痫前期，急送手术室行剖宫产，术中娩出一活女婴，手术顺利。

案例 3：产妇主因"停经 34 周，32 周时发现血压升高 150/90 mmHg，蛋白尿阴性"入院。入院后完善相关检查，产妇因轻度子痫前期，在腰硬联合麻醉下行子宫下段剖宫产术，术中娩出一活男婴，手术顺利。

案例 4：产妇因"停经 34 周，发现血压升高 9 天"入院。入院后完善相关检查，予安定镇静、硫酸镁解痉、拜新同及拉贝洛尔降压治疗，复查尿蛋白 3 g。12 月 6 日急诊因"重度子痫前期"在腰硬联合麻醉下行子宫下段剖宫产术，术中娩出一活女婴，手术顺利。术后予预防感染及促宫缩、补液、降压治疗，术后血常规 HGB：98 g/L，已予铁剂纠正贫血，彩超未示异常，术后血压波动于 102/68 ~ 133/94 mmHg。今予出院。

2. 疑难点评

妊娠高血压产科的重症并发症，对妊娠分娩影响较大，包括慢性高血压以及妊娠期高血压。慢性高血压是孕前已经存在的高血压。妊娠期高血压是妊娠 20 周后出现高血压、水肿、蛋白尿。轻者可无症状或轻度头晕，血压轻度升高，伴水肿或轻度蛋白尿；重者头痛、眼花、恶心、呕吐、持续性右上腹痛等，血压升高明显，蛋白尿增多，水肿明显，甚至昏迷、抽搐。

国际疾病分类 ICD - 10 把妊娠高血压疾患编码分类到 O10、O11、O13、O14。它的分类轴心是发病时间，高血压是原发还是妊娠引起，是否伴有有意义的蛋白尿（有意义的蛋白尿是指 24 小时尿液中蛋白含量 ≥ 0.3 g）；以及高血压的并发症。O10 为原有高血压并发妊娠、分娩和产褥期；O11 为原有高血压性疾患，伴有有意义的蛋白尿；O13 为妊娠引起的高血压，不伴有有意义的蛋白尿；O14 为妊娠引起的高血压，伴有有意义的蛋白尿。

因此：

案例 1：经查该产妇无蛋白尿，高血压 2 年为原发高血压，因此归类于 O10 原有高血压并发妊娠、分娩和产褥期。该产妇是顺产，根据广州市社会医疗保险按病种分值付费病种分值表分值为 238。

案例 2：经查该产妇尿蛋白 2 +，为有意义的蛋白尿，高血压 2 年是原发高血压，因此归类于 O11 原有高血压性疾患，并发蛋白尿。

案例 3：经查该产妇蛋白尿阴性，无有意义的蛋白尿，32 周时发现血压升高是妊娠期高血压，因此归类于 O13 妊娠引起的高血压，不伴有有意义的蛋白尿。

案例 4：产妇复查尿蛋白 3 g，为有意义的蛋白尿，血压升高 9 天是妊娠期高血压，因此归类于 O14 妊娠引起的高血压，伴有有意义的蛋白尿。该产妇是剖宫产，故与案例 2、案例 3 一样，根据广州市社会医疗保险按病种分值付费病种分值表分值为 629。

根据妊娠高血压编码与操作的不同，按病种分值付费病种分值也会不一样，分值范围从 238 至 1 405，由此可见编码准确的重要性。综上所述，妊娠高血压编码的影响因素是分辨高血压是原发还是妊娠引起，是否伴有有意义的蛋白尿，以及高血压的并发症。病案统计员要翻阅出院小结、入院记录及病程、化验单，了解现病史、既往史、个人史等才能分类到准确的编码。

（陈彩霞　赖伏虎）

五、颈淋巴结清扫术疑难编码实例解析

1. 病案摘要

案例1：病人因"右侧甲状腺癌"入院，行右侧甲状腺全切术，清除其周围脂肪淋巴结组织，上至喉返神经入喉处，下至胸骨切迹处，外至颈动脉鞘，内至气管前，Ⅵ区淋巴结切除。

案例2：病人因"左甲状腺癌"入院，先行左侧甲状腺全切术及切除气管前淋巴结，左侧Ⅵ区淋巴结进行活检。术中病理提示：左甲状腺乳头状癌，左侧Ⅵ区淋巴结见癌组织转移。遂性右侧甲状腺全切，双侧中央区淋巴结清扫，左侧功能性颈淋巴结清扫术。清除其周围脂肪淋巴结组织，钝性分离并清扫Ⅱ至Ⅵ区淋巴结。

2. 疑难点评

淋巴结构是指淋巴结和淋巴管，淋巴结是哺乳动物特有的器官，是人体重要的免疫器官，主要功能是滤过淋巴液，产生淋巴细胞和浆细胞，参与机体的免疫反应。当局部感染时，细菌、病毒或癌细胞等可沿淋巴管侵入，引起局部淋巴结肿大。如该淋巴结不能阻止和消灭它们，则病变可沿淋巴管的流注方向扩散和转移。

淋巴结构手术分类轴心是根据切除范围和手术目的。其中，单纯淋巴结切除中40.11强调对淋巴结活检，40.2强调治疗性的切除，淋巴清扫40.3～40.5强调区域性的清扫术和根治术，是防止恶性肿瘤转移的淋巴结切除。

40.3～40.5的区别：40.3强调区域性、浅层淋巴结切除，包括皮肤皮下组织和脂肪组织的淋巴结切除；40.4～40.5强调根治性，深层广泛淋巴结切除，深达肌层和筋膜层的淋巴结清扫。必须要注意的是做"根治术"编码时，要了解有无淋巴结清扫，使编码更加完整。其中，40.4颈淋巴结清扫，编码区分单双侧，40.5为其他淋巴结清扫（按部位）。

美国癌症联合委员会（American Joint Committee on Cancer，AJCC）将颈部淋巴结分为7个区：Ⅰ区（level Ⅰ，颏下区及颌下区淋巴结），Ⅱ区（level Ⅱ，颈内静脉淋巴结上区），Ⅲ区（level Ⅲ，颈内静脉淋巴结中区），Ⅳ区（level Ⅳ，颈内静脉淋巴结下区），Ⅴ区（level Ⅴ，枕后三角区淋巴结），Ⅵ区（level Ⅵ，内脏周围淋巴结），Ⅶ区（level Ⅶ，上纵隔淋巴结）。

甲状腺癌的颈淋巴结切除临床上常见有两种：中央区淋巴结清扫，是指Ⅵ区的淋巴结清扫，编码为40.3；根治性颈淋巴结清扫，是指Ⅱ至Ⅵ的淋巴结清扫，临床简称颈清，编码为40.4，单侧40.41，双侧40.42。

使用ICD-9-CM-3，查找方法如下：

颈淋巴清扫术

主导词：切除术

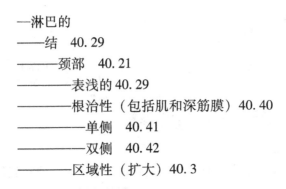

因此：

案例1：该病人是右侧甲状腺癌，疾病编码是C73.X。手术是淋巴结手术体现出区域性、浅层淋巴结切除，皮肤皮下组织和脂肪组织的淋巴结切除，属于Ⅵ区淋巴结切除。因此该淋巴结切除术的编码应为40.3区域性淋巴结切除术。在广州市社会医疗保险按病种分值付费病种分值表中该分值为1 798。

案例2：该病人是左甲状腺癌入院，疾病编码是C73.X。手术是先行左侧甲状腺全切术及切除气管前淋巴结，左侧Ⅵ区淋巴结予活检。然后进行根治性，深层广泛淋巴结切除，深达肌层和筋膜层的淋巴结，清扫Ⅱ至Ⅵ区淋巴结，因此，该淋巴结切除术的编码应40.3区域性淋巴结切除术以及40.4颈淋巴结根治性切除术。在广州市社会医疗保险按病种分值付费病种分值表中该分值为2 274。

而中山市社会医疗保险住院病种分值表中，甲状腺恶性肿瘤病种有1个，C73.分值中"0"为"传统手术"，分值为196；"1"为"保守治疗"，分值为158；"2"为"微创手术"，分值为206。相应的标准费用在12 798～16 686元，金额差距为3 888元。

综上所述，颈淋巴结切除术的分类轴心是切除范围，疾病分类和手术操作的选择与编码是否正确直接影响病种分值支付。病案统计员必须阅读手术记录，了解手术方式、切除的范围，才能准确编码，体现出病案信息的价值，更准确地对应按病种分值付费及按疾病诊断相关分组。

（陈彩霞　赖伏虎）

六、垂体柄阻断综合征编码实例解析

1. 病案摘要

病人李某，男性，25岁，因"发育迟缓、无男子气质10余年"入院。10余年前病人开始发现自己与同龄小孩相比发育迟缓，至15岁仍无胡须、腋毛，阴茎无发育，身高仅有1.46 m。曾经到本市其他医院就诊，进行骨骼X线等检查，具体检查结果及诊断不详，该院给予生长激素治疗9个月后身体开始长高，目前身高1.71 m。本次为进一步诊治入住我院。

入院体检：T 36.8℃，P 80次/分，R 20次/分，BP 100/66 mmHg，精神一般，表情自如，无黏液性水肿面容，反应正常，神志清楚，对答切题，自主体位，声调较高如女性声线，皮肤色素正常，头发、眉毛尚浓密，但无胡须、阴毛、腋毛，颈软，喉结无隆起，阴茎短小，阴囊内未扪及睾丸。心、肺、腹查体未见异常。

既往史：无特殊，无长期服药及毒物接触史，无不良生活嗜好。未婚未育，家族中无类似病史。

辅助检查：甲状腺功能5项中总T4（58.15 nmol/L）和游离T4（4.83 pmol/L）小于参考值下限，促甲状腺激素（5.827 μIU/mL）大于参考值上限；性激素6项中睾酮（<16 ng/dL）、雌二醇（<20 pg/mL）、促黄体生成素（<0.20 mIU/mL）、促卵泡成熟素（0.44 mIU/mL）均小于参考值下限，泌乳素（18.03 ng/mL）大于参考值上限；肾上腺皮质功能多次检测中24小时尿游离皮质醇、24小时尿17羟皮质醇、8am促肾上腺皮质激素均小于参考值下限；生长激素-胰岛素样生长因子-1轴功能检测中GH（0.08 ng/mL）和IGF-1（7.08 ng/mL）亦都小于参考值下限。外周血染色体核型分析：46，XY；核磁共振检查：垂体整体偏小，前叶上缘局限性凹陷，后叶T1WI未见高信号，垂体柄未见显示，于第三脑室漏斗部见T1WI稍高信号，增强后可见明显强化。

主要诊断：联合垂体激素缺乏（低促性腺激素性腺功能减退症、继发性甲状腺功能减退症、继发性肾上腺皮质功能减退症、完全性生长激素缺乏症）

其他诊断：部分空泡蝶鞍；双侧隐睾症。

2. 存在问题

从以上资料可知，临床医师书写诊断名称是按照科教书的"主诊断+副诊断"模式，与病案首页设计和国际疾病分类规则有不对应之处。

基于现有的循证依据，对主要诊断的编码也有分歧：有的认为是垂体柄阻断综合征，有的认为是普拉德-威利综合征。

3. 疑难点评

（1）垂体柄阻断综合征（pituitary stalk interruption syndrome，PSIS）是指垂体柄缺如或明显变细，合并垂体后叶异位，下丘脑分泌的激素不能通过垂体柄输送到垂体后叶以及分泌的促垂体激素释放激素部分或完全无法通过垂体门脉系统作用于垂体前叶，使垂体前叶发育不良所致的临床系列症候群。

（2）本案例中病人的主诉"发育迟缓、无男子气质10余年"和临床表现明显符合垂体前叶发育不良的特征，究其病因，应该是垂体柄缺如所致，有核磁共振鞍区检查"三联征"的结果得以证实。为此经管医生在出院记录中纠正主要诊断：垂体柄阻断综合征；低促性腺激素性腺功能减退症、继发性甲状腺功能减退症、继发性肾上腺皮质功能减退症、完全性生长激素缺乏症。这种俗称"戴帽子"的"主诊断+副诊断"模式，在内分泌科、心血管内科等科室的病历中颇为常见。"大帽子"是"垂体柄阻断综合征"，"帽子"下面的"低促性腺激素性腺功能减退症""继发性甲状腺功能减退症""继发性肾上腺皮质功能减退症""完全性生长激素缺乏症"，也排列在"主要诊断"栏目内。

（3）无论是按病种分值付费、还是按疾病诊断相关分组，以及疾病谱顺位、流行病学分类、医院诊疗科教管理统计等方面，主要诊断的选择都有重要的意义。为此，世界卫生组织和国家卫生健康委规定：当就诊者存在一种以上的疾病、损伤和情况时，需选择其中的一个主要诊断进行统计分类。此病人的病因是垂体柄阻断综合征，按照《住院病案首页数据填写质量规范》（国卫办医发〔2016〕24号）主要诊断选择的一般原则：病因诊断能包括疾病的临床表现，则选择病因诊断作为主要诊断。为此选择垂体柄阻断综合征作为主要诊断编码，低促性腺激素性腺功能减退症、继发性甲状腺功能减退症、继发性肾上腺皮质功能减退症、完全性生长激素缺乏症，跟空泡蝶鞍、隐睾症作为其他诊断编码。

（4）国际疾病分类一般而言是涵盖了一组临床诊断术语的共同特点，临床诊断术语跟国际疾病分类不是一一对应的关系，垂体柄阻断综合征属于《国际疾病分类第十次修订（ICD-10）》第一卷、第三卷尚未收入的罕见病临床诊断术语，为此选择主导词尤为关键。可用作"垂体柄阻断综合征"的主导词有"综合征""病""疾患""功能减退""垂体功能减退症"等。

1）按主导词"综合征"在《国际疾病分类第十次修订（ICD-10）》第三卷中查找：

综合征
—垂体功能减退 E23.0

核对第一卷，E23.0下的诊断术语不足以体现"垂体柄阻断综合征"特征。

2）按主导词"病"在第三卷中查找：

病
—垂体（腺）　E23.7

核对第一卷，E23.7为"未特指的垂体疾患"，不符合"垂体柄阻断综合征"特征。

3）按主导词"垂体功能减退症"在第三卷中查找：

垂体功能减退症（幼年）　E23.0

尽管按此主导词查找是最快的路径，但核对第一卷，可知E23.0不适合"垂体柄阻断综合征"。

4）按主导词"功能减退"在第三卷中查找：

功能减退
—垂体　E23.0

核对第一卷，E23.0下的诊断术语不足以体现"垂体柄阻断综合征"特征。

5）按主导词"疾（患）"在第三卷中查找：

疾（患）
—垂体
——特指的 NEC　E23.6

核对第一卷，查得"其他垂体疾患"，即特指的不可归类于他处者，是最贴近"垂体柄阻断综合征"特征的编码。当然一般含有"其他"的残余亚目绝大多数分类于".8"，而此例分类于".6"也是特例。

6）最后比对《疾病分类与代码（GB/T14396—2016）》国标版临床六位扩展码，垂体柄阻断综合征分类为E23.616，其亚目正是E23.6。这也反过来证明查找垂体柄阻断综合征最合适的主导词是"疾（患）"。

（5）尽管普拉德-威利综合征（Prader-Willi syndrome，PWS）也有生长激素缺乏、低促性腺激素性腺功能减退等引起的身材矮小，发育迟缓，隐睾等临床表现，但外周血染色体核型分析：46，XY，没有发现第15号染色体基因缺陷的证据，故可排除普拉德-威利综合征。另外《国际疾病分类第十次修订（ICD-10）》第一卷 E23 类目（垂体功能减退和其他疾患）还专门指出"不包括下丘脑功能不良，不可归类在他处者：普拉德-威利综合征（Q87.1）"。

（6）本案例的其他诊断对应编码依次为：低促性腺激素性腺功能减退症（E23.0）、继发性甲状腺功能减退症（E03.8）、继发性肾上腺皮质功能减退症（E27.4）、完全性生长激素缺乏症（E23.0）、空泡蝶鞍（E23.6）、双侧隐睾症（Q53.2）。这些诊断或多或少也对 DRG 的权重值产生影响。

（7）本案例没有做传统意义上的手术，但对脑垂体做了核磁共振扫描检查，可考虑在病案首页手术操作栏目填写"大脑和脑干的磁共振成像（88.91）"，因为 DRG 的分组也会考虑手术与操作。

综上所述，本案例对于病案统计员而言，按照病案首页填写规则确定主要诊断更为重要。因为经管医生按照"主诊断+副诊断"的习惯填写主要诊断，但多个主要诊断式的重复统计违背了按病种分值付费和按疾病诊断相关分组的原则，所以，病案统计人员只能选择一个最合适作为主要诊断编码，为此，要尊重病情和检查检验结果的基础上与经管医生讨论，而不能武断地选择分值高的病种或权重高的组。本案例的主要诊断"垂体柄阻断综合征"无法直接按临床诊断术语直接找到编码，必须转换主导词"疾（患）"，再归类于"垂体特指的 NEC"，对应编码 E23.6，这也是编码的难点之一，需要经验的积累。

在中山市社会医疗保险住院病种分值表中，垂体病种有4个，其中，E23.0 分值为91；E23.2 分值为58；E23.6 有两个分值，1 为"传统手术"，分值为408，而"保守治疗"分值为94。相应的标准费用在 4 698～33 048 元，金额差距为 28 350 元，本案例未进行手术，应属于"保守治疗"的分值94。病案统计人员编码的高编或低编，必定会明显影响医院的住院收入。所以在当前形势下，更需要保证病案首页数据填写质量，遵守国际疾病分类规则，尊重病人具体病情和医疗资源实际投入。

（赖伏虎）

参考文献

［1］梁久平，徐茂盛，杨文德，等. 垂体柄阻断综合征一例［J］. 临床放射学杂志，2015，34（1）：49-50.

［2］赵琳琳，王守俊，等. 垂体柄阻断综合征的临床诊治［J］. 医学综述，2012，18（20）：3453-3455.

［3］刘爱民. 病案信息学：2 版［M］. 北京：人民卫生出版社. 2014；190.

［4］世界卫生组织编. 国际疾病分类第十次修订（ICD-10）（中文版）（第一卷）［M］. 董景五，译. 2 版. 北京：人民卫生出版社，2008；211.

第四章 医院医保与医疗管理优化

第一节 医院医保管理优化策略

在我国社会保障体系建设的发展历史中,医疗保险制度的建设是最重要的方面,而医保支付改革又是其中最为重要的改革。在新医改中,支付方式改革,实行以按病种分值付费为主等复合支付方式作为医保支付改革的重要手段。

一、按病种分值付费对医改的作用

按病种分值付费的实质是医疗支付方式的变化,对推进医保支付制度改革具有关键性作用。我国早期实行按项目付费的支付方式,这是一种"后付制"的支付方式,由于购买方医保经办机构按照医疗机构产生的医疗费用支付,可以说是"不问价钱、只管买单",再加上公立医院实行差额补偿,医疗机构为维持正常运转,大处方、大检查等过度医疗现象难免存在。

与"后付制"相对应的支付方式是"前付制",也就是预先设定支付单元和支付标准。由于每一单元的医疗费用是事先设定好支付费用,超额不予支付,这就倒逼医疗机构转换思路,把药品、耗材、检查等原本的收入来源转化为成本项,减少不必要的成本支出,节省医疗费用,从而降低病人负担。事实证明,通过医保支付制度改革来探索供方费用控制,从而提高供方费用控制的激励与约束,既是国际医疗费用控制的基本趋势,也是国际医保改革的通行做法。

按病种分值付费是按照"前付制"思路进行设置。医保经办部门通过统一的疾病诊断分类、不同的诊疗方式,科学制定出每种疾病的定额偿付标准(包括费用或分值),医保经办部门按照设定的支付标准、住院人次,向定点医疗机构支付住院费用,使得医疗资源利用标准化,即医疗机构资源消耗与所治疗的住院病人的数量、疾病复杂程度和服务强度成正比,即疾病严重付费高,诊疗疾病轻,付费少。

按病种分值付费对医改的作用主要包括工作四个方面。

1. 有利于分级诊疗、避免推诿病人情况

分级诊疗制度即按照病人所患疾病的不同程度进行分级,不同级别疾病的病人到不同级别的医疗机构进行治疗,从而使不同级别的医疗机构之间有效地进行分工协作,最终实现医疗资源的最大化利用,形成合理有序的就医秩序。

从医疗卫生服务体系建设来说,分级诊疗制度就是国家根据医疗发展和不同区域的人群,合理布局各种级别的医疗机构,不同级别不同类型的医疗服务机构收治不同疾病的病人,不同级别的医疗机构又相互联系,形成一个既有不同功能定位又相互联系的医疗卫生服务体系,并建立与之搭配且高效合理的就医制度、支付制度,以期实现医疗资源的最大化利用,其核心为就是"基层首诊、分级诊疗、双向转诊"。

2017年,国务院办公厅发布了《关于进一步深化基本医疗保险支付方式改革的指导意见》,提出有条件的地区可积极探索将点数法与预算总额管理、按病种分值付费等相结合,逐步使用区域(或一定范围内)医保基金总额控制代替具体医疗机构总额控制。采取点数法的地区确定本区域(或一定范围内)医保基金总额控制指标后,不再细化明确各医疗机构的总额控制指标,而是将项目、病种、床日等各种医疗服务的价值以一定点数体现,年底根据各医疗机构所提供服务的总点数以及地区医保基金支出预算指标,得出每个点的实际价值,按照各医疗机构实际点数付费,促进医疗机构之间分工协作、有序竞争和资源合理配置。完善医保支付政策措施,结合分级诊疗模式和家庭医生签约服务制度建设,引导参保人员优先到基层首诊,对符合规定的转诊住院病人可以连续计算起付线,将符合规定的家庭医生签约服务费纳入医保支付范围。探索对纵向合作的医疗联合体等分工协作模式实行医保总额付费,合理引导双向转诊,发挥家庭医生在医保控费方面的"守门人"作用。

部分城市推行按病种分级诊疗改革,确定分级诊疗疾病及实施按病种分值付费,参保人原则上应选择居住地或发病时所在地附近基层医疗卫生机构进行首诊;超出基层医疗机构功能定位和服务能力的病人,由首诊(全科)医生提出转诊建议或意见,可向上级医疗机构转诊;按病种分值付费的分级诊疗病种在二级医疗机构的报销比例为城乡居民医保为65%,在职职工医保为75%,退休人员医保为80%;在一级医疗机构的最高限额费用为二级最高限额费用的92%,报销比例提高5%。

按病种分值付费是按照疾病严重程度制定不同的支付费用,疑难重症的支付费用高,这有利于大型综合医院收治疑难重症,避免以往支付方式收治疑难重症严重超额,医院不愿意收治这类病人的情况,也是符合分级诊疗,有利不同级别医院收治不同的病人,避免推诿疑难重症病人的情况。同时按病种(组)分值付费,是根据医院全年所得分值进行支付,如果推诿病人,将会减少收治病人的数量,年终总分值将会减少,支付费用也减少,从而倒逼医院不能推诿病人。

2. 有利于控制医保费用的不合理增长,减轻参保人的负担

按病种分值付费就是预先设定支付单元和支付标准。由于每一单元的医疗费用是事先设定好支付费用,超额不予支付。这就使医疗机构转换思路,注意控制诊疗过程的成本支出,实际治疗成本高,可能就超额。所以,以往药品、耗材、检查等原本可以产生利润的收入,由于单元支付费用,特别是按病种分值付费年终才能知道单元费用,原来的利润来源转化为成本项,从而使医院减少不必要的成本支出,遏制各种形式的过度医疗、乱收费,节省医疗费用,从而降低病人负担。

采用按病种分值付费,会促使医院调整结构,提高服务质量和效率,缩短检查检验报告时间，从而减少平均住院日、提高医疗资源使用效率、维护医疗服务连续性，缓解病人看病贵的同时提高医保资金使用效率。

由于按病种分值付费采用打包收付费，医保支付费用定额采用总住院费用包括自费和自付部分，避免了以往采用医保费用定额，医院为了降低医保费用，采用增加自费项目比例，加重参保人负担的问题。医院降低总的费用，病人负担也同步减少，部分地区还采用收付费制度，病人只负担定额标准部分，超过部分由医院负担，从而逼迫医院控制成本。同时，按病种分值付费实行自费率限制，参保人自费比例下降，从而减轻参保人的负担。

按病种分值付费的核心目标，就是利用医保支付杠杆，实现医疗行为合理控费。

3. 有利于促进医院调整结构，加强精细化管理，提高医疗技术和服务

按病种分值付费单元支付费用与疾病的严重程度、医疗资源消耗和医师的劳动强度相关，这有利于医院通过调整结构，不同级别医院收治不同病人，疑难危重病人技术难度大，医疗资源消耗高，医保支付费用也高。医院只有通过提高医疗技术水平，加强专科建设，才能解决疑难危重病人。

（1）由于按病种分值付费采用按照"结余留用、超支分担"的原则，医院为了不出现超支情况，只有通过精细化管理，控制诊疗过程环节的实际医疗成本，才能降低治疗费用成本，提高效益。对医生而言，实行按病种分值付费后，科室经营绩效的指标必然会发生改变，这会直接影响医生的医疗行为和决策方式，使医生、医院主动争取在尽量短的时间内，采取尽可能节约成本的治疗方式，来达到临床满意的治疗效果，通过精细化管理，缩短住院时间，加快床位周转，节约医疗资源，整体提升服务绩效，医疗服务也会更精细化、人性化。在取得效益同时，降低病人的医疗负担，更好地服务参保人。

按病种分值付费实行病种定额付费，使医院的收入策略发生了变化。医院通过对病种标准进行核算，加强医院对病种成本的管理，一方面通过成本收入结构分析，降低诊疗成本支出，提高效益；同时通过缩短病人的住院时间，提高病床周转率，整体提高医院的运行效益。目前，我国对按病种收费的定价机制不够完善，医疗服务价格低导致实际病种收入无法弥补病种成本的支出。因此，医院要加强对病种的规范管理，从而实现质量与控费有机结合。

（2）按病种分值付费使医院医保管理更加精细化。医院对医保进行精细化管理不仅有利于加强内控制度控制医疗费用，还有利于进一步完善医疗行为，更能够获得广大群众的理解与认同。医院医保的精细化管理也能够为医院的可持续发展提供有力的保障。

医院不仅可以通过完善医院医保构架，加强对医保工作的监督和管理的有效措施来实施精细化管理，还可以通过提供精细化服务、规范细化相关制度以及加强对内重点培训考核等措施进行医院医保管理的精细化。

（3）有利于医院加强病案管理，提高病案质量和管理水平。按病种分值付费是以病案首页作为支付的依据。以出院主要诊断结合不同诊疗方式作为支付的标准。病案资料的质量直接影响着病种费用标准建立和分组的确定，想要提高病种费用标准和疾病分组的准确性,就必须要加强病案资料的准确度和可靠度。有些医院存在着疾病编码不统一和诊断名称书写不标准,临床诊断码与ICD10不一致等问题,医院必须明确病案管理的重要性,加强对病案管理的规范化,提高医务工作者对于病案管理的重视。

(4)有利于推进医院信息化、智能化建设的发展。按病种分值付费要求医院必须建立相应的信息系统端口,才能及时上传相关的申报、病历首页等数据。同时,为了做好精细化管理,必须对医疗行为、费用控制进行监管,需要建立完善的费用控制系统,智能审核系统及时提醒医师的医疗行为规范,掌握费用的运行情况。

在促进医院提高医疗质量、专科建设、服务水平、加强精细化管理同时,也同时存在一些影响医院的问题。

4. 对药品的影响

在按病种分值付费的支付方式下,由于医保支付医疗机构的费用仅与每个病例及其诊断诊治方式有关,而与医疗机构治疗该病例所花费的实际成本无关,因此,药品和耗材对于医院都将成为成本费用而非收入,特别是取消药品加成后,药品成为全成本的单位,一些"药物滥用"现象将会被遏制,如疗效不明确的辅助用药、高质量名义下以超高价中标的外资药等。因此,医院会将性价比高的药品作为首选,这将从根本上遏制医院用贵药的习惯。同时,只有用疗效明确、质量好的药品来治疗疾病,才能达到缩短病情、治好病及医院控制成本的目的。这将进一步压缩药价水分,有效改善过度用药和过度检查的问题。一些疗效不明确的药物将会受到比较大的冲击,医院过度医疗的辅助用药和性价比低的药品将会被停用甚至淘汰。

二、按病种分值付费医院面临的挑战

按病种分值付费不仅对控制医疗费用上涨,减轻病人负担,推动分级具有重要作用,还有利于调整医疗服务病人和保方以及医方的三方关系。医院是政策的最终执行者,所以对医院的影响也是最大的。

按病种分值付费管理涉及整个医疗流程各个环节,同时还涉及药品、耗材、医疗收费成本的核算、医疗质量的控制,及医院内部管理、服务和内部利益分配等多方面,是一个十分复杂的系统工程。

按病种分值付费是一种与以往的结算方式完全不同的新结算模式,需要医保管理人员、医务人员全面研究和熟悉,其费用的不明确性是我们面临的最大挑战。

1. 新结算方式的挑战

按病种分值付费是区域总额控制下,以疾病为基础,结合不同治疗方式的付费方式,与以往按次均费用和医院总额完全不同。医院收治重的疑难病人,分值高,医保局支付的费用也高;同时,由于采用区域总额,收治病人多的医院,医保支付的费用也多,是一种全新结算模式,必须进行深入研究,读懂读透才能正确把握政策方向。

2. 最大挑战:控费目标未知的挑战

按病种分值付费是区域总额控制下的结算方式,虽然病种分值库相对固定,但每一分的费用的计算是要在年终才能知道,即全市病种每分值费用=全市年度按病种分值付费住院医疗总费用总额÷全市定点医疗机构年度分值总和。所以,医院在整个治疗过程中并不知道每一病种的费用支付标准。医院的控费目标是按照医保保基本的原则，在保证医疗质量、安全的前提下，根据合理检查、合理诊疗、合理用药、合理收费的原则，按照历史数据，结合按病种分值付费的政策，进行预测，达到少花钱，医好病。

3. 结构调整的挑战：分级诊疗，不同级别医院收治不同的病人

以往次均费用结算，当医院收治费用较高的疑难危重病人，为了摊低次均费用，可能会收治一些相对病情轻的病人，特别是一些大型的医院。在实行按病种分值付费以后，医保局按疾病轻重及不同的诊疗方式赋予不同的分值（费用），大型医院收治疑难危重病人就不必收治轻的病人，达到国家分级诊疗的作用。所以，不同的医院应该根据不同的级别收治与其功能定位一致的病人，调整收治结构。

4. 费用控制压力的挑战：与费用不明确相关

由于病种分值每一分的费用要在年终才能知道，意味着每一种病种要年终才能知道费用，在诊治过程中，医院在保证医疗质量、安全的前提下，要严格按照"四个合理"进行诊治，合理控制医疗费用。但由于费用的不明确，控费压力也随之增大。

三、按病种分值付费的医保管理

对于按病种分值付费，目前各地存在不少政策上的差异，但大部分采用出院主要诊断结合不同的诊疗方式，差异主要在于诊疗方式的不同，主要包括以下两种：

一是以主要诊断结合诊疗方式，诊疗方式采用归大类的方式，即将诊疗方式归纳为保守治疗、传统手术、微创手术、介入手术、机械通气等19种诊疗方式。采用此方式的主要有中山市、淮安市、汕头市及银川市等，广东省人力资源与社会保障厅制定的病种分值广东也采用此方式。病种分值库病种组合有4 600多种。如表4-1-1所示。

表4-1-1　中山市社会医疗保险住院病种分值库（2017年版）

序号	ICD-10亚目	疾病名称	代码	诊治方式	分值
1	A01.0	伤寒	0	保守治疗	76
2	A01.4	未特指的副伤寒	0	保守治疗	47
3	A02.0	沙门菌肠炎	0	保守治疗	77
12	A15.0	肺结核，经显微镜下痰检查证实，伴有或不伴有痰培养	0	保守治疗	289
13	A15.0	肺结核，经显微镜下痰检查证实，伴有或不伴有痰培养	7	机械通气	698
14	A15.1	肺结核，仅经痰培养所证实	0	保守治疗	286
15	A15.1	肺结核，仅经痰培养所证实	7	机械通气	651
16	A15.2	肺结核，经组织学所证实	0	保守治疗	130
17	A15.2	肺结核，经组织学所证实	2	微创手术	378

二是主要以历史数据，采取诊断结合诊疗方式，诊疗方式采用与ICD-9-CM-3

手术诊疗操作具体匹配的组合，组成不同的组合病种方式赋予不同组合的分值。典型例子如表4-1-2所示。

表4-1-2 广州市社会医疗保险住院病种分值库（2018年版）

诊断编码	诊断名称	操作编码	操作名称	分值	费用/元
A08.0	轮状病毒性肠炎	n（y）	保守治疗（含简单操作）	179	2 395.9
A09.0	传染性病因的胃肠炎和结肠炎，其他的	n（y）	保守治疗（含简单操作）	376	5 032.8
A09.9	胃肠炎和结肠炎	n（y）	保守治疗（含简单操作）	349	4 671.4
A15.0	肺结核，经显微镜下痰检查证实，伴有或不伴有痰培养	31.4201	保守治疗（含气管镜检查术）	1 054	14 108.0
A15.0	肺结核，经显微镜下痰检查证实，伴有或不伴有痰培养	33.2201	保守治疗（含光导纤维支气管镜检查术）	943	12 622.0
A15.0	肺结核，经显微镜下痰检查证实，伴有或不伴有痰培养	33.2301	保守治疗（含支气管镜检查术）	1 054	14 108.0
A15.0	肺结核，经显微镜下痰检查证实，伴有或不伴有痰培养	33.2401	保守治疗（含支气管活组织检查，经支气管镜）	1 216	16 276.0
A15.0	肺结核，经显微镜下痰检查证实，伴有或不伴有痰培养	33.2402	保守治疗［含诊断性支气管肺泡灌洗，经内窥镜（BAL）］	935	12 515.0
A15.0	肺结核，经显微镜下痰检查证实，伴有或不伴有痰培养	33.2403	保守治疗（含支气管采样刷检查，经内窥镜）	935	12 515.0
A15.0	肺结核，经显微镜下痰检查证实，伴有或不伴有痰培养	33.2601	保守治疗（含肺穿刺活组织检查）	1 216	16 276.0
A15.0	肺结核，经显微镜下痰检查证实，伴有或不伴有痰培养	33.2701	保守治疗（含肺活组织检查，经支气管镜）	1 216	16 276.0
A15.0	肺结核，经显微镜下痰检查证实，伴有或不伴有痰培养	34.0401	保守治疗（含胸腔闭式引流术）	1 216	16 276.0
A15.0	肺结核，经显微镜下痰检查证实，伴有或不伴有痰培养	34.9101	保守治疗（含胸腔穿刺抽气术）	1 216	16 276.0
A15.0	肺结核，经显微镜下痰检查证实，伴有或不伴有痰培养	34.9102	保守治疗（含胸腔穿刺抽液术）	1 216	16 276.0
A15.0	肺结核，经显微镜下痰检查证实，伴有或不伴有痰培养	39.7912	支气管动脉腔内栓塞术	1 216	16 276.0
A15.0	肺结核，经显微镜下痰检查证实，伴有或不伴有痰培养	n（y）	保守治疗（含简单操作）	881	11 792.0

对于医院医保管理也必须根据不同的政策制定不同管理方法。

医保控费的基本原则是：①以病人的生命、健康为中心，在保证医疗质量与安全的前提下，合理、科学控费。②按照医保的政策要求，在合理诊疗、合理用药、合理检查、合理收费四个合理的基础上，科学合理控费。③以医保保基本为原则，合理控费，减轻参保人负担。

按病种分值付费的医保管理工作主要包括以下两大方面。

（一）制订详细明确的工作计划

按病种分值付费是一项全新的政策。政策出台有一个过程，作为本项工作的主管部门，必须在政策出台之前就制定好工作计划，协调各部门开展工作，具体做好以下工作：

（1）明确按病种分值实施步骤（图4-1-1）。

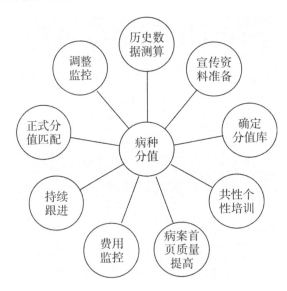

图4-1-1　按病种分值实施步骤

当医保局公布病种分值付费的政策时，由于初期只有主要的政策框架，并没有具体的操作，这时必须制定好工作计划及实施的步骤、工作进展。

（2）研究按病种分值付费的政策，读透政策并提出医院的应对策略。

（3）事前应对：统计、测算是关键。

（4）绩效管理：按照医保局的政策，制定绩效考核方案。

（5）费用控制目标测算：按照医保局按病种分值付费，依据历史数据的测算方式进行测算，包括：

1）医保局有明确的分值、分值库、基准病种前提下进行测算：根据医保局发布的分值库及基准病种费用情况，测算每分费用，然后按照分值库测算每个病种的次均费用。

2）医保局还没有公布分值库、没有基准病种等资料的测算：在医保局未公布分值库及分值情况下，按照本院前三年的历史数据，测算所有各病种不同治疗方式的次均费用作为控制目标，包括全院和各科室的次均费用。建立本院的病种分值库。

3）制订全院、科室控费目标，合理控制医疗费用。

以下为某医院实行按病种分值付费的历史盈亏情况（图4-1-2、表4-1-3、表4-1-4）。

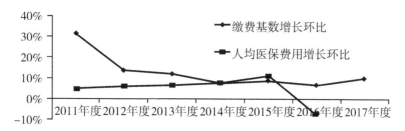

图4-1-2　缴费基数与人均医保费用环比增长

表4-1-3　某医院实行按病种分值付费的历史盈亏情况

社保年度	缴费基数增长环比	人均医保费用增长环比
2011年度	31.45%	4.89%
2012年度	13.50%	6.14%
2013年度	12.43%	6.61%
2014年度	7.69%	8.03%
2015年度	9.38%	11.09%
2016年度	6.93%	-7.04%
2017年度	10.30%	

表4-1-4　某医院各社保年度费用结算情况

社保年度	每分值金额/元	盈亏/万元
2010年度	59.53	亏损10.13
2011年度	60.64	盈利1385.96
2012年度	65.32	盈利229.39
2013年度	67.79	盈利63.39
2014年度	75.95	亏损125.64
2015年度	78.95	亏损1635.23
2016年度	79.87	盈利5450.95

从以上资料可以发现，当人均医保费用增长率低于缴费基数增长率时，医院盈利。这说明，在分值未知的情况下，按照历史数据，结合医保年度增长比例，以历史数据为基础进行测算，作为控制目标是可行的。

(二) 费用控制目标测算

全院费用控制目标：根据医院前3年的历史数据，测算每一个病种及不同治疗方式的次均住院费用作为控费目标，原则上要求单个病例费用控制在50%～100%范围内，科室总体费用使用率在80%～100%范围内。

1. 数据来源

按照医保局按病种分值付费的政策，取前3年的医院住院医保病人的病历首页，首页为编码员审核后的归档病历，然后将所有病历统计，归类，诊断取前四位作为病种，得出每一病种的不同诊疗方式组合的次均费用，每一病种的次均费用即作为全院的控费目标标准值，并分别测算标准值的50%、80%、100%，测算每一病种组合的药比，材料比。科室的控费目标就是每一病种尽量控制在100%标准值以内，全科尽量控制在80%～100%，原则上不超110%。药比、材料比也同样控制在标准值以内。

2. 分值库的基础建设

首先必须确定诊断编码、病种组合方式、诊疗方式的确定、操作与诊疗方式的匹配等。

（1）诊断编码的确定：取诊断的前四位码。

（2）诊疗方式的确定：按照广东省人社厅发布的按病种分值付费文件的政策指引，结合医院的实际，设置21种操作方式，包括：

代码中的"0"代表"保守治疗"，"1"代表"传统手术"，"2"代表"微创手术"，"3"代表"介入治疗"，"4"代表"人工肝治疗"，"5"代表"透析治疗"，"6"代表"干细胞移植"，"7"代表"机械通气"，"8"代表"超声乳化"，"9"代表"玻璃体切割"，"10"代表"适形放疗"，"11"代表"适形调强放疗"，"12"代表"腹水回输术"，"13"代表"修复手术"，"14"代表"体外碎石"，"15"代表"容积调强"，"16"代表"血液净化"，"17"代表"机械持续降温"，"18"代表"肾移植"，"19"代表"冠脉造影"，"20"代表"起搏器"，"21"代表"射频消融"。

（3）人工匹配操作项目的诊疗方式，如表4-1-5。

表4-1-5 人工匹配操作项目的诊疗方式

手术编码	主要手术项目1	匹配好治疗方式1	匹配好治疗方式	人次
47.012	单孔腹腔镜阑尾切除术	微创手术	2	1
68.411	腹腔镜下经腹全子宫切除	微创手术	2	1
50.111	肝穿刺活组织检查，经皮	保守治疗	0	1
38.446	升主动脉置换术×	传统手术	1	3
68.2911	子宫瘢痕妊娠清除术，经腹腔镜	微创手术	2	2
3.3101	腰椎穿刺术	保守治疗	0	1
41.3801	骨髓穿刺术	保守治疗	0	1

续表 4-1-5

手术编码	主要手术项目1	匹配好治疗方式1	匹配好治疗方式	人次
45.6207	回肠切除术	传统手术	1	2
3.311	腰椎穿刺术	保守治疗	0	2
45.2301	结肠镜检查	保守治疗	0	1
45.233	电子结肠镜检查	保守治疗	0	1
45.2501	结肠活组织检查，经肠镜	保守治疗	0	4
33.2201	光导纤维支气管镜检查术	保守治疗	0	1
33.241	支气管活检术，经内窥镜	保守治疗	0	1
33.2701	肺活组织检查，经支气管镜	保守治疗	0	1
33.271	肺活组织检查，经支气管镜	保守治疗	2	1
33.261	经皮肺穿刺肺活组织检查	保守治疗	0	1
33.2701	肺活组织检查，经支气管镜	保守治疗	0	1
33.271	肺活组织检查，经支气管镜	保守治疗	0	2
32.4101	肺叶切除术，经胸腔镜	微创手术	2	1
33.261	经皮肺穿刺肺活组织检查	保守治疗	0	1
32.41	胸腔镜下肺叶切除术	微创手术	2	1
33.2601	肺穿刺活组织检查	保守治疗	0	1
31.4401	气管活组织检查，经支气管镜	保守治疗	2	1
33.2401	支气管活组织检查，经支气管镜	保守治疗	0	1

（4）原始资料人工统计制定分值库（表4-1-6）。

表4-1-6　原始资料人工统计制定分值库

住院科室	主要诊断	ICD10	手术编码	主要手术项目1	诊治方式	人次	总金额/元
普儿科	鼠伤寒沙门菌肠炎	A02.004	无	无	非手术治疗	1	9 793.24
肾内科一区	沙门菌败血症	A02.100	无	无	非手术治疗	1	29 885.69
普儿科	沙门菌感染	A02.900	3.3101	腰椎穿刺术	非手术治疗	1	8 909.97
感染科病区	艰难梭状芽孢杆菌性小肠结肠炎	A04.700	41.3801	骨髓穿刺术	非手术治疗	1	21 385.89

续表 4-1-6

住院科室	主要诊断	ICD10	手术编码	主要手术项目1	诊治方式	人次	总金额/元
普通外科一区	急性坏死性肠炎	A05.202	45.6207	回肠切除术	传统手术	1	55 003.62
普儿科	轮状病毒肠炎	A08.000	3.311	腰椎穿刺术	非手术治疗	2	9 860.69
普儿科	轮状病毒肠炎	A08.000	无	无	非手术治疗	1	5 153.94
普儿科	轮状病毒肠炎	A08.000	无	无	非手术治疗	2	4 846.23
感染科病区	感染性腹泻	A09.004	45.2301	结肠镜检查	非手术治疗	1	8 268.21
感染科病区	感染性腹泻	A09.001	无	无	非手术治疗	2	13 504.18
消化内科一区	感染性胃肠炎	A09.001	无	无	非手术治疗	1	14 353.9
消化内科一区	结肠炎	A09.902	45.233	电子结肠镜检查	非手术治疗	1	5 280.34
感染科病区	结肠炎	A09.902	无	无	非手术治疗	1	16 493.3
普儿科	胃肠炎	A09.901	无	无	非手术治疗	3	27 794.46
呼吸内科一区	浸润型肺结核，痰镜检（+）	A15.008	33.2701	肺活组织检查，经支气管镜	非手术治疗	1	10 788.39
呼吸内科三区	肺结核，经显微镜下痰检查证实，伴有或不伴有痰培养	A15.008	33.2701	光导纤维支气管镜检查术	非手术治疗	1	11 889.36

（5）正式设立分值库，制定全院控费目标。将全院的每一例病人根据操作（取病历首页的第一操作）匹配对应的诊疗方式，然后汇总统计每一病种不同诊疗方式的次均费用，建立全院分值库。科室目标以费用显示，如表 4-1-7 和表 4-1-8。

表 4-1-7　按病种分值付费病种及治疗方式住院费用控制目标

四位诊断代码及治疗	诊断名称	人次	人均费用	药品比例	材料比例	费用定额控制标准		
						50%	80%	100%
A02.0	鼠伤寒沙门菌肠炎	1	9 793	36%	6%	—		
非手术治疗		1	9 793	36%	6%	4 897	7 835	9 793
A02.1	沙门菌败血症	1	29 886	41%	5%	—		
非手术治疗		1	29 886	41%	5%	14 943	23 909	29 886
A02.9	沙门菌感染	1	8 910	32%	6%	—		
非手术治疗		1	8 910	32%	6%	4 455	7 128	8 910
A04.7	艰难梭状芽孢杆菌	1	21 386	22%	5%	—		
非手术治疗		1	21 386	22%	5%	10 693	17 109	21 386

续表 4-1-7

四位诊断代码及治疗	诊断名称	人次	人均费用	药品比例	材料比例	费用定额控制标准		
						50%	80%	100%
A05.2	急性坏死性肠炎	2	61 992	48%	13%	—		
传统手术		2	61 992	48%	13%	30 996	49 593	61 992
A08.0	轮状病毒肠炎	5	3 972	15%	5%	—		
非手术治疗		5	3 972	15%	5%	1 986	3 178	3 972
A09.0	感染性胃肠炎	4	9 032	38%	4%	—		
非手术治疗		4	9 032	38%	4%	4 516	7 225	9 032
A09.9	胃肠炎	9	10 485	35%	4%	—		
非手术治疗		9	10 485	35%	4%	5 242	8 388	10 485
A15.0	肺结核,经显微	9	8 518	39%	3%	—		
非手术治疗		9	8 518	39%	3%	4 897	7 835	9 793
A15.2	肺结核,病理(+)	12	20 525	18%	28%	—		
非手术治疗		10	12 626	24%	7%	6 313	10 101	12 626
微创手术		2	60 023	12%	51%	30 011	48 018	60 023

表 4-1-8　按病种分值付费病种及治疗方式住院费用控制目标

四位诊断代码及治疗方式	诊断名称	人次	药品比例	材料比例	费用定额控制标准		
					50%	80%	100%
I05.0	二尖瓣狭窄	83	25%	42%	—		
非手术治疗		11	15%	52%	12 793	20 469	25 587
传统手术		56	30%	37%	21 370	34 192	42 740
介入治疗		13	1%	65%	16 288	26 060	32 575
微创手术		3	22%	37%	22 792	36 468	45 584
I05.1	风湿性二尖瓣关闭不全	80	21%	45%	—		
非手术治疗		12	24%	37%	9 575	15 319	19 149
传统手术		55	21%	46%	14 867	23 787	29 734
微创手术		13	15%	49%	12 232	19 571	24 464
I05.2	二尖瓣狭窄伴有关闭不全	562	23%	44%	—		
非手术治疗		67	21%	42%	9 970	15 952	19 940
传统手术		418	23%	43%	18 021	28 834	36 042

续表 4-1-8

四位诊断代码及治疗方式	诊断名称	人次	药品比例	材料比例	费用定额控制标准 50%	80%	100%
介入治疗		9	12%	50%	14 955	23 928	29 910
微创手术		68	21%	44%	20 486	32 778	40 973
I05.9	二尖瓣疾病	2	9%	16%	—		
非手术治疗		2	9%	16%	2 572	4 116	5 145
I06.2	风湿性主动脉瓣狭窄伴关闭不全	28	24%	43%	—		
非手术治疗		3	26%	11%	2 928	4 684	5 856
传统手术		25	24%	43%	15 586	24 938	31 173
I07.1	风湿性三尖瓣关闭不全	21	41%	18%	—		
非手术治疗		10	43%	6%	18 108	28 972	36 215
传统手术		6	28%	38%	22 345	35 753	44 691
微创手术		5	45%	16%	58 449	93 518	116 898
I07.2	风湿性三尖瓣狭窄伴关闭不全	4	27%	32%	—		
非手术治疗		1	47%	1%	14 656	23 449	29 311
传统手术		3	23%	39%	19 883	31 812	39 765

（6）根据临床科室对于前四位码显示只有一个名称及部分控制标准有所疑问，及时进行核对及改进。

1）具体疾病细分见表 4-1-9。

表 4-1-9　病种分值表（1）

行标签	主要诊断	人次	人均总收入	药品比	材料比	费用定额控制标准 50%	80%	100%	200%
A02.0	鼠伤寒沙门菌肠炎	1	9 793.24	35.50%	5.63%	4 896.62	7 834.592	9 793.24	19 586.48
	非手术治疗	1	9 793.24	35.50%	5.63%	4 896.62	7 834.592	9 793.24	19 586.48
A04.7	—	1	21 385.89	21.89%	4.57%	10 692.95	17 108.71	21 385.89	42 771.78
A05.2	急性坏死性肠炎	1	123 983.47	18.40%	10.52%	61 991.735	99 186.776	123 983.47	247 966.94
	传统手术	1	123 983.47	18.40%	10.52%	61 991.735	99 186.776	123 983.47	247 966.94

续表 4-1-9

行标签	主要诊断	人次	人均总收入	药品比	材料比	费用定额控制标准			
						50%	80%	100%	200%
A05.2	—	1	123 983.5	18.40%	10.52%	61 991.74	99 186.78	123 983.5	247 966.9
A09.9	结肠炎	6	13 851.273	27.84%	3.03%	6 925.6367	11 081.019	13 851.273	27 702.547
	非手术治疗	6	13 851.273	27.84%	3.03%	6 925.6367	11 081.019	13 851.273	27 702.547
	胃肠炎	3	9 264.82	35.53%	3.81%	4 632.41	7 411.856	9 264.82	18 529.64
	非手术治疗	3	9 264.82	35.53%	3.81%	4 632.41	7 411.856	9 264.82	18 529.64
A09.9	—	9	12 322.46	29.77%	3.23%	6 161.228	9 857.964	12 322.46	24 644.91
A15.0	肺结核，经显微镜	2	8 501.55	20.21%	3.27%	4 250.775	6 801.24	8 501.55	17 003.1
	非手术治疗	2	8 501.55	20.21%	3.27%	4 250.775	6 801.24	8 501.55	17 003.1
	肺结核，痰镜检（+）	4	16 670.523	29.95%	1.06%	8 335.2613	13 336.418	16 670.523	33 341.045
	非手术治疗	4	16 670.523	29.95%	1.06%	8 335.2613	13 336.418	16 670.523	33 341.045
	浸润型肺结核，痰镜检（+）	3	7 786.52	27.67%	3.92%	3 893.26	6 229.216	7 786.52	15 573.04
	非手术治疗	3	7 786.52	27.67%	3.92%	3 893.26	6 229.216	7 786.52	15 573.04
A15.0	—	9	11 893.86	27.90%	2.03%	5 946.931	9 515.089	11 893.86	23 787.72

2）具体疾病细分，但治疗方式汇总见表 4-1-10。

表 4-1-10 病种分值表（2）

说明：将前四位诊断码医院涉及的病名同时列出										
行标签	主要诊断及治疗方式	人次	人均总收入/元	总收入合计/元	药品比	材料比	50%费用/元	80%费用/元	100%费用/元	200%费用/元
A02.0	鼠伤寒沙门菌肠炎	—	—	—	—	—	—	—	—	—
	非手术治疗	1	9793.24	9793.27	35.50%	5.63%	4896.62	7834.592	9793.24	19586.48
A02.0	汇总	1	9793.24	9793.27	35.50%	5.63%	4896.62	7834.592	9793.24	19586.48
A05.2	急性坏死性肠炎	—	—	—	—	—	—	—	—	—
	传统手术	1	123983.5	123983.5	18.40%	10.52%	61991.74	99186.78	123983.5	247966.9
A05.2	汇总	1	123983	123983	18.40%	10.52%	61991.7	99186.8	123983	247967

续表 4-1-10

ICD4	诊断名称	治疗方式	人次	次均住院费用/元						
A09.0	感染性腹泻	—	—	—	—	—	—	—	—	—
	胃肠炎	—	—	—	—	—	—	—	—	—
		非手术治疗	9	12322.5	110902	29.77%	3.23%	6161.23	9857.96	12322.5	24644.9
A09.9	汇总		9	12322.5	110902	29.77%	3.23%	6161.23	9857.96	12322.5	24644.9
A15.2	肺结核，病理（+）	—	—	—	—	—	—	—	—	—
	肺结核，经组织学所证实	—	—	—	—	—	—	—	—	—
	肺结核性肉芽肿，病理（+）	—	—	—	—	—	—	—	—	—
	浸润型肺结核，病理（+）	—	—	—	—	—	—	—	—	—
		非手术治疗	10	12626.89	126258.9	23.57%	6.60%	6312.944	10100.71	12625.89	25251.78
		微创手术	2	60022.93	120045.9	12.03%	51.46%	30011.47	48018.34	60022.93	120045.9
A15.2	汇总		12	20525.4	246305	17.95%	28.46%	10262.7	16420.3	20525.4	41050.8
N93.9	异常的子宫和阴道出血	—	—	—	—	—	—	—	—	—
	异常阴道出血	—	—	—	—	—	—	—	—	—
	异常子宫出血	—	—	—	—	—	—	—	—	—
		非手术治疗	9	5981.93	53837.37	13.58%	3.02%	2990.965	4785.544	5981.93	11963.86
		传统手术	9	5541.92	49877.28	13.31%	5.56%	2770.96	4433.536	5541.92	11083.84
		介入治疗	3	23488.91	70466.73	6.92%	70.21%	11744.46	18791.13	23488.91	46977.82
N93.9	汇总		21	8294.35	174581	10.81%	30.93%	4147.18	6635.48	8294.35	16588.7

3）具体疾病细分，但治疗方式位置与改进发生变化，更加美观（表4-1-11）。

表 4-1-11 病种分值表（3）

ICD4	诊断名称	治疗方式	人次	次均住院费用/元	药比	材料比	50%费用/元	80%费用/元	100%费用/元
A02.0	鼠伤寒沙门菌肠炎	非手术治疗	1	9 793	35.50%	5.63%	4 897	7 835	9 793
A02.0	汇总		1	9 793	35.50%	5.63%	4 897	7 835	9 793
A02.1	沙门菌败血症	非手术治疗	1	29 886	41.44%	4.97%	14 943	23 909	29 886
A02.1	汇总		1	29 886	41.44%	4.97%	14 943	23 909	29 886

续表 4-1-11

ICD4	诊断名称	治疗方式	人次	次均住院费用/元	药比	材料比	50%费用/元	80%费用/元	100%费用/元
A02.9	沙门菌感染	非手术治疗	1	8 910	31.57%	5.81%	4 455	7 128	8 910
A02.9	汇总		1	8 910	31.57%	5.81%	4 455	7 128	8 910
A04.7	艰难梭状芽孢杆菌性小肠结肠炎	非手术治疗	1	21 886	21.89%	4.57%	10 693	17 109	21 886
A04.7	汇总		1	21 886	21.89%	4.57%	10 693	17 109	21 886
A05.2	急性坏死性肠炎	传统手术	1	123 983	18.40%	10.52%	61 992	99 187	123 983
A05.2	汇总		1	123 983	18.40%	10.52%	61 992	99 187	123 983
A08.0	轮状病毒肠炎 轮状病毒性肠炎	非手术治疗	5	3 972	14.63%	5.08%	1 986	3 178	3 972
A08.0	汇总		1	3 972	14.63%	5.08%	1 986	3 178	3 972
A09.0	感染性腹泻 感染性胃肠炎	非手术治疗	1	9 032	37.55%	4.27%	4 516	7 225	9 032
A09.0	汇总		1	9 032	37.55%	4.27%	4 516	7 225	9 032
A09.9	结肠炎 胃肠炎	非手术治疗	9	12 322	29.77%	3.23%	6 161	9 858	12 322
A09.9	汇总		9	12 322	29.77%	3.23%	6 161	9 858	12 322
A15.0	肺结核,经显微镜下痰检查证实,伴有或不伴有痰培养 肺结核,痰镜检（+） 浸润型肺结核,痰镜检（+）	非手术治疗	9	11 894	27.90%	2.03%	5 947	9 515	11 894
A15.0	汇总		9	11 894	27.90%	2.03%	5 947	9 515	11 894
A15.2	肺结核,病理（+） 肺结核,经组织学所证实 肺结核性肉芽肿,病理（+） 浸润型肺结核,病理（+）	非手术治疗	10	12 626	23.57%	6.60%	6 313	10 101	12 626
		微创手术	2	60 023	12.03%	51.46%	30 011	48 018	60 023
A15.2	汇总		12	20 525	17.95%	28.46%	10 263	16 420	20 525

3. 信息化建立分值库

在人工完成基本数据的测算，诊疗方式匹配后，随着信息化技术的发展，引入专门的信息化建设，按照医保管理的要求进行信息化系统建设。

（1）将广东省 ICD-9-CM-3 手术与操作代码与诊疗方式归类匹配编码（图 4-1-3）。

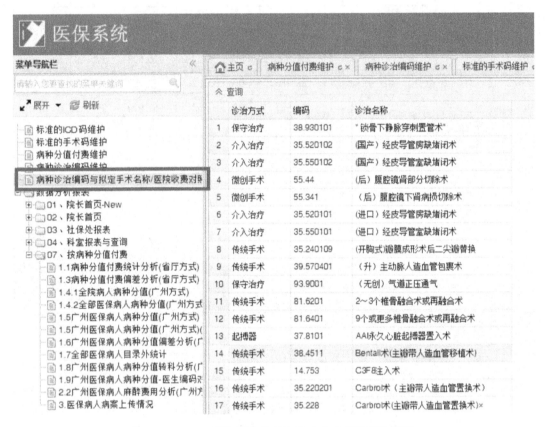

图 4-1-3　手术与操作代码与诊疗方式归类匹配编码

（2）病种分值库维护（图 4-1-4）。

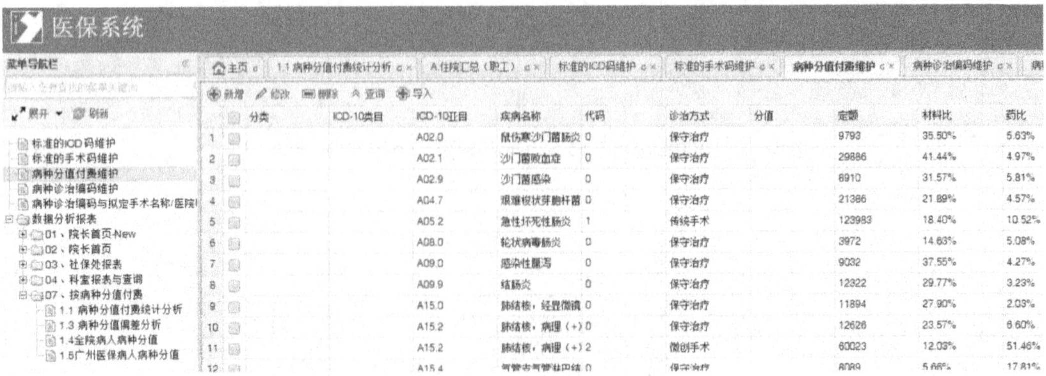

图 4-1-4　病种分值库维护

4. 明确全院、科室的控费目标

（1）全院控费目标。按照医保局按病种分值结算的政策，实行合理结余留用，合理超额分担。医院的支付结算如下：

$$\begin{array}{l}\text{各定点医疗}\\\text{机构按病种}\\\text{分值付费年}\\\text{度统筹基金}\\\text{支付总额}\end{array} = \begin{array}{l}\text{定点医疗}\\\text{机构年度}\\\text{总分值}\end{array} \times \begin{array}{l}\text{全市病种}\\\text{每分值费}\\\text{用（费率）}\end{array} \times \begin{array}{l}\text{当年度定点}\\\text{医疗机构住}\\\text{院实际医疗}\\\text{总费用统筹}\\\text{基金支付率}\end{array} \times \begin{array}{l}\text{年度}\\\text{考核}\\\text{系数}\end{array} - \begin{array}{l}\text{审核}\\\text{扣减}\\\text{金额}\end{array}$$

各定点医疗机构按病种分值付费年度统筹基金预决算支付总额 = 定点医疗机构年度分值 × 全市病种每分值费用 × 当年度定点医疗机构住院实际医疗总费用统筹基金支付率 × 年度考核系数 – 审核扣减金额。年度考核系数确定方法由医保经办机构另行制定。

当年度各定点医疗机构纳入按病种分值付费范围参保人员住院发生的实际记账费用总额在各定点医疗机构按病种分值付费年度统筹基金预决算支付总额 80% 以下的，各定点医疗机构按病种分值付费年度统筹基金决算支付总额等于纳入按病种分值付费范围参保人住院发生的实际记账费用总额减去审核扣减金额。

在 80%～100%（含 80% 和 100%）的，各定点医疗机构按病种分值付费年度统筹基金决算支付总额等于各定点医疗机构按病种分值付费年度统筹基金预决算支付总额。

在 100% 以上的，各定点医疗机构按病种分值付费年度统筹基金决算支付总额 = 各定点医疗机构按病种分值付费年度统筹基金预决算支付总额 + 各定点医疗机构按病种分值付费调节金。各定点医疗机构按病种分值付费调节金按以下规定支付：

当年度各定点医疗机构纳入按病种分值付费范围参保人员住院发生的实际记账费用总额与各定点医疗机构按病种分值付费年度统筹基金预决算支付总额两者之间的差额在各定点医疗机构按病种分值付费年度统筹基金预决算支付总额 10%（含 10%）以内的部分，由全市年度按病种分值付费调节金支出总额按各定点医疗机构前述差额 70% 的标准支付相应调节金费用。

两者差额超过各定点医疗机构按病种分值付费年度统筹基金预决算支付总额 10% 以上的部分，不纳入调节金计算范围。

当全市各定点医疗机构按病种分值付费调节金累计金额大于全市年度按病种分值付费调节金支出总额时，由全市年度按病种分值付费调节金支出总额根据前述计算结果按比例支付。

简而言之：

实际记账费用总额在各定点医疗机构按病种分值付费年度统筹基金预决算支付总额 80% 以下：据实支付，医院无亏无盈。

80%～100%：标准分值支付，100% 支付，是医疗机构最好的费用控制范围（使用率）。

使用率为 100%～110%：10% 以内部分予以一定的补偿（约 70%）。

4）超过110%：超过110%部分不予支付。

图4-1-5为广东省某医院支付方式举例。

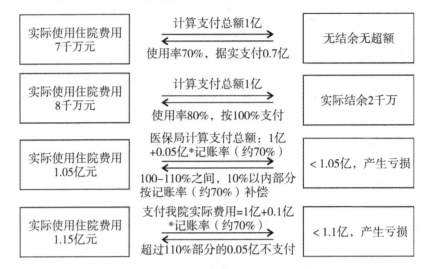

图4-1-5　广东省某医院举例支付方式

因此，医院总体最好的控费目标是80%～100%，可以不超额或有结余留用，原则上不能超过110%。如果医保局的政策没有超额补偿的话，最好控制在100%以内。

医院的控费目标在年初就必须进行医保预算管理。预算管理除了考虑医保政策因素外，还要结合医院的发展情况等综合考虑。当医院处于高速发展时期，医疗水平不断提升，新技术不断使用，疑难病救治水平不断提高，就不可避免地会出现费用上升情况，这时候就必须进行超额的效益分析，尽量避免出现实亏情况。

按照医保局超额10%以内按照70%补偿，结合记账率，假如医院按照3.5%的结余率，预测年医疗收入10 000万元，那么测算的结果显示，当超额8%时就出现真正亏损，因此医院必须尽量避免超额8%的情况（表4-1-12）。

表4-1-12　年超额盈亏分析（按结余率结算）

超额	未补偿超额/万元	医疗总费用/万元	2018年结余率	总结余/万元	差额（总结余－超额）/万元
不超额	0.00	10 000.00	3.50%	350.00	350.00
超额2%	95.00	10 200.00	3.5%	357.00	262.00
超额3%	142.50	10 300.00	3.5%	360.50	218.00
超额4%	190.00	10 400.00	3.5%	364.00	174.00
超额6%	285.00	10 600.00	3.5%	371.00	86.00
超额7%	325.15	10 700.00	3.5%	374.50	49.35
超额8%	380.00	10 700.00	3.5%	374.50	－5.50
超额10%	475.00	11 000.00	3.5%	385.00	－90.00

当医院收入结构较好,结余率达到4.5%时,超额10%刚好处于略有结余的情况,一旦出现超额达到11%,由于10%以上部分不予补充,会导致实际亏损严重(表4-1-13)。

表 4-1-13　年超额盈亏分析 (按结余率结算)

超额	未补偿超额/万元	医疗总费用/万元	2018年结余率	总结余/万元	差额(总结余-超额)/万元
不超额	0	10,000.00	4.50%	450.00	450.00
超额2%	95.00	10,200.00	4.50%	459.00	364.00
超额3%	142.50	10,300.00	4.50%	463.50	321.00
超额4%	190.00	10,400.00	4.50%	468.00	278.00
超额6%	285.00	10,600.00	4.50%	477.00	192.00
超额7%	325.15	10,700.00	4.50%	481.50	156.35
超额8%	380.00	10,800.00	4.50%	486.00	106.00
超额10%	475.00	11,000.00	4.50%	495.00	20.00
超额11%	650.00	11,100.00	4.50%	499.50	-150.50

因此,在进行全院测算时,一定要结合医院的战略定位、收入结构、结余率情况进行全面预算,尽量避免实际亏损出现。

(2) 科室控费。

制作按病种分值付费宣传手册,进行全院、科室的培训。科室培训的内容主要为病种分值付费的基本政策。病种分值付费每例病种的控费目标:按照各地医保局政策不同,单个病例的费用尽量控制在单个病例在医保局支付标准的范围。

例如,某地医保局对于单个病例支付标准:

单个病例计算分值:核心病种和综合病种一样。

住院费用/支付标准费用=实际费用使用率(判断支付标准)

当病种实际使用率在50%~200%时,支付为:50%~100%,按标准分值支付,结余;100%~200%,按标准分值支付,超额。

费用偏差:<50%,实际住院费用/标准费用,据实支付,无盈亏;超过200%:〔(住院实际费用÷该病基准费用)-2+1〕×该病基准分值,亏损一个标准定额。

举例:

1) 费用在50%以下的病例病种分值。

假设参保人因患"急性胃炎"在A医院住院保守治疗,住院总费用为4 000元。A医院的分值计算如下:"急性胃炎保守治疗"病种分值为600分,该病种的同级别次均费用为8 500元,A医院实际医疗总费用为4 000元。该病例在A医院费用<同级别平均费用50%,属于费用偏差病例范围。该病例分值计算:4000(住院实际费用)÷8500(该病基准费用)×600(该病基准分值) =282.35分。远远低于基准分值。

2）标准分值支付。

a. 假设参保人因患"急性胃炎"在 A 医院住院保守治疗，住院总费用 4 500 元。A 医院的分值计算如下："急性胃炎保守治疗"病种分值为 600 分，该病种的同级别次均费用为 8 500 元，A 医院实际医疗总费用为 4 500 元。同级别平均费用50% < 该病例在 A 医院费用 < 同级别平均费用100%，属于标准费用范围。该病例分值计算：等于标准分值 600 分，医保局支付费用 8 500 元，医院结余 4 000 元。

b. 假设参保人因患"急性胃炎"在 A 医院住院保守治疗，住院总费用 10 000 元。A 医院的分值计算如下："急性胃炎保守治疗"病种分值为 600 分，该病种的同级别次均费用为 8 500 元，A 医院实际医疗总费用为 10 000 元。同级别平均费用100% < 该病例在 A 医院费用 < 同级别平均费用200%，属于超标准费用范围。该病例分值计算：等于标准分值 600 分，医保局支付费用 8 500 元，医院超额 1 500 元。

3）费用偏差病例分值计算（超2倍）。

假设参保人因患"急性胃炎"在 A 医院住院保守治疗，住院总费用 20 000 元，A 医院的分值计算如下："急性胃炎保守治疗"病种分值为 600 分，该病种的同级别次均费用为 8 500 元，A 医院实际医疗总费用为 20 000 元。该病例住院费用 > 同级别平均费用 2 倍属于费用偏差病例范围。该病例分值计算：$[(20000 \div 8500 - 2 + 1)] \times 600 = 811.76$ 分，费用超额 135.29%（总 235.29%），分值只增加 211.76 分（35.29%），医保局支付费用 11 500 元，医院超额 8 500 元（超额一个此病种基准费用，超 2 倍按项目结算）。

从以上例子可知，医院最好的费用控制区间是 50% ~ 100%。

（3）病种费用的麻醉费用管理。

麻醉定额管理可以采用：

1）科室平均定额管理。每个科室根据 3 年的历史数据给以平均定额，麻醉科也给以全院的平均定额，麻醉科的定额绩效管理与全院挂钩。当全院超额或结余时，超额或结余部分归麻醉科的绩效考核。当科室的定额超额，并且是由麻醉超额引起的，临床科室不承担麻醉超额的部分，由麻醉科承担。

2）病种定额管理。按照历史数据，给以每个病种设置麻醉定额。麻醉科承担全院所有病种麻醉费用汇总后的费用，超额或结余都由麻醉科承担。科室的病种麻醉费用超额时，超额部分由麻醉科承担，科室不承担麻醉超额部分费用。

（三）信息系统建设

1. 系统维护

（1）标准手术码维护，如图 4-1-6 所示。

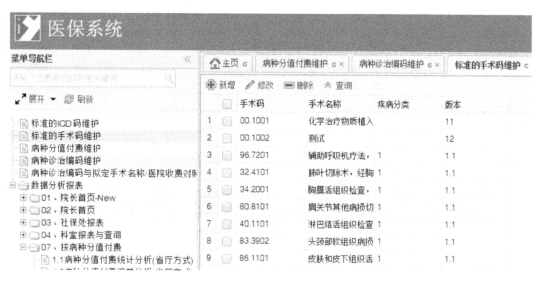

图 4-1-6　标准手术码维护

（2）标准 ICD 编码维护，如图 4-1-7 所示。

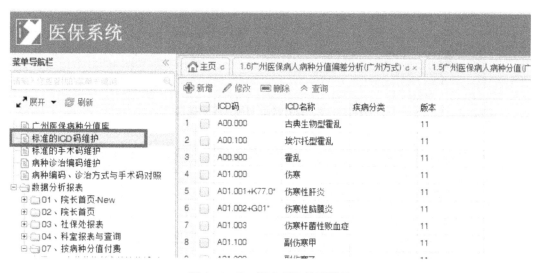

图 4-1-7　标准 ICD 编码维护

（3）病种与手术、诊治方式，如图 4-1-8 所示。
（4）诊疗项目（传统手术、微创手术等）与操作编码关系，如图 4-1-9 所示。
（5）分值库的建立，如图 4-1-10 所示的广州市医保分值库。

图4-1-8 病种与手术、诊治方式

图4-1-9 诊疗项目与操作编码关系

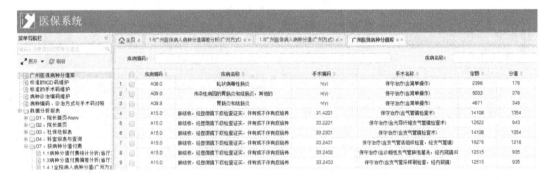

图4-1-10 广州市医保分值库

2. 控费系统

(1) 全院控费系统,如图4-1-11至图4-1-15所示。

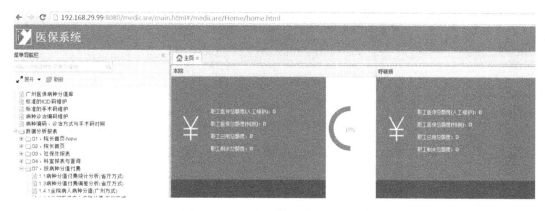

图4-1-11 广州模式病种分析系统

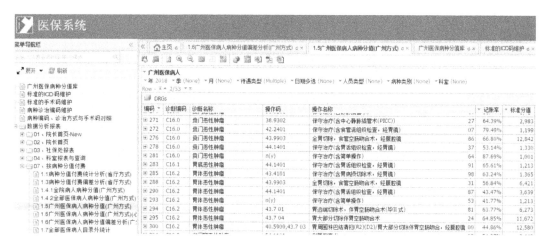

图4-1-12 人力资源与社会保障厅病种分析系统

图4-1-13 按科室（广东省厅模式）

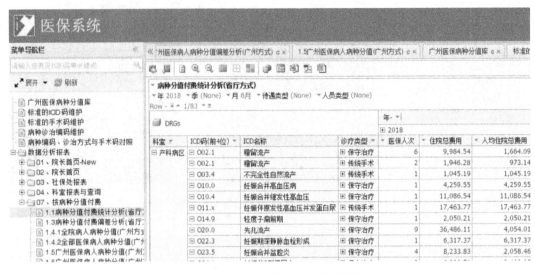

图 4-1-14　按个人（广东省厅模式）

图 4-1-15　按个人（广东省模式）

（2）费用偏差系统，如图 4-1-16 所示。

（3）转科统计，如图 4-1-17 所示。

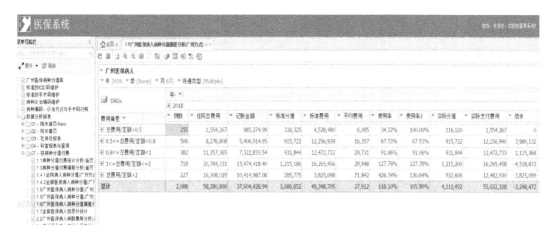

广州医保病人

年 2018 季 (None) 月 6月 待遇类型 (Multiple)

费用偏差	例数	住院总费用	记账金额	标准分值	标准费用	平均费用	使用率	使用率2	实际分值	实际支付费用	结余
总费用/定额<0.5	255	1,554,267	985,274.99	338,325	4,528,480	6,095	34.32%	100.00%	116,120	1,554,267	0
0.5<=总费用/定额<0.8	506	8,276,808	5,406,914.95	915,722	12,256,939	16,357	67.53%	67.53%	915,722	12,256,940	3,980,132
0.8<=总费用/定额<1	382	11,357,365	7,322,833.54	931,844	12,472,732	29,731	91.06%	91.06%	931,844	12,472,733	1,115,368
1<=总费用/定额<=2	718	20,784,331	13,474,418.40	1,215,186	16,265,456	28,948	127.78%	127.78%	1,215,200	16,265,458	-4,518,873
总费用/定额>2	227	16,308,029	10,414,987.06	285,775	3,825,098	71,842	426.34%	130.64%	932,606	12,482,930	-3,825,099
总计	2,088	58,280,800	37,604,428.94	3,686,852	49,348,705	27,912	118.10%	105.90%	4,111,492	55,032,328	-3,248,472

图 4-1-16 费用偏差系统

按科室统计广州医保病人

年 2018 季 (None) 月 6月 待遇类型 (Multiple) 日期多选 (None)

科室	人次	科室费用	记账金额	记账率	标准分值	标准费用	使用率	使用率2	实际分值	实际支付费用	结余
(禁用)骨科病区	0.05	942	509.36	2.76%	70	942	100.00%	100.00%	70	942	0
产科病区	87.00	295,238	101,761.96	34.92%	21,650	289,939	101.83%	117.25%	18,813	251,809	-43,429
东综合三区二组	1.00	5,886	4,236.87	72.18%	601	8,044	73.17%	73.17%	601	8,044	2,158
东综合三区三组	0.00	2,505	1,640.68	0.21%	8	107	2,340.00%	104.84%	179	2,389	-116
儿科重症监护室	3.13	206,778	99,059.91	31.04%	6,687	89,511	231.01%	116.52%	13,259	177,466	-29,312
儿童血液科	10.00	81,879	25,861.86	45.17%	11,751	157,287	52.06%	147.10%	4,158	55,661	-26,217
耳鼻喉病区	57.34	788,104	510,527.95	59.15%	59,368	794,636	99.18%	104.20%	56,504	756,309	-31,796
放疗科	9.61	102,614	69,569.63	64.76%	13,448	180,001	57.01%	82.29%	9,316	124,697	22,083
肺二科	14.00	779,491	307,447.34	39.44%	49,574	663,560	117.47%	108.17%	53,836	720,594	-58,897
肺三科	9.00	107,451	73,157.27	68.08%	11,279	150,969	71.17%	110.05%	7,294	97,637	-9,814
肺四科	29.00	471,297	329,448.45	70.22%	34,084	456,214	103.31%	123.29%	28,560	382,272	-89,025
肺一科	22.00	356,337	213,567.09	59.93%	27,845	372,705	95.61%	107.63%	24,735	331,076	-25,261
风湿免疫科病区	21.62	324,970	225,681.37	64.35%	19,227	257,349	126.28%	112.04%	21,669	290,042	-34,926
妇科病区	104.74	1,502,394	1,061,783.24	69.84%	116,167	1,554,905	96.62%	103.51%	108,442	1,451,496	-50,898
感染科病区	27.48	352,516	216,680.47	52.93%	22,523	301,472	116.93%	112.80%	23,348	312,508	-40,007
关节骨病及创伤科病区	39.00	1,213,286	787,842.72	64.93%	73,124	978,765	123.96%	118.27%	76,642	1,025,859	-187,427

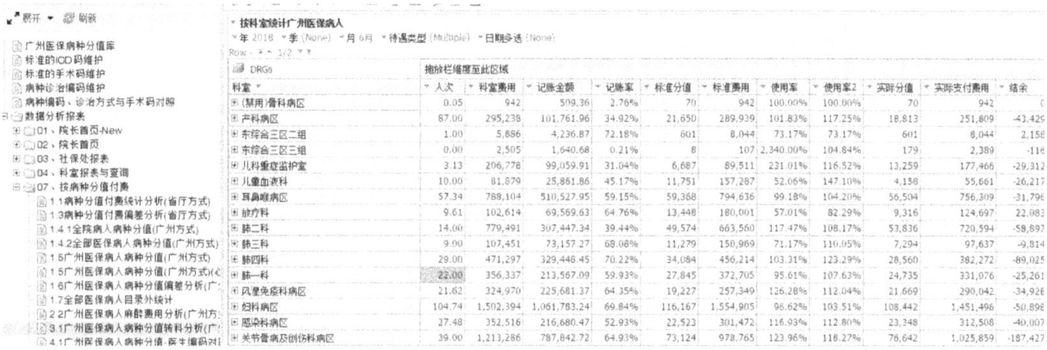

图 4-1-17 转科报表

（4）麻醉费用统计。

1）麻醉病种统计，如表 4-1-14、表 4-1-15 所示。

表4-1-14 麻醉病种科室统计

诊断编码	诊断名称	操作码	操作名称	住院号	例数	住院总费用/元	手术费/元	人均麻醉费/元	麻醉项目/元	麻醉材料/元	麻醉药品/元	麻醉时间/分钟	麻醉费占比	麻醉药占麻醉费
D17.0	头、面和颈部皮肤和皮下组织良性脂肪瘤样肿瘤	86.3.02	面、颈皮肤皮下组织良性病损切除术（伴松解）	P802943	1	11 679.31	5 546.00	4 132.12	2 779.59	6.66	1 345.87	240	35.38%	32.57%
				P356018	1	13 171.28	8 215.50	3 012.55	2 451.00	0.00	561.55	180	22.87%	18.64%
D17.0	头、面和颈部皮肤和皮下组织良性脂肪瘤样肿瘤	83.3902	头颈部软组织病损切除术	P765010	1	12 731.62	1 911.00	3 944.57	2 126.00	0.00	1 818.57	180	30.98%	46.10%
				P775793	1	14 233.71	5 673.00	4 320.54	2 451.00	0.00	1 869.54	180	30.35%	43.27%
				P793773	1	10 563.44	2 077.00	5 512.36	2 247.59	6.66	3 258.11	120	52.18%	59.11%
				P807338	1	18 117.40	5 673.00	4 531.26	2 659.59	6.66	1 865.01	240	25.01%	41.16%
D17.1	躯干皮肤和皮下组织良性脂肪瘤样肿瘤	83.3903	躯干部软组织病损切除术	P783743	1	8 472.81	208.00	3 375.08	1 920.00	0.00	1 455.08	120	39.83%	43.11%
				P786682	1	15 176.68	3 770.00	4 702.72	2 657.00	0.00	2 045.72	240	30.99%	43.50%
D17.2	四肢皮肤和皮下组织良性脂肪瘤样肿瘤	83.3905	下肢软组织病损切除术	P790177	1	16 379.49	12 733.00	1 277.46	775.00	203.50	298.96	120	7.80%	23.40%
D17.9	良性脂肪瘤样肿瘤	86.310	躯干皮肤皮下组织病损切除术（伴松解）	P778272	1	23 974.14	16 337.02	4 370.19	2 572.00	0.00	1 798.19	240	18.23%	41.15%
D18.1	淋巴管瘤，任何部位	40.2914	淋巴管瘤切除术	P734895	1	15 061.77	3 989.02	4 143.71	2 334.59	6.66	1 802.46	240	27.51%	43.50%

表4-1-15 科室病种分值报表

科室	例数	住院总费用/元	麻醉费/元	人均麻醉费/元	麻醉项目/元	麻醉材料/元	麻醉药品/元	麻醉费占比	麻醉药占麻醉费
产科病区	4	44 164.43	6 650.46	1 662.62	4 068.50	1 358.28	1 223.68	15.06%	18.40%
耳鼻喉病区	55	821 292.63	209 880.95	3 816.02	135 475.04	1 771.27	72 634.64	25.55%	34.61%
肺二科	11	744 242.95	93 321.67	8 483.79	41 471.26	16 276.44	35 573.97	12.54%	38.12%
妇科病区	77	1 370 767.65	388 320.59	5 043.12	210 336.36	6 831.80	171 152.43	28.33%	44.08%
关节骨病创伤	27	1 158 098.13	86 545.28	3 205.38	48 467.21	4 779.87	33 298.20	7.47%	38.47%
呼吸内科一区	1	41 243.61	4 945.46	4 945.46	2 863.00	0.00	2 082.46	11.99%	42.11%
脊柱外科	19	1 015 852.60	90 264.60	4 750.77	54 164.69	348.26	35 751.65	8.89%	39.61%
口腔科病区	10	353 516.05	50 622.78	5 062.28	27 835.65	1 478.68	21 308.45	14.32%	42.09%
泌尿外病区	33	753 620.39	143 596.23	4 351.40	80 656.31	2 641.35	60 298.57	19.05%	41.99%
普通外科二区	55	1 180 407.15	226 167.42	4 112.13	132 107.28	2 134.34	91 925.80	19.16%	40.65%
普通外科三区	24	711 417.91	141 989.09	5 916.21	72 757.94	3 158.35	66 072.80	19.96%	46.53%
普通外科一区	50	2 129 084.54	230 277.13	4 605.54	127 729.23	8 657.64	93 890.26	10.82%	40.77%
乳腺二科	16	385 982.71	70 529.38	4 408.09	37 463.00	0.00	33 066.38	18.27%	46.88%

2）麻醉病种明细统计，如图 4-1-24 所示。

表 4-1-16 麻醉病种明细预计

科室	诊断编码	诊断名称	操作码	住院号	麻醉方式	例数	住院总费用/元	手术费/元	麻醉费/元	麻醉时间/分钟	麻醉项目/元	麻醉材料/元	麻醉药品/元	麻醉费占比	麻醉药占麻醉费
产科病区	O34.2	为以前的子宫手术瘢痕给予的孕产妇医疗	54.5903 74.101	P778281	蛛网膜下-硬膜外复合麻醉	1	9 714.76	1 859.00	2 205.26	120	1 184.50	478.50	542.26	22.70%	24.59%
产科病区	O34.2	为以前的子宫手术瘢痕给予的孕产妇医疗	54.5903 74.101	P795559	蛛网膜下-硬膜外复合麻醉	1	8 967.40	1 859.00	1 301.99	120	924.50	203.50	173.99	14.52%	13.36%
产科病区	O34.3	为宫颈机能不全给予的孕产妇医疗	67.5901	P726861	蛛网膜下-硬膜外复合麻醉	1	8 108.50	260.00	1 061.04	120	775.00	203.50	82.54	13.23%	7.78%
产科病区	O	综合病种		P800334	蛛网膜下-硬膜外复合麻醉	1	17 463.77	1 599.00	2 082.17	120	1 184.50	472.78	424.89	11.92%	20.41%
耳鼻咽喉病区	D11.0	腮腺良性肿瘤	04.0401 26.3101	P800065	全身麻醉	1	20 150.63	6 435.97	3 206.93	180	2 451.00	0.00	755.93	15.91%	23.57%
耳鼻咽喉病区	D11.7	大涎腺的良性肿瘤，其他的	26.2903	P803994	全身麻醉	1	14 137.26	5 678.00	3 609.02	120	2 245.00	0.00	1 364.02	25.53%	37.79%

(5) 医师与编码员分值对应统计，如图 4-1-18、表 4-1-17 所示。

图 4-1-18　医师与编码员分值对应统计

（6）绩效管理报表。根据医院的医保绩效管理的方案设置管理报表，主要是以科室为单位，根据科室的盈亏计算绩效。

（7）经济效益管理报表。包括病种的分值、入组、费用明细。按照边际贡献率和结余率每一病种的经济学测算。

（8）病案上传差错核对系统。病历上传医保局后，上传的病历是否出现数据丢失，需要进行核查。核查包括归档病历与医保接收端是否一致，归档病历与医保局的数据是否一致，包括诊断、操作、分值是否一致。可以通过信息系统读取数据进行匹配，然后核对。如果上传数据没有丢失，入组规则一致，那么全部的数据应该完全一样，否则必须进行核对。没有上传后的数据均必须进行核对。保证归档病历与医保端病历的一致性、医院分值与医保局标准分值一致性。上传一致性数据分析如图 4-1-19 所示。原始归档病历、上传病历、医保局返回诊断、操作、分值一致性分析如表 4-1-18 所示。上传不一致数据分析如表 4-1-19 所示。

表4-1-17 医师与编码员分值对应统计对比分析

诊断编码	诊断名称	病种类别	操作名称	操作码	诊断编码(医生)	诊断名称(医生)	操作码(医生)	住院号	例数	住院总费用	标准分值	标准分值(医生)	标准费用(医生)	标准费用	实际分值	实际分值(医生)	编码员与医师分值差	实际支付费用	实际支付费用(医生)	编码员与医师费用的差
A08.0	轮状病毒性肠炎	核心病种	保守治疗(含简单操作)	n(y)	A08.0	轮状病毒性肠炎	n(y)	781931	1	2 154	188	188	2 516	2 516	188	188	0	2 516	2 516	0
A08.0	轮状病毒性肠炎	核心病种	保守治疗(含简单操作)	n(y)	R56.8	惊厥,其他的	n(y)	775500	1	4 887	188	266	3 560	2 516	188	266	-78	2 516	3 560	-1 044
A09.0	传染性病因的胃肠炎和结肠炎,其他的	核心病种	保守治疗(含简单操作)	n(y)	A09.0	传染性病因的胃肠炎和结肠炎,其他的	n(y)	2140	1	25 998	376	376	5 033	5 033	1 566	1 566	0	20 965	20 965	0
A09.9	胃肠炎和结肠炎	核心病种	保守治疗(含简单操作)	n(y)	N04.0	肾病综合征有轻微的肾小球异常	n(y)	742265	1	4 673	538	349	7 201	4 671	349	538	-189	4 671	7 201	-2 530
A15.2	肺结核,经组织学所证实	核心病种	保守治疗(含支气管镜检查术)	33.2301	A	综合病种		723473	1	8 284	1 247	1 301	16 691	17 414	619	619	0	8 284	8 284	0

续表 4-1-17

诊断编码	诊断名称	病种类别	操作名称	操作码	诊断编码(医生)	诊断名称(医生)	操作码(医生)	住院号	例数	住院总费用	标准分值	标准分值(医生)	标准费用	标准费用(医生)	实际分值	实际分值(医生)	编码员与医师分值差	实际支付费用	实际支付费用(医生)	编码员与医师的费用差
A15.2	肺结核,经组织学所证实	核心病种	保守治疗(含肺活组织检查,经气管镜)	33.2701	A15.2	肺结核,经组织学所证实	33.2301	794113	1	15 244	1 301	1 216	17 414	16 276	1 216	1 301	-85	16 276	17 414	-1 138
A15.2	肺结核,经组织学所证实	核心病种	胸腔镜检查(VATS)	34.2101	A15.2	肺结核,经组织学所证实	34.9102	257416	1	77 906	1 216	2 448	16 276	32 766	3 372	4 604	-1 232	45 140	61 630	-16 490
A15.2	肺结核,经组织学所证实	核心病种	胸腔镜检查(VATS)	34.2101	A	综合病种		812320	1	62 809	1 247	2 448	16 691	32 766	2 448	3 445	-997	32 766	46 118	-13 351
A15.6	结核性胸膜炎,经细菌学和组织学所证实	核心病种	保守治疗(含胸腔闭式引流术)	34.0401	A15.6	结核性胸膜炎,经细菌学和组织学所证实	34.0401	795003	1	16 622	1 314	1 314	17 588	17 588	1 314	1 314	0	17 588	17 588	0

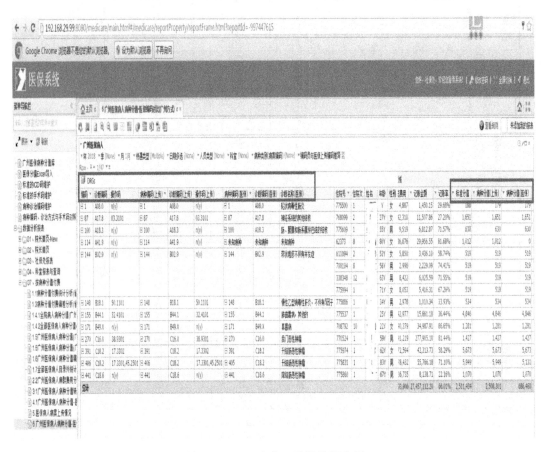

图 4-1-19　上传一致性数据分析

表4-1-18 上传一致性数据分析

编码	诊断编码	操作码	病种编码（上传）	诊断编码（上传）	操作码（上传）	病种编码（医保）	诊断编码（医保）	操作码（医保）	住院号	年龄	例数	住院总费用	标准分值	病种分值（上传）	病种分值（医保）
1	A08.0	n(y)	1	A08.0	n(y)	1	A08.0	n(y)	775500	1Y	1	4 887	188	179	179
87	A17.8	03.3101	87	A17.8	03.3101	87	A17.8	03.3101	768099	27Y	1	42 310	1 651	1 651	1 651
100	A18.3	n(y)	100	A18.3	n(y)	100	A18.3	n(y)	775609	55Y	1	9 519	630	630	630
144	B02.9	n(y)	144	B02.9	n(y)	144	B02.9	n(y)	611094	52Y	1	5 850	519	519	519
144	B02.9	n(y)	144	B02.9	n(y)	144	B02.9	n(y)	700104	56Y	1	2 996	519	519	519
144	B02.9	n(y)	144	B02.9	n(y)	144	B02.9	n(y)	338348	63Y	1	8 422	519	519	519
144	B02.9	n(y)	144	B02.9	n(y)	144	B02.9	n(y)	775994	71Y	1	8 053	519	519	519
148	B18.1	50.1101	148	B18.1	50.1101	148	B18.1	50.1101	775886	34Y	1	2 978	534	534	534
155	B44.1	32.4101	155	B44.1	32.4101	155	B44.1	32.4101	775537	25Y	1	42 977	4 846	4 846	4 846

表 4-1-19　上传不一致数据分析

编码	诊断编码	操作码	病种编码(上传)	诊断编码(上传)	操作码(上传)	病种编码(医保)	诊断编码(医保)	操作码(医保)	住院号	例数	住院总费用	标准分值	病种分值(上传)	病种分值(医保)
406	C18.2	17.3301,45.2501	406	C18.2	17,3301,45.2501	405	C18.2	17.3301,45.2301	775831	1	78 432	5 949	5 949	5 131
533	C20.X	46.2101,48.6302	533	C20.X	46,2101,48.6302	541	C20.X	40.5910,48.6302	688441	1	82 109	5 819	5 819	5 732
541	C20.X	40.5910,48.6302	541	C20.X	40.5910,48.6302	536	C20.X	48.6302,54.5103	770563	1	265 473	5 732	5 732	5 437
601	C22.0	00.3301,92.2706	601	C22.0	00,3101,92.2706	574	C22.0	92.2706	768830	1	90 389	3 456	3 456	2 908
752	C34.1	00.3301	752	C34.1	00,3101	775	C34.1	33.2601	712592	1	27 101	2 308	2 308	1 530
786	C34.1	40.1101	786	C34.1	40,1101	783	C34.1	38.9301	763456	1	83 859	1 530	1 530	1 021
796	C34.1	32.2003,34.9902	796	C34.1	32,2003,34.9902	760	C34.1	32.2003	775017	1	57 388	5 312	5 312	5 312
807	C34.1	32.4103,40.5906,4	807	C34.1	32,4103,40.5906,4	767	C34.1	32.4103	774197	1	110 271	5 871	5 871	5 871
810	C34.1	32.4102,40.5906,4	810	C34.1	32,4102,40.5906,4	767	C34.1	32.4103	771248	1	96 389	5 333	5 333	5 871
867	C34.3	34.2101	867	C34.3	34,2101	80003	C		774284	1	73 973	2 929	2 929	2 672
1023	C50.2	85.4101	1023	C50.2	85,4101	1025	C50.2	85.4501	739256	1	27 303	2 201	2 201	2 224
1027	C50.2	85.2102,85.4301	1027	C50.2	85,1101,85.4301	1026	C50.2	85.1101,85.4301	774938	1	31 377	2 780	2 780	2 764
1044	C50.4	85.3401	1044	C50.4	85.3401	1040	C50.4	85.25102	773339	1	35 648	2 100	2 100	1 786
1045	C50.4	85.4101	1045	C50.4	85,4101	1047	C50.4	85.4501	749781	1	15 566	2 201	2 201	2 224
1079	C50.8	85.4101	1079	C50.8	85,4101	1076	C50.8	85.2201	775150	1	43 268	2 201	2 201	1 903
1083	C50.8	n(y)	1083	C50.8	n(y)	80003	C		407778	1	26 414	1 001	1 001	2 672
1101	C50.9	85.4301	1101	C50.9	85,4301	1103	C50.9	85.4501	564440	1	27 130	2 416	2 416	2 224

3. 医师工作站

由于按病种分值付费政策复杂，无法记住 1 万多种病种组合，需要给医师简单、明了、可操作性的指引，特别是每一病种不同组合的支付费用、费用使用率，最好的方法就是在医师工作站提供提醒功能。入院时病种分值显示是按照主要诊断保守治疗的分值，当进行操作、手术，系统会根据分值库智能匹配新的诊断组合，显示对应新的分值和费用。

（1）提醒功能。当医生点击病种诊断，系统会弹出该诊断病种组合的标准分值和费用（图 4-1-20）。

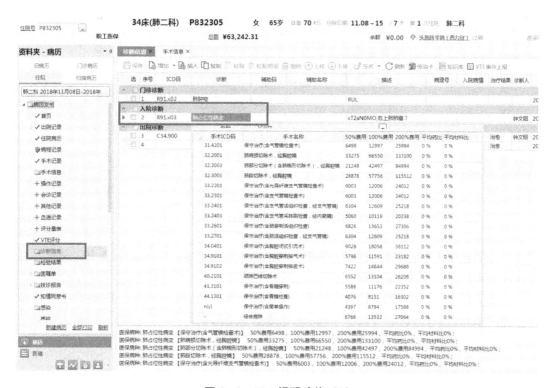

图 4-1-20　提醒功能（1）

当医生需要了解其他诊断的病种分值时，只要在系统新增疾病诊断名称，然后点击新的诊断，即可显示新诊断的对应分值（图 4-1-21）。

当医生需要查询目前诊断与诊疗操作对应的病种病种费用时，只要点击医保病种，即可显示目前实际的诊断与诊疗方式组合的具体费用（图 4-1-22）。

（2）科室报表。科室应及时了解病种分值付费的运行情况，做好科室的费用控制。科室可以在 HIS 系统查询本科室出院病人的统计报表，包括汇总、明细、科室整体医保费用运行情况、预测超额结余情况，合理控制医保费用增长（图 4-1-23，图 4-1-24）。

科室汇总报表（图 4-1-25）包括截至统计当日科室收治所有医保病人，科室收治病人数、平均费用、使用率、超额结余情况，及药品、材料、检验检查明细费用等。

图 4-1-21　提醒功能（2）

科室明细报表统计本科室收治的病种及个病种的使用率、超额结余情况、药比、材料比等明细情况（图 4-1-26）。

详细提供本科室收治医保病人的明细，包括诊断、操作、入组、住院费用、使用率、超额结余、平均费用、药比、材料比等情况，使科室能详细了解每一例病人的费用情况。

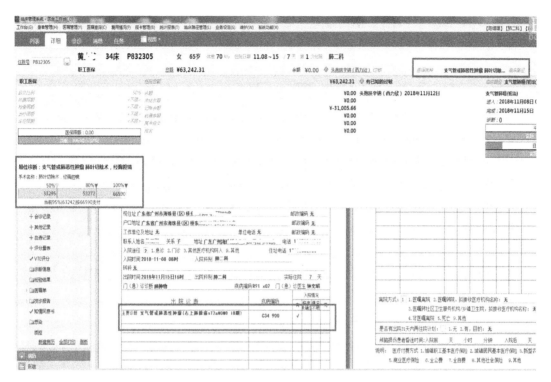

图4-1-22 提醒功能（3）

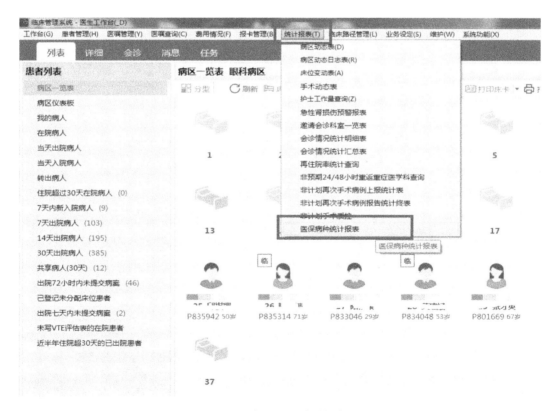

图4-1-23 医师工作站统计报表查询入口

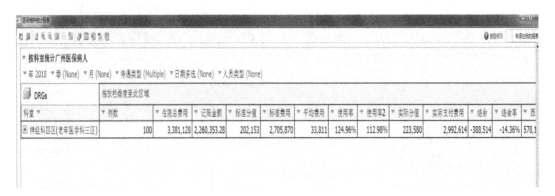

图4-1-24 科室汇总报表

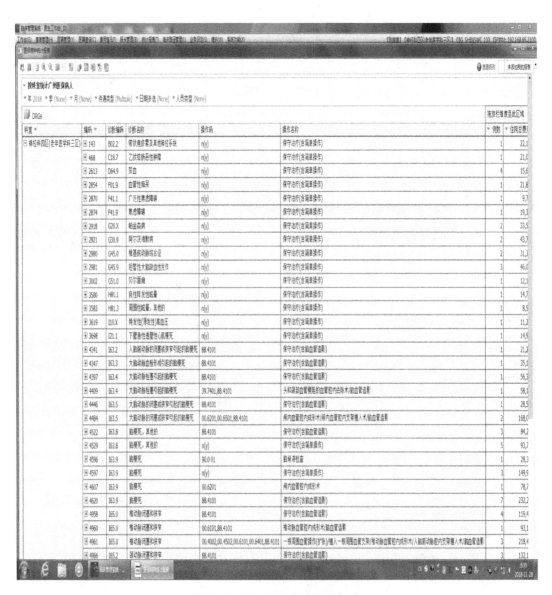

图4-1-25 科室病种汇总报表

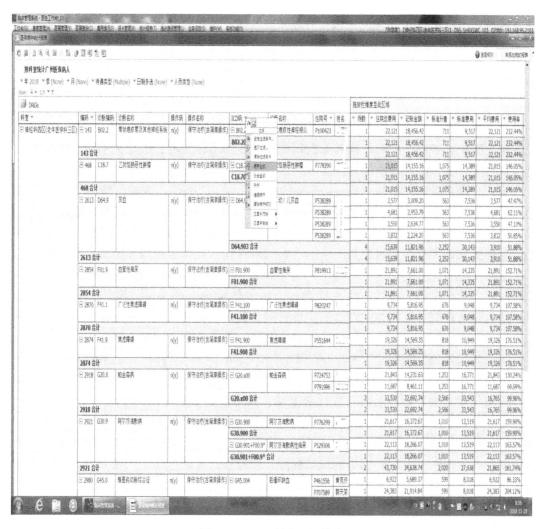

图4-1-26 科室明细报表

（陈维雄）

第二节 医院医疗管理优化策略

一、医保支付方式改革的新形势

（一）国际和国内医保支付方式的变革

医疗是成本昂贵的消费品。为了让基本医疗成为国民都可以消费的必需品，人类的进步成果之一是第三方付费，这是人类的巨大进步。随着社会和经济的不断发展，国际医保支付方式的变革主要经历了三个主要阶段。

第一阶段是数量付费法（fee for service，FFS）。这种付费方法主要参考人头、人次、床日和项目来制定支付标准，重点只关注医疗的数量，相对忽略医生劳动在责任和风险方面的差异，医疗机构更多地以增加医生和床位来吸引各类病人，激励了医疗机构的数量发展。最终，大批医疗机构及其相关企业利用这个机会得到飞跃式发展，超大型医院由此而来，带动了医疗、医药和医用耗材产业的迅猛发展，医疗费用增长率大大超过经济发展速度和国民增收的速度。

第二阶段是质量付费法（diagnosis related groups，DRGs）。这种付费方法是根据住院病人的病情严重程度、治疗方法的复杂程度、诊疗的资源消耗（成本）程度以及合并症、并发症、年龄、住院转归等因素，确定价格、收费、医保支付标准。其意义在于：①确诊和归类分组的过程是医生达成共识的过程，也是医疗服务定价要约的形成过程。②研究分组发生的费用和时间，经过全样本的大数据分析找到正态分布的中价后，承认医生的共同价值，包括医生在同类诊断的近似情况下的手术方案和用药用材的选择，这就是医疗服务及其相关耗材的定价过程。质量付费法大大提高了医生的价值，使医疗机构能主动控制成本，改善为病人和社会提供的医疗服务质量水平。

第三阶段即价值付费法（hospital value-based purchasing，VBP）。这种付费方法是在质量付费法的基础上，更加关注病人体验和疗效。2010年以后，在美国奥巴马医改期间，价值付费方法开始进入第三方付费范畴，其主要是由医疗机构质量、医生组质量、医院绩效和病人疗效评估四个维度构成，其中最具有创新意义的是疗效评估。从此，病人体验和疗效成为医疗定价依据，这是社会的巨大进步。价值付费法仍需取决于医保人学习能力与治理精神、医疗行为的规范程度，以及医疗大数据的运用效果等，才能更好地发挥使用。

国内医保支付变革是在1998年城镇职工基本医疗保险制度建立不久，原劳动保障部就会同有关部门印发了文件，对医保结算办法作了规定，一直使用的是数量付费法。新医改开始后，人力资源社会保障部等部门相继印发文件，要求各地积极探索并不断完善医保支付方式。支付方式改革的推进，既要提高医保基金使用效率、控制医疗费用不合理上涨、增强医疗机构成本意识，也要在一定程度上发挥对医疗服务市场调控作用，有力促进和支持了医药卫生事业的健康发展。2017年，国务院办公厅发布了《关于进一步深化基本医疗保险支付方式改革的指导意见》，文中指出全面推行以按病种付费为主的多元复合式医保支付方式，到2020年全国按项目付费占比明显下降。这是今后一段时期深化基本医疗保险支付方式改革的纲领性文件。

国内医保的发展阶段也已经从最初的建制度、扩数量转移到提质量的阶段，在这个时代背景下，实施按病种分值付费将是提高医疗质量的一个重要体现。

（二）按病种分值付费的优点

按病种分值付费是主要通过主诊断、手术操作进行病人分组，结合各个疾病种类所消耗的医疗成本，给各个病种设定对应的分值，各个医疗机构结合出院病患累计分值和医保经办机构根据预算标准而得出医疗费用结算成本。按病种分值付费是在医保统筹基金支付总额预算内，根据各病种与基准病种次均医疗费用之间的比例关系确定相应分值，年终时根据医院总分值作为费用偿付结算依据的医保付费方式。其基本原则是：总额控制、病种赋值、月预结算、年度清算。

这种付费方法体现了以下优点：①有利于加强医疗机构合理控费的动力。按病种分值付费实行同一病种同一价格，体现了对合理医疗行为的激励和对不合理医疗行为的扼制，医院降低成本，得到的医疗费用补偿相对就多，反之则少，可促使医疗机构从自身利益上控制成本，合理施治。②有助于医疗机构之间进行相互监督。医保局事先公开各个病种的分值，有些医疗机构意图通过分段或者诊断升级等手段增加分值，很容易被发现，高套分值的做法在总量控制下最终将会影响其他医院的利益，引起同行的不满；再加上医保局对于高套分值的处罚力度非常大，所以几乎避免了医疗机构这种作弊行为。③有利于降低参保人员整体医疗费用。考核指标中加入住院实际报销比例，使得医院在诊疗中主动使用医保目录内的药品和服务项目，减少了自费项目使用。④有利于提升医院的病历书写、病案管理和诊断编码等质量管理水平，规范病案信息上传，增强医院自主管理意识；总额控制下的按病种分值付费政策，病种分值确定的同时，也明确了各病种之间的费用比例关系，模糊了病种定额，一个分值多少钱，医疗机构无从事先掌握，有利于宏观调控和形成医疗费用分担机制。

（三）病种分值点数法付费与按疾病诊断相关分组（DRGs）付费的区别

国内目前逐渐开展的两种主流付费方式为病种分值点数法付费和DRGs付费。对比这两种支付方式，按病种分值点数法付费仅通过主诊断、手术操作进行病人分组，而DRGs付费则是根据病人的年龄、性别、住院天数、临床诊断、病症、手术、疾病严重程度、合并症与并发症及转归等因素把病人分组。客观上看，DRGs更公正，入组率更高，更能体现按病种分值付费的精髓；而点数法入组率低，只考虑主诊断不够客观。但DRGs在实际实施中遇到几大问题：①技术上的复杂性，如分组、权重确定、高低异常边界的确定等关键技术的确定。②地区之间的差异性，特别是不同地区诊疗规范、治疗方法的差异。③DRGs的基础条件，如临床规范、医院管理、信息系统等方面都有待完善。反观点数法更容易落地，其保证医保基金不亏损的前提下，可根据当地医保基金调整点数单价，与DRGS相比技术研发和管理相对简单，容易推广，且当前医保机构管理能力可以支撑。

但从长远来看，病种分值点数法付费由于判断方式不够客观，并未考虑并发症、年龄等因素，不会成为永久的付费方式。随着诊疗的规范，医疗技术的发展，病种分值点数法付费会逐步转为DRGs控费。但是，无论医改采用哪种方式，医院的本质还是诊病治病、促进健康，医院势必都需要适应社会形势发展采取相应的措施，只有不断采用更为精细化的管理理念，才能立于不败之地。

二、医疗管理优化策略

为适应新的病种分值付费医保支付方式，医疗机构可以从加强学科建设、优化内部管理等各方面着力，不断增长医院能力和质量内涵，探索医院医疗管理的进一步优化管理策略。

(一) 加强学科建设,不断提升疑难重症的诊治能力

2017年10月18日,习近平总书记在十九大报告中明确指出,开始全面实施健康中国战略。中国已经进入新时代,在"健康中国"战略的指引下,医疗机构是实施"健康中国战略"的重要力量之一。如何快速在"一带一路"战略、高水平医院建设中,按照临床医疗技术、科学研究、人才培养三要素搭建一流学科,新时期下医院的建设与发展将迎来新的机遇与挑战。只有加强学科建设,提升疑难重症诊治能力,才能助力健康中国战略实施成为医疗机构的新主题新方向。医院学科建设主要包含以下三个方面:

1. 鼓励技术创新,提升核心竞争力

学科地位和影响与医疗技术发展水平息息相关,要想拥有领先技术、特色技术就要拥有占领技术创新高地的基础。发展是第一要务,人才是第一资源,创新是第一动力。近几年,我国医疗技术发展迅速,我国医疗水平已处于世界领先水平,即便是最难攻克的疾病也在治疗方法、生活质量提高上有所进步。目前,我国居民人均寿命已基本达76岁,这些都离不开医疗技术水平的提高。因此,鼓励技术创新、不断提高技术水平,才能有效提升医院核心竞争力,医疗机构应始终把医疗技术创新放在重要位置。

在技术创新的过程中牢牢把握"四个坚持",即"坚持技术创新,坚持临床转化,坚持服务临床,坚持急危重症体系建设"。坚持技术创新,实现医疗技术的突破、不断攻克复杂性疾病的堡垒,才能提高医院核心竞争力,扩大医院影响力;坚持临床转化,及时把生物医学基础研究知识成果转化为临床疾病诊治实用技术及公共卫生预防技术,根本上转变基础与临床研究之间的脱节状况,不断缩短研究周期,促进科研成果的转化应用;坚持服务临床,树立"一切为临床,为一切临床,为临床一切"的服务理念,提高临床服务能力和影响力;坚持危急重症急救体系建设,要打造好院前-急诊-住院"一体化"危急重症救治体系,健全完善包括内科ICU、心内科ICU、神经科ICU、外科ICU在内的全面现代化ICU体系,建设"以重症为中心的"的专科护理体系,形成医护协同的护理专科。

2. 重视科学研究与临床科研大平台建设

在医疗、教学、科研融合不断深化和新科技革命影响快速渗透的背景下,医疗、教学、科研融合项目的核心竞争力越来越体现在集成化大平台建设上,这已成为医院下一步发展的关键性战略问题。要紧紧抓住当前发展趋势,瞄准产业链、创新链目标,这之中开放化、集成化、创新化是关键,数字化、智能化是基础。

(1) 开展精准医学相关研究,加强大平台组织、机制建设与统筹管理。精准医疗是当前全球医学科技发展的最前沿,也是我国医疗健康体系建设中亟待研究和突破的领域。成立精准医学相关研究工作机制,应该坚持开放、竞争、协同、创新的发展原则,建立基础研究与临床应用的互动转化机制,建设涵盖多中心、开展高水平科学研究、培养优秀科技人才、服务区域社会经济发展的大平台。深入实施创新驱动发展战略,建设知识产权"强国",必须创造大规模高水平的关键核心知识产权,将知识产权转化为现实生产力。

(2) 坚持临床研究与基础研究并重的发展思路,促进二者有机衔接。在过去的15年到20年,我国对医学科学领域的政府资金支持可以表述为"重基础、轻临床"。直到

2017年7月，科技部、卫生与计划生育委员会、军委后勤保障部和食品药品监督管理总局制定并印发了《国家临床医学研究中心五年（2017—2021年）发展规划》《国家临床医学研究中心管理办法（2017年修订）》和《国家临床医学研究中心运行绩效评估方案（试行）》3份文件，并提出了未来5年建设发展的短期目标和实施路径，这是临床研究体系建设顶层设计的重要成果。

基础与临床是一个有机的整体，科研工作要实现基础与临床的优势互补，使临床资源充分发挥巨大能量，在学科交叉的基础上实现资源共享，让数据来源于临床、将科学研究转化服务于临床；要以创新的观点来发展合作，开拓创新型管理模式，建立基础临床科研基金和组织机构，使科研合作能真正落到实处，实现互惠互利双赢的局面。医院拥有丰富的临床资源宝库，临床医师应培养敏锐的科研思维，从临床中发现问题、挖掘临床资源，利用基础医学院的优势，共同开展临床研究，并积极转化科研成果，提高临床诊治能力，服务于临床，最终达到临床与科研共同进步。

3. 加强人才培育

国以才兴，政以才立，业以才广。人才是关系一个国家，一个民族兴衰的根本。完善人才培养机制，改进人才评价机制，创新人才流动机制，健全人才激励机制，是医院持续发展的基础保障。医院在新时期更应该加强人才队伍能力建设，调整人才结构，加大高层次人才引进培养力度，紧紧抓好人才培养、吸引和使用三个环节，在各学科专业分布、结构比例、数量上，完成改善人才队伍结构的预期目标。

（1）完善人才培养体系，打造人才高地。要立足医院战略部署，提出中长期的人才队伍建设方案与核心人才计划，为员工建立职业发展规划，通过系统的引进、培训、竞聘、轮岗、导师制等方式，进一步促进人才的成长，促进人才队伍的建设与素质提升。要有计划地设计搭建人才梯队，并对人才的发展指明方向、给出路径、提供必要的技术和资源的支持，并提供学习成长的机会，以达到不断对人才培育与牵引提升的目的。

（2）建立完善人才引育激励政策。医院要以重点学科、优势学科、创新学科为依托，以学科带头人为核心，围绕重大项目凝聚学术队伍的人才组织模式，不断加强科学研究领军型人才的培养，加快领先学科建设，建立专科化区域医疗服务中心，为医院改革与发展提供有力的科技支撑。实行更加科学、更加积极、更加开放、更加有效的人才引进政策，发挥学科和大平台影响力"以才引才"。同时建立一套科学有效的引人、用人激励机制，充分调动全院各位员工的工作积极性。

（二）优化医院内部医疗管理，不断适应医改新政策

随着我国医疗卫生事业的不断改革及发展，按病种分值付费医保支付方式的推行也对医院医疗管理工作提出了新的要求和前所未有的挑战。医疗管理作为医院进行各项活动的基础保障，是维持公立医院正常运转的必要条件，贯穿于医院运营管理的全过程中。

（1）医院一定要把积极响应病种分值付费政策，不断适应医疗改革发展作为发展目标。要积极发展优势学科，加强重点学科建设，这是医院提高医疗、教学、科研水平的必要工作，也是更好地提升医院核心竞争力和影响力的有效途径。要不断持续优化医院收治病种的结构，紧紧跟随病种分值付费政策，借助绩效改革手段，持续优化病种收治和诊疗情况，提高疑难重症收治率，提高医疗诊疗质量，提高诊疗效率，并降低病人负担。要合理控制医疗成本，公立医院在发展建设中处于领先优势地位，不仅要提高医疗质量，还要降低病人医疗负担，将医院医疗成本控制在合理范围内，因此相应医改政策的另一个关键手段是要不断优化医院运营成本。

（2）医院要坚持无论任何医疗管理手段，都应该坚持以"救死扶伤，服务病人"为根本宗旨。救死扶伤，实行革命的人道主义，以病人为中心，全心全意为人民服务，多讲奉献，多尽责任是医务人员应具备的职业道德。"以病人为中心"是医院工作的根本宗旨，是医疗行业应遵循的基本指导原则，也是卫生系统精神文明建设的具体体现。只有深刻理解"以病人为中心"的内涵，才能坚持把病人放到第一和最高的地位，树立全心全意为病人服务的思想，做到想病人所想，急病人所急，帮病人所需，一切为了病人，为了病人一切。

（3）医院要明确以深化病种结构优化建设为中心，逐步下沉管理维度，完善精细化管理为管理方向。要加强思想层面建设，优化管理思路，医院主管领导要亲自主抓，聚焦病种转型；出台激励政策，定制科室转型奖励，配合绩效改革，向职称、编制、聘任方向倾斜，并通报表扬优秀科室及个人；要优化临床路径，适应分值付费要求，制定和完善对应临床路径；深化落实目标责任管理，进行主任负责制，对每一个病种设置目标值并纳入月度考核；加强信息化建设，协调多科室联动管理，对病种的采集口径、采集编码范围、采集科室等进行严格的审核把关，且经过主管部门与临床科室的确认后做成病种信息分析与查阅的报表。

（4）医院要在适应新医保付费制度，加强医务管理，引入财务管理思维方面不断探寻新方式、新方法。一方面，要规范医疗行为、优化医疗流程，提高医疗质量。医院的核心是医疗质量、病人安全、医护安全。医疗质量体现了医院综合实力和各项工作水平，是评价医院整体水平的重要指标。随着医疗卫生体制改革的不断深入，医院也将面临日趋激烈的医疗市场竞争，医疗质量作为医疗市场竞争的核心，已成为医院的可持续发展能力的重要影响因素。医院应该意识到当前医疗质量管理面临的严峻形势，采取切实有效的措施和策略，对公立医院全面医疗质量管理体系进行探索，才能使自己在医疗改革形势下立于不败之地。优质的医疗质量是产生良好社会效益和经济效益的重要保障。为保证医院在医疗市场竞争中可持续、和谐发展，医院应重视全流程医疗质量控制方案，以求正确有效地实施医疗质量管理制度。因此，规范医疗行为，增强对医疗费用、服务行为的监管，提高医疗质量，强化全院医生、护士、行政后勤等各部门的安全意识，保障医疗安全，构建和谐医患关系，是医院最重要的任务。同时，随着社会经济环境的不断变革，医院与医院之间竞争也日益加剧，当前医院之间的竞争不再是"唯技术论"，而是如何更加经济更加有效地提供医疗服务，医疗效率已成为医院除设备和医疗技术以外最主要的竞争策略之一。医院也越来越深刻地意识到医疗流程的优化及流程再造的必要性，利用现代化的技术手段和理念来促进医疗流程的优化及流程再造，从而极大地提高医院的诊疗质量和病人满意度，吸引更多的病人前来，打造医院品牌。另一方面，要引入"控制医疗成本"的概念。医疗服务成本控制是指使用一定的方法对医疗服务活动过程中所形成医疗服务产品成本的一切耗费，进行科学严格的计算、限制和监督，将各项实际耗费中预先确定在预算、计划或标准的范围内，并通过分析造成实际脱离计划或标准的原因，积极采取措施，以实现全面降低成本目标的一种管理行为。比如对术中耗材使用的规范和控制，对术后用药占总费用的比例的监控等。

总之，在目前的医改大政策环境和医疗市场竞争体制下，如何切实减轻病人的负担还是一项政府主导下的系统社会工程。但对医院来说，只有在管理上持续的不断完善和发展，切实不断提高医院的技术和质量内涵建设，使各种医疗行为有法可依、有章可循，实现诊疗规范管理，同时在降低病人费用、减轻病人负担方面还是有文章可以大有可为的。

（5）基于医院为适应医保付费制度而设立的目标、宗旨、管理方向和新方式方法，要不断持续改进的规划方针，在跨越各管理部门协同解决问题、共同优化发展的理念下，在优化医疗管理、深化病种建设的方向上，医院应该不断进行探索和尝试。

1）要明确各职能部门职责，建立多部门联动机制。

新形势下医保精细化管理至少面临以下三大问题：一是医疗临床诊断不是标准的ICD码，医生并不知道该病人属于哪个病种、病种分值、病种定额、是否超额等情况；二是医保局年终才会给出分值单价，医院医保部门并未有数据全局统筹；三是目前判断病种方式主要是根据病案首页，而病案首页质量存在参差不齐。所有按病种分值付费政策并不仅仅是医保部门一家之事，需要综合协调医院多部门共协作，共同提出应对策略，落实好各部门职责，才能保证工作顺利开展。

其中，医保管理部门要理解掌握并积极宣传按病种分值付费政策，严格执行医保政策，维护参保人员和医院的利益；加强与临床一线人员的沟通指导，对各项运行指标进行动态监管，以保证新政策下控费工作的顺利执行；做好医保局与医院沟通的桥梁，负责与省、市医保局联系沟通，及时反馈新政策在院内的执行情况与面临问题。

病案管理部门要严格按照国际疾病分类编码 ICD-10（国标版），手术操作分类与代码 ICD-9-CM3 字典库（广东省版）进行编码；提高临床医生病案书写质量，落实病案书写质量奖惩制度，以点带面地提高整个医院的病案质量；并定期统一培训全院住院医师，特别是新入职的医师，对编码理论知识进行考核，并对考核结果进行汇总分析，对薄弱环节进行再培训。

财务部门要做好成本核算，做好有助于加强医院医疗项目和病种的成本管理的核算。随着按病种分值付费政策的实施，要对医疗项目进行成本核算和对单病种进行成本核算。另外，要通过科学的方法进行绩效管理，只有不断改善组织氛围，优化作业环境，持续激励员工，才能提高组织绩效。

医务及质量管理部门要对各临床科室收治病种的疾病诊断名称进行标准化管理，推进医院临床标准化诊断工作；优化医疗流程，实行流程化管理，降低医院的医疗成本，缩短病人就医时间，实现医院的高效高质服务；加速临床路径建设，加强科室临床路径管理，提高病种覆盖率，建立临床路径质控考评方案促进实施，有助于提高医疗质量、加强成本管理、减少医疗纠纷；加强医疗质量控制，保障病人医疗安全，强化医务人员的医疗质量安全意识，规范诊疗行为，推进科室质量管理小组长期有效地开展各项医疗质量管理工作。

药事管理部门要遵循合理用药原则,对合理用药知识进行普及和强化。推进临床药师在临床治疗实践中的药学服务工作,以便更深入、更广泛地发挥临床药师在临床用药中的作用,提升医院合理用药水平;严控药占比,通过考核药占比来控制不合理的药费增长,进而减少病人的医疗费用负担。

医疗设备管理部门要通过加强对医用高值耗材的规范化管理,达到降低耗占比,降低耗材使用的风险和降低病人人均费用。高值医用耗材的循证管理,要借助卫生技术评估等先进工具进行论证,从源头上由意识准入管理向实际准入管理转变。

信息管理部门要充分利用信息化建设开展大数据分析,针对按病种分值付费政策,采用事前预测定出医院标准值、事中提醒、事后分析等信息化建设环节,为临床更合理控费提供有力的手段。

在联动多部门协作过程中,医院领导高度重视、作为"一把手"主抓工作是关键,同时,可以成立完善社会保险医疗服务管理相关委员会,定期召开工作会议,追踪事宜的落实情况并做记录,健全科室医保管理小组并指定医保专管员,层层落实责任,保障工作实施到位。

2)加强政策和业务学习,进一步规范医疗行为。

医保部门须主动学习病案编码,提升专业素养,为病种分值付费工作的开展打下坚实的基础。同时,积极宣教培训,以科室为单位进行按病种分值付费医保业务的全员培训,以便全院职工能充分掌握按病种分值付费政策的运行模式。通过培训,调动全体员工主动参与医保管理的积极性,全员对按病种分值付费模式全面、系统地掌握,将有利于我们用好医保政策,合理、合规、合法地做好诊疗工作,提高医保管控水平,为今后更好地服务参保病人打下坚实基础。

在病种分值付费的支付方式下,医生合理的诊疗行为尤为重要,而管理部门对医生诊疗行为的监控指导,能够进一步合理控制药品、材料等直接成本。具体做法包括:一是将医保政策嵌入信息系统,智能审核部分诊疗行为如用药限制、报销范围,可降低临床医生执业风险,减轻临床工作负担,提高医保服务质量,同时也减轻参保病人的经济负担,达到医保、医院、病人三方共赢;二是对挂号、收费等各个环节进行审核,及时反馈给操作员;三是引入合理用药系统,在医生开立处方时分析并给予提醒,药师审核处方时提示风险,推荐最优搭配,帮助医生合理用药;四是对违规现象进行提醒,相关职能管理部门在线查看违规医疗行为现象,及时干预、纠正,围堵缺漏,从而提升医疗质量,降低医疗风险。

3)加强临床路径建设工作,保证和提高医疗质量。

临床路径的发展与支付制度改革密切相关,支付制度的变革促使医疗机构推行临床路径以改善内部管理,而临床路径的实施既保障了医院能够在新的政策环境下保持受益,又保证了治疗效果,从而有效地缓冲了政策变革带来的震荡。

临床路径作为一项现代化医疗管理形式,通过开展临床路径工作,可以有效规范就诊行为,提升医院整体工作效率。医院应该根据自身真实情况,合理选择技术病种,规范设定病种临床路径,加大单病种管理力度。不断加大临床路径管理覆盖面。

可以结合医院实际情况，在充分研判近三年各临床科室出院病人病种情况的基础上，以常见病、多发病为重点，优先将各临床科室出院人次排名靠前的病种纳入临床路径管理。提升临床路径入组率和完成率。将实施临床路径的病种完整嵌入到医院电子病历系统，建立临床路径管理信息化平台，确保每个操作环节、路径步骤完整准确，减轻医务人员工作负担，提高工作效率。对确需在诊疗过程中发生变异或退出临床路径的病例，临床科室主任应主动向医疗机构医务管理部门报备后方可实施。建立健全临床路径考核管理机制。充分发挥临床路径作为医疗质量控制与管理工具的作用，将临床路径管理目标任务分解到各临床科室，与医务人员绩效考核、评先评优及职称申报相挂钩，严格奖惩。

与此同时，提高医疗质量始终是病种分值付费方式的关键和目标。按病种分值付费的核心是总量控制下的按病种分值不同权重占比的付费。诊疗高分值的病种越多，该定点医院的病种总分值的权重越高，该定点医院被分配到的金额也越多，从而促进医院间的良性竞争，不断加强医疗技术力量，提升医疗服务质量。加强医疗安全管理，减少重大医疗事件发生。加强医疗服务过程中重点科室、重点环节、重点人员、重点时段的质量控制，强化日常检查与监督，落实奖惩机制。

提升医疗服务质量，改善病人就医体验。加大医务人员的培训，全面提升医疗服务水平，坚持以病人为中心的服务理念，强化医务人员的服务意识，加强医患沟通，构建和谐医患关系。加强医疗能力建设，提高疑难危重症救治水平。开展规范化的急危重症救治的培训与交流，加速建立院前救治与医院之间的信息交换机制，完善急危重症救治多学科协作诊疗模式，规范急危重症救治的各个环节，提高重症病人的救治和护理水平。鼓励医疗技术创新，增强医院核心竞争力。医疗技术创新是医院今后可持续发展的重要保障。结合数字医疗、生物科室、医疗设备等领域的前沿技术，不断增强医院的医疗技术水平。

4）牢固树立提高医疗效率的理念，大力推行日间手术、多学科协作诊疗（MDT）等新模式。

在当前医院资源，尤其是优质医疗资源相对紧缺的大环境下，医疗质量与效率就像是一杆平衡秤，过度强调医疗质量，医疗效率势必会受到影响，难以满足当前暴增的医疗服务需求；而过度强调效率，医疗质量又将大打折扣。医疗质量和效率需要有一个平衡，要用最小的成本获得最大的效率和最好的质量是医院管理的最佳目标。牢固树立"以最短的时间、最少的费用，治好病"的理念，强化可控成本管理，促进合理用药，提高诊疗能力，优化诊疗方案。

旧制度或常规操作已经远远不能满足当前的医学发展，应不断修订改进，以适应新形势下的医疗卫生改革。通过新技术，在保证高医疗质量的前提下简化医疗流程，提高医疗效率，降低医疗成本，如无纸化、移动化、大数据等技术。利用信息化技术手段，不断优化改进就医流程，提高病人满意度，如通过自助机、APP等方式，缩短病人等待时间，减少病人排队情况。落实分级诊疗制度，合理分配医疗资源，提高医疗效率，引导病人分流，小病到基层医疗机构就诊，让大医院的大专家成为承担疑难重症和救死扶伤的专业人才。

新形势下，要立足医院发展实际，按照以病人为中心、部门协作、创新机制、逐步推广的原则，逐步完善日间手术组织管理制度、运行机制和激励机制，进一步规范日间手术临床路径，在精细化、规范化、信息化、集中化、流程化等方面来优化医疗服务流程，促进临床手术管理，切实提高优质医疗资源的利用率和可及性。要逐步建立日间手术运作管理模式，形成比较完善的日间手术诊疗标准体系，使病人能够获得规范、高效的日间手术诊疗服务。

要加强临床专科服务能力建设，重视专科协同发展，推行"以病人为中心、以疾病为链条"的多学科诊疗模式（MDT），要更有效地利用医疗资源，进一步提升疑难重症疾病诊治能力。借助相关专业的不同优势、不同视角进行综合系统评估，制定规范化、个体化、精准化、微创化的综合治疗方案，以获得最佳疗效。以前的"会诊制"，相关临床科室的医生都是从各自角度出发提出意见，并不参与治疗方案的制定和实施。而在MDT模式下，相关临床科室不仅由专家参加，而且要与主管科室的医生一起组成团队，制定和实施相关治疗。新模式下，最大程度利用了医院人员、设备等的综合优势，确保了病人得到最为全面、安全和优良的治疗。

5）加强问题反馈，及时落实整改措施，并逐步建立服务流程闭环监控。

全面加强医院的内部控制建设，提升医院管理水平。及时反馈各种信息，形成反馈机制（月度、季度、年度）；分析结果，查找问题与不足，制定改进办法和措施；注意流程管理，及时调整管理措施和工作重点；不断完善考核和管理指标体系。

逐步建立服务流程闭环监控，开发临床诊断库、ICD编码库及分值库的三库合一的信息系统；将医院历史诊断编码与ICD-10诊断编码完成对照映射功能，且统计出历史发生例数，同时进行三库合一，为避免医院因为临床诊断被使用出现频率太低，可将医院重点病种临床诊断规范化。建立临床科室、病案管理部门和医保管理部门三方联动反馈系统。

将病种分值的相关信息准确提供医生进行参考，包括医生工作站的三库合一（临床诊断、ICD-10诊断、病种分值）及相关智能提示。医保管理部门可实时获取在院病人病种分值数据，实时控费。建立有助于病种诊断及手术操作编码的病案工作模块，将病种分值有机结合，有利于病案工作人员进行合理准确编写相关诊断及手术操作编码。病案室完成病案首页的编码和归档后，系统自动抓取病案首页和出院小结数据。医保办对病案首页和出院小结数据进行审核和反馈，审核通过则上传至医保局。

同时，围绕医保日常工作达到有效管理，运用医保的相关规定（规则）对医院医保数据进行全程的监控管理，包括重复住院、低标准入院、分解住院、合理收费、合理用药、限制性用药监控等。

6）加强医保事后分析，控制医疗成本，深化绩效管理。

经过20多年的医疗信息数据化，医院已经拥有庞大的医疗数据基础，不少医院尝试利用自然语言理解、图像识别等技术进行临床数据的清洗。但人们发现，虽然医疗数据数量足够，但医疗数据质量却让人担忧。对医疗数据的质量管理，其关键首先在于医院管理人员和各职能部门对此项工作的高度重视；其次是建立全体员工齐抓共管的体制建设；再次是医疗卫生、医院数据库、会计、统计、经济管理等高素质人才队伍的建设及培养，也是此项工作的有力保障。

以前医院对医疗数据质量不够重视，其主要原因在于临床工作繁忙，医生/护士对于医疗数据的录入不够规范；同时也由于对医疗数据利用少，大多数据只是存储在数据库中。而按病种分值付费以主诊断和手术操作作为支付依据，医院如果没有把控好病案首页数据质量，将无法拿回医保统筹记账金额，造成医院重大经济损失。所以，按病种分值付费将病案首页数据质量控制推到了前所未有的高度。

根据按病种分值付费具体要求，医院数据质量需做到以下几点：①临床医生准确完整填写诊疗信息，主要诊断无误，手术操作不漏；②病案编码员正确理解诊疗信息，准确进行编码；③财务收费员对于费用分类准确；④信息技术人员保证接口标准统一，数据传送无误。除此以外，要充分利用信息化手段，对医保数据进行事后分析，可以对医保病人的总费用、医保费用等进行全面的掌握，以达到医保费用控制的目的。

根据医保管理实际需求，可以从以下几个维度进行医保分析：①全院病人医保病种分值（核心病种、综合病种）、偏差病例分析；②在院医保病人的病种分值智能分析，及时按病人所属病种的费用进行控费提示；③病种分值管理的相关指标分析，如人次人头比、人均费用增长率、病种相关指数（总量指数、平均指数、指数单价）测算等；④各病种的成本分析，住院费用偏离分析（全院、科室、医生）；⑤病种付费年终清算的智能分析，包含对医保支付相关数据的测算及预算，科室病种超额分析、医院病种构成分析、病种质量分析、转科病人分析、手术分析、麻醉分析等。

利用信息化手段，实时提醒医生，该病人病种分值及超额情况。对于超标情况，医保部门可进行实时监控。财务部门完成院内病种成本核算，并将病种成本数据实时提示给临床医生，让医生在开医嘱下诊断等操作时，都能实时看到病种成本数据，协助控费。明确单病种诊疗操作规程，大力开展临床路径，提高临床路径病种覆盖率和入径率。规范医生处方数据，加大合理用药实施力度，以减少医疗资源的浪费，减轻病人的医疗成本。

根据医院管理战略，要不断完善绩效考核管理方式，配合医院绩效改革，将按病种分值付费政策执行情况纳入绩效考核指标，拓展考核维度指标。根据传统绩效领域进行信息化改造，包括单项、固定、医技、体检、行政、后勤、护理、临床、专家、手术等垂直业务的绩效信息化。针对不同管理领域做好绩效方案精细化管理工作，如成本效益、病种绩效、学科建设、临床路径等精细化管理。要针对医院发展战略进行专项绩效评测拓展，如 MDT、日间中心、临床路径绩效等。

7）逐渐以 DRGs 建设为切入点，强化病种管理建设，建立院内标准。

首先是建立院内 DRGs 核算体系。医保支付的发展逐渐成熟，单病种付费由于判断方式不够客观，并未考虑病人的年龄、性别、住院天数、临床诊断、病症、手术、疾病严重程度，合并症与并发症及转归等因素，按病种分值付费方式不会成为永久的付费方式，而随着诊疗的规范、分组的确定、技术的研发会逐步转为 DRGs 控费。因此，医院管理者应该具有前瞻性，尽早建立院内 DRGs 核算体系。

持续完善院内信息系统建设，保障诊疗基础数据的采集。高质量的病案首页是

DRGs 成本核算的关键。所以，进行 DRGs 系统建设，首先需完善分组逻辑，核对分组指标。通过建立分析平台，发现病种建设中可优化和完善的部分，同时借助 DRGs 优化病案填写，为未来进行病种管理提供坚实的基础。

要深化分析和做好病种定义，通过分拆 DRGs 分组，在没全国或全省统一标准时，医院可以通过自定义专科病种维度的方法，完善和下沉病种管理，为未来进行病种绩效考核、临床路径建设、病种成本核算、病种科研提供数据支撑。同时，建立院内服务价格、工作量、病案首页、医疗成本等数据中心。开始建立院内 DRGs 分组及权重赋值体系，为建立成熟合理的 DRGs 分组模型体系，为 DRGs 成本核算提供了专业支持。同时，基于 DRGs 分组建立医院费用指标、质量指标、成本指标等目标值，指导临床规范及医保控费。

其次，要强化病种管理建设。实行临床诊断标准化，以专科为单位，对收治病种的疾病诊断名称进行标准化管理，对于同一疾病诊断存在多种书写名称的应进行合并。建立专科诊断库，高效统一医学编码，自动化匹配 ICD 码。

通过系统的三级质控提高病案质量。将病案首页质量作为主治医师的负责项目，建立上下级负责系统，对辖下医师的病案首页填写质量进行指导和监督。对每一个病种的采集口径、采集编码范围、采集科室等采集方法都进行严格的审核把关，且经过病案统计室与临床科室的确认后形成成病种分析查询体系。遴选出院内优质、优势病种，聚焦病种转型。启动临床能力培养为主基调的院内临床重点专科项目。提出院内临床能力建设行动规划。发展临床路径，结合绩效，合理配合国家医改转型。纳入科主任目标责任书的管理，对每一个病种都设置目标值，且纳入月考核内容。

完善学科建设系统，对重点学科要根据重点专科相关标准，按照亚专科进行病种归类。有计划、有步骤地进行医学临床重点学科布局和建设，逐步形成具有国际竞争力临床医学中心。标准化信息化管理和分析流程，提高管理效率，同时将病种维度分析引入到包括质控、运营、财务等多个分析平台中去。

最后，要基于 DRGs 建立院内标准。只有结合临床业务，规范医疗质量，建立医院的合理标准，才能提前做好医疗费用等管理的预警。构建医院 DRGs 分组标准，要包括病例组合指数（CMI）、权重（RW）、能效指标、专业宽度等。建立基于 RW 的考核评价体系，结合其他传统评价指标，进行各方位考评评价计算，不断优化"临床科室质量控制体系"和"考核指标体系"，并与临床/医技科室绩效考核挂钩。只有不断深化指标建设，完善指标库，在 DRGs 分析维度基础上进一步建设和完善个性化指标和专科指标。

综合以上各点，在现代医院管理走向科学化、系统化和信息化的新形势下，医院对医保支付方式病种分值付费新政策的应对，要基于持续改进规划方针、在各个管理部门及跨部门协同解决问题、共同优先发展的理念下，在优化医疗管理、深化病种建设的方向上，依然还走在不断探索和尝试的路上。要应对好医保支付方式改革，医院的关键点在于一定要以医疗行为为主线，加财务成本效益分析，深化医务管理；以多中心、MDT、医技护管一体化、推进新技术新项目发展为目标进行绩效设计；配合完善各类数据中心，进行临床各领域（手术、门诊、医技等）全闭环管理监控；并逐步深化精细化管理,在资源与收益的不断平衡中,寻找管理最优点。面对新形势和新领域,医院管理者应有新概念、新思路、新方法,深入学习、理解、掌握、贯彻好政策,做好落实和创新,才能真正为病人提供及时、安全、经济、正确、有效的医学服务。

(张武军　魏汉波)

参考文献

[1] 杨燕绥. 中国进入医保支付改革第二阶段 [N]. 第一财经日报, 2017-7-4 (A11).

[2] 张博, 刘涛, 龚福玲. 总额控制下的按病种分值付费评价——基于银川市的实践 [J]. 中国医疗保险, 2016 (7): 35-38.

[3] 唐超. 以流程优化带动医疗质量提升 [J]. 中国医院院长, 2017 (1): 58-61.

[4] 赵海霞, 邵东燕. 浅谈如何管理才能提高医疗质量 [J]. 世界最新医学信息文摘: 电子版, 2013 (19): 291-291.

[5] 吴洁. 执政成本的控制: 基于会计学的思考 [D]. 南京理工大学, 2009.

[6] 徐新海. 控制医疗费用过快增长的举措及探讨 [J]. 财经界: 学术版, 2014 (3): 100-101.

[7] 廖慧群, 赖伏虎. 医院评审对病案统计工作质量的影响 [J]. 中国病案, 2014 (4): 46-47.

[8] 徐力新, 梁允萍, 娄兴汉. 医疗项目成本核算的现状研究 [J]. 现代医院, 2014, 14 (5): 6-8.

[9] 于静, 高小坤, 丁桂萍, 等. 医用耗材库房规范化管理探讨 [J]. 重庆医学, 2014 (23): 3104-3105.

[10] 东华医疗 DRG. DRGs-PPS、单病种付费与临床路径三者间关系探析 [EB/OL]. http://www.hc3i.cn/php/marticle.php? id=39008, 2017-05-25.

[11] 健康界. 医疗质量与效率矛盾不可调和? 听听大咖院长们怎么说 [EB/OL]. https://www.sohu.com/a/156188804_139908, 2017-07-11.

[12] 张太平, 赵玉沛. 胰腺肿瘤的多学科诊疗模式 [J]. 外科理论与实践, 2013 (6): 497-500.

[13] 杨媛华, 翟振国, 王辰. 进一步规范和加强肺动脉高压病人的管理 [J]. 中华医学杂志, 2014, 94 (22): 1681-1683.

[15] 谭贵泓, 任晓晖, 刘志军, 等. 国内外按病种付费的比较研究 [J]. 中国卫生事业管理, 2013, 30 (9): 674-676.

[16] 罗琪, 应可满. 医疗保险按病种付费研究综述 [J]. 中国卫生事业管理, 2012, 29 (4): 264-267.

[17] 许岩, 孙木, 何萍, 等. 上海市医院疾病诊断分组模型及分组器的建立 [J]. 中国卫生政策研究, 2015, 8 (9): 15-18.

[18] 徐晓丽. 我国公立医院 DRGs 成本核算模型与方法体系构建 [D]. 东南大学, 2015.

第三节 中山市按病种分值付费制度实践

一、中山市按病种分值付费制度

中山市属于国内较早开展，广东省第一个开始试点医保结算按病种分值付费的地级市。2010年7月1日，中山市发布了《中山市社会医疗保险医疗费用结算办法》（中人社发〔2010〕105号），正式实行住院医疗费用按病种分值付费制度。文件中第八条明确规定，中山市社会保险经办机构与本市定点医疗机构结算住院医疗费用，遵循"总量控制，按病种分值结算，按月预付，年终清算"的原则。同时，社会医疗保险参保人待遇不受市社会保险经办机构与定点医疗机构结算方法的影响。

中山市医保按病种分值付费制度是在区域内总额控制下实行"相对"分值的核算，通过总额控制与点数法的有机结合，控制医疗费用的不合理增长，精确控制年度医疗费用总额，有效避免医保基金穿底的风险。

（一）各病种分值的确定及调整

从中山市"按病种分值付费"实践来看，"按病种分值付费"的核心在于病种分值的确定。中山市社会医疗保险的住院部分实行按病种分值结算，根据全市各定点医疗机构前两年出院病历资料，按出院临床第一诊断（主要诊断）病种发生频率、医疗费用情况，按国际疾病分类ICD-10编码小数点后1位（亚目）筛选出常见病、多发病病种，结合治疗方法，分别计算出各病种的平均医保费用，再按以下公式确定各病种分值：

各病种分值 = 各病种的平均医保费用 ÷ 固定参数。

截至2018年年底，中山市纳入医保结算病种共计2 407个，按诊治方式区别的病种类别共计4 651个（其他未纳入的病种按"特别病种"结算）。此外，《广东省深化公立医院综合改革行动方案》（粤府〔2018〕52号）提出"将日间手术和符合条件的门诊术前检查纳入按病种分值付费范围"。中山市于2016年发布了《关于开展将部分病种日间手术医疗费用纳入医保支付范围试点工作的通知》（中人社发〔2016〕370号），目前，共有10个日间手术病种纳入按病种分值付费范围结算。

中山市社会医疗保险经办机构制定的《中山市社会医疗保险住院病种分值库》分别列明了不同病种及治疗类别的分值、对应的标准费用，以及标准费用一定倍数（如2.5倍）以上或一定百分比（如40%）以下的病例（具体由《中山市社会医疗保险定点医疗机构医疗服务协议》约定一定倍数及百分比）的病例的分值。全市各定点医疗机构发生的住院医保费用为该病种平均医保费用一定倍以上或为该病种平均医保费用40%以下的病例，按以下公式计算病种分值：

（1）住院医保费用为该病种平均医保费用一定倍数以上病例的病种分值 = 〔（该病

例的医保费用÷上年度该级定点医疗机构该病种的平均医保费用）－约定倍数＋1］×该病种分值。

（2）住院医保费用为该病种平均医保费用一定百分比以下病例的病种分值＝该病例的医保费用÷上年度该级定点医疗机构该病种的平均医保费用×该病种分值。

（3）未纳入病种分值结算病种的分值确定：将全市各定点医疗机构未纳入病种分值结算的病种视为1个特别病种，根据所有特别病种的病历资料，按有关规定计算分值。而对于某些病例由于病情严重程度不同，较大偏离其病种类别的标准费用的情况，其实际得到的分值根据它的实际住院费用与标准费用的比例关系确定。简单来说，实际医保费用处于标准费用的40%～250%时，给予该病种一个固定分值，范围以外的两头费用按实际费用占标准费用的比例换算分值（即按项目收费）。

（4）病种分值的调整：病种分值代表各病种的医疗费用比例关系一经确定，一个社保年度内不再改变。出现以下情形时，在下一社保年度对病种分值进行调整：①上两社保年度市内医保数据统计显示，新病种或诊治方式达20例以上，增加病种亚目或诊治方式；②上一社保年度医保数据统计显示，某一病种有30例以上且医保费用偏离±50%，其中医保费用明显偏离的原因包括医疗技术发展、新药发明等原因；③定点医疗机构建议调整病种分值且上一社保年度医保数据统计显示该病种有30例以上且医保费用偏离±30%等时，由市社会保险经办机构组织市医疗保险专家组有关人员重新确定下一个社保年度病种分值。

（二）定点医疗机构等级系数的确定

根据定点医疗机构等级间病种次均医疗费用的客观差异情况，由市社会医疗保险定点医疗机构等级系数拟定领导组确定各定点医疗机构的等级系数，作为定点医疗机构病种分值权重分配系数。原则上三级定点医疗机构、二级定点医疗机构、一级定点医疗机构和社区定点医疗机构分别确定最高档和最低档等级系数。例如：中山市人民医院是三级甲等医院，其等级系数为1；西区医院是一级医院，其等级系数为0.62。各定点医疗机构的系数亦采取动态调整原则。

市社会保险行政部门负责公布病种分值和定点医疗机构的等级系数。

（三）"按月预付，年终清算"结算原则

中山市每社保年度，各定点医疗机构住院医疗费用可分配资金总额，受当年全市医保缴费基数影响。当年度社会医疗保险费总收入减去按规定提取的省社会医疗保险风险调剂金、市社会保险风险储备金、划拨的个人医疗账户资金、划拨的大病医疗保险资金、门诊统筹待遇支付部分、零星报销待遇支付部分（含异地和市内就医零星报销统筹基金支付部分及生育医疗费用报销待遇支付部分），以及按规定应由社会医疗保险统筹基金支付的其他费用等，剩下即为当年度社保基金的可分配资金总额。此外，具体在分配结算时，考虑不同等级定点医疗机构成本、费用的客观差异，按医院等级设置不同系数，由此体现不同的分配权重。

按病种分值付费结算时的"按月预付"，要求各定点医疗机构于每月15日前，将上月出院的月报表等结算资料报送市社会保险经办机构审核，市社会保险经办机构审核后，根据上年度全市平均月实际统筹费用及当月实际统筹费用，初步预算后，于报送结算资料截止日起 30 天内，将预付费用拨付给各定点医疗机构。预付住院医疗费用的计算公式为：

预付住院医疗费用 =［（当月用于支付住院医疗费用的可分配资金预算总量 + 当月全市参保人住院个人支付的医保费用总额 + 当月全市参保人住院大病保险统筹总额）÷全市当月病种实际总分值］× 该定点医疗机构当月病种总分值 × 该定点医疗机构等级系数 − 该定点医疗机构当月参保人住院个人支付的医保费用总额。

中山市社会保险经办机构根据各定点医疗机构上年度实际发生的医疗费用情况，不定期为各定点医疗机构提供住院病种分值参考资料，便于各定点医疗机构管理。

社保年度末，如全市各定点医疗机构住院实际发生的统筹费用总和未达到可分配资金总额 95% 的，则按最高不超过实际发生统筹费用总和 105% 作为当年度住院医疗费用分配总资金；如全市各定点医疗机构住院实际发生的统筹费用总和达到可分配资金总额 95% 以上的（含 95%），则将当年度可分配资金总额作为当年度住院医疗费用分配总资金。

年度清算时，应偿付给各定点医疗机构的住院医疗费用，即所谓的"年终清算"，其计算公式为：

年度清算的住院医疗费用 =［（全市年度住院医疗费用可分配资金总额 + 全市参保人住院个人支付的医保费用总额 + 全市年度参保人住院大病保险统筹总额）÷全市年度病种实际总分值］× 该定点医疗机构年度病种总分值 × 该定点医疗机构等级系数 − 预付费用总金额 − 该定点医疗机构参保人住院个人支付的医保费用总额。

社保年度末各定点医疗机构进行年度清算时，如各定点医疗机构住院实际发生的统筹费用未达到按上述公式计算出的年度清算的住院医疗费用 90% 的，则按实际发生统筹费用的 110% 拨付给该定点医疗机构；如各定点医疗机构住院实际发生的统筹费用达到按上述公式计算出的年度清算的住院医疗费用 90% 以上的（含 90%），则按上述公式计算出的年度清算的住院医疗费用拨付给该定点医疗机构。

各定点医疗机构因突发事件承担大批量急、危、重症参保病人救治任务等特殊情况时，医疗费用大幅增加超过统筹基金分配总额时，由市社会保险风险储备金支付，医疗机构只需全力救助而无后顾之忧。

同时，按病种分值付费制度对各定点医疗机构的医疗行为也有严格规范和限定。《中山市社会保险定点医疗机构医疗服务协议》及《中山市社会医疗保险费用结算办法》均明确要求：各定点医疗机构必须遵循合理检查、合理用药、合理治疗、按规定收费和公开透明的基本医疗服务原则，严格执行出入院指征，不得轻症入院、分解住院、挂床住院或让不符合出院条件的病人提前出院，以及无特殊原因把本院有条件、有能力诊治的病人推转至其他定点医疗机构等。市社会医疗保险经办机构核定各定点医疗机构住院实际发生的统筹费用的 5% 为该定点医疗机构的住院质量保证金，按有关规定对各定点医疗机构进行日常检查和监管，经审核属违规的医疗费用予以拒付，并根据年度考核结果，对各定点医疗机构的住院质量保证金进行扣罚。尤其是对挂床住院、轻症住院、分解住院、诊断升级等违规行为执行 5 倍扣罚，作为迫使医保基金的服务提供方规范医疗服务行为的一种重要经济手段。

以按病种分值付费为基础的中山市医保基金的良好运行、管理，离不开从监管的服务购买方到服务提供方的多方协作和努力。作为基金管理者的服务购买方实行"严监管"。对医保基金使用情况实时动态监测，查处不合规的医保支付行为，严厉处罚分解住院、轻症住院等现象，切实保障医保基金的正常运行，减少治疗不充分，或者推诿重症病人等损害参保人利益的现象。

作为医疗服务提供方的医疗机构，同样需要不断强化制度规范以及增强自身意识，规范自身行为，促进行业内良性竞争，努力锻就更好的技术，提供更优质的服务，通过精细化管理实现更低的运行成本，以期不断提高医疗机构自身的核心竞争力。

二、按病种分值付费制度下中山市人民医院的管理实践

作为医疗服务的提供方，中山市人民医院通过优化内部管理架构，创新内部薪酬分配机制、强化医疗质量与安全服务能力等多种措施，主动适应按病种分值付费制度，既保证了医疗保险基金的收支平衡，提高了医疗保险基金的使用效率，保障了参保人的基本医疗，又提升了医院整体医疗服务水平和行业竞争力。

（一）调整医院内部管理架构，加强精细化配套管理，合力提高医保管理效能

面对医疗改革不断深化的重大挑战，中山市人民医院积极适应新医改形势，主动进行医院内部管理改革。如根据大部制理念，重新调整医院内部的管理架构，整合组建了医教部、运营管理部和公共事业发展部，统筹管理医院内部的医教研事务、绩效管理及对外拓展业务。其中，公共事业发展部主要负责区域内的协同医疗服务、远程医学合作项目、医院对外业务的建立和拓展，同时负责加强健康教育及相关宣传。公共事业发展部牵头组建的中山市医学检验中心、手术麻醉中心、消毒供应中心、医学影像中心、病理中心、心电中心，为中山市专业技术水平的提高和医学资源共享搭建了平台，尤其是医学影像中心、医学检验中心有效提高区域检验、检查诊断水平。推动区域检验、检查结果互认。在按病种分值付费制度下，通过降低检验、检查成本节约了医保费用。

医教部下设医务科、科教科、医保部和病案室，实现医务、医保、病案的统一管理。例如，医教部团队定期对医院临床科室展开医教巡查活动，巡查主要针对环节病历缺陷、合理用药、临床路径、终末病历缺陷、医保运行情况等进行检查和反馈，帮助临床科室查找工作中的不足，以及容易忽略的地方，及时落实整改。配合运营管理部牵头推进的《中山市人民医院绩效评价与奖金分配调整试行方案》，将病历质量纳入绩效评价，实行专项扣罚，直接与科室的效益工资挂钩，与临床科主任的绩效考核挂钩，有效提高了医保和病案管理的质量和效率。病案室根据国家卫生和计划生育委员会发布《电子病历应用管理规范（试行）》、国家卫生和计划生育委员会办公厅关于印发《住院病案首页数据填写质量规范（暂行）》和《住院病案首页数据质量管理与控制指标（2016版）》（国卫办医发〔2016〕24号）；广东省卫生和计划生育委员会《关于填报住院病案首页数据的通知》（粤卫办函〔2015〕82号）、《首页数据质量评估指标体系（西医）》等有关文件的要求，制定了《中山市人民医院住院病案首页质量评分标准》，对病案首页严格质控。为适应新医改要求，病案室积极探寻按病种分值付费的临床标准化

诊断信息匹配方法，结合本院实际，研发了按病种分值付费的临床标准化诊断自动匹配信息系统。质控办在反复调研的基础上制定了各个临床、医技科室的《质量与安全监控指标》，每月向各科室通报质量与安全数据。通过精细化管理措施，既实现了为医疗质量与安全保驾护航，又实现了对医保数据的精确及时统计、分析，为医保支付方式的改革提供了数据支持和理论依据。

新成立的运营管理部整合原经济核算部、价格管理部和统计室的职能，并全面负责医院绩效工资的核算、科室运营情况及资源配置的评估论证等工作。为进一步实现精细化管理，加强临床、医技科室与职能、后勤科室的纵深联系，打破信息传递的重重层级关系，切实提高管理效能。2017年起，引入专科经营助理，由运营管理部统一管理。专科经营助理充当院内各个部门之间的沟通桥梁，提高各类型信息的传输、分析及结果读取效率，简化临床医技科室医生的工作负担，使得医护人员能有更多的经历投入到对病人的诊治过程中去，切实以病人为中心，提供更优质的服务。专科经营助理的工作内容主要包括以下三个方面：

（1）绩效管理。专科经营助理每月针对所分管科室的临床工作量、工作效率、设备效率等数据，进行处理分析，发现存在的问题并提出相应解决的办法，形成报告并反馈至临床科主任处，实现科室运营的实时监测，有助于科主任的管理，进而提高医疗质量，优化成本管理。此外，专科经营助理会对科室的医保数据进行分层、分类分析，如对科室整体医保盈亏分析，协助医院及科主任了解科室整体医保运营管理情况；对医疗组的医保盈亏分析，协助医院及科主任了解不同医疗组对同一医保病种的诊疗区别；对医保个案的医保盈亏分析，协助医院及科主任了解特殊病人对科室医保运营的影响程度。

（2）流程优化。专科经营助理在日常工作中需要对所分管科室的诊疗流程进行细微的观察及分析，发现就诊过程中存在的问题，提出优化方案，加强优质医疗服务的供给，改善病人的就医体验。如发现胃肠镜检查、超声影像检查的候诊时间过长，专科经营助理通过数据分析、实地考察、专科访谈等方式获取资料，从人员、设备、空间、排班等方面综合分析，提出可行的优化方案供医院参考。

（3）资源配置。资源配置分析主要包括人力资源的配备情况、设备效益情况、空间的使用情况等。专科经营助理需要定时对所分管科室的人员构成、医护比、床护比等进行分析，发现人力资源在配置上存在的问题，及时向人力资源部门反馈，保障科室的正常运作；同时，专科经营助理亦被要求对科室已购置的设备进行使用率及效益情况的分析，提高设备的使用率，避免设备闲置（对准备购入的设备进行效益预估分析，协助医院决策，避免购入性价比低的设备）；此外，专科经营助理还需负责对所分管科室的空间使用情况进行分析，包括诊室、住院床位、诊疗区域的布局合理性等，为配合临床业务的顺利开展提供一定的保障。

（二）创新内部薪酬分配机制，激发员工医改参与意识

1. 利益相关者

在公立医院的薪酬改革进程中，政府和医院在政策试验中分别充当着发起者和推动者的重要角色，医务人员、个人同样不同程度地参与了政策试验的整个过程。从政府的

干预及影响力层面来看，公立医院在绩效工资的发放总额受到政府的监管，属于政府政策可直接调整的范围，因而，政府是对薪酬改革进程推进的重要影响力。

同时，由于公立医院的薪酬改革密切关系到医院内部各个利益群体，医院内部薪酬分配机制的改革推进成功率与医务人员的认可程度紧密结合，如何通过薪酬机制激励医务人员的工作能动性、引导医院全体人员朝着既定目标努力，同时平衡各个各类型医务人员（如医生、护理人员、医技人员、辅助人员等）的薪酬关系，降低人与人之间因薪酬产生的矛盾，这些均是改革过程中需要全面考虑的问题，因此医务人员同样是薪酬改革中起着重要影响作用的角色之一。

此外，公立医院的改革最终效果很大程度体现在公众的就医过程中，如医生的医疗行为是否因受到绩效机制的引导更趋合理，如适当减少病人非必需的药品处方、增加有效的治疗项目等，这些对社会公众就医造成的影响同时成为对薪酬分配机制改革成功与否的重要评定标准之一。总而言之，薪酬分配机制的改革需要充分考虑对各个利益相关者的影响，平衡各方需要及矛盾，才更容易取得成功。

2. 医院薪酬机制内涵

以坚持"以病人为中心"的核心理念、确保医疗安全、提升服务质量、提高医疗技术水平为中心思想，秉持坚持按绩按劳分配，以重技术、重实效、重贡献为导向的基本原则，按照将医院的管理目标和管理的侧重点，建立以经济效益和社会效益为主要内容的绩效评价体系，规范医院的各项收入与支出的划分，严格控制成本费用，适当向业绩优、贡献大、效率高、风险高和工作量大的临床一线科室倾斜，从而对各科室的管理工作进行全方位、多角度的考核与评价，努力激发全体职工干事创业的主观能动性，切实促进医院的全面、快速与可持续发展。

（1）综合评价，全面客观。新的绩效评价体系涵盖了对各科室的学科建设、质量管理、工作效率、经济运营、病人满意度五个方面综合能力考核。根据科室特性区分考核系统（如外科系统、内科系统、急重症系统等），综合考虑系统工作特征设立相应的五维度绩效考核指标，并根据医院发展导向适时调整各维度的权重，科学引导科室有重点的发展。

1）学科建设。学科建设的考核指标包括重点学科、科室人员学术地位、科室的人才梯队建设三个方面。

2）质量管理。医疗质量管理在医院日常管理及正常运转中起着举足轻重的作用，对于质量管理我们考核临床科室的指标包括有门诊质量、病历质量、合理用药情况、护理质量、院感质量、代表病种、负性事件、手术管理、48小时非计划ICU重返率、麻醉质量、麻醉药品管理等方面。由于各临床系统的工作特性相差较大，重点的质量指标也有所不同，因此，质控部门针对各临床科室质量管理的工作重点不同，对指标选取及权重赋予上均有所区别。

3）工作效率。科学、合理地选取各类型科室的具有代表性的工作量指标，如门诊人次、出院人次、病床周转次数、病床使用率、平均住院天数、手术操作次数等，根据专科系统的性质，确定考核指标，科学制订工作量评定标准及基准值，计算每个考核指标当月的工作量及对应的医务人员数量，得出各项考核指标的应得分数。每年的年初对上一年的工作效率数据进行分析，对有需要的科室基准值进行校准。

4）经济运营。从经济运营指标作为五维度中的其中一个维度可见，医院的发展战略从过去的重视经济发展转向注重全面发展，经济仅作为绩效考核中的其中一部分，同时也通过新绩效考评办法，弱化医务人员对经济效益的关注，更加做到以病人为中心，提供更加满足病人个性所需的医疗服务项目。医院认为，科室运营除了开源，还应当重视节流，经营运营的考核指标包括人均收支结余、人均收支结余增长率、成本控制三大模块。

5）病人满意度。坚持以病人为中心，希望及时得到病人对医院的意见及建议并有效做出整改，持续优化医疗服务的提供，我院与第三方公司合作，每月对科室进行满意度测评，将测评结果转化成为绩效考评分数。满意度测评中，第三方公司将对各科室的门诊样本量、出院及住院样本量随机抽取一定比例，通过现场、网上和电话调查三种调查方式进行调查。

（2）人员分类管理。在绩效评价结果与医务人员效益奖金进行挂钩的同时，医院充分考虑向业绩优、贡献大、效率高、风险高和工作量大的临床一线科室倾斜的基本原则，采取两项人员分类管理的办法进行调节。一是划分护理单元等级，根据护理单元的工作强度、工作风险、技术要求等因素综合考量将护理单元划分成为三类五等，并赋予相应的系数；二是对医生、护士、技师及非医疗类辅助人员赋予相应的系数，进一步突出医务人员的劳动价值。

（3）工作重点突出。根据不同时期医院的工作重心不同，除了上述五个维度的基本考评外，同时设置专项考核，如合理用药、临床路径的考核等。根据医院不同时期的发展重点进行考核，使绩效考评作为一项有力的工具，灵活推进医院向既定目标发展。

（三）重视医务人员培训，全员知晓按病种分值付费政策

1. 编码员培训

按病种分值付费的关键在于"病种"二字。病种并非医生依据病人病情及诊疗过程所下的临床诊断，而是临床诊断对应的国际疾病分类ICD-10编码，只有提供准确的ICD-10编码，医疗机构才能拿到与诊治相对应的医保费用。因此，按病种分值付费对病案编码员的工作提出了更严苛的要求。传统的疾病分类方法是由临床医生在病人出院后填写疾病诊断，再由编码员根据ICD—10编码原则及个人理解逐一进行编码。由于受地域不同、文化差异、书写习惯、责任心强弱等因素的影响，临床医生对疾病诊断名称的书写通常较随意，常见问题有：①以症状、体征代替诊断名称；②以检查结果代替诊断名称；③中英文混淆书写；④诊断名称口语化。不规范的诊断名称经常干扰编码员，使其不能给出准确的ICD编码。另外，编码工作是在出院病历回收到病案室后才进行的，管理流程的滞后使管理人员不能及时、准确地掌握医保数据，不利于对数据进行分析、管理。因此，要加强病案室编码员的培训，使其熟练掌握《住院病案首页数据填写质量规范》，按照规范要求进行编码审核，严把编码质量关。同时，编码员除业务素质过硬外，还要政策观念强，要熟练掌握和及时关注与社保有关的规范要求和行为准则，如《中山市社会保险定点医院医疗服务考核表》列明的轻症入院、升级诊断等，这些都是医疗服务工作中绝对不能触碰的政策底线，如果在工作中遇到疑似问题出现，应主

动和临床医生进行沟通,向相关职能部门汇报,防患于未然,共同打造医保基金运行的良好生态。

2. 临床一线医务人员培训

为了规范院内社会保险医疗服务行为,强化一线医务人员的法律意识,增强法制观念,做到依法行医,防止医务人员触碰《中山市社会保险定点医疗机构医疗服务协议》的政策底线,帮助全院的医务人员更好地应用临床标准化诊断字典库,掌握住院病案首页主要诊断和手术操作的填写规范,合理获得医保分值,病案室每年组织全院医务人员至少1场关于病案管理规范和首页数据填写质量培训,同时协助医保部进行全院关于社保相关政策及法律法规的学习。病案室编码员作为每个社保年度检查团专家组成员,根据各临床科室的专科特点,定期深入病房,给临床医生答疑解惑,解决临床医生在填写病案首页、书写病历时遇到的问题,听取意见。

(四)创立字典库,嵌入电子病历系统

2010年7月起,病案室在信息部门的帮助下,利用院内信息化优势,依托电子病历平台,首次尝试以临床思维为导向,建立基于ICD-10的临床标准化诊断字典库,开发智能自动编码系统,同时与中山市医保病种分值库建立对应关系,并具综合查询功能。经过3个月的整合,字典库成功装载到电子病历系统的医生工作站中。字典库提供了多元化智能录入,临床医生不能随意录入疾病诊断,必须通过"诊断名中文检索""拼音首字母检索""ICD-10代码检索"等方式选择录入诊断名称,系统自动生成诊断名称和ICD-10编码,同时自动提示该疾病相对应的医保分值,方便临床医生规范合理地制定诊疗计划。

自动编码系统通过诊断录入功能,诊断名称实时展现,临床医生可以对字典库中不符合规范或缺失的诊断名称与编码员进行沟通。编码员通过维护功能,实时对字典库进行增补、删减或修改,逐步形成临床医生和编码员的长效沟通机制,进一步规范临床诊断名称,杜绝了临床医生手工录入诊断造成的诊断不规范,降低病案首页诊断的返修率,由此优化了编码员的工作流程。编码员的工作逐步从编码过渡到审核编码,大大提高了工作效率和编码质量。通过和医保病种分值库的衔接,进一步规范了临床医生的诊疗行为,也为后继开展病种临床路径、数据挖掘等工作打下坚实的数据基础。

有了《临床标准化诊断字典库》的开发经验,2016年初,在医院领导的支持、医务科和各临床科室的大力配合下,病案室又着手开发《临床标准化手术分级分类字典库》,同样装载到电子病历系统中,供临床医生使用。字典库为临床医生准确地定义手术级别,使物价收费名称与手术操作名称同步,进一步规范医生的诊疗行为,为提升专科医疗服务能力提供数据支持。

按病种分值付费制度是在区域内总额控制下实行"相对"分值的核算,通过总额控制与点数法的有机结合,此支付方式有效促进同一区域内医疗机构之间的良性竞争,鼓励医疗机构通过提供更好的技术和服务,扩大自身的覆盖半径,从而更好地争取医保份额。中山市人民医院作为定点医疗机构,实行中山市按病种分值付费制度已8年余,在充分理解新的医保支付制度的基础上,不断探索更加科学、合理的医院管理办法,总结经验,主动适应医保支付方式改革,提出将"用最短的时间、最少的费用治好病"

作为新医改支付方式下的诊疗导向和按病种分值付费制度下"向质量、技术、成本要效益"的管理理念：通过提高诊疗技术、优化诊疗方案以实现核心技术的提升，提高诊疗效率；通过提高医疗质量、促进合理用药、减少院内感染以保障医疗质量，提高诊疗效率；通过选择性价最优的药品及卫生材料以实现成本节约。

新医改形势下，中山市人民医院坚持医院发展定位、遵循国家医疗改革政策、把握医保支付方式的发展趋势，与时俱进，对医院管理做出适应性调整，实现了医院的高效可持续发展。

（袁勇　周小雕　贺婷　王凤丽　汤洁芬　洪伊敏　钟瑞祺　牛琨）

第四节　医院精细化管理案例

2013年，南昌市针对职工医保医疗费用增长快、统筹资金当期"收不抵支"的现状，发布了《南昌市人民政府关于印发南昌市城镇职工医疗保险定点医疗机构住院费用支付管理试行办法的通知》（洪府发〔2013〕5号，以下简称"5号文件"），遵循"总量控制，预算管理，月预结算，年度决算"的原则，实行按病种分值付费的支付方式改革，至今已运行5年多，其目的是控制医疗费用过快增长，保障参保职工合理医疗，保证医保基金安全，逐步提高参保职工医疗保障水平。南昌市某医院是一所三级甲等医院，自2014年以来，针对医保支付方式的改革，在总结2013年经验教训的基础上，加强了对病种分值结算数据和考核指标数据的统计分析，采取精细化管理措施，规范诊疗行为，提高了医保基金使用效率，减轻了病人经济负担，取得较好的社会效益和经济效益。

一、"病种分值付费"方式

1. 实行总量控制的统筹基金支出预算管理

"按病种分值付费"遵循"以收定支，收支平衡，略有节余"的原则，统筹基金组成科目为风险储备金和统筹基金支出可支付额度，实际统筹基金支出不得超过当年统筹基金支出可支付额度。南昌市医保机构每年初根据前三年医保基金实际支付情况，结合参保职工人数和年龄结构变化、政策调整、待遇水平变化和医疗消费水平变化等因素，科学编制年度统筹基金支出预算方案。

2. 病种分值的确定

各病种住院病例在治疗过程完整、符合出院指征的情况下，以出院临床第一诊断（主要诊断）对照《病种分值表》确定病种分值。各病种分值＝基准病种分值×（各病种的平均住院统筹费用÷基准病种的平均住院统筹费用），其中，基准病种分值是根据在上年度所有定点医疗机构职工医保住院病例中选择一种临床路径明确、并发症和合并症少、诊疗技术成熟、质量可控且费用稳定的病种，在全市该等级定点医疗机构近三年均次住院统筹费用确定。年终决算时医院年度总分值＝全院月度总分值之和×考核系数×医院等级系数。各定点医疗机构等级系数由南昌市人力资源和社会保障局依据医院等级和技术水平等指标组织相关专家评定，作为定点医疗机构病种分值权重系数，2013—2015年该院等级系数为1.0，2016—2017年该院等级系数为1.02。同时，南昌市实行病种分值付费以来，医保机构每年均会利用全市病种分值付费大数据对费用异常的病种分值进行调整或增减，目前已有623种专科疾病进入病种分值付费结算。

3. 考核指标和考核系数的计算

为保障参保职工的利益，规范医保诊疗行为，"病种分值付费"方式配套还陆续出台了一系列考核指标和扣款指标。2013—2015年三项考核指标为重复住院率、实际报销比例和人均住院费用增长率，2016—2018年考核指标修订为重复住院增长率、人均住院费用增长率、平均住院天数增长率和实际报销比例，其中，肿瘤放化疗住院治疗不纳入计算重复住院率指标的住院次数统计范围，年度进入大病统筹的病例不纳入考核指标统计范畴。考核指标标准值为当年南昌市全市同等级医院平均水平，各定点医疗机构考核指标完成情况构成了本院的考核系数，考核系数在一定程度上反映了各定点医疗机构在费用的控制和质量的监管、切实保障参保职工权益等方面，实际运行数据与控制标准之间的比例关系，直接影响到医院年度总分值是否增值或贬值。如实际报销比例高于平均水平，重复住院率或重复住院增长率、人均住院费用增长率和平均住院天数增长率低于平均水平，则考核系数大于1，全院病种总分值增值，医院盈利；反之，则考核系数小于1，全院病种总分值贬值，医院亏损；三项扣款为违规诊疗四倍扣罚款、按人头实际报销比例未达70%的差额扣款以及无故未在医院刷卡报销而至医保经办机构报销的统筹费用四倍扣罚款和因故至医保经办机构零星报销的统筹费用。

4. 住院统筹费用异常病例病种分值的计算

"5号文件"还规定，当参保职工在定点医疗机构发生住院统筹费用为该病种同等级定点医疗机构平均住院统筹费用1.5倍以上或80%以下时为费用异常，其分值确定方法分别为［（该病例的住院统筹费用÷上年度该等级定点医疗机构该病种的平均住院统筹费用）－1.5＋1］×该病种分值、［该病例的住院统筹费用÷上年度该等级定点医疗机构该病种的平均住院统筹费用×该病种分值］。

5. 按病种分值年终决算费用的支付

次年初，南昌市医保机构根据上一年本市所有定点医疗机构实际发生的累计分值来确定每分的现金值，即每个分值的现金值＝年度医保基金总预算/南昌市所有定点医疗机构累计总分值，最后按照每个医疗机构的实际发生的总分值与每个分值的现金值的乘积给医疗机构支付费用，同时根据考核结果和扣罚款情况增减支付费用。

二、医保精细化管理措施

1. 每月统计医保数据,全面推行信息化管理

医院开发病种分值查询和统计软件,将600余种有分值的病种结合上一年度的付费情况植入国际ICD10诊断编码中,医师可自行查询,同时当该病种实际发生费用超过按病种分值付费的90%时医师工作站会自动跳出提示。同时,医保科每月针对每个病种分值参考上一年分值付费情况核算到每名病人和每名医师,并对考核指标分专科进行实时统计,对三项扣款数据统计到科室和具体个人。

2. 认真分析医保数据,建立数据反馈机制

(1)每月分析医保数据,将分析结果公示在院内网站,并在全院质控会上进行讲评,例如当某科室某月人均住院费用增长率同比环比均超过10%时,医保科就要对该科的收治病种和费用结构进行专题分析,并请专家论证是否存在过度医疗现象。

(2)针对医保扣款原因进行调查分析,逐条反馈整改,例如针对2018年医保超范围限制用药目录变更,医保扣罚款增加的情况,医保科及时将医院常用的医保限制用药目录和限制范围列表在院内网站进行公示,并将变更的内容用红笔标注,提示医师对医保病人合规诊疗,以减少扣罚款。

(3)依据南昌市医保上一年度按病种分值付费住院费用决算报告资料,医保科从市医保信息系统调取上一年度所有住院病人明细,从每个病种分值付费和考核指标入手,逐一统计分析数据,汇总后及时将情况向科室反馈,并将所有数据汇总综合分析后上报医院主管部门,为领导决策提供依据。

(4)将所有数据特别是异常数据及时与临床科室沟通,尤其是神经外科、骨科、重症医学科等科室,提示科室规范诊疗,合理控制医疗费用过快增长。

3. 建章立制,奖罚分明,建立医保精细化管理长效机制

完善院内医保管控制度,以期能够达到控制医疗费用、保障病人健康、提高医院医保管理效率的目的。依据病种分值付费支付方式改革的文件精神,制定"医保病人身份核对管理制度""医保病人使用自费药品和项目管理制度""医保病人院内转科审批制度""医保病人转外院审批制度""医保病人费用透支审批制度""医保病人排除第三方责任审批制度""医保病人体内置放材料审批制度""医保病人超限定支付范围用药审批制度""医保病人15天内重复住院审批制度""医保病人大型仪器设备检查和使用高值医用耗材审批制度""医保工作总结分析和信息反馈制度""医保医疗违规内部处理制度""医保病人举报投诉处理制度""日间手术管理制度""医保特殊药品申报流程和管理规定""医保病人异地转诊管理规定"等多项制度和管理流程,使管理上有抓手、有标准、有要求,制度面前人人平等,同时,将医保管理成效与医师个人和科室集体的绩效考评挂钩,与科室和个人的评功评奖和晋升挂钩,奖优罚劣,保证医保管理可持续发展。另外,加强医保政策宣传力度,将每年春节后的第一个月作为医保政策宣传月,通过院内网站、院内微信公众号平台、院内医保宣传栏以及授课、查房、通报、讲评和个别约谈等多种形式,使广大医务工作者和病人对医保政策有正确的认识,转变观念,医务人员也必须树立新的医疗服务观念,既要开药又要算账,既要保证医疗质量又要控

制成本，既要病人理解又要医疗保险部门认可。

三、成效

（1）通过对病种分值结算数据的分析，有针对性地实施医保精细化管理，取得了显著的社会效益和经济效益，见表4-4-1、表4-4-2。

表4-4-1　2013年至2015年三项考核指标和三项扣款情况比较

年份	重复入院率	人均费用增长率	实际报销比例	三项考核系数均值	三项扣款/万元	医保费用盈亏/万元
2013年	113.30%（115.1%）	111.77%（105.5%）	78.11%（78.55%）	0.984 758 715	76.86	-0.77
2014年	113.19%（113.52%）	98.1%（101.67%）	78.75%（78.51%）	1.014 149 961	23.65	20.79
2015年	100.52%（100.26%）	102.36%（102.68%）	80.50%（78.69%）	1.007 823 86	6.31	28.83

注：括号内数据为当年南昌市全市同级医院平均水平，括号外为该院数据。

表4-4-2　2016年至2017年四项项考核指标和三项扣款情况比较

年份	重复入院增长率	人均费用增长率	实际报销比例	平均住院天数增长率	四项考核系数均值	三项扣款/万元	医保费用盈亏/元
2016年	100.36%（100.46%）	103.56%（103.76%）	79.94%（79.32%）	101.62%（98.53%）	1.013 653 212	6.83	21.79
2017年	100.28%（100.51%）	98.84%（98.93%）	79.25%（78.87%）	98.59%（94.22%）	1.025 357 821	10.57	109.71

注：括号内数据为当年南昌市全市同级医院平均水平，括号外为该院数据。

（2）通过对病种分值结算数据的分析，实现了从"粗犷管理"到"精细管理"的转变。通过每月对每个病种分值结算数据的统计分析，以及三项（四项）考核指标和三项扣款的统计分析，实时发现问题，及时纠正偏差，实现了从"粗犷管理"到"精细管理"的转变。

（3）通过对病种分值结算数据的分析，实现了从"他律管理"到"自律管理"的转变。"病种分值付费"通过考核指标和三项扣款的杠杆作用，撬动医院在管理过程中必须注重内涵建设，严把医疗质量关，严格规范医疗行为，严格控制人均住院费用增长率和重复住院率以及平均住院日，以提高考核系数，减少扣款，实现医院医保费用的最大结付率。我们通过每月的数据分析，用数据说话，促使了科室和个人由"他律管理"向"自律管理"的转变。

（4）通过对病种分值结算数据的分析，实现了从"博弈"到"三赢"的转变。医院通过每月的数据分析，进一步规范了医院的管理和医师的医疗行为，取得了较好的社会效益和经济效益；考核指标实际报销比例的确立又使患方得到实惠，实际报销比例得到提高，个人自付减少，南昌市医保三级医院住院平均实际报销比例由2013年的78.55%提高至2017年78.87%；人均住院费用增长率和重复住院率的控制更使医保基金用到实处，南昌市医保三级医院平均人均住院费用增长率由2013年的105.5%降低至2017年的98.9%，重复住院率增长率由2013年的115.1%降低至2017年的100.5%，平均住院日增长率由2016年的101.62%降低至2017年的94.2%，保证了医保基金的安全，医、保、患三方获利。

四、体会和思考

随着医疗体制改革的深入推进，支付方式在控制医疗费用、保证医保基金安全中的重要作用受到关注，相应的改革工作也逐渐提上日程。2016年7月公布的《人力资源社会保障部关于印发人力资源和社会保障事业发展"十三五"规划纲要的通知》（人社部发〔2016〕63号）中强调深化支付方式改革，全面实行医保付费总额控制；2017年国务院办公厅《关于进一步深化基本医疗保险支付方式改革的指导意见》（国办发〔2017〕55号，以下简称"55号文"），将"进一步推行以按病种付费为主的多元复合式医保支付方式"作为改革的主要目标，同时将"因地制宜"作为改革的基本原则之一，要求"各地要从实际出发，充分考虑医保基金支付能力、医保管理服务项目能力、医疗服务特点、疾病谱分布等因素，积极探索创新，实行符合本地实际的医保支付方式"。2018年12月20日新成立的国家医保局又发布了《组织开展DRGs国家试点申报工作通知》（以下简称《通知》），《通知》强调，推进医保支付方式改革是党中央、国务院赋予国家医保局的重要职能，是完善中国特色保障制度的重要内容，是推进医药卫生体制改革的一项长期任务。国家医保局正在研究制定适合我国医疗服务体系和医保管理能力的DRGs标准，并在部分城市启动按DRGs付费试点。不管医保实行何种支付方式，均各有利弊，其实践既要求能够控制基金支出，约束不合理医疗服务行为，也要求能补偿医疗合理成本与费用，保证医疗服务质量和积极性，同时还要关注民生，保障病人利益。在这样的背景下，如何转变医保管理理念，应对其带来的各种影响是医院管理者必须着重考虑的重要课题。通过5年多来的实践，我们有以下几点体会和思考。

1. 医院领导重视支持是关键

55号文指出，医保支付是基本医保管理和深化医改的重要环节，是调节医疗服务行为，引导医疗资源配置的重要杠杆。随着医药卫生体制改革实施以来，控制医药费用不合理增长，改革医保支付方式不仅关系到人民群众切实利益，而且关系到医院的战略调整和医疗责任。在全民医保大环境下，医院领导层要充分认识到加强医院医保管理关系到医院的生存和发展，必须将医保管理作为"一把手工程"来主抓，同时要健全医院医保管理体制。应成立由院领导牵头的医保管理领导小组，领导小组成员由全院科室主任参加，下设办公室，医保科主任担任办公室主任。医保管理领导小组每季度召开一次医保工作总结分析会，根据本季度医保管理情况实时修订管理制度或出台管理规定，从组织和领导层面保证了医保管理各项措施的顺利实施。

2. 医院全员参与配合才有效

临床医师作为按病种分值付费方式的最直接执行者，其观念的转变以及对政策的理解和执行直接关系到医院应对支付方式改革的成败。2013年刚开始实行按病种分值付费时，许多科室和医师对此项政策有抵触心理，认为医师的职责是治病救人，费用控制不是他们的职责，没有必要去算经济账，结果2013年三项扣罚款达76万余元之多，三项考核指标有两项不达标，考核系数小于1，导致全院病种分值总和贬值，医院亏损。2014年起，加强了政策宣传和奖罚力度，在加强病种分值结算数据分析的同时，及时将信息反馈至科室和每名医师，同时将考核指标和扣罚款与科室及个人的绩效、晋升、评优评先挂钩，大大激发了全员参与的积极性和主动性，2014—2017年各项考核指标不断优化，三项扣罚款逐渐减少，医院取得了较好的社会效益和经济效益。

3. 管理团队敬业专业是根本

2014年以来，在原有医保办的基础上成立了医保科，按照床位和工作人员1∶100的比例配备了专职医保管理人员，医院努力创建"学习型、思考型、知识型"医保管理团队，打造既懂医学、经济学和医保政策又通管理的医保管理复合型人才。先后引进具有医学背景的本科学历人员6名，经济学本科学历人员1名，派送4人次参加人力资源与社会保障部能力建设中心和中国医师协会组织的"医保管理师"培训班学习，10人次参加人社部能力建设中心和中国医院协会组织的"医保管理岗位胜任力"初级、中级和高级培训班学习，均取得了合格证，促使医保管理人才逐步走向专业化。同时，医保科全体同仁面对多重压力以及中国医保管理现状存在的种种困惑和难题，能始终保持阳光心态变压力为动力，心往一处想，劲往一块使，全力以赴，将医保管理工作作为自己的事业来经营，依据《全国医院医疗保险服务规范》，不断由粗放式管理转变为精细化管理，由被动式管理转变为主动式作为，由事后管理转变为事前预防和事中指导监控，不断提高医保管理能力和水平。正因为有了一支敬业又专业的医保管理团队，医院才能在应对医改和医保支付方式改革中稳步前行，实现"三赢"。

4. 管理手段信息化是保障

按病种分值付费要求实现精细化管理，离不开信息系统的支持。2014年以来，医院自行开发按病种分值付费查询和统计软件，通过信息化智能查询和统计软件，对按病种分值付费的数据进行统计分析，并实行精细化管理，既节省了人力物力，又在管理上用数据说话，实现精准管理，是应对支付方式改革成功的重要保障。

5. 管理"永远在路上"才能走得更远

由于医疗需求的无限性、医疗费用增长的刚性和医疗保险基金的有限性之间的矛盾，任何一种付费方式都无法完全适应各种医疗行为，都是利弊相伴。不断完善支付制度，这是由经济社会不断发展、医疗技术不断进步、疾病谱变化等因素决定的，这些方面的发展变化，必然要求医疗保险支付标准、支付方式等进行相应的调整和完善，否则难以适应变化了的新情况。从这个意义上说，医疗保险支付制度是一个由"适应—不适应—调整完善—适应"的循环往复的过程，需要克服一蹴而就，一劳永逸的思想，树立支付制度改革永远在路上的理念。与之相适应的医保定点医疗机构也必须树立医保管理永远在路上的理念,不断创新管理方法和管理手段,才能将医保事业做得更好,才能真正实现"人民群众得实惠、医务人员受鼓舞、投入保障可持续、健康事业得发展"的初心和理想。

(赖红梅　李岚川　李忠强　杜秋兰　赵绿卫)

参考文献

[1] 段政明. 如何把握按病种付费 [J]. 中国社会保障, 2012 (9): 80 - 81.

[2] 晏晨阳, 郑兴东. 医疗保险总额预付制对医院的影响及对策 [J]. 中华医院管理杂志, 2011, 27 (3): 161 - 163.

[3] 洪流. 总额控制下的病种分值付费和单病种付费支付方式对比 [J]. 中国卫生产业, 2017, 15 (4): 15 - 16.79.

[4] 崔立君, 孙常洁, 梁超, 等. 总额预付背景下医院医保管理策略的调整和思考 [J]. 中国医院管理, 2016, 36 (12): 88 - 89.

[5] 《全国医院医疗保险服务规范(试行)》. 医协会【2014】22 号.

[6] 陈曼莉, 赵斌. 实行按病种分值付费的实践经验启示 [J]. 中国卫生经济, 2017, 36 (6): 38 - 41.

[7] 李锦汤, 张艳纯, 李劲佩. 广东全面开展按病种分值付费的进程和初步成效 [J]. 中国健康保险, 2018 (4): 44 - 46.

第五章

医院管理应用案例分析

第一节 病案首页数据质量对医保基金支付的影响

一、DRG 在医保支付方式改革中的应用

(一) 按诊断相关分组预付费制度

按诊断相关分组预付费制度（diagnosis related groups-prospective payment system，DRGs-PPS）是根据国际疾病分类方法，将住院病人按照诊断分在不同的 DRGs 组，对每个组分别定价，医疗保险机构（或病人）在诊疗全过程中一次性向医院支付该组制定价格的费用。诊断相关组的原理是非常复杂和随机的医疗支付过程标准化，把病人的诊疗过程作为一个整体，医院的收入与每个病人的诊断及治疗有关，他综合反映了病例的严重程度、医疗服务强度、资源消耗程度及预后。DRGs-PPS 是一种相对合理的医疗费用管理方法和相对客观的医疗质量评价方法。目前，美国、澳大利亚、德国等国家都将这一切作为短期危、急、重症住院医疗付费支付的主要方式。

(二) DRGs-PPS 的相关标准及概念

1. 变异系数

变异系数又称标准差率，是衡量各观测值变异程度的一个统计量。变异系数越小，说明组内变化越小，结果越稳定。

$$CV = \frac{S}{\bar{X}}$$

其中，CV 表示变异系数，S 表示目标变量（医疗费用和住院日）的标准差，$\bar{X}$ 表示病例的算术均数。

2. 相对权重

权重（weight）是一个相对的概念，是针对某一指标而言。各 DRG 组的权重是每一DRG 组的平均费用与全部病例的例均费用之比，反映了该 DRG 组相对病情严重或治疗复杂程度。

$$某\ DRG\ 的权重 = \frac{该\ DRG\ 组内病例的例均费用}{全体病例的例均费用}$$

3. 费率

费率（rate）是每一单位（权重）支付的费用标准，是医疗保险基金管理部门计算支付各病组费用的基准值。不同级别医疗机构的费率可以不同。

$$DRG\ 费率 = \frac{本地区年度住院医疗费用总额}{\sum_{i=1}^{n}(DRG_i\ 组的权重 \times 上一年该\ DRG_i\ 的病例数)}$$

4. DRG 组费用标准

各 DRG 组费用标准是该 DRG 组的权重乘以费率得到。同一 DRG 组权重相同，其费用标准相同；不同 DRG 组权重不同，其费用标准不同；DRG 组费用标准是医疗保险基金管理部门和病人向医疗机构支付各 DRG 组费用的合计。

$$某\ DRG\ 的预算医疗费用 = DRGs\ 费率 \times 该\ DRGs\ 的权重$$

（三）DRGs-PPS 支付的一般方式

在 DRG 支付中，一般会按照每份病例的实际费用与所属 DRG 组的支付标准费用进行对比，将病例划分为低倍率病案、正常病案和高倍率病案三种情况，各采取不同的支付方式。

1. 低倍率病案

定义：总费用低于支付标准一定倍数（一般各地定为 0.3～0.4 倍）的病案。

支付政策：一般按照项目支付。

2. 高倍率病案

定义：总费用高于支付标准一定倍数（一般各地定为 2～3 倍）的病案。

支付政策：以高于支付标准 2.5 倍为高倍率病案示例，一般来讲，2.5 倍费用以内的部分，按照支付标准支付；2.5 倍以上的部分，社保和医院各承担一定比例。

3. 正常病案

定义：除低倍率和高倍率之外的病案。

支付政策：按照支付标准支付。

二、DRG 对病案首页数据的要求

DRGs 是一种病例组合方式，它以出院病案首页的主要诊断为基础，综合考虑手术操作、并发症/合并症、年龄、性别、出院转归等诸多因素影响，将不同的病例按照临床过程同质、资源消耗相近的原则分门别类归入不同的组。病案首页数据的完整性、准确性以及病案原始数据内涵质量的严谨性对 DRGs 的分组十分关键。

（一）DRG 分组对主要诊断的一般要求

DRGs 分组首先考虑病人的主要诊断，根据临床医师为病人做出的主要诊断确定病人分组的第一步，即 MDC。如果主要诊断选择错误，将对后续进一步分组产生极大的影响。

既往住院病案首页中主要诊断和其他诊断的填写没有严格的规定要求，临床医师往往按照诊断学的要求或是按照临床医师的习惯来书写编码人员按照医师所填与的主要诊断，参照相应的编码规则给出对应的疾病编码并完成首页数据上报。因此，主要诊断的准确性大大下降。

常见的主要诊断书写错误有：①病因诊断在前，疾病诊断在后；②未特指的情况在前，特指的情况在后；③"严重"疾病在前，一般或较轻疾病在后。出现此类情况是因为没有按照主要诊断的相关标准和要求正确填报主要诊断项目，均会导致 DRGs 分组错误。为此，主要诊断的选择应符合 DRGs 分组的相关标准和规范。

主要诊断的相关标准和规范：

主要诊断的定义：主要诊断是经研究确定的导致病人本次住院就医主要原因的疾病（或健康状况）。

主要诊断一般应该是：

（1）消耗医疗资源最多。

（2）对病人健康危害最大。

（3）影响住院时间最长。

（4）该诊断可以包括疾病、损伤、中毒、体征、症状、异常发现，或者其他影响健康状态的因素。

（5）一般情况下，有手术治疗的病人的主要诊断要与主要手术治疗的疾病相一致。

（6）急诊手术术后出现的并发症，应视具体情况根据原则（2）正确选择主要诊断。

（7）择期手术后出现的并发症，应作为其他诊断填写，而不应作为主要诊断。

（8）根据我国目前国情，择期手术前出现的并发症，应视具体情况根据原则（2）正确选择主要诊断。

（9）由于发生意外情况（非并发症），即使原计划未执行，仍选择造成病人人院的情况作为主要诊断，并将病人原计划未执行的原因写人其他诊断。

（10）当症状、体征和不确定情况有相关的明确诊断时，ICD-10 临床版第 18 章中的症状、体征和不确定情况不能用做主要诊断。

（11）除非医师有其他特殊说明，当 2 个或 2 个以上相互关联的情况（例如疾病在同一个 ICD-10 临床版章节或明显与某一个疾病有联系）都可能符合定义时，请参照原则 2 每一个都可能作为主要诊断。

（12）少数情况下，通过住院诊断、病情检查和（或）提供的治疗，确定的 2 个或 2 个以上诊断同样符合主要诊断标准，其他的编码指南无法提供参考时，请参照原则 2 任何一个均可能作为主要诊断。

（13）极少情况下，会有 2 个或 2 个以上对比的疾病诊断，如"不是……，就是……"（或类似名称），如果诊断都可能，应根据住院时情况具体分析填写更主要的诊断；如果未进一步查明哪个是更主要的，每一个诊断均可作为主要诊断。

（14）当有对比诊断后的临床症状时，优先选择临床症状做主要诊断。对比的诊断作为其他诊断编码。

（15）当住院是为了治疗手术和其他治疗的并发症时，该并发症作为主要诊断。当该并发症被编在T80～T88系列时，由于编码在描述并发症方面缺少必要的特性，需要另外编码指定的并发症。

（16）如果出院时诊断仍为"可疑"的不确定诊断，则按照确定的诊断编码。

（17）从留观室入院：

1）留观后入院：当病人因为某个医疗问题被留观，并随即因此入住同一医院，主要诊断就是导致病人来院留观的医疗问题。

2）从术后观察室入院：当病人门诊术后，在观察室监测某种情况（或并发症）继而入住同一医院，应根据主要诊断定义填写主要诊断。

（18）当病人在门诊手术室接受手术，并且继而入住同一医院作为住院病人时，要遵从下列原则选择主要诊断：

1）如果因并发症入院，则并发症为主要诊断。

2）如果无并发症或其他问题，门诊手术的原因为主要诊断。

3）如果住院的原因是与门诊手术无关的另外原因，这个另外原因为主要诊断。

（19）多部位烧伤，以烧伤程度最严重部位的诊断为主要诊断。

（20）多部位损伤，以最严重损伤的诊断为主要诊断。

（21）中毒，以中毒诊断为主要诊断，临床表现为其他诊断。如果有药物滥用或药物依赖的诊断，应写入其他诊断。

（22）产科的主要诊断是指产科的主要并发症或伴随疾病。

（23）肿瘤：

1）当治疗是针对恶性肿瘤时，恶性肿瘤才有可能成为主要诊断。

2）当对恶性肿瘤进行放疗或化疗时，恶性肿瘤放疗或化疗即为主要诊断。

3）当对恶性肿瘤进行外科手术切除（包括原发部位或继发部位），并做术前和（或）术后放疗或化疗时，以恶性肿瘤为主要诊断。

4）即使病人做了放疗或化疗，但是住院的目的是为了确定肿瘤范围、恶性程度，或是为了进行某些操作（如穿刺活检等），主要诊断仍选原发（或继发）部位的恶性肿瘤。

5）当治疗是针对继发部位的恶性肿瘤时，即使原发肿瘤依然存在，仍以继发部位的恶性肿瘤为主要诊断。

6）当只是针对恶性肿瘤和（或）为治疗恶性肿瘤所造成的并发症进行治疗时，该并发症即为主要诊断，恶性肿瘤作为其他诊断首选。

7）肿瘤病人住院死亡时，应根据上述要求，视本次住院的具体情况正确选择主要诊断。

（二）DRG 分组对其他诊断的一般要求

在正确选择主要诊断的基础上，亦不应忽视其他诊断的填写。由于其他诊断的不同，判断病人是否伴有重要的并发症或合并症（MCC）、伴有一般的并发症或合并症（CC），或不伴有 CC，以区分病人的病情轻重。同样的病种和治疗方式，由于年龄不同、是否伴有 MCC 或 CC 或者没有 CC 都会影响到病人的最终分组结果。

以下就其他诊断的定义及相关要求进行说明。

1. 其他诊断的定义

其他诊断是指住院时并存的、后来发生的或是影响所接受的治疗和（或）住院时间的情况，其他诊断包括并发症和伴随症。

并发症：指与主要疾病存在因果关系，主要疾病直接引起的病症。

伴随症：指与主要疾病和并发症非直接相关的另外一种疾病，但对本次医疗过程有一定影响。

2. 其他诊断的填写要求

（1）填写其他诊断时，应先填写并发症，再填写伴随病。

（2）病人既往发生的病症及治疗情况，对本次入院的主要疾病和并发症的诊断、治疗及预后有影响的，应视为伴随病填写在病案首页其他诊断栏目内。

（3）如果既往史或家族史对本次治疗有影响时，ICD-10 编码 Z80～Z87 对应的病史可以作为其他诊断。

（4）由于在 2011 版的住院病案首页项目修订说明中删除了"医院感染名称"，因此，一般应该把"医院感染名称"填写在其他诊断。

（5）除非有明确临床意义，异常所见（实验室、X 线、病理或其他诊断结果）应该填写在其他诊断，但无须编码上报。如果针对该临床所见异常又做其他检查评估或常规处理，该异常所见在写入其他诊断的同时要求编码上报。

（6）如果出院时诊断仍为"可疑"的不确定诊断，则按照确定的诊断编码。

（7）要求将本次住院的全部其他诊断（包括疾病、症状、体征等）填全。

（三）DRG 分组对手术及操作的一般要求

在正确选择主要诊断的基础上，还要强调主要手术和操作的选择，因为在 DRGs 分组中对于不同的治疗方式会分到不同的 DRGs 组中。在 DRGs 分组中，即使诊断相同，治疗方式不同也会被分到不同的 DRGs 分组中，即手术组、操作组、药物治疗组。按照相关治疗方式进行分组时，主要手术和操作的选择就显得十分重要。

以下就主要手术和操作的定义及一般手术和操作的相关要求进行说明。

1. 主要手术及操作的定义

主要手术及操作一般是指病人本次住院期间，针对临床医师为病人做出的主要诊断的病症，所施行的手术或操作。按照操作的目的，可将操作分为诊断性操作和治疗性操作。

诊断性操作：以为明确疾病诊断为目的的检查操作。

治疗性操作：以治疗疾病为目的的非手术性操作。

填写手术及操作时应包括诊断性操作和治疗性操作。

2. 主要手术及操作的选择原则

（1）主要手术及操作的选择一般要与主要诊断相对应，即选择的主要手术或操作是针对主要诊断的病症而施行的。

（2）一次住院中多次手术、多次操作的情况下，主要手术或主要操作般是风险和难度最大、花费最多的手术或操作。

3. 病案首页手术及操作的填写要求

（1）填写手术和操作时，优先填写主要手术。

（2）住院期间多次手术及操作的选择原则。在遵循主要手术及操作选择原则的前提下，手术及操作填写顺序为：首先选择与主要诊断相对应的主要手术或操作，其他手术及操作按照手术优先的原则，依日期顺序逐一填写。

（3）对于仅有操作的选择原则。病人在住院期间进行多个操作，填写的顺序是治疗性操作优先，首先填写与主要诊断相对应的治疗性操作（特别是有创的治疗性操作），然后依日期顺序逐一填写其他的治疗性操作。之后，依日期顺序逐一填写诊断性操作；如果仅有诊断性操作，尽量选择重要的诊断性操作（特别是有创的诊断性操作）优先填写之后，依日期顺序逐一填写其他诊断性操作。

（4）填报范围是（除胸部 X 线检查及心电图外）ICD-9 临床版中有正式名称的手术和操作。

三、病案首页数据质量对医保基金支付的影响

以主要诊断为核心的病案首页的数据质量对 DRG 入组的准确性有本质的影响，从而对医保基金支付的标准和金额产生影响。因此，实施 DRG 支付方式改革后，病案首页数据质量直接影响医院基金赢获能力和质量的高低。

就医疗机构自身而言，在符合临床治疗原则的前提下，着力于病案首页数据质量提升，确保 DRG 医保基金支付的准确性，是亟须解决的课题。

（一）病案首页对 DRG 产生的影响

DRG 应用以来，医院内较大的压力导向病案科室，由于其承担编码是否编准，编对，编全，这一点将直接影响 DRG 分组结果能否入组且入对组。而各地编码人员稀缺，工作量较大，病案管理，编码校验质控的信息化程度急待提升。

病案首页对 DRG 入组准确性的影响主要有：

（1）主要诊断疾病代码缺失或错误 DRG 无法入组，属于病案首页重要字段缺失或错误。

（2）主要手术及操作疾病代码缺失或错误 DRG 入组错误或发生歧义。

（3）其他诊断疾病代码缺失或错误 DRG 入组错误，属于并发症或合并症缺失，可能导致 ADRG 到 DRG 分组最终结果错误。

综合上述，病案首页重要字段的缺失或错误均会对 DRG 分组结果产生影响，尤其是疾病诊断代码的完整与正确对 DRG 分组影响巨大。

表 5-1-1 展示了应用 DRG 分组预测医疗机构因疾病诊断代码错误原因导致 DRG 支付方式改革前后亏损情况的案例。这个案例以某三级医院 2018 年 1—3 月心内科与骨

科的病案首页数据为基础，病案首页全流程质控管理平台（"悦励"）提示与人工经验结合进行了疾病代码纠错，比较该医疗机构经过疾病代码纠错前后 DRG 分组预测盈亏差异。入组情况来看，疾病代码纠错后入组率提升显著，歧义病案减少；服务质量指标来看，疾病代码纠错后 CMI 提升明显；亏损预测来看，疾病代码纠错后挽回巨额亏损。

表 5-1-1　疾病诊断代码纠错前后 DRG 分组相关指标对比

评估类型	指标	纠错前	纠错后
分组情况	入组率	98.58%	99.57%
	未入组病案/例	57	8
	歧义病案/例	36	5
	高倍率病案/例	317	21
	低倍率病案/例	395	242
服务质量情况	CMI	1.09	1.16
	DRG 组数	242	256
服务安全情况	低风险组死亡病案/例	0.07	0
	中低风险组死亡/例	0.09	0.02
盈亏预测情况	高倍率病案亏损/万元	-830	-701.8
	DRG 测算总亏损/万元	-1 136	-857.4

（二）入组错误病案存在的主要问题

表 5-1-2 展示了病案首页全流程质控管理平台（悦励）提示结合人工经验进行疾病代码纠错后总结出的导致亏损常见的三大类病案问题：编码错误、漏编错误和编码规则错误。诊断代码主要问题集中在编码错误与编码规则错误；手术代码主要问题集中在编码错误与漏编错误。

表 5-1-2　入组错误病案存在的主要问题

错误类型	诊断代码/个	手术代码/个
编码错误	470	123
漏编错误	13	189
编码规则错误	367	34
其他错误	2	81
总计	852	427

1. 常见的编码错误

图 5-1-1 展示了疾病诊断代码错误常见的原因分布情况，疾病诊断代码常见的问题可总结为诊断编码填写较多特指不明确；疾病诊断填写肿瘤形态学编码；损伤外部原

因编码填写错误；诊断代码含有特殊符号。这类型的编码问题将导致 DRG 分组无法正确识别编码，从而发生因编码问题导致未入组病案情况。

例如，原始主要诊断为 C34.900 肺恶性肿瘤，由于缺少肿瘤部位的描述，无法选择特指更明确的编码作为主要诊断，如左肺上叶恶性肿瘤、右肺中叶恶性肿瘤、肺中上叶恶性肿瘤等。

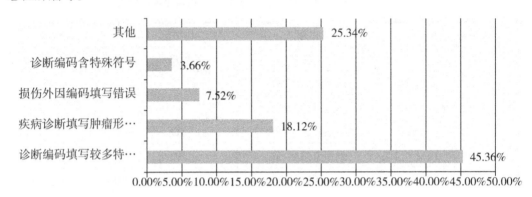

图 5-1-1 疾病诊断代码编码错误原因分布情况

图 5-1-2 展示了手术及操作代码错误常见的原因分布情况。手术及操作代码常见的问题可总结为手术及操作缺少对耗材描述编码的具体选择；手术及操作缺少对手术入路方式描述编码的具体选择；手术及操作缺少对施术部位描述编码的具体选择。这类型的编码问题将导致 DRG 分组无法进入对应的外科或非手术室操作组，从而发生因编码问题导致高倍率病案或只能获取内科 DRG 组医保基金的情况。

例如，原始手术代码为 79.3101 肱骨骨折切开复位伴内固定术，经参考付费医嘱信息中开具的一次性医疗耗材费，发现手术用一次性医用耗材费中含有金属锁定接骨系统（含 7 颗螺钉），属于手术缺少对耗材描述编码，应编码为 79.31005 肱骨骨折切开复位钢板内固定术。

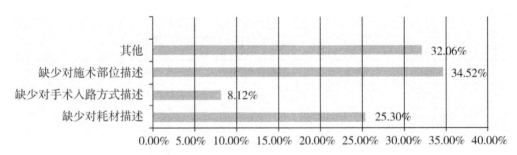

图 5-1-2 手术及操作代码编码错误原因分布情况

2. 常见的漏编错误

通过病案首页全流程质控管理平台（悦励）提示的手术/操作另编码或疑似漏编错误提示，人工结合付费医嘱数据进行审核校验，告知医疗机构编码员咨询临床医生发现第二类影响 DRG 分组的主要病案首页问题——手术及非手术室操作编码漏编问题。这类型的漏编问题将导致 DRG 分组无法进入对应的外科或非手术室操作，从而发生因编码问题导致高倍率病案或只能获取内科 DRG 组医保基金的情况。

例如，原始主要诊断为 S42.001 锁骨骨折，主要手术及操作代码未填写，查看付费医嘱见锁骨钢板（含6颗螺钉），与该医疗机构确认后加编主要手术锁骨钢板内固定术。

3. **常见的编码规则错误**

通过病案首页全流程质控平台（悦励）提示各类编码规则错误，人工经验结合教科书知识，告知医疗机构编码员咨询临床医生验证第三类影响 DRG 分组的主要病案首页问题-编码规则问题。常见的编码规则错误问题有合并编码规则问题以及加编编码规则问题。这类型问题将导致 DRG 分组无法进入正确的 DRG 组，甚至错误实际更高权重的 DRG 组。

例如，原始主要诊断为 N20.001 肾结石，其他诊断1为 N20.101 输尿管结石，根据编码规则提示应合并至 N20.201 肾输尿管结石。

四、规避病案导致的 DRG 亏损应对策略

（一）规范病案首页填写问题

医疗机构病案科应正确理解病案首页质量填写规范，根据院内实际情况结合影响 DRG 入组的重要病案首页字段，做好临床质控工作，规范临床书写。

（二）规范三大类病案首页常见疾病代码问题

1. **编码错误问题**

医疗机构病案科在对疾病诊断与手术及操作进行编码过程中疾病诊断建议结合病程记录明确具体解剖部位，手术及操作应结合手术记录，辅助检查等信息明确具体耗材、手术入路以及施术部位情况，选择特指明确的编码，避免使用残余类目编码。肿瘤病例编码时应填写对应的形态学编码，以确保肿瘤疾病代码的病理特征。充分利用主导词查询工具书正确指导编码。

2. **漏编错误问题**

医疗机构病案科在对病案进行质控审核过程中建议结合手术记录或医嘱付费记录核查手术及操作的漏编情况，最大限度避免因人为因素导致的手术及操作漏编问题。

3. **编码规则错误问题**

医疗机构病案科应以本院实际收治病人特征为主，结合常见影响 DRG 的主要编码规则错误问题，加强对病案编码员的相关疾病分类代码基础知识技能提升，正确理解教科书传达的中心思想，利用先进工具，灵活运用编码知识，用编码规则去规范主要诊断与主要手术及操作，做好内涵质控，从而为 DRG 分组提供更真实有效的数据基础。

通过对病案首页填写不规范问题的质控管理以及编码问题的重点审核，基本可满足 DRG 分组对病案首页数据质量的基本要求。

（三）DRG 分组异常指标下风险病案排查

为更有针对性地抓住病案数据导致 DRG 亏损的重点问题，以及进一步规避主要的 DRG 亏损，建议医疗机构病案科在进行内涵管理中从 DRG 分组异常指标入手，追查风

险问题病案，揪出因病案首页填写或编码问题导致的 DRG 亏损。重点的 DRG 分组异常指标有未入组病案、高倍率病案、低倍率病案以及低风险组死亡病案。

1. **未入组病案下的风险病案排查**

未入组病案主要分为歧义病案以及编码错误导致不能入组病案，其中导致歧义病案的主要原因是主要诊断与主要手术不匹配问题。应严格按照主要诊断选择原则选择对本次住院影响最大，导致住院时间最长，消耗医疗资源最多的疾病作为主要诊断。主要手术应与主要诊断匹配，从而有效避免歧义病案的发生。

例如，主要诊断为冠状动脉粥样硬化性心脏病，其他诊断 1 位混合痔，主要手术为肛裂切除术。

2. **高倍率病案下的风险病案排查**

高倍率病案发生的主要编码问题集中在手术漏编以及高码低编。建议灵活运用编码规则知识，结合主要诊断选择原则，重点核查另编码错误，结合手术记录、付费医嘱等信息，避免手术及操作漏编或主要诊断选择错误导致的高风险病案问题。

例如，主要诊断为冠状动脉粥样硬化性心脏病，未填写主要手术及操作，经查看付费医嘱后发现该病例进行了冠状动脉造影操作，且使用了 2 根导管。

3. **低倍率病案下的风险病案排查**

低倍率病案发生的主要编码问题集中在低码高编和多编，建议对于低倍率病案反复核查主要诊断选择的准确性，并坚持如实反应医疗过程的原则，最大限度避免因编码问题导致的低倍率病案。

例如，主要诊断为股骨骨折，其他诊断 1 为取出骨折内固定装置，其他诊断 2 位骨折术后，主要手术为股骨内固定物取出术。

4. **低风险组死亡病案下的风险病案排查**

低风险组死亡病案发生的主要编码问题集中在高码低编或手术漏编，建议仍以主要诊断选择原则为基础，反复核查低风险组死亡病案的主要诊断。同时，参考病程记录以及付费医嘱信息，避免手术及操作的漏编，从而最大限度规避病案首页编码问题导致的低风险组死亡病案。

例如，某低风险组死亡病案的主要诊断为冠状动脉粥样硬化性心脏病，其他诊断 1 为急性非 ST 段抬高型心肌梗死，主要手术及操作经皮冠状动脉药物洗脱支架置入。

从该医疗机构的案例可总结出病案首页质量的提升是从亏损病案中赢获基金的一大机会，做好病案首页内涵质量势在必行。

以病案首页数据质量为抓手，减少病案导致的 DRG 假性结果引起的服务绩效评价偏差和不必要的 DRG 医保支付亏损，做好数据内涵质量，保障数据的真实可信是第一步。第二步是探寻一种能规范医疗实施路径，减少不必要的医疗开支，规避不正当的医疗行为，构建医疗行业健康可持续性发展的应对策略，从而追本溯源的解决当今医保管控难题。

按 DRG 病种付费制度的推行极大程度原因是日益增长的医疗消费以及居高不下的药品占比和耗材占比，医疗成本控制水平低，制度更规范的临床路径指导成本控制措施或可一观。

第二节 临床医师技能等级评价

当前医疗卫生人才评价制度主要存在以下问题：一是医疗领域的职称评审和聘任制度过于注重科研和论文，难以引导临床医生集中精力提升临床技能，多数临床医生注重做"职称科研""职称论文"，占用了大量的时间。有些医生虽然临床业务能力得到病人和同行认可，但由于缺乏科研成果和足够的论文数量很难晋升。与此同时，一些不会做手术的主任医师、不会看病的内科专家，靠大量科研论文获各种职务头衔，但在实践中却不会处理病人和具体的临床问题，出现了学术上的不良风气。二是医务人员的工资待遇主要按职称、学历、工作年限等因素确定；专业技术人员与后勤服务人员、医生与护士之间，只要职称相同，其档案工资基本相同，影响了医务人员的积极性。

为此，在借鉴国内外经验基础上，需要探索建立体现不同系列临床医师技术劳务价值的人才评价制度，即以各系列人才的岗位责任、技术含量、责任风险、工作质量和强度等要素为量化依据，对其职业价值进行专业化定量评定的临床医师技能等级评价体系。

一、医师评审制度现状

（一）职称评审下的学术腐败之风

2017年4月20日，学术出版集团施普林格（Springer）发布撤稿声明，旗下国际知名期刊《肿瘤生物学》（TumorBiology）突然撤销了107篇发表于2012—2016年的医学论文。这些论文全部来自中国学者，涉及人数高达524名，作者大都来自复旦大学、浙江大学、中南大学、上海交通大学、中国医科大学等，创下了正规学术期刊单位撤稿数量之最。鉴于此事件的恶劣影响，科技部专门下发《关于对集中撤稿论文涉事作者处理指导意见的函》要求对涉事医师进行严肃处理。部分医院按照通知对涉事医师进行了极其严厉的惩罚，如山东省医学科学院附属医院就对论文造假的医师做出了处罚决定，甚至涉及两名主任医师。

冰冻三尺，非一日之寒。为什么会出现这样的结果？

医生需要评职称，需要晋升，那就需要发表论文，而且还需要发表在世界顶尖杂志上。这种扭曲的考核制度，也迫使一些人为了利益不择手段。医生的名气大小和工资多少主要看职称，几乎每个人都面临着一条以论文为铺路石的漫长晋升通道，甚至"做一千台手术不如发一篇SCI论文"。同样，医院的声誉高低和拨款丰俭一方面取决于医院的等级，另一方面取决于其课题数量，也都直接或间接与论文挂钩，导致他们对"SCI"趋之若鹜，攀比成风，甚至造成"科研养医"之诟病。

由此，"职称"已成为医生的一道枷锁，成为一个利益和名誉的代名词。可是，医生的职称评定不是根据看了多少病人，做了多少高难度的手术，解决了多少疑难病例，而是根据 SCI 文章的多少。这样的评审方式最终导致了各种造假现象，中国人学术腐败之风何时能停止？这不仅取决于治理的力度，更取决于治理的深度。对医疗界而言，如果学术反复治理的是标，那么改变扭曲的医生职称评价体系治的则是本。

（二）政策驱动医疗行业职称评审制度的变革

2016 年 11 月 1 日，中央全面深化改革领导小组审议通过了《关于深化职称制度改革的意见》，提出根据不同的职业和工作性质确定职称评定标准，坚决废除以论文数量为标准的"一刀切"做法，对那些基层一线的专业技术人员和操作人员，着重考察他们的实操能力和实践能力，以及在专业技术领域对组织发展的贡献。

2018 年 2 月，中共中央办公厅、国务院办公厅印发了《关于分类推进人才评价机制改革的指导意见》，要求科学设置人才评价标准。坚持凭能力、实绩、贡献评价人才，克服唯学历、唯资历、唯论文等倾向，注重考察各类人才的专业性、创新性和履责绩效、创新成果、实际贡献。着力解决评价标准"一刀切"问题，合理设置和使用论文、专著、影响因子等评价指标，实行差别化评价，鼓励人才在不同领域、不同岗位做出贡献、追求卓越。

2018 年 10 月 24 日，科技部、教育部、人力资源和社会保障部、中国科学院、中国工程院等五部门发出通知，联手开展清理在科研项目评审、人才评价、机构评估、院士评选等科研活动中"唯论文、唯职称、唯学历、唯奖项"（简称"四唯"）专项行动，再一次引起了公众对这一备受诟病但又难以革除的顽症的普遍关注。

由上述国家政策可以看出，国家在大力变革现行的职称评审制度，医疗行业的三级医师晋升制度必将迎来重大变革。

（三）医疗行业发展的需要

目前，医师职称评定，不是由最懂医生、最了解医生的学术组织来评定，而是由行政机构来评定，这使得医师的职称沦为行政化的产物。行政化就难免政策化、教条化、一刀切，这种情形导致的结果只有一个：医生不断地去迎合行政标准，而放松甚至是放弃了临床需求。那么，出现不会看病、不会做手术的高职称医生，甚至是医疗能力弱领导能力强的医生，有能力的医生抬不起头，没能力的医生趾高气扬也就不足为奇了。

另外，医生分级晋升的现象也成为医学发展的最大内耗。从学科发展角度来看，取消医生分级晋升，可以有效减少甚至是杜绝买卖依循论文、学术造假、权力寻租等现象，真正建立起以临床需求、病人需求为导向的医学科研方向，有效避免临床与科研两张皮。从医院管理角度来讲，职称是绩效评价、薪酬分配的重要权重。表面看这种分配方式合理，但实际上是一种粗放的管理方式。而取消医生职称分级晋升，可以倒逼医院以临床实际能力为主，建立真正公平合理的绩效考核指标体系，最大限度地激发医生的积极性。从服务病人角度讲，医生分级晋升的减法，势必会换来医生回归临床的加法，最终受益的是所有病人。

（四）新医改时代的来临

中国的临床职称体系是全世界独有的，在一定的历史阶段这种职称体系有其存在的理由，但现在到了该梳理改革的时候了，否则无法和国际接轨，也无法解除束缚多数临床医生的枷锁。这种制度逼迫所有的临床医生，包括乡村医生和社区医生都要去申请课题，做研究，发表文章，甚至发表 SCI 文章，否则无法晋升。这是很荒唐的，也催生了大量的论文买卖和论文造假，养活了很多粗制滥造的医学杂志。职称晋升主要是和工资待遇挂钩的，现在我们已经有了更加科学、系统、可靠的评估体系，尤其是 DRG 和病种评价体系，是时候考虑废除临床医生的职称体系了。

医改的一个重要目的是解放医生，实现医生自我价值。而医生分级管理严重阻碍了自由执业、公立医院去编制等政策的推进。如此的职称晋升制度，只会把医生与公立医院捆绑得越来越紧，使医生越来越依附于公立医院，不利于人才的流动，不利于医疗行业的良性发展。这样的结果与医改是严重相悖的。取消我国医生在职称体系中的主治医师、副主任医师和主任医师的分级晋升制度，为广大勤勤恳恳地在临床第一线从事医疗诊治工作、为病人提供直接医疗服务的医务人员松绑。晋升制度可以改成住院医师和医师两个级别。所有经过住院医师规范化培训，并通过考核评估达到标准的医师即可成为医师。不同工作年限的医师之间的地位是平等的，只是临床经验多少和技术水平高低有所不同而已。要不断完善对医生实际临床水平的考察标准，建立科学的绩效考评体系。

二、医师技能评级的理论框架和方法体系

（一）基本的逻辑和过程

医师面对的是病人，最能体现医师技术水平的是医师对疾病的诊疗，尤其是对疑难重症疾病的治疗和医疗关键技术的应用（应剔除非本专业应收治的疾病，诊疗此种病例的医师由于缺乏此专业的医学技能，浪费了医院的资源，也无法体现本专业的技术难度）。"艾登科技"利用其大数据的优势，结合艾登数据库中 600 余家医院和数千万级病案数据进行分析整理，利用 DRGs 分组工具，结合其独有的专科专治数据库进行数据清洗处理，同时通过文献参考、专家论证等阶段，组织各学科（18 个学科）历时 1 年的时间，结合每位临床医师独立完成病案诊治的情况，及每一例病案的合并症和并发症及质量安全因素矫正了权重，制订出了"艾登科技医师技能评价标准"。

（二）具体评估方法介绍

1. 标杆基准法

医院将自身的关键绩效行为与行业中最强的竞争医院或在行业中领先的、最有名望的医院的关键绩效行为作为基准进行评价和比较，分析这些基准医院的绩效形成原因，在此基础上建立医院的关键绩效基准及绩效改进的最优策略的程序与方法。

（1）内部标杆基准法。

这是医院内部操作作为基准的标杆基准法，是最简单且易操作的标杆基准法之一。它通过确立内部标杆管理的主要目标，实现医院内的信息共享，辨别医院内部最佳职能或流程及其实践，然后推广到组织的其他科室，不失为医院绩效提高最便捷的方法之一。

（2）外部标杆基准法。

这是以竞争对象为基准的标杆基准法，也被称为外部标杆基准法。竞争标杆基准法的目标是与有着相同市场的医院在产品、服务和工作流程等方面的绩效与实践进行比

较,直接面对竞争者。

2. 决策树算法

同专业医师技术水平评价根据病例组合指数(CMI)和疾病结构两个因素进行分类拆分,细分成10级医师评价标准。

病例组合指数:反映医师的综合技术难度,即例均权重大小。

疾病结构:反映医师治疗的病人中权重高的DRG组占比大小。

如图5-2-1所示。

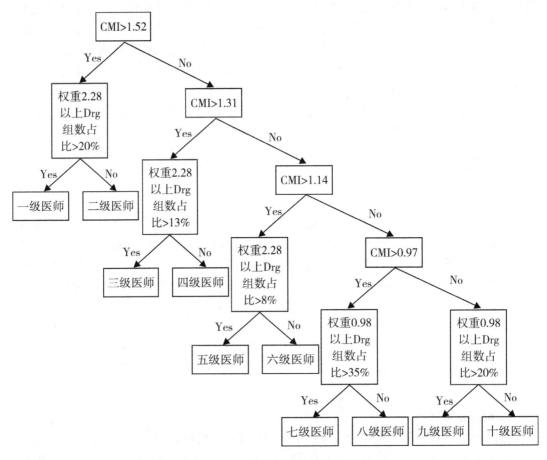

图5-2-1 ADEN医师技能决策树算法模型

3. 专科专治分类法

参照《三级综合医院医疗服务能力指南》(2016版)中的临床专科医疗服务能力标准进行专科专治分类,选取代表性的疑难重症和关键技术作为评估对象,界定专科专治的范围,以心血管内科专业示例,表5-2-1和表5-2-2为该专业应开展的疑难重症疾病和关键医疗技术,表5-2-3为该专业主要涉及的专科专治ADRG病组。

表 5-2-1 心血管内科应开展疑难重症疾病

应当具备诊治以下疑难重症的医疗服务能力	
疾病名称	诊断手段	主要治疗方法
心源性休克	查体、CT、彩色多普勒超声心动图	药物、主动脉内球囊反搏置入术
难治性心里衰竭	查体、化验、彩色多普勒超声心动图	药物、心脏再同步化化疗
室速室颤	心电图、彩色多普勒超声心动图	药物、埋藏式体内自动复律除颤器置入术、经皮导管射频消融术
心房纤颤	心电图、彩色多普勒超声心动图、动态心电图	药物、经皮导管射频消融术
房室传导阻滞	查体、心动图	药物、起搏器植入
阵发性室性、室上性心动过速	查体、心动图	药物、射频消融术
急性心肌梗死	心电图、化验、冠脉造影	静脉溶栓、经皮冠状动脉介入治疗
心脏瓣膜病	查体、彩色多普勒超声心动图	药物、介入、外科手术
感染性心内膜炎	查体、彩色多普勒超声心动图	药物、外科手术
扩张型心肌病	查体、彩色多普勒超声心动图	药物、心脏再同步化化疗
限制性心肌病	查体、彩色多普勒超声心动图	药物
肥厚型心肌病	查体、彩色多普勒超声心动图	药物、埋藏式体内自动复律除颤器置入术、化学消融
在应当诊治疑难重症疾病的基础上，可以具有诊治以下疾病的服务能力		
先天性心脏病	查体、彩色多普勒超声心动图	介入封堵、外科手术
急性高血压	查体、化验、动态血压监测	药物
顽固性高血压和继发性高血压	查体、影像、化验	药物

表 5-2-2 心血管内科应开展关键医疗技术

应当具备开展以下关键技术的服务能力	
关键技术	主要应用范围
紧急临时起搏器安装	急诊临时起搏或选择性临时起搏
心脏再同步化治疗	难治性心力衰竭
主动脉内球囊反搏术	心源性休克/泵衰竭
经皮导管射频消融术	室上性室性心动过速

续表 5-2-2

应当具备开展以下关键技术的服务能力	
关键技术	主要应用范围
冠脉血流储备测定	冠心病
经皮冠状动脉介入治疗技术	冠心病
超声引导下心包穿刺术	心包积液
在应当具备的关键技术的基础上，可以具有诊治以下疾病的服务能力	
埋藏式体内自动复律除颤器置入术	实行心动过速室颤
空间定位射频消融术	心房纤颤
永久起搏器置入术	病态窦房结综合征/房室传导阻滞
顽固性高血压经皮肾动脉交感神经消融术	原发性高血压
冠状动脉光学相干断层成像	冠心病
先心病介入封堵术	先心病

表 5-2-3 心血管内科应开展 ADRG 病组（专科专治）

MDC	ADRG	ADRG 名称	分析病例数	权重
F	FP1	自动复律除颤器（AICD）植入或再植	523	3.62
F	FM2	经皮心血管操作及冠状动脉非药物洗脱支架植入	1 316	3.18
F	FN1	永久性起搏器植入	3 973	2.47
F	FL1	经皮心脏射频消融术和/或心脏冷冻消融术，伴房颤和/或房扑	7 308	2.24
F	FM1	经皮心血管操作及冠状动脉药物洗脱支架植入	49 062	2.06
F	FN3	除装置再植外的心脏起搏器更新	340	1.90
F	FN2	心脏起搏器装置再植	1 451	1.82
F	FM3	经皮心血管操作及其他心血管治疗	4 303	1.71
F	FR1	急性心肌梗死	7 967	1.48
F	FT1	感染性心内膜炎	356	1.43
F	FL2	经皮心脏射频消融术和/或心脏冷冻消融术	7 903	1.33
F	FR2	心力衰竭、休克	21 004	1.28
F	FD3	先天性心脏病介入治疗	3 340	1.04
F	FS1	心绞痛	40 865	0.91
F	FS2	冠状动脉粥样硬化	14 865	0.87
F	FU2	严重心律失常及心脏停搏	2 149	0.84

续表 5-2-3

MDC	ADRG	ADRG 名称	分析病例数	权重
F	FQ1	有创性心脏检查操作	55 717	0.81
F	FT2	高血压	27 119	0.78
F	FU3	心律失常及传导障碍	11 960	0.75
F	FV2	晕厥及/或虚脱	1 719	0.70
F	FV3	胸痛	523	0.56
F	FV1	先天性心脏病	2 808	0.45

三、医师技能评级的主要内容及应用

（一）主要内容

1. 医师技能综合评级

参照 CN-DRG2018 版分组器规则，选取各诊疗专业 DRG 病组占比前 80% 的病组作为各专业的专科病组，同时，结合国家卫生和计划生育委员会医政医管局 2016 年颁布的《三级综合医院医疗服务能力指南（2016 版）》中的专业必须诊治的疑难杂症、还可诊治的疑难杂症、必须开展的关键技术与还可开展的关键技术，在此基础上，选定参与评级的 DRGs 病组 CMI 和疾病结构，分类进行总体评估，最终将住院医师的技术水平划分为 10 个级别。见表 5-2-4 所示。

表 5-2-4 ADEN 临床医师技能综合评级标准

级别	病例组合指数要求	疾病结构要求
1.1	大于 1.52	权重 2.28 以上 DRG 组占比 >20%
1.2	大于 1.52	权重 2.28 以上 DRG 组占比 <20%
2.1	1.31～1.52	权重 2.28 以上 DRG 组占比 >13%
2.2	1.31～1.52	权重 2.28 以上 DRG 组占比 <13%
3.1	1.14～1.31	权重 2.28 以上 DRG 组占比 >8%
3.2	1.14～1.31	权重 2.28 以上 DRG 组占比 <8%
4.1	0.97～1.14	权重 2.28 以上 DRG 组占比 >35%
4.2	0.97～1.14	权重 2.28 以上 DRG 组占比 <35%
5.1	0.97 以下	权重 2.28 以上 DRG 组占比 >20%
5.2	0.97 以下	权重 2.28 以上 DRG 组占比 <20%

2. ADEN 临床医师技能评级案例分析

以某医院心血管内科专业住院医师为例。

从图 5-2-2 中可以看到，该专业的医师总包含主任医师 1 名，主治医师 3 名及住院医师 3 名，共涉及出院病案 324 例。分析主任医师类别发现，李医师 CMI 仅为 1.28，结合技能综合评级的标准，该医师仅排在主任医师类别的第五级，处于中等水平，技术能力还有很大的增长空间。分析主治医师类别，该类别有 3 名医师，所属类别均为 5 级，处于中等水平，技术能力还需逐步提升。分析住院医师类别，该类别有两名医师处于 5 级，1 名医师因病案数极少处于 8 级，住院医师管理疾病技术也需要重点提升。

由上可知，该医院心血管内科专业整体住院医师技术能力水平处于行业中等水平，有很大的提升空间。

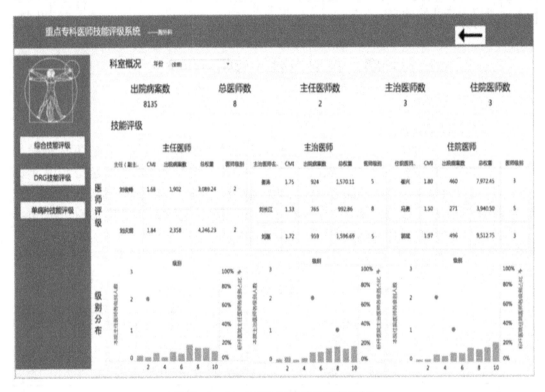

图 5-2-2　ADEN 医师技能评级示例

3. 临床医师技术能力档案

根据医师技能评级的结果，医师擅长的病种和关键技术会被记录在案，以此作为主治医师的技术档案。

医师专业技术能力档案包含基本信息、病种和手术三个方面。

（1）基本信息：包含医师的档案编号、姓名、出生年月、专业、学历、毕业学校、专业技术职务等信息，记录的是医师基础的信息。

（2）诊疗疾病档案：包含医师诊疗的病种数量以及和历史往期及行业平均水平之间的比对。（表 5-2-5）

表 5-2-5　ADEN 医师诊疗疾病档案

疾病名称	当期病案数	往期病案数	标杆病案数
应当具备诊治以下疑难重症的医疗服务能力			
心源性休克	21	18	20
难治性心力衰竭	2	4	2
室速室颤	16	12	16
心房纤颤	13	16	12
房室传导阻滞	18	15	15
应当具备诊治以下疑难重症的医疗服务能力			
阵发性室性、室上性心动过速	9	12	10
急性心肌梗死	50	45	40
心脏瓣膜病	12	10	10
感染性心内膜炎	5	7	5
扩张型心肌病	19	24	20
限制性心肌病	21	21	15

续表 5-2-5

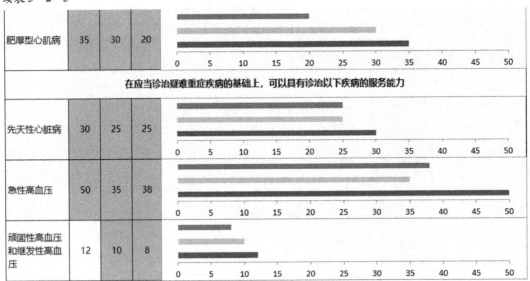

注：当期病案数列中的绿色表示诊疗疾病病案例数排名的前五位；往期病案数列绿色表示此医师当期优于往期，红色表示当期劣于往期；标杆病案数列绿色表示此医师当期优于标杆，黄色表示当期与标杆持平，红色表示当期劣于标杆。

以心血管内科某医师当期诊疗的疾病来分析，可以看到治疗病案例数排名前五位的疾病为急性心肌梗死、急性高血压、肥厚性心肌病、先天性心脏病、扩张型心肌病，可以看到该医师在这些疾病诊疗上具有相对较强的优势。

若结合历史往期数据进行比对分析可知，难治性心力衰竭、心房纤颤、感染性心内膜炎和扩张型心肌病这四类疾病相对往期来说，诊疗病案数有所缩减，该医师需重点关注下此类疾病。

若结合行业标杆数据进行比对分析可知，阵发性室性和室上性心动过速这两种疾病相对于行业标杆水平来讲，该医师还有一定的提升空间。

若把该医师擅长的前五位诊疗疾病结合历史往期数据和行业标杆水平比对，可发现，该医师擅长的扩张型心肌病诊疗例数相对于历史往期和行业标杆水平诊疗例数均有所减少，意味着此类疾病需要该医师重点关注。

（3）关键技术档案：包含医师操作等诊疗手段的数量以及和历史往期和行业平均水平之间的比对。（表 5-2-6）

表 5-2-6 ADEN 医师关键技术专档案

关键技术	当期例数	往期例数	标杆例数	应当具备开展以下关键技术的服务能力
紧急临时起搏器安装	10	9	12	当期：10　往期：9　标杆：12
心脏再同步化治疗	5	8	6	当期：5　往期：8　标杆：6
主动脉内球囊反搏术	4	2	4	当期：4　往期：2　标杆：4
经皮导管射频消融术	12	2	10	当期：12　往期：2　标杆：10
冠脉血流储备测定	12	10	8	当期：12　往期：10　标杆：8
经皮冠状动脉介入治疗技术	35	20	23	当期：35　往期：20　标杆：23
超声引导下心包穿刺术	12	10	14	当期：12　往期：10　标杆：14

续表 5-2-6

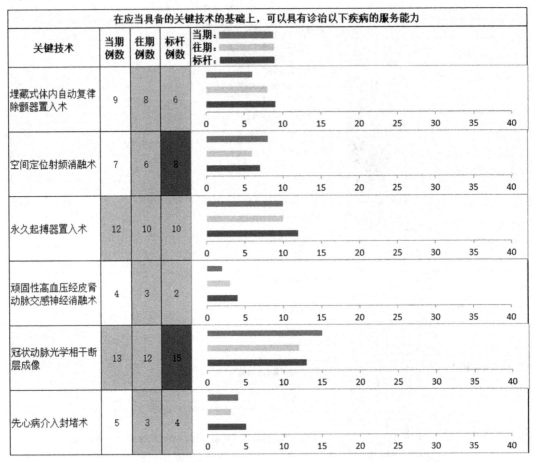

注：当期例数列中的绿色表示关键技术例数排名前五位；往期例数列绿色表示此医师当期优于往期，红色表示当期劣于往期；标杆例数列绿色表示此医师当期优于标杆，黄色表示当期与标杆持平，红色表示当期劣于标杆。

以心血管内科某医师涉及的关键诊疗技术分析，如果单纯分析当期数据，可以看到例数排名前五位的关键技术为经皮冠状动脉介入治疗技术、冠状动脉光学相干断层成像、经皮导管射频消融术、冠脉血储备测定、超声引导下心包穿刺术、永久起搏器置入术，由此可知该医师在这六类关键技术上相对较有优势。

若结合历史往期关键技术例数进行比对，可以发现心脏再同步化治疗低于往期，需做重点关注。

若结合行业标杆水平比对分析来看，可发现超声紧急起搏器安装、心脏再同步化治疗、引导下心包穿刺术和冠状动脉光学相干断层成像低于行业标杆水平，此类技术该医师还有进一步提升的空间。

若将该医师擅长的关键技术与往期的数据和行业标杆水平比对，可以发现此医师擅长的六类技术中，超声引导下心包穿刺术和冠状动脉光学相干断层成像低于，意味着该医师在这两种技术层面还有进一步提升的空间，需做重点关注。

（二）应用：协助医院建立用、选、育、留人才的基准

1. 建立医院选拔人才的基础

当下医院的核心竞争力是医师，如何引进更具技术含量的医师是每家医院需要重点考虑的事。但在目前的以职称评定为主的现状下，引进人才只能通过职称、论文等来界定，真实的技术水平并不能很好地体现出来。艾登科技医师技能评级平台可以记录医生

在他院的医疗行为，尤其是技术水平，为医院提供选拔人才的参考标准，从而聘用那些可以对医院做出真实贡献的医师。对于更高层次的学术中心型研究中心医院，在选用人才时必须还要有科研方面的考量，技术和科研并重。

2. **协助医院建立用人的基础**

中国的医院管理者多数是临床出身，并未真正接触过系统化的管理或培训，尤其是各科室主任多数都是只知临床不知管理，对临床医师的管理多数处于一种粗放的感觉式管理。"艾登科技医师技能评价体系"可以使医院管理者清晰地了解本院每位医师所擅长的疾病及关键技术，还可以看到与行业水平之间的差距，一则可以确保临床医师的知识和技能始终并且持续地符合病人的需求，二则可以更好地利用医院的医师资源，做到人尽其才。

3. **协助医师打通职业晋升渠道**

由于体制原因，目前中国医院的年轻医师在日常工作中除了应对繁忙的培训计划外，还要设法发表数十篇同行评议的研究论文，专注于临床学习的时间不够，造成年轻医师成长极其缓慢。以手术医师为例，只有不到5%的手术是由43岁以下的医师完成的。医院若想留住具有高医疗技术的医师，就必须解决其职业晋升环境。"艾登科技医师技能评级"可以为医师的职称晋升提供标准，对于更高级别的医师需要诊疗疾病多少例，开展多少关键医疗技术学都有明确的定义，临床医师只要关注好自己的临床病人，就可以快速地晋升到更高级别的职称。同时，伴随着的是医师社会名誉、薪酬等的增加，真正激励医师向更高难度的疾病、更高层次的手术发展，关注医疗技术本身。

四、如何建立系统的留人、育人、选人机制

（一）建立医师技能评价的全流程管理

医疗技术的进步不是一朝一夕的事情，需要持续不断地投入，医院需要把医师技术纳入核心管理，以此为重心建立医师的绩效行为方案。作为医师的载体，医师技能评级会记录医师在医院行医中的全过程行为记录，偏离轨迹时要及时提醒，是医师的技术成长的"画像"。同时，数据会留存于系统中，便于医院对于医师的成长做好阶段化针对性管理，为医师成长提供指导性意见，协助医师成长为更高层次的医师。

（二）建立综合的以能力为焦点的人力资源系统

基于能力的医师技能评级本身是医院以个体或群体医师为核心的人力资源管理系统的重要组成部分。它是以人为本而不是以任务为中心的新型人力资源管理思想在绩效管理领域中的一种体现，对医师的能力的强调贯穿于医院医师的招聘、晋升、绩效管理等整个人力资源管理系统。采用医师技能评级的医院还必须注意将则会中对绩效行为能力的强调融入新员工的甄选、培训以及员工的绩效评价过程中，建立起综合的基于能力的人力资源系统。

（三）管理进临床

同时，配套的医师绩效管理是必不可少的，建立全流程管理，解决医师的后顾之忧，让其全身心地投入于医疗事业。医院需要提升医院管理人员的水平，管理向临床倾

斜,甚至管理进病房。管理不是坐在办公室的领导,管理是为临床服务的,需要为医师的经济核算、薪酬绩效、医疗质量与安全,甚至是技术成长提供建设性意见。可以参照国内,为医师建立专业化的理财团队,或者像四川大学华西医院一样,为各个临床单元配备管理人员,协助临时进行人财物的管理。

(四)利用信息化工具

医院管理已经步入数据信息化管理,对医师技术能力的管理亦不例外。医院需要借助信息化的技术记录医师的成长轨迹,如诊疗过的疾病、操作过的手术、诊疗病人的疾病治疗效果学。借助大数据工具为医师的医疗行为进行流程化的记录和系统化的分析,定期发布报告告知医师。

(五)创建基于能力的医院文化

值得注意的是,医师技能评级的成功推行需要一个条件,即基于能力的组织文化。那种能创造出培育、鼓励医师绩效文化的组织比没有这种文化的组织更为成功。基于能力的医院文化能够促进员工发展,鼓励员工最大限度地为组织做贡献,为能力出众的员工开辟施展才华并对组织做出重大贡献的途径,创造出使员工全身心投入工作、迎接挑战并积极工作的氛围,同时也能够使基于能力的医师技能评级得以顺利进行。

(六)在实践过程中不断修改,使基于能力的医师技能评级体系得以完善

医师技能评级一开始不可能完全符合医院和医师的要求,因此,必须在实践的基础上检验其效果,并且广泛吸收员工的意见,对医师技能评级的各个方面做出相应调整。同时,在实施过程中,医院要不断根据医院和医师实际情况,更新和丰富能力要素、能力评价的要求,并对员工的能力评级评价体系进行重新评价。这种方法一方面可以保证能力评价体系适应医院发展的需要,另一方面也可以促使医师持续不断地进行学习。

第三节 医院学科竞争力评估及重点专科增长力模型

学科是医院核心竞争的体现,重点学科竞争力评估对于医院来说是寻找标杆、发现差距的最佳工具;通过竞争力评估这个工具科学定位重点专科之后,专科的增长力模型就成为专科发展之路的重中之重。

下面从目前存在的医院学科评价现状入手,以现状调查、痛点分析、发展方向、评估框架、增长模型这五个维度做一个探索,在以病案数据为主的前提下得出新的医院学科竞争力评估框架和重点专科增长力模型。

一、现状调查

目前存在着多家医院评价机构,也有层次不同的多个医院评价产品和结论。

（一）国家临床重点专科建设项目

1. 指导思想

以科学发展观为指导，积极推进医药卫生体制改革，完善医疗服务体系建设，提高我国医疗服务能力和整体救治水平，引导医疗机构加强内涵建设，规范医疗行为，为城乡居民提供安全、有效、方便、价廉的医疗卫生保健服务，有效应对突发公共卫生事件，保障人民群众身体健康与生命安全。

2. 专科分类

国家临床重点专科按照专科优势和水平分为国家Ⅰ级临床重点专科和国家Ⅱ级临床重点专科。国家Ⅰ级临床重点专科在全国范围内突出综合优势和整体水平，代表全国最先进的医疗技术水平和服务能力，国家Ⅱ级临床重点专科突出临床技术特色，在重点方向上有所突破。

3. 评价主体

国家卫生健康委员会负责国家临床重点专科的评估、管理和考核工作。

4. 评价范围

国家临床重点专科依据《医疗机构诊疗科目名录》设定，主要包括二级临床科目、部分一级临床科目及少数与临床医学相关的科目。

5. 评估专家库

由专业技术专家库和医疗管理专家库组成。

进入专业技术专家库的成员必须具备以下条件：

（1）有较高的学术水平和丰富的知识，熟悉本专业领域的国内外发展动态，在本专业具有一定的知名度和影响力。

（2）受聘于三级以上医院并担任相应专业高级卫生技术职务5年以上。

（3）有良好的科学精神和职业道德，作风正派。

（4）身体健康状况能够胜任国家临床重点专科评估工作。

进入医疗管理专家库的成员必须具备以下条件：

（1）有较高的学术水平和丰富的知识，熟悉医疗管理领域的国内外发展动态，具有一定的知名度和影响力。

（2）受聘于医疗机构并在院级管理岗位工作5年以上。

（3）有良好的科学精神和职业道德，作风正派。

（4）身体健康状况能够胜任国家临床重点专科评估工作。

6. 申报条件

符合下列条件的医院医疗科室，可以以医院为单位申报国家临床重点专科：

（1）所在医院为三级医院。

（2）能独立并常规开展本专业诊疗技术，整体技术水平处于国内先进行列。

（3）学科带头人在国内本专业学术领域有较高的知名度，在专科发展中能起领头作用。

（4）人才形成梯队，年龄结构、知识结构、职称结构及学历结构合理，有一支素质较高的后备人才队伍。

（5）具有满足本专科业务需要的设施和设备。

（6）有独立病区，病床使用率≥85%，独立开展的必备诊疗技术项目≥95%，能够开展全部重点专科诊疗技术，住院病人中危重症病人比例≥60%，具有较强的医疗服务和医疗技术辐射能力。

7. 评估过程

国家临床重点专科评估包括资料审核、集中答辩、现场检查、名单公示和公布。

（1）办公室对省级卫生行政部门上报的资料进行审核，不符合申报条件或未按照申报要求上报的，予以退回。审核合格的，进行集中答辩。

（2）办公室从专家库中抽取相应专业技术专家和医疗管理专家组成答辩评比专家组，对申报单位进行集中答辩评比，根据答辩结果，经答辩评比专家组合议，确定进入现场检查的单位名单。

（3）办公室从专家库中抽取专业技术专家和医疗管理专家，组建现场检查专家组，对通过集中答辩评比的申报单位进行现场检查。现场检查内容包括听取汇报、分组检查、查阅资料和问卷调查等。

（4）办公室根据申报单位现场检查结果，组织专家合议，依据专科的技术水平、医疗质量和发展潜力，提出建议名单，报委员会审定，并进行公示后，评定为国家临床重点专科。由国家卫生健康委员会颁发国家临床重点专科证书和牌匾。

8. 管理规划

当地卫生行政部门应积极将国家临床重点专科的建设和发展纳入当地医疗卫生事业发展规划，制定相应的配套政策和措施，保证国家临床重点专科的良性运转，发挥国家临床重点专科应有的工作职能。

（1）卫生部对国家临床重点专科进行年度检查，检查主要内容包括医疗技术水平的发展、临床服务能力的提高、专科辐射能力的发挥、人才队伍的建设等。

（2）国家临床重点专科实行动态管理，5年为一个评估周期。期末考核不合格的，撤销其临床重点专科称号，并取消其下一周期的申报资格。

9. 评分细则

分为通用版和专科版，通用版总分为1000分，分为"基础条件""医疗技术队伍""医疗服务能力与水平""医疗质量状况""科研与教学"共5个一级维度。其中，"基础条件"分为发展环境、专科规模、支撑条件、科室管理共4个二级维度。"医疗技术队伍"分为整体实力、学科带头人、学科骨干、医师队伍、护理队伍、人才培养共6个二级维度。"医疗服务能力与水平"分为总体水平、亚专科建设、技术特色、诊治能力、创新能力、辐射能力共6个二级维度。"医疗质量状况"分为质量概况、病区质量、门诊质量共3个二级维度。"科研与教学"分为学术影响、专科方向、科研项目、科研成果、接受进修、学生教育、继续教育、编写教材共7个二级维度。

（二）广东省高水平临床重点专科建设项目

1. 总体要求

高水平临床重点专科建设瞄准医学学科和临床专科发展前沿及其国际水平，围绕"三个定位、两个率先"和建设卫生强省的目标要求，立足广深、辐射全省，坚持政府引导和市场驱动相结合，坚持预防为主和中西医并重，坚持以改革创新为动力，以技术顶尖领先、服务连贯优质、诊疗模式先进为重点，整合发展优势资源，推动临床水平提升。

2. 建设目标

"十二五"期间取得的国家临床重点专科建设项目直接认定为高水平临床重点专科，建设100个着眼群众看病就医需求、优化整合医疗资源、解决复杂疑难重大疾病的临床重点专科，冲击"十三五"国家级临床重点专科项目。

3. 建设原则

（1）聚集优势，提升医疗卫生核心竞争力和国际影响力。

（2）整合资源，建立有价值的医疗服务模式。

（3）示范引领，全面提升医疗服务质量和水平。

4. 主要内容

（1）确定专科名录。

（2）遴选优势专科。

（3）打造品牌专科，支持医学科技创新。

（4）强化公益责任，扩大专科辐射能力。

评审标准分为"基础条件""团队建设""医疗护理能力""科研教学"共4个一级指标。其中，"基础条件"分为医院支持、公益责任、专科影响共3个二级指标。"团队建设"分为人才梯队、队伍建设、带头人、专科骨干、专科建设共5个二级指标。"医疗护理能力"分为服务能力、质量安全、护理能力、临床辐射力共4个二级指标。"服务能力"采用DRG绩效评价的5个维度，即DRGS组数、CMI指数、MDC评测、服务效率。"科研教学"分为科研基础、创新研发、研究成果、临床教学共4个二级指标。

（三）中国医院及专科声誉排行榜

该排行榜由复旦大学医院管理研究所制定。

1. 性质

排行榜项目是一项由独立第三方的医院管理学术机构开展的公益性项目。

2. 目的

排行评比，有利于为医院学科建设建立标杆，造福病人；有利于突出医院专科的国内国际声誉。

3. 评价方法

目前排行榜主要借鉴美国最佳医院排行榜专科声誉评比方法，以临床学科水平、专科声誉为核心，兼顾当年的科研产出。排行榜的评审专家来自中华医学会和中国医师协会，其品质取决于评议专家的权威性和敬业程度。

在最新年度的评选中，专家库人数为4 630名，专家有效回执数为2 964份，有效回复率为64.1%，覆盖40个专科。

声誉排名前150家医院名单，委托有资质的医学情报检索机构查询各单位上一年SCI文章发表和国家级自然科学、科技进步或发明类奖：①特定医院SCI论文得分＝特定医院前一年发表SCI论文影响因子得分之和。②获得国家级自然科学、科技进步或发明类一等奖，每项计分100分。③获得国家级自然科学、科技进步或发明类二等奖，每项计分50分。医院科研学术分=①+②+③。专科排行榜：由每个专科医生提名其所在专科最专业的10家医院，并按照提名顺序为医院专科计算分数。假设有50名普外科专家，其中20人选择北京协和医院作为提名第一位，25人提名作为第二位，5人提名作为第五位，则北京协和医院在普外科的声誉总得分为：12×20+10×25+5×5+=535分。其平均声誉值即为10.7分（535/50=10.7，平均声誉值<12）。"科研学术"和"专科声誉"各自占比80%和20%，两项相加得出总分。对每个普外科专家提名的医院都进行声誉值及平均声誉值计算，即可获得各个专业的医院排名。在评价专科时，不再单独依靠"声誉"这一个指标，通过综合考虑学科建设、临床技术与医疗质量、科研水平等三方面因素，评选出专业领域内中国排名第一至第十的医院。还邀请专家对中国七大地区评选出第一至第五名的医院，同样方法形成该年度该地区的专科排行和医院排行。

（四）《医院蓝皮书：中国医院竞争力报告》

该报告由艾力彼医院管理研究中心与社会科学文献出版社共同主办并发布。

（1）主要采用定量和定性相结合的评价方式。定量方法主要是基于数据分析与挖掘的综合评价；定性方法主要是对中国医院第三方评价相关的卫生政策环境、市场前景与竞争态势进行综述，并结合定量研究结果进行全面分析。

（2）采用HQ-Share数据库，医院通过提交本院的相关指标数据，作为回报可获得同级医院专科信息的均值，以及本院在同级同专业领域的相对位置，既保密个体医院的具体数据，又能获得同级同专业同科室的相对数据。HQ-Share共享平台参考了美国American Hospital Association及US News & World Report医院专科的评价体系，在中国医院竞争力排名的基础上，通过三个维度（专科声誉、质量指标、学术指标）对12个专科进行综合评价。

（3）参评科室包括心血管内科、神经内科、消化内科、呼吸内科、肿瘤、普外科、骨科、神经外科、泌尿外科、重症医学科、妇产科、儿科。

（4）以医疗技术和学术影响力为核心评价中国顶级医院100强。

（五）《南方周末》年度Top医院排行榜

该排行榜由《南方周末》与医库平台共同推出，据悉，这是我国第一个、也是目前唯一一个基于互联网平台投票的医院排行榜，从2017年3月启动以来，医库平台上共计8031名的医生同行参与了榜单数据的收集，历时9个月最终形成年度榜单。

（1）排名基于以医生同行评价为基础的主观评价指标，主要对该医院科室的医疗服务与医疗质量的综合看法，即医院的声誉完全由参与调研的医生来投票决定。

（2）基于互联网平台的调研方式比传统的问卷采集方法更准确、高效、透明，是基于各个细分科室的中国最佳医院排名以及最佳综合医院榜单。

（3）该排名提供了一种工具，旨在帮助那些患有疑难杂症或需要重大手术的病人，找到最适合的医院和科室获得更好的诊治。这种排名的逻辑可以归结为"医生看病去找谁"或"医生相信的医生/科室/医院"，这绝对不同于老百姓从自身偶然的经验出发或者以讹传讹，也不信赖在网上投放广告的数量，或是某些搜索平台的搜索结果，而是来自专业人士对医疗行业的服务与质量的总评价，虽然来自医生的主观判断，但当数据量足够大时就能显现出其一定的真实性与客观性维度。中国所有的医院都自动被考虑在排名之内，医院无须自己申请，也无须提供任何数据。

（4）由医库平台的医生们对全国各个医院的学术建设、临床技术、医疗质量、科研水平等方面进行综合评判，评选出所在学科的他们认为最好的 5 家医院，医生评选得出的数据结果在医库平台上实时更新。

（5）经过 6 个月的医生首次评选，医库对各个医院科室评分汇总后，获得全国排名前 200 的医院，医生根据自己所在科室对这 200 家医院进行重新排名。医生排列第一名的医院得 25 分，第二名的医院得 24.5 分，每往后一位排名依此类推都减 0.5 分，直至 49 名，排名 50～100 的医院都得 0.5 分。通过二次排列，去除市面上其他医院排行榜评选中由于投票人分布不均的缺点而造成的排名偏移，使得最终的榜单排名更精准。

（六）中国医院科技影响力排行榜

该排行榜由中国医学科学院医学信息研究所发布，通过分析反映医院科技影响力的相关要素，构建合理的评价指标体系，开展系统、客观、综合的医院科技影响力评价研究，为医院科技管理工作提供新的手段和工具，发挥引导和诊断作用，形成激励医学科技创新的正确导向，推动医院学科建设，促进医学科技成果向临床应用转化，为提高医疗质量水平提供更有力的科技支撑。有科技投入、科技产出、学术影响共 3 个维度。

1. 评价对象

评价对象为全国 1 629 家三级医院。

2. 评估范围

以国家标准《学科分类与代码》为分类依据，学科范围为该标准"临床医学"下的二级类目，以及"内科学"和"外科学"两个二级类目下的三级类目，针对医院 29 个学科。

3. 评价理论和方法

通过文献调研和专家咨询，借鉴国内外科技评价经验并结合医院实际，构建中国医院科技影响力评价指标体系。

4. 评价过程

通过文献分析，广泛收集国内外相关科技评价指标，初步构建中国医院科技影响力评价基本指标框架；利用专家咨询法对基本指标框架进行论证。通过召开专家咨询会、实地调研、访谈等方式对指标体系进行充分论证并完善；通过德尔菲法，选择医院科技管理及科技评价等相关领域专家参与调查，对指标重要性和可操作性进行打分，最终确定评价指标体系；采用层次分析法确定指标权重。根据评价指标的类型，采用正向型指标无量纲的标准函数，对其进行标准化处理，将评价指标的无量纲化值与相应指标权重系数的乘积相加，以百分制形式计算每家医院的科技影响力分值。

5. 指标体系

包括科技投入、科技产出和学术影响力 3 个一级指标、7 个二级指标和 21 个三级指标。

（1）科技投入，是开展科技活动的前提和基础，包括人、财、物等的投入。该评价维度综合考虑了科研项目和科研平台等方面。

（2）科技产出，是科技活动所产生的直接成果，该评价维度包括期刊论文、专利和标准等内容。

（3）学术影响力，指科技成果医技科研人员在学科领域内产生的直接或间接影响。该维度包括杰出人才和团队、学术任职以及科技奖项等方面。

（七）中国医院影响力排行榜

该排行榜由医信天下互联医学标准委员会发布。通过采用医学大数据，将创建的大数据医学评测体系（即综合科学计量学、医学大数据、医学评价的科学）应用于医院评价、科室评价、医生评价、药品评价。其中，在重点专科评价上从"技术评分""综合评分"两项对科室进行评价。帮助医院建立医院智能决策系统。

（八）中国最佳临床学科评估排行榜

该排行榜由北京大学临床学科评估发布。北京大学学科评估旨在大数据的支持下，建立一个全面、准确、公平的评价体系，在国内首次运用医疗大数据在19个临床学科中评估出前15名。榜单首先关注的是学科临床水平，评估模型通过18项指标，对各临床学科从医疗能力、医疗质量、医疗绩效、学科声誉4个维度评估；其次是使用医疗大数据评估，既可以进行同一医疗机构不同时间前后的纵向比较，又可以在不同医院学科间进行横向比较。

该评估具有三个特点：

（1）关注学科临床水平。该评估关注的重点是学科临床，而非承担项目，获得基金和发表论文的数量。运用有效医疗大数据进行学科的医疗能力—过程—结果评估。以学科代表性疾病和代表性手术（或操作）为基本单位，以质量安全为核心，以促进学科建设为目标，主客观数据相结合综合评估临床学科。评估模型通过18项指标，对各临床学科从医疗能力、医疗质量、医疗绩效、学科声誉四个维度去评估，所有指标界定均依据现有国家颁布标准和国际上共识。

（2）使用医疗大数据评估。目前，医疗已步入信息化大数据时代，一切以真实、客观的数据说话，摒弃了单纯依靠数次专家研讨会议、依靠各种整理加工后的报表来进行突击式的评估，运用信息化大数据手段，客观反馈学科真实现况的方法。该此次评估是在医疗大数据接收、处理、质量控制关键技术突破的基础上，进行的学科评估，模型所使用的数据分析结果均通过引入"标准化量尺"以百分制的数值形式展现，既可以同一医疗机构不同时间前后的纵向比较，又可以在不同医院学科间进行横向比较。

（3）评估目的是放眼未来。该评估的目的不是为了简单的排名，引导公众关注医疗服务能力、关注医疗质量安全才是主旨。该评估中，医疗安全占了相当大的比重，有关医疗质量安全如病人的围手术期死亡率、非计划重返手术室率、术后并发症等均是重要的评估指标。另外，病人入院多长时间就能做上手术、住院的花费等减轻病人经济负担的指标也涵盖在评估范围内。评估的最终目的是在临床学科发展建设的同时，使广大就医病人受益。

上述各种评价体系，从评价机构的属性区分，有国家机构和民间机构；从评价过程的方法区分，有数据与专家评价结合和纯数据评价；从评价维度区分，有完善系统指标和只评价某一维度；从评价目的上区分，有的是推动公立医院改革，提高三级医院医疗技术能力和服务水平，有的为医院学科建设提供标杆，有的为医院科研提供指导，有的为病人就医提供帮助。（表5-3-1）

表5-3-1 学科建设主要相关评价分析

	分类方法	国家临床重点专科建设项目	广东省高水平临床重点专科建设项目	中国医院及专科声誉排行榜	《医院蓝皮书中国医院竞争力报告》	《南方周末》年度Top医院排行榜	中国医院科技影响力排行榜	中国医院影响力排行榜	中国最佳临床学科评估排行榜
机构属性	国家机构	√	√	—	—	—	—	—	—
	民间机构	—	—	√	√	√	√	√	√
评价过程	数据和专家	√	√	√	√	—	√	—	—
	纯数据	—	—	—	—	√	—	—	—
评价维度	全面	√	√	—	√	—	—	—	√
	细分	—	—	√	—	√	√	√	—
评价目的	公立医院改革	√	√	—	√	—	—	—	—
	学科建设标杆	—	—	√	—	—	—	—	√
	医院决策	—	—	—	—	—	—	√	—
	科研指导	—	—	—	—	—	√	—	—
	就医帮助	—	—	—	—	√	—	—	√

二、缺点分析

1. 评价机构多

目前，除政府组织的评价外，有6家独立的机构进行重点专科的评级。这些评级机构中，评价时间最长的是复旦医院管理研究所，从2010年开始到现在9年时间；最短的是北京大学，目前只有2015年的评价。

2. 客观数据少

当前评级采用的主要是专家投票、文献查询、数据分析相结合，而数据基本以医院上报的数据为准，第三方客观采集的院内数据较少。而评价机构较难保证数据质量的可靠性。

3. 无指导分析

评价机构对医院和科室评价之后，没有后续的指导分析。没有针对科室医疗质量、科研水平如何提高做细化分析,也没有详细的医院发展的规划。

4. 无院内评价

除了对全国或某个地域内的重点专科进行评价外,没有对一家医院内的所有专科进行评价。因此,从产品设计的角度来讲,医院端是缺失的。

三、发展方向

目前,医院的各类排行榜名目繁多,2018年国家卫生健康委员会医政医管局副局长郭燕红针对各类排行榜提出四点要求:

第一,排名是否能够发挥对医疗机构正向的引导和激励作用。排名要能够调动医疗机构的主观能动性,引导医疗机构更加关注医疗质量和技术能力的提升工作,而不是引导不合理的病人流动。我们最担心的是这些排名造成病人盲目按照排名的结果来选择医院就医。众所周知,分级诊疗的目的是要促进常见病、多发病在基层首诊,疑难重症才去大医院诊治,大医院也要担当起对基层扶植、培训和提升的工作,通过整体的提升增进我国医疗服务的可及性,让病人在家门口就能够得到规范和优质的医疗服务。

第二,排名所采用的指标体系是否科学、合理和客观。排名应该以医疗质量相关的指标为核心,而非过多地使用医院的规模、设备的数量、工作量以及发表论文数量这些与医疗质量本身相关性不太密切的指标。我们希望排名应该聚焦客观、科学、统一的标准,并且用量化的数据说明。

第三,排名采信的数据信息,是否可靠。数据信息的准确性、完整性以及可靠程度,直接影响到排名结果的科学性和权威性。科学充分的信息收集、筛选、整理和统计能力是保证排名质量的重要基础。目前,很多信息是病人的原始信息,如电子病例等,在收集信息过程中,收集单位维护好这些病人信息的安全性,同样至关重要。

第四,排名能否对我们的医疗机构的质量持续改进发挥指导作用。尺有所短,寸有所长,每个医院都有其优势学科,同样也有短板。我们希望排名不仅仅是排名,更多是能让医疗机构既了解它先进的一面,又要了解和呈现医疗机构在质量上的短板和不足,这些不足和短板更是努力的方向。

卫生部原副部长、中国医院协会创始会长曹荣桂表示:与现代医院管理模式相适应,分工明确、切实可行的医院评价体系,有助于评价医院的专业化管理、医疗质量与安全、服务于就医体验、财务管理,因此,构建一套科学合理的医院评价体系,对于推动医院实现可持续发展很有必要。在简政放权和社会治理的大环境下,由行业第三方组织开展评审评价是大势所趋。

卫生部原副部长孙隆椿指出,医疗大数据是医疗管理中必须用到的抓手。

复旦大学医院管理研究所所长高解春表示:学科建设是医院品牌、声誉、地位的基石,是医院绩效、补偿、人才的基础,是医院管理、质量、业务的抓手。学科评估是学科建设的核心内容,学科建设的标杆、病人就诊的引导,评估应以专科声誉、科研水平为评估内容,忽视医院规模、设备、专科差异,以学科建设、疑难杂症为主要引导方向。

清华大学医院管理研究院创始人刘庭芳表示:政府依靠第三方数据作为重要决策支

撑，网上看数据而无须现场考察，可以实现管理医院的高效真实。

广东省卫生健康委员会原巡视员廖新波认为，目前中国医院管理还处于比较混乱的状态，医院评价能够让医院从业人员发现存在的问题，使人员在一个高标准的水平进行工作。

在谈到第三方评价内涵时，广东省医院管理评价中心主任、广东省人民医院副院长袁向东表示，目前国内医院围绕着"分级诊疗""医药改革""医保改革""医院管理""综合监督"这五件事情在开展工作，最终目标就是民众"少生病""晚生病"，解决"看病难""看病贵"的问题。目前，国内人口数量基数大，医疗资源也不足且分布不平衡，这就要求医院要改善原先比较粗犷的医疗流程，吸收先进的医院管理理念和做法，而通过具有国际先进理念的第三方评价正是达到这个目标的渠道。同时袁向东说，医院评价不单单是评价本身，而更应该是探究第三方评价的内涵是什么。第三方评价除了要解决本土化问题外，最重要的是传递质量、安全的文化与内涵，把理念变成一种文化，把文化变成一种习惯。只有那样，医院才能保证持续改进质量安全。

综上所述，我们得出以下三个发展方向：

（1）DRG 是专科评价的有效工具。

2011 年，卫生部办公厅发布的《关于推广应用疾病诊断相关分组（DRGs）开展医院评价工作的通知》（卫办医管函〔2011〕683 号）明确提出："在 DRGs 系统的帮助下，可以对不同的医疗机构、不同的诊疗专业进行较为客观的医疗质量、服务绩效评价比较。"

2018 年，国家卫生健康委员会办公厅发布的《关于"十二五"国家临床重点专科建设项目总结评估有关情况的通报》（国卫办医函〔2018〕292 号）指出："全面引入基于客观指标和客观数据的疾病诊断相关分组对住院医疗服务能力开展评估。"

（2）大数据是专科评价的技术力量。

2016 年，国务院办公厅发布的《关于促进和规范健康医疗大数据应用发展的指导意见》（国办发〔2016〕47 号）明确提出："综合运用健康医疗大数据资源和信息技术手段，健全医院评价体系，推动深化公立医院改革，完善现代医院管理制度，优化医疗卫生资源布局。"

（3）诊疗指南是专科评价的参考目录。

2016 年，国家卫生和计划生育委员会办公厅发布的《关于印发三级综合医院医疗服务能力指南（2016 年版）的通知》（国卫办医函〔2016〕936 号）明确要求："严格落实'十三五'卫生与健康规划、区域卫生规划和医疗机构设置规划，控制医院规模，重视医院内涵建设；明确三级综合医院功能定位，开展与自身功能定位相适应的诊疗服务，不断提升医疗服务能力与水平。"

四、评估框架

"艾登科技"经过调查研究以及分析国内百余家三甲医院的病案首页数据，历时 1 年开发了涵盖 18 个学科与专业的专病专治数据库，可从以下模型来评估专科的竞争力。

(一) 重点学科筛选

首先，从学科的病种覆盖广度、疾病治疗技术水平、住院诊疗流程、住院费用控制这四个维度，即服务能力（病种覆盖广度、疾病治疗技术水平）、服务效率（住院诊疗流程、住院费用控制）两个方向综合分析、标杆对照，筛选出本院内的重点学科，并与医院既有的重点专科计划对照，发现其中可能潜在的问题（图5-3-1、图5-3-2）。

以某医院为例。先分析学科的服务能力，经过标杆对比，采用DRG组数相对指数（反映与标杆医院的病种覆盖广度的比较）、CMI相对指数（反映与标杆医院的疾病治疗技术水平的比较），每一个学科都与标杆对照后，再在院内评价，这样学科的评价包含了院内、院外两个视角，结果也更为科学可信。

其次，分析学科的服务效率，经过标杆对比，采用时间相对指数（反映与标杆医院的住院诊疗流程的比较）、费用相对指数（反映与标杆医院的住院费用控制的比较）。

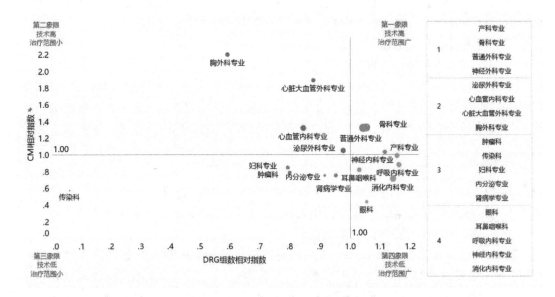

图5-3-1　各学科ADEN服务能力分布

以上矩阵图包含的详细数据为表5-3-2中的数据，经过分析，该院排名前三的学科为神经外科专业、心脏大血管外科专业、胸外科专业。而与该院的重点学科发展计划比较后发现，胸外科并非该院的重点学科。潜在的问题可能是医院制定的重点学科发展计划采集的数据较为陈旧，或者历史上没有按照DRG与大数据的视角分析，决策的依据不科学。

(二) 学科内亚专科评估

同样依照上述模型，分析重点学科内部的亚专科。

(1) 以该院的神经外科为例。从脊髓脊柱亚专科、功能神经外科亚专科、脑脊髓血管病亚专科、颅底外科亚专科、颅脑创伤亚专科、垂体瘤及鞍区亚专业共6个亚专科分析（表5-3-2）。分析经过与标杆对比后的亚专科之间在服务能力上的比较（图5-3-3）。

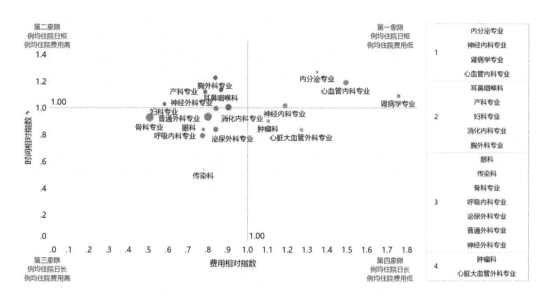

图 5-3-2 各学科 ADEN 服务效率分布

表 5-3-2 各学科综合评价结果

科室	DRG组数相对指数	CMI相对指数	时间相对指数	费用相对指数	绩效评价结果	能力指标	效率指标
神经外科专业	1.02	2.75	0.99	0.84	1.48	1.89	0.92
心脏大血管外科专业	0.88	1.89	0.84	1.27	1.28	1.38	1.05
胸外科专业	0.59	2.19	1.23	0.84	1.24	1.39	1.03
心血管内科专业	0.84	1.31	1.19	1.49	1.23	1.08	1.34
肾病学专业	0.95	0.75	1.09	1.74	1.14	0.85	1.41
神经内科专业	1.16	0.99	1.02	1.19	1.11	1.07	1.11
内分泌专业	0.92	0.75	1.27	1.34	1.06	0.83	1.30
普通外科专业	1.04	1.31	0.93	0.80	1.05	1.18	0.87
产科专业	1.12	1.03	1.11	0.79	1.01	1.07	0.95
骨科专业	1.05	1.32	0.92	0.51	0.97	1.19	0.71
耳鼻咽喉科	1.03	0.82	1.14	0.86	0.95	0.92	1.00
消化内科专业	1.14	0.71	1.00	0.91	0.94	0.93	0.95
泌尿外科专业	0.98	1.05	0.84	0.84	0.94	1.01	0.84
呼吸内科专业	1.16	0.88	0.79	0.77	0.92	1.02	0.78
肿瘤科	0.80	0.78	0.90	1.11	0.90	0.79	1.00

续表 5-3-2

科室	DRG 组数相对指数	CMI 相对指数	时间相对指数	费用相对指数	绩效评价结果	能力指标	效率指标
妇科专业	0.79	0.84	1.03	0.58	0.80	0.82	0.81
眼科	1.06	0.44	0.84	0.77	0.77	0.75	0.81
传染科	0.06	0.57	0.54	0.78	0.49	0.32	0.66

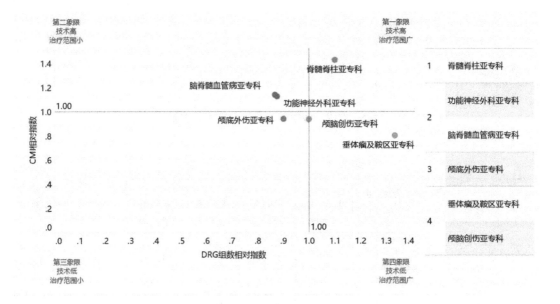

图 5-3-3 神经外科各亚专科 ADEN 服务能力分布

（2）分析经过与标杆对比后的亚专科之间在服务效率上的比较（图 5-3-4）。

（3）经分析发现，功能神经外科亚专科、脊髓脊柱亚专科是该科室实力最强的亚专科，同时，脊髓脊柱亚专科在效率指标上明显较弱，需要优化住院诊疗流程、控制住院费用（表 5-3-3）。

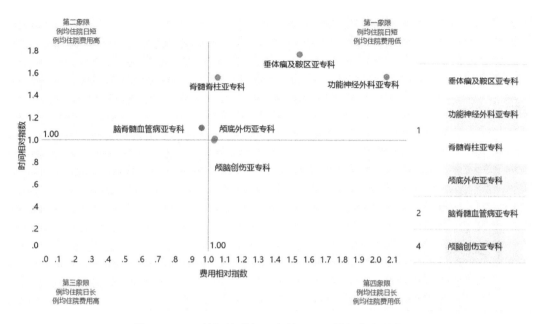

图 5-3-4 神经外科各亚专科 ADEN 服务效率分布

表 5-3-3 神经外科各亚专科综合评价结果

亚专科	DRG组数相对指数	CMI相对指数	时间相对指数	费用相对指数	绩效评价结果	能力指标	效率指标
功能神经外科亚专科	0.88	1.13	1.57	2.06	1.40	1.01	1.86
垂体瘤及鞍区亚专科	1.33	0.80	1.77	1.54	1.33	1.06	1.63
脊髓脊柱亚专科	1.10	1.43	1.56	1.06	1.28	1.27	1.26
脑脊髓血管病亚专科	0.87	1.14	1.11	0.96	1.02	1.01	1.02
颅脑创伤亚专科	1.00	0.93	0.99	1.03	1.00	0.97	1.02
颅底外伤亚专科	0.90	0.94	1.01	1.04	0.98	0.92	1.03

通过以上分析，医院和科室的竞争力聚焦到最小单元。

五、增长模型

"艾登科技"根据百余家三甲医院的病案首页数据，结合18个学科的学科特点，开发出了学科增长模型，从学科的疾病谱、病种的治疗效率、结合病种的权重、病种的病源量、医院实际的可利用的潜在床位资源，综合预估医院的重点学科在未来的营收规模。

下面以神经外科为例，分析重点学科的增长模型。

（一）学科疾病谱分析

由该科室的疾病谱分布可知，科室80%的病源集中在前11个病种中，病种分布相对集中（图5-3-5）。

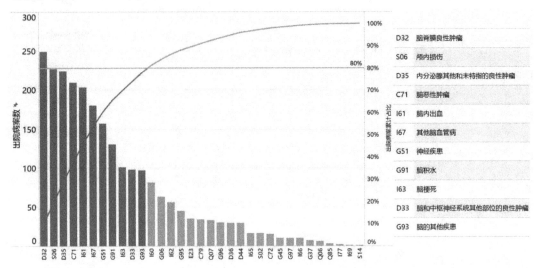

图5-3-5 神经外科ADEN疾病谱分布

（二）学科病种效率分析

图5-3-6显示，该科室病种的效率分布集中于第三象限，说明科室的病种效率相对较低，第二、第三象限的病种在住院费用上可优化的空间较大。

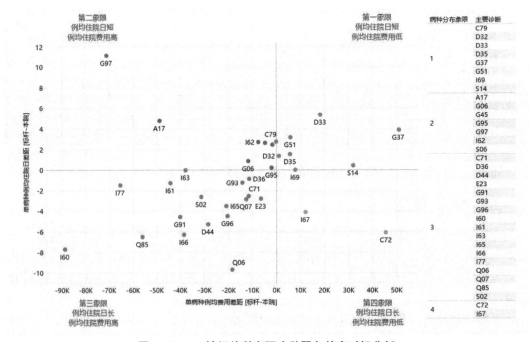

图5-3-6 神经外科主要病种服务效率对标分析

(三) 学科病种权重 TOP15 分析

按照该科室病种权重排序，分析 TOP15 的病种，其中，只有 I61、I67 的增长空间较大（表 5-3-4）。

表 5-3-4 神经内科病种权重 TOP15 病例数对标分析

单病种	单病种编码	权重	例均住院日	例均费用/元	本院病案占比	标杆病案占比
G97	神经系统的操作后疾患，不可归类在他处者	6.57	23.9	93 646	0.4%	0.0%
A17	神经系统的结核	5.93	28.25	101 618	0.2%	0.0%
D32	脑脊膜良性肿瘤	4.76	16.75	70 983	10.3%	0.7%
G51	神经疾患	4.67	11.03	40 691	6.5%	1.3%
Q07	神经系统其他先天性畸形	4.3	18.27	48 477	1.4%	0.3%
C71	脑恶性肿瘤	4.27	19.38	77 042	8.7%	0.2%
I67	其他脑血管病	4.23	15.27	63 538	7.5%	9.3%
C79	其他和不明确部位的继发性恶性肿瘤	4.05	16.71	69 207	1.4%	0.1%
G37	中枢神经系统的其他脱髓鞘疾病	3.86	10.14	16 073	0.3%	0.0%
D33	脑和中枢神经系统其他部位的良性肿瘤	3.46	18.26	70 458	4.1%	1.2%
I62	其他非创伤性颅内出血	3.11	12.5	46 107	2.3%	1.1%
Z96	具有其他功能性植入物	3.04			0.0%	0.0%
G06	颅内和椎管内脓肿及肉芽肿	3.04	19.05	62 415	2.6%	0.2%
G93	脑的其他疾患	2.99	14.62	48 942	4.0%	1.0%
I61	脑内出血	2.95	15.35	75 697	8.4%	60.0%

(四) 学科病种例数 TOP15 分析

按照该科室病种的病例数排序，分析 TOP15 的病种，其中，只有 S06、I61、I67 的增长空间较大（表 5-3-5）。

表 5-3-5 神经内科病种病例数 TOP15 病例数对标分析

单病种	单病种编码	权重	例均住院日	例均费用/元	本院病案占比	标杆病案占比
D32	脑脊膜良性肿瘤	4.76	16.75	70 983	10.3%	0.7%

续表 5-3-5

单病种	单病种编码	权重	例均住院日	例均费用/元	本院病案占比	标杆病案占比
S06	颅内损伤	2.59	11.69	43 568	9.4%	16.2%
D35	内分泌腺其他和未特指的良性肿瘤	2.36	13.79	42 142	9.3%	0.0%
C71	脑恶性肿瘤	4.27	19.38	77 042	8.7%	0.2%
I61	脑内出血	2.95	15.35	75 697	8.4%	60.0%
I67	其他脑血管病	4.23	15.27	63 538	7.5%	9.3%
G51	神经疾患	4.67	11.03	40 691	6.5%	1.3%
G91	脑积水	0.91	15.47	52 198	5.4%	0.2%
I63	脑梗死	1.81	11.74	65 896	4.2%	1.8%
D33	脑和中枢神经系统其他部位的良性肿瘤	3.46	18.26	70 458	4.1%	1.2%
G93	脑的其他疾患	2.99	14.62	48 942	4.0%	1.0%
I60	蛛网膜下出血	2.62	16.31	126 158	3.4%	2.2%
G06	颅内和椎管内脓肿及肉芽肿	3.04	19.05	62 415	2.6%	0.2%
I62	其他非创伤性颅内出血	3.11	12.5	46 107	2.3%	1.1%
G95	脊髓的其他疾病	2.42	14.31	42 367	1.9%	0.1%

（五）增长力综合评估

该科室可使用的床位数有限，根据病案首页的数据可以计算出院病人的占用床日数，但没有办法计算全部的实际占用床位数（表5-3-6）。

（1）结合医院的HIS数据、住院报表，目前该科室的床位使用率为85%，预估全科室床位使用率到90%，每个病种按照最优住院日（科室劣于标杆的，采用标杆值；科室优于标杆的，采用科室值）计算，可节约的床日数分配到权重TOP20的病种上。

（2）在权重TOP20病种的分配上，考虑病种的可增长空间、权重值两个因素，计算出每个病种的可分配比例。

（3）可节约的床日数按照每个TOP20病种的可分配比例，预估科室下一个周期的营收可以增加1 138万元。

表 5-3-6 神经外科病种权重 TOP20 增长模型计算结果

单病种编码	单病种中文名称	本院病案占比	标杆病案占比	本院出院病案数	例均费用	权重	例均住院日	优化增加病案数	优化增加收入
G97	神经系统的操作后疾患,不可归类在他处者	0.41%	0.00%	10	93 646	6.57	24	10	947 197
A17	神经系统的结核	0.17%	0.01%	4	101 618	5.93	28	8	784 192
D32	脑脊膜良性肿瘤	10.33%	0.69%	249	70 983	4.76	17	10	742 505
G51	神经疾患	6.51%	1.25%	157	40 691	4.67	11	16	634 539
Q07	神经系统其他先天性畸形	1.37%	0.26%	33	48 477	4.3	18	10	496 799
C71	脑恶性肿瘤	8.67%	0.20%	209	77 042	4.27	19	9	719 891
I67	其他脑血管病	7.47%	9.33%	180	63 538	4.23	15	14	891 897
C79	其他和不明确部位的继发性恶性肿瘤	1.41%	0.07%	34	69 207	4.05	17	9	617 332
G37	中枢神经系统的其他脱髓鞘疾病	0.29%	0.01%	7	16 073	3.86	10	14	224 863
I61	脑内出血	8.42%	60.04%	203	75 697	2.95	15	9	686 515
D33	脑和中枢神经系统其他部位的良性肿瘤	4.06%	1.23%	98	70 458	3.46	18	7	491 992
I62	其他非创伤性颅内出血	2.32%	1.14%	56	46 107	3.11	13	9	421 432
Z96	具有其他功能性植入物	0.00%	0.01%	0		3.04		6	89 863
G06	颅内和椎管内脓肿及肉芽肿	2.61%	0.22%	63	62 415	3.04	19	6	366 526
G93	脑的其他疾病	4.02%	1.01%	97	48 942	2.99	15	8	403 660
D44	内分泌腺动态未定或动态未知的肿瘤	1.20%	0.18%	29	67 730	2.91	20	7	506 565
D36	其他和未特指部位的良性肿瘤	1.20%	0.19%	29	56 661	2.67	19	6	313 623

续表 5-3-6

单病种编码	单病种中文名称	本院病案占比	标杆病案占比	本院出院病案数	例均费用	权重	例均住院日	优化增加病案数	优化增加收入
S06	颅内损伤	9.42%	16.16%	227	43 568	2.59	12	8	364 191
I60	蛛网膜下出血	3.36%	2.20%	81	126 158	2.62	16	11	1 413 099
G95	脊髓的其他疾病	1.87%	0.08%	45	42 367	2.42	14	6	263 793
	合计	75.11%	94.30%	1811	1 221 378	74.44	320	183	11 380 474

注：全科依标杆例均住院日计算科节省住院床日数，按照权重、可增长空间分配到 TOP20 个病种中。

第四节 依托临床路径，优化诊疗过程

目前，一些落后和欠发达国家和地区的人民正面临着严重缺医少药的困境，而在经济发达国家和地区，过度医疗却已成为一种通病。过度医疗是指在医疗活动中，由于多种原因所引起的医疗机构和医务人员提供超越治疗价值和范围的多余方式。采用不必要的或错误的检查方法，使用与此疾病治疗无关的、治疗效果不明显或不确定的药品也都属于过度医疗。临床路径（clinical pathway）的出现，无疑是给了医疗界一把衡量尺，规范着诊疗行为，控制着医疗费用。

一、临床路径的介绍

（一）临床路径产生的背景

20 世纪 60 年代，美国人均医疗费用为每年 80 美元；到了 20 世纪 80 年代末，美国人均医疗费用上涨至每年 1 710 美元，增加了 21 倍。美国政府为了遏制医疗费用的不断上涨，提高卫生资源的利用率，1983 年 10 月 1 日，以法律的形式确定了诊断相关分类为付款基础的定额预付款制（DRGs-PPS），用于老年医疗保险（medicare）和贫困医疗补助（medicaid）方案的住院医疗费的支付。这样，医院只有在所提供服务花费的成本低于 DRGs-PPS 的标准时，医院才能盈利。在这样的背景下，1985 年，美国马萨诸塞州波士顿新英格兰医疗中心（The New England Medical Center，NEMC）的护士 Karen Zander 第一个运用了临床路径，这种方法被证实既可缩短住院天数，节约护理费用，又可以达到预期的治疗效果。新英格兰医疗中心是公认的美国最早采用临床路径概念和在临床上应用的医院。此后，该模式受到了美国医学界的重视，许多机构纷纷效仿，并不断发展，逐渐成为即能贯彻质量保证法以及持续质量改进法（CQI）又能节约资源的治疗标准化模式，较为普遍地被称为"临床路径"。

（二）临床路径的定义

临床路径是指针对某种疾病或某种手术建立一套具有科学性和时间顺序性的标准化

治疗模式与治疗程序，是一个有关临床治疗的综合模式，以循证医学证据和指南为指导来促进治疗组织和疾病管理的方法，它的核心是将某种疾病或者手术所涉及的关键的检查、治疗、用药、护理等活动进行标准化，然后确保病人在正确的时间、正确的地点得到一个正确的诊疗服务，最终起到规范医疗行为、减少变异、降低成本、提高质量的作用。

（三）实施临床路径的意义

临床路径是加强医院管理的科学化、规范化、精细化的重要手段和工具，它在推进分级诊疗、加强现代医院管理制度和改革过程中，可以提升医疗质量、保证病人安全，优化资源使用，特别是在规范医疗行为、控制医疗费用、提高医疗效率上，发挥重大作用，临床路径还具有科学测算医疗费用的作用，也是推动支付方式改革的基础性工作之一。

（1）规范医疗行为。临床路径以人为本，以服务对象为中心，有计划、有预见性地进行诊疗工作，医生自己的医疗行为也会得到严格约束。

（2）提升医疗质量、保证病人安全。临床路径组在减少费用的前提下仍确实保证医疗服务质量，与对照组比较，疾病结局相同，术后并发症的发生率并无增加。

（3）提高医院效率，降低平均住院日。

（4）控制医疗费用，放缓医疗费用增速，结构趋于合理。

1）病人平均住院天数明显下降，故住院费用下降。

2）临床检查、药物及耗材费用是住院用主要的组成部分，临床路径表单规范治疗药物及临床检查，限定使用的耗材，加强对医疗费用的监控，控制不合理医疗费用，科学测算并严格控制单病种诊疗费用。

3）医护人员按标流程实施、记录及监测，降低了并发症的发生率，使病人得到尽快的康复，降低了住院费用。

（5）医患关系得到缓解。

1）实施临床路径病人入院时经治医师与病人或病人监护人签署临床路径告知单，使病人家属充分了解该疾病诊疗程序，让病人家属共同分担风险，医护有序的配合使其更好地了解所接受的诊疗服务，有效地缓解她们的紧张情绪。

2）通过规范诊疗行为、合理检查、合理用药，使病人住院时间及住院费用均有明显的下降，提高了病人的满意度及对医生、护士的信任感，医患矛盾得到明显的缓和。

（四）发展状况

临床路径在中国起步稍晚，1996年，美国乔治梅森大学吴袁剑云博士向中国护理界引入了临床路径这一概念。此后多年，虽然有一些医院进行了零星尝试，在临床路径的推广和应用上，似乎没有太大进展。

直到2009年，临床路径在中国的命运发生了转折。《中共中央国务院关于深化医药卫生体制改革的意见》发布，其中将优化服务流程、规范诊疗行为、提高服务质量和效率、缩短病人等候时间作为公立医院改革试点的主要内容。同年6月，为响应其内容，卫生部办公厅下发了《关于印发8个病种临床路径的通知》。8月，卫生部成立了临床路径技术审核专家委员会，选择了首批22个专业、112个病种，组织23个省110家医院开展了试点工作。

2015年，据国家卫生和计划生育委员会官方发布消息，全国有1 599家三级医院、4 563家二级医院开展了临床路径管理（全国三级医院共2 123家，二级医院7 494家）。

2016年10月12日，国家卫生和计划生育委员会发布了《医疗质量管理办法（全文）》，强调加强医疗质量管理，建立医疗质量安全核心制度，并把临床路径管理作为医疗质量管理工具之一，另外还有全面质量管理（TQC）、质量环（PDCA循环）、品管圈（QCC）、疾病诊断相关组（DRGs）绩效评价、单病种管理等内容。

截至2017年第一季度，全国近7 000家公立医院开展了临床路径管理工作，占全国公立医院的88.5%。其中，北京市二、三级医院符合入路径条件的病例每年入组率均在75%以上。

自党的十八大以来，国家卫生和计划生育委员会按照"制订一批、完善一批、推广一批"的工作思路，组织中华医学会有关专家，在充分调研医疗机构住院病种构成情况、次均住院费用、医疗保障等情况的基础上，分期、分批制定有关病种临床路径。截至目前，临床路径累计印发数量达到1 212个（其中县医院适用版216个），涵盖30余个临床专业，基本实现临床常见、多发疾病全覆盖，基本满足临床诊疗需要。

国家卫生和计划生育委员会根据深化医改和卫生计生事业发展实际，在深入调研的基础上，提出了临床路径管理"四个结合"的要求：临床路径管理与医疗质量控制和绩效考核相结合、与医疗服务费用调整相结合、与支付方式改革相结合、与医疗机构信息化建设相结合。在接下来的工作中，不断扩大临床路径管理试点范围，并且不断细化完善各病种临床路径和着力落实试点工作绩效考核指标。针对部分病种下发了临床路径表单，要求在实际应用中，不断遵循疾病指南、循证医学的进展调整路径的实施细则，使之符合医学科学的发展，进而给病人提供最新的治疗手段与最优化的治疗方案。

（五）问题

临床路径是一种可以促进医疗资源合理分配、调控医疗费用增长及提升医疗服务品质的有效管理方法，但它并不是万能的。在不同阶段的开展过程中，难免存在着多方面的问题，有疾病本身的，也有病人的，还有医护人员方面的问题；医疗机构行政管理方面、社会相关利益各方面也会或多或少为路径的推广带来阻力。

临床路径过程的一个重要部分是收集和分析病人护理何时偏离路径的信息。并非所有病人都适合使用路径，但变异分析可提供有用和准确的信息，说明变异和偏离路径的频率和原因。并非所有的偏差和变化都是坏的，但理解偏差背后的根本原因和推理是很重要的。为了让提供者管理最适当的护理，必须对路径中的每个决策点进行分析，以确定与每个决策相关联的结果。

由于我国地域广阔，人口分布多样化，经济发展水平存在差异，因此，不同级别的医院接诊的病人类型也存在较大变化。重点城市的三甲医院接受转院过来的病人就比较多，相对而言，这样的病情就会比较复杂，不太适合临床路径的可能性就较大；而一些县级医院接诊的病人适合临床路径的比例则会高一些。

除了医院的差别，不同科室也会对临床路径产生影响。如外科科室，诊断相对明确，治疗方法相对单一清晰，较适合临床路径，且可以获得符合预期的效果；而内科科室，多以慢性病居多，病情相对复杂，合并症较多，且以药物治疗为主，实施临床路径的难度则比较大。

另外，不同医生个体之间对临床路径的态度也不一样，甚至不同医生的性格、做事方式、对病情的理解不同，也会对临床路径的开展产生主观上的影响。

医技后勤系统的衔接及协调是否顺畅，则会影响诊疗的时间，如某些检查项目的开展时间会导致检查结果反馈的差异，并进一步影响后续治疗的进行，最终从时间维度影响了路径的落实。

（六）变异

由于人体是复杂的，疾病是变化的，诊疗过程中的某个环节会发生变化，所以，临床路径的执行就会呈现多样化的形式，变异是大家比较关注的一种。

按照变异原因，可以有系统相关、病人相关、医务人员相关；更深层地进行思考，则有利益因素、政策因素、社会因素。已经有很多专家对变异这一现象进行了专业性的分析，并提出了解决办法，在此不再赘述。

在本节中，变异现象带来的启发恰恰是如何充分深入地对临床路径的专业标准进行深入利用。例如，某一病案发生了变异，就意味着其诊疗过程可以脱离临床路径所倡导的规范化治疗理念了吗？我们是否可以开阔思路，让临床路径的技术因素对变异的病案发挥新的标识作用，而不是相反。

二、依托临床路径，进行病种管理的探索

前面简单介绍了临床路径的发展、现状以及存在的一些问题，让我们认识到，临床路径作为医疗管理的一项工具，有其积极的效果和获益，但同时也存在着一些问题。我们还可以更进一步进行思考：临床路径这一工具的内置要素是否已经得到了充分的利用？对于它的使用方法是否可以开始数据化的探索？如何让临床路径逐渐契合医疗大数据时代的需求？如何与政策结合，为费用优化提供与临床紧密结合的支持？

针对这些思考，我们进行了一些尝试和摸索。

（一）病种的选择

选择哪些疾病作为管理探索目标，是值得思考的问题。我们结合疾病的发生情况、治疗情况，从以下三方面进行考量（图5-4-1）：①是否常见病（病人数）？②占用医疗资源的多少（总费用）？③治疗方式（传统内科治疗、操作性治疗、传统外科治疗）。

（二）方法论简介

临床路径是针对特定的目标疾病，建立标准化治疗模式与治疗程序，对涉及的关键诊疗活动节点活动进行标化，因此，可以把临床路径中涉及的诊疗内容作为某一病种的核心内容；并在此基础上，对其他相应的项目进行扩展性标化。

选定单病种后，需要进行的第一步就是诊疗标准格式化。更具体的描述如下：把现有临床路径的诊疗节点，纳入时间轴的同时，进行数据型的分类和转化，即把临床路径从平常看到的文本文档转化成数据库的格式。换句话说，把word或PDF文件变成Excel或其他数据库文件，便于后续进行定性识别和调用（图5-4-2）。这一部分的主要内

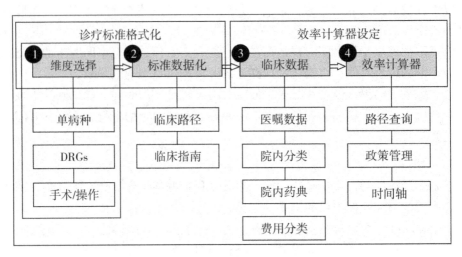

图 5-4-1 医疗数据格式化流程——维度选择

容有：根据选定病种的临床路径内容，参照临床指南，制定标准临床路径库。可从治疗策略、诊疗项目等维度进行标识，结合路径要求的时间从时间维度按照顺序制作出一个标准的路径库，其中涵盖了诊疗的基本过程和重点项目。通常情况下，医嘱数据中检查类、西药类、中成药类和耗材类是占比较高的部分，可以着重进行细分标化；尤其是药品类，还可以进行扩展利用，如结合治疗原则或药理特性进行判别。那么存在于标准库里的项目，就可以理解为本路径涉及疾病的最核心的诊疗内容；而这些项目在随后的医院真实数据分析中，将发挥重要的定性作用。

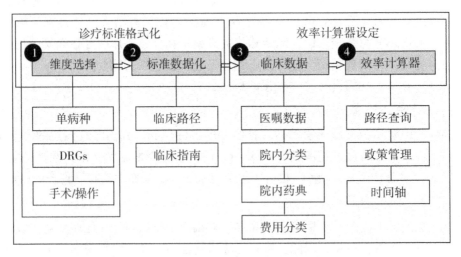

图 5-4-2 医疗数据格式化流程——标准数据化

临床路径标准住院流程包括适用对象、诊断依据、治疗方案的选择及依据、标准住院时长、进入路径标准、首诊处理、术前准备、选择用药、手术日、术后恢复时长、出院标准、变异及原因分析，这些因素都将有助于对标准临床路径库进一步扩展提供数据的支持。

第二步是对真实世界的数据（real world data）进行整理归类，如病案首页的费用数据、医嘱收费数据等，其中的重点为检查、药品和耗材类等，这也是比较繁杂的部分工作（图5-4-3）。这部分工作注重诊疗项目整理维度的多元化。其一，基于院内收费类别（病案首页及财务分类等），且各医院还会有细微的差别；其二，根据医院药典，进行药理特性、是否大输液、是否辅助用药的梳理；其三，根据医疗卫生管理相关政策，进行标识，如医保分类，重点监控种类。从较为细节的角度来看，就是对某一医嘱项目，按照更多维度进行定性标化。如某一项目在院内药典分类的查询对照，包括其药理特性、剂型、规格等属性的匹配；该项目与第一步完成的诊疗标准格式基本库中的查询对照，如是否在路径内，是否在规定的时间范围内进行了此项操作；或者该项目符合临床路径或临床指南的哪一条诊疗原则。

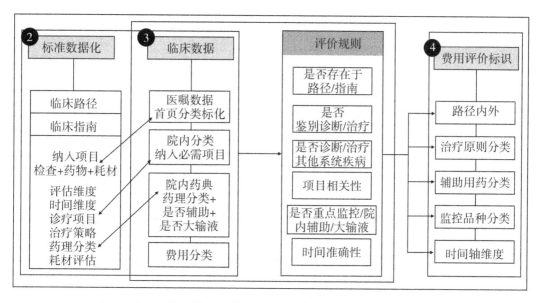

图5-4-3 医疗数据格式化流程——临床数据&ADEN评价规则

第三步是与第一步的临床路径标识工作进行有效关联后，真正做到临床实际数据与临床路径分类的匹配，并以此为基础进行多维度深层次探索性的定量分析，也就是效率计算器的设定及应用。如某一疾病或某一病案的诊治过程中，有多少项目在临床路径内，又有多少是路径外；如在路径内（或外）的药物，是否是院内药典规定的辅助用药，费用占比是多少，为优化费用构成提供数据化的医学支持；在整体诊疗过程中，符合路径核心治疗原则的项目有多少，费用多少；不同医院、不同科室、不同医生的是否有差异，差异是发生在辅助用药，还是发生在路径外检查方面。最后会给我们呈现出一副全新的场景，并且有助于坚持合理的诊疗项目，避免有疑义的措施，为提高医疗管理质量并进一步引导临床医疗资料的合理化利用提供新的工具（图5-4-4）。

对于药品这一重点关注对象，每个医院都有自己的院内药典，它包含了院内诊疗过程出现的所有的药品目录，我们可以根据院内药典，将这些药品进行进一步标准化，针

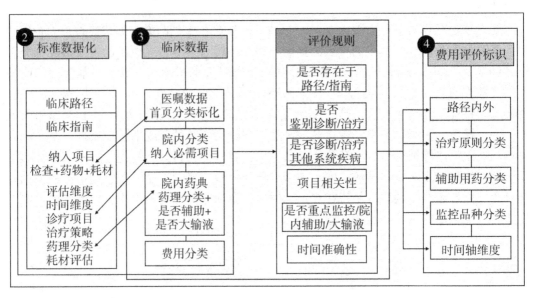

图 5-4-4 医疗数据格式化流程——费用评价标识

对不同厂家对于同一种化学名称会生产不同商品名称或价格的药品,可增加规格;细划药理分类;有研究证明,医疗资源总量的 20%～30% 用于过度使用药品和无实际意义的医疗服务上,所以药品是否合理使用,是医院管理和控费的重中之重。在院内药典库中,明确是否辅助用药、是否大输液,根据重点监控名单,可以明确监控品种等;这些指标更有利于监控药品的合理性。

需要注意的是,因为临床路径和指南是对疾病治疗的一个流程的标准,面对不同的医院,待标化的项目名称和分类会随着发生变化,这时候,作为桥梁的通用字典库就出现了,并且会随着医院的增长而不断在数据库中加以丰富和完善(图 5-4-5)。

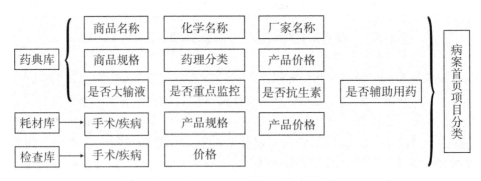

图 5-4-5 ADEN 通用字典库构建

另外,还可以优化医嘱数据,建立耗材库和检查库,耗材库主要识别维度是规格、价格、目标疾病种类和手术类型;检查库主要识别维度是针对住院病人的常规检查(如血尿便常规、肝肾功能、感染性疾病项目等)、目标疾病相关检查及合并症检查等。以上字典库都需要结合病案首页标化医嘱项目分类,兼顾医院差异化的同时,构建具有通用性的标准临床数据库，为后续医疗大数据分析的扩展与挖掘奠定基础。

住院治疗费用是医院和病人都非常关注的问题。因此，费用金额及构成是最基础的分析参数和指标。通过对以上基于临床路径的标化和医院真实数据的分类，参照临床指南的内容，可以开展多维度和多层次的查询、调用和比较。

不同的角度呈现出不同的费用分类及占比，以及在不同费用评价标识下各费用类型情况及占比，从而可以分级得知，在哪方面有提升潜力和控费空间。从疾病维度看，可以按照传统单病种比较，也可以通过 DRGs 进行衡量；不同医疗机构（级别可以相同也可以不同），可以开展大样本量的比较；同一疾病，可以比较内外科之间差异；不同医疗从业人员之间，也可发现诊疗习惯及差异。从费用及构成来看，基于病案首页分类标准，可以整合路径因素，如在诊断项目中，出现大量路径外内容，或在药品费用中存在大量辅助治疗药物种类，并以此为抓手，促进相关医疗资源的合理化利用。

有些病人存在基础病，不是以第一诊断住院，或者在治疗过程中出现并发症，对此只是机械按照路径进行划分，未免有些局限，这时，可以从另一个角度进行考虑。例如，我们将所有的项目分为三大类，将所有病人入院以后都会设计的项目作为基础类型，如综合项目服务类和一些基础检查；将入院后与第一诊断相关的项目划分为核心类型，如急性 ST 段抬高心肌梗死治疗中的抗凝治疗；再将一些其他项目划分为扩展类型，不同的病人会出现不同的状况。在此不做赘述。

三、依托临床路径，进行临床诊疗管理的探索示例

下面以颅内出血（I61）这一单病种为例，具体展示临床路径的应用。需要说明的是，这是对临床路径进行扩展式应用的探索，路径内的诊疗项目可以理解为治疗颅内出血时所需要的最基本的内容。

如图 5-4-6 所示，可知治疗颅内出血时，神经内科例均费用为 77 242 元/例，其中，路径内诊疗项目（即最基本的项目）占比为 44.5%，路径外占比 55.5%。同时，因为整合了病案首页项目分类，本疾病治疗过程中，西药类花费中的路径外项目占比最高，达 21.7%，其次是诊断类的路径外项目（16.2%），中药类费用虽然占比不高（3.9%），但金额仍高达 2 974 元/例，且全部是路径外项目。

例均费用分布

路径内		病案项目分类	路径外	
11450	14.8%	西药类	16743	21.7%
5980	7.7%	诊断类	12476	16.2%
11324	14.7%	综合医疗服务类	45	0.1%
2682	3.5%	耗材类	6955	9.0%
456	0.6%	治疗类	3481	4.5%
0	0.0%	中药类	2974	3.9%
2487	3.2%	康复类	189	0.2%
0	0.0%	血液和血液制品类	0	0.0%
0	0.0%	其他类	0	0.0%
34379	44.5%	小计	42863	55.5%

图 5-4-6 颅内出血（I61）费用分类路径标识

下一步，可以通过 DRG 分组进行深入数据挖掘。该疾病的样本病案分到 5 个 DRGs 组内，其中病人数最多的是 BR15（颅内出血性疾病，不伴合并症与伴随病，8 例），其例均费用为 26 943 元/例，西药类占比最高，为 39.6%，诊断类占比 30.0%，综合类费用占比 15.2%，中药占比 8.9%。同时也可以看到其他几个 DRGs 组的病案数及费用分布情况（表 5-4-1）。

表 5-4-1 颅内出血（I61）-DRGs 费用分类

费用分类	ICD10 I61 病案数 20		DRGs BB21 病案数 1		DRGs BK19 病案数 3		DRGs BC29 病案数 2		DRGs BR15 病案数 8		DRGs BR11 病案数 6	
	金额	占比	金额	占比	金额	占比	金额	占比	金额	占比	金额	占比
西药类	28 193	36.5%	112 986	31.9%	70 334	46.4%	82 019	30.4%	10 682	39.6%	7 841	31.0%
诊断类	18 456	23.9%	71 004	20.1%	27 994	18.5%	62 981	23.3%	8 083	30.0%	9 123	36.1%
综合医疗服务类	11 369	14.7%	53 887	15.2%	26 869	17.7%	38 723	14.3%	4 101	15.2%	5 149	20.4%
耗材类	9 637	12.5%	76 185	21.5%	12 630	8.3%	45 997	17.0%	953	3.5%	954	3.8%
治疗类	3 937	5.1%	25 763	7.3%	5 378	3.5%	16 498	6.1%	287	1.1%	156	0.6%
中药类	2 974	3.9%	7 026	2.0%	3 097	2.0%	7 521	2.8%	2 400	8.9%	1 581	6.3%
康复类	2 676	3.5%	7 240	2.0%	5 401	3.6%	15 833	5.9%	437	1.6%	450	1.8%
血液和血液制品类	0	0.0%	0	0.0%	0	0.0%	476	0.2%	0	0.0%	0	0.0%
其他类	0	0.0%	0	0.0%	0	0.0%	0	0.0%	0	0.0%	0	0.0%
合计	77 242		354 091		151 703		270 120		26 943		25 254	

进一步分析可以看到，还是 BR15 组（颅内出血性疾病，不伴合并症与伴随病），路径外西药费用占比为 31.2%，诊断类为 21.6%，中药类项目全部为路径外用药，占比 8.8%（图 5-4-7）。

	路径内		病案项目分类	路径外		
	2195	8.1%	西药类	8405	31.2%	
	2264	8.4%	诊断类	5821	21.6%	
	3871	14.4%	综合医疗服务类	100	0.4%	
	1094	4.1%	耗材类	0	0.0%	
	0	0.0%	治疗类	303	1.1%	
	0	0.0%	中药类	2358	8.8%	
	352	1.3%	康复类	82	0.3%	
	0	0.0%	血液和血液制品类	0	0.0%	
	0	0.0%	其他类	98	0.4%	
	9776	36.3%	小计	17167	63.7%	

图 5-4-7 颅内出血（I61）-DRG 分组 BR15 费用分类路径标识

同时，标化政策重点监控的药物以后，可以看出，重点监控药物占比为 11.4%，金额为 3 064 元/例，集中于路径外西药费用中。而中药类重点监控药物为 1.4%（390 元/例），也集中于路径外用药（图 5 - 4 - 8）。

	非监控	8.9%	0	西药类占比	0	20.6%	非监控	
	监控	0.0%	1	西药类占比	1	11.4%	监控	
	非监控	0.0%	0	中药类占比	0	7.5%	非监控	
	监控	0.0%	1	中药类占比	1	1.4%	监控	

图 5 - 4 - 8 颅内出血（I61）- DRG 分组 BR15 重点监控药物路径标识

那么，结合本院药典规定的辅助用药进行计算，西药类辅助用药有 1 289 元/例，占比 4.8%，分布于路径外西药类费用中；中药类辅助用药有 476 元/例，占比 1.8%，集中于路径外中药项目中。这说明角度不同，管理结果也呈现出差异（图 5 - 4 - 9）。

	非辅助	8.6%	0	西药类占比	0	26.3%	非辅助	
	辅助	0.0%	1	西药类占比	1	4.8%	辅助	
	非辅助	0.0%	0	中药类占比	0	9.0%	非辅助	
	辅助	0.0%	1	中药类占比	1	1.8%	辅助	

图 5 - 4 - 9 颅内出血（I61）- DRG 分组 BR15 辅助用药路径标识

结合更多角度的观察需求，我们对临床费用进行多维度分析后，可以发现更多、更深入、更细分的信息，也为临床管理提供更准确的数据化、智能化支持，与传统经验管理结合的同时拓展新的管理角度与思维。

注：本节涉及数据，是对实际数据进行调整后的结果，重点在于呈现思路的探索，而非数据本身。

（梁健 程岚）

参考文献

[1] 邓小虹. 北京 DRGs 系统的研究与应用 [M]. 2015（1）：1 - 60.
[2] 曹伟. 关于卫生人才评价的探索与改革 [J]. 医学与社会，2010，23（8）：44 - 46.
[3] 庄宝玲，邱华巧，钱家强. 公立医院编制管理和人事制度改革的实践与思考 [J]. 中国卫生人才，2015（1）：52 - 55.
[4] 施燕吉，徐爱军，朱诺. 我国公立医院人事制度改革进展及思考 [J]. 中国医院管理，2013，33（5）：7 - 9.
[5] 郁晓霞，李廷玉，王萱玲. 论新医改背景下公立医院人事制度改革 [J]. 重庆文理学院学报：社会科学版，2010，29（5）：105 - 107.
[6] Good medical practice for physicians—prepared by the Federation of Royal Colleges of Physicians of the UK [S]. 2004.
[7] KAVIC M S. Competency and the six core competencies [J]. JSLS, 2002（6）：95 - 97.
[8] HSIAO W C, BRAUN P, YNTEMA D, et al. Estimating physicians' work for a resource—based relative—value scale [J]. NEJM, 1988, 319（13）：835 - 841.

［9］GORRINDO T, GOLDFARB E, BIRNBAUM R J, et al. Simulation-based ongoing professional practice evaluation in psychiatry: a novel tool for performance assessment ［J］. Jt Comm J Qual Patient Saf, 2013, 39 (7): 319-323.

［10］MAKARY M A, WICK E, FREISCHLAG J A. PPE, OPPE, and FPPE: complying with the new alphabet soup of credentialing ［J］. Arch Surg, 2011, 146 (6): 642-644.

［11］WIERSEMA M J, MERGENER K. Current procedural terminology, resource-based relative value scale, and the center for medicare and Medicaid services: overview ［J］. Gastrointest Endosc Clin N Am, 2006, 16 (4): 775-787.

［12］SMITH L S, CLARK S, HOCHSTETLER Z, et al. Medicare RBRVS 2013 the physicians's guide ［S］. American Medical Association, 2013.

［13］学科建设应成为医院发展的重要抓手［N/OL］. 健康报, 2014-07-01. http://www.jkb.com.cn/thinkingDiscussion/2014/0701/344881.html.

［14］医院排行榜该不该发布［N/OL］. 和讯新闻, ［2015-06-02］. http://news.hexun.com/2015-06-02/176377843.html.

［15］广东省高水平临床重点专科建设项目评审标准（临床专科版）［S］. SIFIC感染网, 2017-12-18. http://www.sific.com.cn/InsidePage/1000/38/6995.html.

［16］国家卫健委对各类医院排行榜提要求啦［N］. 健康界, 2018-07-19. https://www.cn-healthcare.com/article/20180719/content-505870.html.

［17］重磅!《南方周末2017年度Top医院排行榜》正式出炉［N］. 新浪医药新闻, 2018-03-20. http://med.sina.com/article_detail_103_2_42933.html.

［18］医院蓝皮书：中国医院竞争力报告［R/OL］. 北京：社会科学文献出版社, 2017. https://www.ssap.com.cn/c/2017-04-17/1053237.shtml.

［19］2018年度中国医院影响力排行榜［R/OL］. 医信天下, ［2018-09-12］. http://www.yeecin.com/f/detail_1401ddb8b483465e8e6be82d21a6b020.html.

［20］医信天下发布2018中国医院影响力排行榜［N/OL］. 人民网, ［2018-09-21］. http://health.people.com.cn/n1/2018/0921/c14739-30308037.html.

［21］北大版中国最佳临床学科评估排行榜出炉［OL］. 丁香园医院汇, ［2015-05-28］. http://yyh.dxy.cn/article/109126.

［22］中国医院及专科声誉排行榜［OL］. 复旦大学医院管理研究所. http://www.fudanmed.com/institute/news222.aspx.

［23］中国医院科技量值研究［OL］. 中国医学科学院医学信息研究所. http://top100.imicams.ac.cn/comprehensive.

［24］《国家卫生计生委办公厅关于实施有关病种临床路径的通知》［EB/OL］. ［2016-12-08］. http://www.nhfpc.gov.cn/yzygj/s7659/201612/e02b9324fc344f45979b6c20d7497b71.shtml.

［25］《关于实施有关病种临床路径的通知》解读［EB］. ［2016-12-08］. http://www.nhc.gov.cn/zwgk/jdjd/201612/4a1664a3bc17486a92b4de84bd3ac250.shtml.

［26］《医疗质量管理办法（全文）》［EB］. ［2016-10-12］. http://www.nhc.gov.cn/yzygj/s3585/201610/5b61766ab433435fab6d5111c138d9f9.shtml.

［27］《国家卫生计生委临床路径管理工作媒体沟通会文字实录》［EB］. ［2017-08-17］. http://www.nhc.gov.cn/zhuz/xwfb/201708/a3ea7d5f6efa4a44bf338f1d55e60749.shtml.

［28］医疗质量管理工具之四：临床路径（clinical pathways, CP）［OL］. 搜狐科技［2017-08-31］. http://www.sohu.com/a/168742899_650936.

[29] 最新！卫健委发文，18 项医疗核心制度来了！[OL]. http://baijiahao.baidu.com/s?id=1598520978459093976&wfr=spider&for=pc.

[30] Reducing practice variation through clinical pathways—is it enough? [OL]. https://onlinelibrary.wiley.com/doi/pdf/10.1002/ppul.23653.

[31] Reducing clinical variations with clinical pathways: do pathways work? [OL]. https://academic.oup.com/intqhc/article/15/6/509/1823636.

[32] COLKITT, CAITLIN B A. Development and implementation of clinical pathways: reducing variation to improve patient outcomes [M]. Economics, Allegheny College, 2011.

[33] Clinical pathways: standardize care and improve outcomes while reducing the cost of care [OL]. https://www.bearingpoint.com/en-sg/our-expertise/industries/health-social-care/clinical-pathways/.

第六章 疾病诊断相关分组（DRGs）的发展与应用

第一节 疾病诊断相关分组（DRGs）的研究与发展

疾病诊断相关分组（diagnosis related groups，DRGs），根据病人的年龄、性别、住院天数、临床诊断、病症、手术、疾病严重程度、合并症与并发症、转归等因素把病人分入不同的诊断相关组。DRGs 的定义一般包括三部分内容：①它是一种病人分类的方案。作为一种病例组合方法，DRGs 的核心思想是将具有某一方面相同特征的病例归为一组，以方便管理。②DRGs 分类的基础是病人的诊断。在此基础上考虑病人的年龄、手术与否、并发症及合并症等情况的影响。③它把医院对病人的治疗和所发生的费用联系起来，从而为付费标准的制定尤其是预付费的实施提供了基础。

DRGs 收付费模式是目前国际上公认的控制医疗费用科学有效的管理方法，其由美国发明，后来逐步在其他国家和地区推广运用。DRGs 通过统一的疾病诊断分类定额支付标准的制定，达到医疗资源利用的标准化。这有助于激励医院加强医疗质量管理，迫使医院主动降低成本，缩短住院天数，减少诱导性医疗费用支付，有利于费用控制。

一、DRGs 的发展及应用

1967 年，一代 DRGs 系统由美国耶鲁大学 Robert B. Fetter 及其团队开发（以下简称为"Yale DRGs"），此后逐渐在医疗管理研究中应用。20 世纪 70 年代末，Yale DRGs 在美国新泽西州的支付制度试点改革中应用，随后进行了改版。

1983 年，美国引入诊断相关组——预付费制度（diagnosis related groups-prospective payment system，即"DRGs-PPS"）。DRGs 会根据病人的年龄、性别、住院天数、临床诊断、病症、手术、疾病严重程度、合并症和并发症、转归等因素把病人分入不同的诊断相关组，以组为单位打包确定医保支付标准。在这种打包付费方式下病人使用的药品、医用耗材和检查检验都成为诊疗服务的成本，而不是医院获得收益的手段。

随后，DRGs 陆续被欧洲国家、澳大利亚和部分亚洲国家引进，应用于医疗服务管理中。据统计，目前全世界应用 DRGs 的国家已超过 40 个，DRGs 已成为当今世界公认的较先进的支付方式之一。

在应用的过程中，许多国家发现了其进一步的优点：可有效降低医疗保险机构的管理难度和费用，有利于宏观预测和控制医疗费用，为医疗质量的评估提供科学的、可相互比较的分类方法。

（一）美国 DRGs 的发展及应用

1983 年以前，美国的老年和残障健康保险（medicare）和医疗援助（medicaid）实行按项目付费（fee-for-service），高成本的治疗方案与过度医疗使得美国的医疗费用激增，大大超出美国 GDP 增速，政府面临巨大财政压力。

1982 年，美国国会要求制定一套预付费系统（prospective payment system，PPS）来控制医疗费用增长。该系统根据疾病相关性分类机制进行病种付费，即 DRGs。老年和残障健康保险凭借这套系统对医疗效率高的医院进行奖励，同时激励低效率医院关注医疗效率。

在 1983 年新泽西州首次推广 DRGs 前，美国 DRGs 研发经历了两个版本阶段，1980 年的原始版 DRGs（original DRGs）是被广为认知的一版，随后 1982 年的修正版 DRGs（modified DRGs）在样本数据、编码系统等方面进行调整，由 383 个疾病分组增至 467 组。

美国卫生及公众服务部（Department of Health and Human Services，HHS）、预付制评估委员会（Prospective Payment Assessment Commission，ProPAC）及其他同行评审机构联合成为美国 DRGs 研究主体。现行的 DRGs 主要分为三个版本：基础 DRGs（medicare DRGs）、全病人覆盖 DRGs（AP - DRGs）、全病人覆盖细分 DRGs（APR - DRGs）。其中，基础 DRGs 主要由医疗保险与医疗补助服务中心（The Centers for Medicare and Medicaid Services，CMS）应用，用于对医保受益者的住院资源消耗支付；AP - DRGs 与基础 DRGs 类似，但病人覆盖面涵盖非医保病人，特别是新生儿和儿童；APR - DRGs 与 AP - DRGs 相似，但更多地考虑了疾病严重程度、风险及资源利用率。

美国 DRGs 实行后，逐步对不同方式的医疗服务支付进行定义与更新（表 6 - 1 - 1）。

表 6 - 1 - 1　美国不同方式的医疗服务支付

医疗服务方式	支付方式	原理	开始时间
急性住院	急性住院 DRGs	应用病例组合进行疾病分组，每组确定付费标准	1983 年
康复住院	风险调整的打包付费	应用病人评价表进行评分，根据分数进行分组，每组确定付费标准	1997 年
资深护理机构	风险调整下的按床日付费	应用病例组合进行风险调整然后确定不同床日付费标准	1997 年
家庭保健	按单元付费（60 天一个单元）	应用病例组合进行风险调整，共分 80 个费用组，每组确定付费标准	1997 年

续表 6-1-1

医疗服务方式	支付方式	原理	开始时间
医疗机构门诊服务	APC（门诊付费分类）打包付费	将门诊项目分类，每个类型确定一个打包付费标准	1999 年
长期住院	长期住院 DRGs	应用病例组合进行疾病分组，每组疾病确定支付标准	2002 年
精神疾病住院	精神疾病 DRGs 分组的床日付费	应用病例组合进行疾病分组，每组疾病进行床日费用分段，并确定付费标准	2005 年
终末期肾病	风险调整的打包付费	应用病例组合进行风险调整，针对病人情况确定不同支付标准	

推出 DRGs 后，住院治疗费和平均住院天数均有明显改善。

首先，住院治疗费用明显下降。老年和残障健康保险住院治疗费用/成本比（Payment-to-cost ratios）开始持续下降（20 世纪 90 年代初，由于政府费率管理方式发生转变，费用/成本比有所回升，1996 年推出平衡预算法案后医疗费用再度下滑）。按病种付费实施后，住院治疗费用/成本的下降，从 1996 年的 103% 下降至 2003 年的 95%。这表明该支付方式对控制医疗服务价格、抵制过度医疗起到一定作用。

其次，平均住院天数缩短。受 DRGs 按病种付费影响，由于医疗服务价格和过度医疗现象受到明显控制，不具备规模效应和成本管理能力不强的医疗机构开始纷纷破产或沦为兼并收购的对象，美国的医院数量自改革后呈现持续减少的趋势；同时，在 DRGs 支付方式驱动下，医疗机构纷纷减少住院天数以提高运营效率，病人的平均住院天数从改革前的 7 天下降至现在的 5 天，缩短了 28%。

（二）德国 DRGs 的发展及应用

2003 年以前，德国既不是按项目收费，也不是总额预付，而是按照服务单元（住院床日和床位）来确定费用的，德国医院平均住院日为 15 天。按服务单元付费具有强烈的包干和预算性质，但容易诱导医生延长住院时间、拒收重病等行为。为了缩短不必要住院时间、提供有效预算方法、解决不堪重负的医疗费用问题，德国政府决定通过 DRGs 系统改革支付方式。

德国医院协会、商业医疗保险协会、医疗保险协会共同建立医院赔付系统研究中心（图 6-1-1）开发 G-DRGs，中心的职责是建立一套 DRGs 疾病组别及相关编码规则，通过疾病和费用数据库的建立测算 DRGs 付费标准。

德国 DRGs 的"三二一原则"："三个统一"即 DRGs 编码全国统一、权重系数全国统一、基础付费标准各州统一。"两个全覆盖"即适用范围内 DRGs 系统覆盖所有病人，除精神病外 DRGs 系统覆盖所有病种。"一个分离"即疾病分类及编码上，采用内外科分离。

德国各方对 DRGs 的反馈：

（1）医院：一方面较好地为医院提供其在市场中的相对位置以及其在竞争中的优

第六章 疾病诊断相关分组（DRGs）的发展与应用

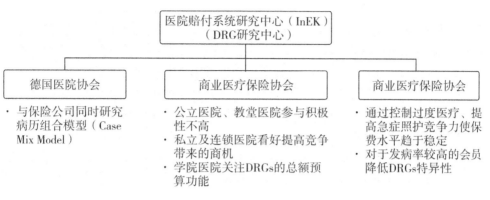

图 6-1-1 医疗赔付系统研究中心组织

势与劣势，重新整合医疗服务机构配比，集中提高医疗服务质量；另一方面，年度 DRGs 更新导致医院与医疗管理复杂性不断增加。

（2）保险机构：基于 DRGs 系统的保险审单被指太过随意，保险公司相应的 IT 系统与员工培训未能及时跟上。

（3）医院协会：联邦医院协会参与长期政策制定中、州医院协会需对州级费率进行谈判以及重复工作/更改定价依据、区域医院协会及其他利益群体对日趋复杂的预算进行谈判。

（4）卫生部：对 DRGs 病例组合系统的引进推广承担责任，成为协商机制会员矛盾的仲裁者，卫生部在其他方面对医院赔付系统研究中心没有直接影响力。

德国实行 DRGs 后，大大提升了医疗效率，提高了医疗服务透明度，促进了不同医院之间的费用平衡，医疗卫生支出费用增幅下降，达到了降低医疗费用的目的。首先，降低了平均住院日。德国医疗机构数量和平均住院天数随着 DRGs 的推行呈现减少趋势，尤其是病人平均住院天数，由 1991 年的 15 天降至 2010 年的 9 天，降低了 40%。其次，保持医卫费用支出与 GDP 增速同步。DRGs 对医保费用支出上限进行控制，超出部分由医疗机构承担，因此德国医疗卫生费用在实行总额预付后得到了有限控制。1970—1976 年，卫生费用占 GDP 比例由 5.5% 上升到 7.7%，与同期放缓的 GDP 增速相悖。自 1977 年后，德国医疗卫生支出占 GDP 比重与 GDP 增速趋势持续保持同步。

二、DRGs 的应用效果

世界各地区推行 DRGs 以后，对当地医院产生了积极影响，取得了良好的应用效果。

1. 推动医院精细化管理

DRGs 收付费制度改革是支付制度改革，也是评价制度改革，是推动医院内部管理制度改革的关键点。DRGs 收付费制度改革的建立迫使医院的管理者更加重视规范医生的行为，避免医生在病人身上花费过高的成本。

2. 转变医院经济运营模式

在 DRGs 收付费制度改革后，由于病组付费标准固定，只有使医院医疗成本低于医院收入，医院才能降本增效。在此前提下，医院只有在转变医院经济运营模式，由扩大收入为中心转变为成本管控为中心，提升内部运营效率，坚持医疗费用管控，减少不必要的支出，最终实现医院由粗放式的管理转变为精益化管理。

作为改革对象的医院，未来的经营模式和发展方向将会发生重大变化。DRGs 收付费制度改革的应用将会促进医院内部管理制度的重构，医院将会面临医疗质量安全管理制度，财务资产管理制度，绩效考核等等一系列医院内部管理制度改革的挑战。

3. 科学规范临床路径

临床路径是一种管理模式，也是 DRGs 的基础。DRGs 主要目标就是实现在确保实现一定医疗质量的前提下，患方医疗费用负担最低。而科学的临床路径能严格控制医疗成本，抑制过度服务，抑制滥用医疗资源，成本自然就降低了。

4. 规范病案首页数据管理

DRGs 对病案首页的完整性与规范性要求比较高。要求主要诊断要明确，伴随疾病和合并症要详尽，主要手术、操作和特殊检查要明确、详细，疾病编码和手术操作编码要准确。DRGs 的应用，对规范病案首页项目填写，加强病案编码等起到积极作用。

5. 建立科学绩效评价管理

面对 DRGs 收付费改革，传统的绩效考核制度显然已经不能适应。在新形势新要求下，DRGs 推动了新的科学绩效考核制度的建立。

三、DRGs 的基础——临床路径研究

20 世纪 80 年代，为了遏制医疗费用不合理增长，美国政府将医疗付费后付制改为定额预付款制（DRGs-PPS），因此，医疗机构必须主动探索医疗质量的改进和医疗成本的控制以实现医院的可持续发展。

在这样的历史背景下，临床路径（clinical pathway）应运而生。美国马萨诸塞州波士顿新英格兰医疗中心最早制定出第一部护理临床路径，在美国应用之后被认为是控费和提升医疗质量的神器。临床路径是指针对某一疾病建立一套标准化治疗模式与治疗程序，是一个有关临床治疗的综合模式，以循证医学证据和指南为指导来促进治疗组织和疾病管理的方法，最终起到规范医疗行为，减少变异，降低成本，提高质量的作用。相对于指南来说，其内容更简洁、易读，适用于多学科、多部门具体操作，是针对特定疾病的诊疗流程，注重治疗过程中各专科间的协同性、治疗的结果和时间性。

相比于国外，国内临床路径起步较迟。1998 年以后，北京、天津、重庆、青岛、成都和广州等城市的大医院相继引入临床路径的管理模式，并开展了部分临床路径研究和试点工作。如北京协和医院开展了胆囊切除术、肺炎、充血性心力衰竭和经阴道分娩等 4 种疾病的临床路径应用研究；四川大学华西医院于 2002 开始在骨科膝关节镜手术病人中实施临床路径。在此基础上，2009 年 8 月，原卫生部成立了临床路径技术审核专家委员会，组织 23 个省 110 家医院开展了试点工作。截至 2011 年年底，历经两年余，临床路径管理工作在深度和广度上不断推进，对医疗质量的提高，服务流程的优化，医疗费用的控制及医院信息化建设均有显著的成效。临床路径管理因此得以广泛推广。

但是临床路径研究存在的问题也不少,主要体现在以下七个方面:①病种选择单一,覆盖面小。②以医院为单位各行其道,缺乏组织及交流,部分医院应用被动。③路径制定缺乏统一权威的标准。④未能坚持变异的实时监测及分析。⑤相应的计算机管理软件开发滞后。⑥在遏制不合理医疗费用的同时,也在一定程度上限制了临床医生对疾病的发散思维,遏制了医疗卫生事业的发展。⑦在适当控制医保费用的同时,一定程度上违背了以病人为中心的医疗模式。

虽然部分临床路径病种在全国各地的试点取得了一定的成效,但针对目前国家发布的 1 010 个临床路径的实施效果还存在诸多不确定性。大众和医护人员对临床路径的认识和认可程度也远远不够,同时,大多数的临床路径病种只存在于学术研究中,并未实际开展到临床一线应用中。因此,应扩大临床路径试点范围,加强临床路径相关知识的普及力度,不断总结和推广。我国目前医疗付费采用的是后付制,但随着医疗服务由第三方按病种付费制度的推行,临床路径作为一种病种质量管理模式,其应用必定会更广更深。

四、临床路径对医保支付制度的影响

医保支付制度改革在于"控费",临床路径推行的目的就是在控费的前提下,按照临床路径及临床诊疗指南及行业技术标准,探索合理的医疗费用与医保支付标准之间的关系,是重要的医疗质量保证,对于病人得到质量放心、医疗服务收费合理非常重要。

(1) 临床路径为支付制度改革打基础。医疗机构应当积极配合物价管理和基本医疗保险管理部门,按照临床路径做好费用测算,推进单病种付费、DRGs 付费等支付方式改革。

(2) 临床路径为提高医疗管理质量提供依据。医疗机构应通过信息化,对临床路径管理有关数据进行统计、分析,为提高医疗管理质量和水平提供依据。

(3) 临床路径推进医疗服务监控。引导医疗机构和医务人员规范诊疗行为,控制不合理医疗费用,持续改进临床路径管理工作。

(4) 临床路径让医院算清账。医保按照单病种收付费制度改革,需要参照临床路径测算病种标准成本,医院通过对临床路径的合理制定,测算出自己临床路径成本,对比科室实际病种成本,结合医保支付临床路径付费,经济账才能算得清。

总之,临床路径的发展可以极大地助推 DRGs。而实行 DRGs 也成为医院推行临床路径的好时机。两者相互作用,共同发展。

第二节 中国疾病诊断相关组(CN-DRGs)的研究与应用

20 世纪 80 年代,我国开始探索 DRGs,并产生多种 DRGs 版本,中国疾病诊断相关组(CN-diagnosis related groups, CN-DRGs)是由国家 DRGs 质控中心发布的,是当前国

内应用时间最长、应用范围最广的分组器版本。

收付费方式改革是深化医改、促进三医联动改革最重要也是最有效的抓手，将起到规范医疗服务行为、推进医疗和药品领域改革的作用。国务院办公厅发布的《关于进一步深化基本医疗保险支付方式改革的指导意见》指出，到 2020 年，医保支付方式改革将覆盖所有医疗机构及医疗服务，按项目付费占比明显下降。2017 年 6 月，国家卫生和计划生育委员会召开 DRGs 收付费改革启动会，正式将 DRGs 上升到战略层面。

一、CN-DRGs 的诞生与发展进程

2015 年 3 月 1 日，根据《国家卫生计生委医政医管局关于指定北京市公共卫生信息中心作为疾病诊断相关分组质控中心的函》文件要求，为推动运用疾病诊断相关分组开展医院信息化监管，国家卫生和计划生育委员会医政医管局正式指定北京市公共卫生信息中心作为国家 DRGs 质控中心，开展全国 DRGs 研究与推广工作，并以北京市公共卫生信息中心（北京市医院管理研究所）享有著作权的 DRGs 分组方案为基础，等效建立 CN-DRGs 分组方案（2014 版）。

此分组方案共包括 26 个主要诊断分类（major diagnostic category, MDC），覆盖所有短期住院病例。分组系统利用病人当次住院病案首页中的诊疗信息，先将病例按主要诊断分到某一 MDC，再按照主要治疗方式分为内科 ADRG、外科 ADRG、非手术室操作 ADRG，并结合影响临床过程的年龄、性别、有无合并症、伴随病（complication & comorbidity, CC），有无严重合并症、伴随病（major Complication & comorbidity, MCC）等其他因素，按照临床过程一致性和资源消耗相似性的原则，最终将所有病例分为 783 个 DRGs。

随着医改进入深水区，2016 年以来，国务院及多部委密集下发《"健康中国 2030"规划纲要》《深化医药卫生体制改革 2017 年重点工作任务》《关于进一步深化基本医疗保险支付方式改革的指导意见》《关于巩固破除以药补医成果持续深化公立医院综合改革的通知》等众多文件，鼓励有条件的地区先行开展 DRGs 付费试点。

此后，DRGs 付费改革在各地如火如荼地开展，作为国内主流的经过实践检验的 DRGs 分组规范，CN-DRGs 迅速被北京、广东、陕西、辽宁等 30 多个省市的卫生和计划生育委员会及医保管理机构所采用，开展基于 DRGs 的医疗服务监管评价和医保支付管理。据不完全统计，CN-DRGs 已被超过 2000 家医疗机构用于医院内部成本管理和绩效评价。

二、国内 DRGs 的研究与应用

近年来，在国家疾病诊断相关分组协作组的推动下，各省市依据不同区域特点，陆续开展了 DRGs 的研发与应用。

（一）北京

1988 年，北京市医院管理研究所成立，在全国范围内率先开展 DRGs 研究。由北京市最初的 DRGs 研究课题组牵头组织，以美国 DRGs 为基础，组织包括北京协和医院、天坛医院、同仁医院、中国人民解放军总医院等 10 所北京市三级医院 140 位课题组成

员研究分组方法，用于医院评价与付费政策研究。历时 4 年，每所医院采集 1 万份出院病历，共计 1 400 多万数据，研究成果发表了一系列论文。20 世纪 90 年代中期，因电子医疗数据的缺乏、政府支持力度不足、医院改革动力不强等原因，探索阶段告一段落。

2001 年，北京市政府发布《北京市基本医疗保险规定》，明确医保领域中劳动保障、卫生、中医管理、药品监督、物价、财政等部门的管理监督职责；2003 年，北京市建立出院病案首页报告采集制度，截至 2015 年 6 月，已累计收集病案 1 000 余万份。在全国社会医疗保障体制改革大势下，北京市重启 DRGs-PPS 研究工作，成立 DRGs-PPS 研究项目组；政府的组织协调以及医疗卫生系统的不断完善为研发工作的重启奠定基础。

为进一步推进 DRGs－PPS 研究与实施，2006 年北京市卫生局、人力资源和社会保障局牵头建立政府联席会议制度，成立 DRGs－PPS 项目推进领导小组、设立办公室，为研究项目组工作提供保障措施。研究项目组在政府的有力支持下，完成北京市病案信息标准化与北京 DRGs 分组设计工作，于 2008 年完成 BJ-DRGs 试行版研发。2012 年，北京市卫生局将 DRGs 研究项目组纳入市医院管理研究所，明确了工作职责，并成立项目领导小组和管理部门进行管理，强化 DRGs 的研发应用与推广。其工作职责主要包括制定并维护诊疗信息采集标准，开展人员培训和督导检查，保持数据质量；动态维护更新 BJ-DRGs 分组器；配合北京市卫生局进行北京地区医疗机构的医疗行为、医疗服务绩效与质量考核评价，并提交年度报告，为医疗机构管理提供数据和技术支持；为 DRGs 付费工作提供数据和技术支持；为诊断相关分组推广提供技术支持。

在组织架构完善与财政支持基础上，北京市医院管理研究所组织北京地区相关行业专家，开展 BJ-DRGs 试行版的临床论证与修订工作，完成 2014 版 BJ-DRGs，并建立持续性修订机制。北京市市医院管理研究所（公共卫生信息中心）被国家卫生和计划生育委员会指定为国家 DRGs 质控中心，其职能主要包括：运用 DRGs 方法为国家卫生计生委对各省市医疗机构服务能力、绩效、安全进行考核和评价，各省市 DRGs 工作指导咨询，提交年度医疗机构服务绩效与质量报告，医疗管理机构数据提供与技术支持（表 6－2－1）。

北京市与其他省市合作，将 BJ-DRGs 向全国范围推广，升级为 CN-DRGs。BJ-DRGs 目前应用于医疗机构住院服务绩效评价与医疗费用管理。住院服务绩效评价应用包括公立医院服务绩效和临床重点专科评价，医疗费用管理应用包括医保付费制度改革试点和新农合付费制度改革试点。

在医疗机构住院服务绩效评价方面，2011 年，北京市创建了基于 DRGs 的评估体系，对北京地区各医疗服务机构消化内科、骨科、妇科、产科和儿科等五个专科的临床服务能力进行了评价，完成卫生部临床重点专科评价工作任务。北京市卫生和计划生育委员会根据 2014 版 DRGs 建立住院医疗服务绩效管理平台，应用住院病案首页信息，对全市二级以上医院的服务范围、技术水平、服务效率及医疗质量进行定量评价和行业发布。在医疗费用管理方面，北京市医保与新农合均在试点范围内开展了 DRGs 付费改革，截至 2015 年 5 月底，BJ-DRGs 共结算病例 15.37 万份，医院节约成本 5.5 亿元，占总费用的 18%。

表 6-2-1 DRGs 相关医院绩效评价指标

维度	评价内容	指标
能力	1. 医疗服务广度	DRG 组数
	2. 医疗服务整体技术难度	病例组合指数 CMI
效率	3. 同类疾病治疗费用	消费消耗指数
	4. 同类疾病治疗时间	时间消耗指数
安全	5. 医疗安全	低风险病例住院死亡率
	6. 综合医院技术全面性	缺失 MDC 数、MDC 能力指数排名
	7. 医院危重病例救治能力评价	
评估内容	指标	
病例类型	心肌梗死、中风伴严重合并症、上消化道出血、多发性创伤	
疾病转归	转院率、非医嘱出院率、转社区机构率、回原住地率和死亡率；未救治率（转院率+死亡率）	
综合评分	"回原住地率"为正向指标；"未救治率"为负向指标	
能力变化	涉及心、脑血管意外、创伤和急重症抢救学科四类疾病的 35 个 DRG 组的数据逐年追踪	

北京 DRGs 的研发和应用能够在国内处于领先地位，关键因素为有力的政府支持与医疗 IT 技术支撑。2004 年，北京 DRGs 研发重启后，北京市政府在不同阶段按需要成立若干组织，以必要的行政措施协调各方资源，推动项目落地，如专家资源组织、资金支持、标准监管实施、信息采集归结等方面。医疗 IT 技术则从编码标准化、数据采集分析等层面对 BJ-DRGs 提供了有力支撑。

（二）上海

2015 年，上海市卫生计生工作要点指出：推广应用疾病诊断相关分组（DRGs），对三级医院住院医疗服务开展绩效评价与质量监控工作；DRGs 实施病种率纳入上海市区县公立医疗机构医疗服务监管核心指标。

与 BJ-DRGs 本地化的省市不同，上海市借鉴 AR-DRGs 的基础进行自主研发，建立了上海市级医院基于危重疫病诊断的分组模型和分组器，应用至医疗服务监督与绩效评价。

上海 DRGs 研究主体包括医疗管理机构和医疗机构。在医疗管理机构层面，上海市卫生局统一市级医院 ICD 及病案首页信息，规范临床路径；上海市人社局落实试点医院部分病种按病种支付；申康医院发展中心借助市级医院临床信息交换平台（医联平台）提供数据。在医疗机构层面：上海瑞金医院主导，与科研院校、企业合作，研发完成分组器以及基于 DRGs 的单病种管理软件。

（三）云南

在采取 BJ-DRGs 本地化模式的省市中，云南省率先从 2013 年起在逐步运用 DRGs 对省内医院实施监督与评价的基础上，探索付费制度改革，举措包括：成立云南省 DRGs 推广应用小组，进行 DRGs 的本地化推广工作，逐步应用至医疗服务绩效评价、医院精细化管理和付费制度的改革；搭建云南省疾病诊断相关分组（DRGs）网络平台，接收医疗机构病案信息；全省二级以上医疗机构完成疾病分类管理和编码统一，规范病案首页填报，建立完善全省病案首页报告制度。（图 6-2-1）

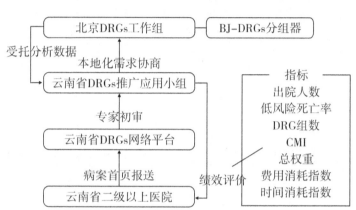

图 6-2-1　BJ-DRGs 在云南省医院绩效评价的应用

多年来，基于 BJ-DRGs 模式，全国各地开展了诸多尝试。BJ-DRGs 已开始在全国范围内推广。但其在覆盖程度、支付标准测算两方面的局限性仍有待解决，建立基于成本费用的支付标准以及临床路径建设将是未来建立更完善的 DRGs-PPS 的重点工作。

三、国内医疗 IT 行业助推 CN-DRGs 发展

近年来，中国医疗 IT 行业的发展趋势良好，为 CN-DRGs 的研发与应用奠定基础。未来，医疗 IT 企业的参与对 CN-DRGs 的推广至关重要。

首先，医疗 IT 企业不断升级的技术与数据积累优势，能够促进医疗信息的互联互通，挖掘大数据价值，以破解中国 DRGs 局限性的瓶颈（图 6-2-2）。

其次，医疗 IT 企业积累了大量的医疗服务成本数据与医疗业务数据，可以提供覆盖不同区域的各类医疗机构的相关数据，并在服务提供过程中构建了系统科学的医疗服务成本核算体系。可为政府医疗服务定价提供有价值的依据，最终实现 DRGs 付费政策的顺利制定。

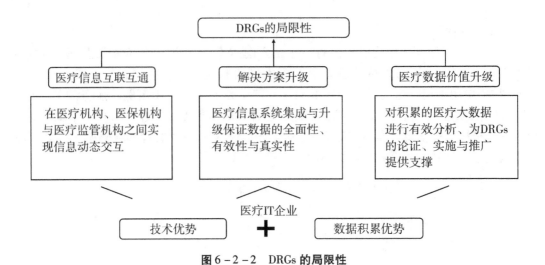

图 6-2-2 DRGs 的局限性

第三节 疾病诊断相关组（DRGs）在医改中的应用

DRGs 对于国家卫生健康委员会、医保方、医院方的监管都有积极的作用。

一、提升国家卫生健康委员会的监管能力

首先，DRGs 作为促进医疗服务标准化的管理工具，国家卫生健康委员会借助 DRGs 管理工具，可以健全区域卫生监管体系，建立现代医院管理制度并促进 DRGs 支付改革的落地，助力行业形成"三方协同（国家卫生健康委员、医保、医院），四方共赢（国家卫生健康委员、医保、医院、病人）"的医疗格局（图 6-3-1）。

（一）DRGs 在行业评价中的应用

1. 医院绩效评价

DRGs 作为对临床过程及医疗资源消耗评价的标准化工具，通过以分组及分组权重为核心衍生的一系列指标，为医疗服务能力、医疗服务效率及医疗安全的评估提供了客观有效的评估工具。通过对医疗机构进行 DRGs 指标如总组数、CMI 指数、时间消耗指数、费用消耗指数、低风险组死亡率等不受临床主观因素影响的结果性指标地监管，同时与住院人次人头比、院感率、非计划再入院率等传统医疗质量评价指标结合，可有助于形成简便且有针对性的区域医疗机构绩效评价方案。

2. 临床专科评价

临床专科是医疗服务机构为病人提供医疗服务的功能单位，是体现医疗核心竞争力的重要表现形式。因此，为了加强临床专科的发展，对临床专科采取科学的评价方法极其重要。DRGs 作为管理工具，可以为临床专科评价提供量化数据指标。首先，可以根

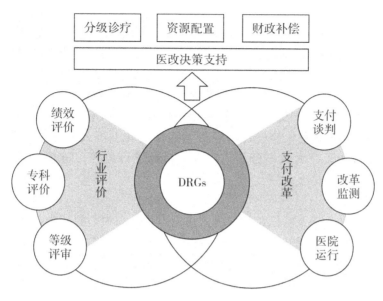

图 6-3-1　DRGs 支持医改决策

据收治的病种实际划定临床专科涵盖的 DRGs 病组，这样就为临床专科的分类提供了工具；其次，依托 DRGs 自有的指标体系，从"能力、效率、安全"等方面对临床专科进行分析、评价和排名，从而实现区域内不同专科的横向对比和相同专科的纵向对比；最后，依据评价结果对临床专科进行精准的定位和引导，以实现学科能力的提升。

3. 医院等级评审

鉴于 DRGs 可以利用自身可量化的指标对不同的医疗机构、不同的临床专科进行客观的医疗质量、服务绩效评价比较的优势，因此，将 DRGs 应用到医院等级评审中可以有效地解决现有评审机制注重现场考评。但对于医疗能力、医疗效率、医疗质量持续改进的追踪与检查难以落地的现状，应用 DRGs＋评审指标，使医院等级评审从主观评估转变为用客观数据说话，对医疗机构的考评指标从规模和数量的要求转变为对质量和效率的考量，建立精益化的评审机制，形成事前医院自评、事中专家现场评价，事后跟踪检查的完整医院等级评审体系。

（二）DRGs 在支付改革中的应用

1. 支付谈判

对于医保支付标准的制定，《关于进一步深化基本医疗保险支付方式改革的指导意见》明确指出：要以既往费用数据和医保基金支付能力为基础，建立健全协商谈判机制，在不降低医疗质量的情况下制定合理的支付标准。在 DRGs-PPS 模式下，国家卫生健康委员会作为医疗机构的监管者，需要督促指导医疗机构进行成本核算与分析，结合 DRGs 分组与病例分组结构，测算 DRGs 病组实际成本与 DRGs 病组标准成本，从而为支付谈判提供数据基础，最终形成先制定医保支付标准再引导价格合理形成的机制，这样既降低了医疗机构因支付制度改革面临的风险，又保障了医保基金安全。

2. 改革监测

针对DRGs支付"总额预付、结余留用、超支不补"的特性，为转变传统的发展驱动模式，医疗机构必然会降低医疗成本、减少医疗服务项目以适应新的支付方式。为了防止由此造成的医疗服务质量的下降，国家卫生健康委员会应对支付改革效果进行监控，例如医疗效率监控（住院天数的变化趋势）、费用转移监控（住院费用向门诊转移）、病患转移监控（拒收重症和亏损病患、分解住院和不当转院）、成效测量监控（DRGs支付限外值病例变化趋势、病患严重程度变化、再入院率变化等）等，采用DRGs管理工具结合医疗大数据分析，对以上指标进行监控，防止DRGs支付带来的"副作用"出现。

3. 医院运营

在DRGs支付的形势下，医院发展模式将由以收入为中心的"外延式"发展向以成本为中心的"内涵式"发展转变，医院的战略重点将从追求"规模扩张"转变为"精细化管理"。由于发展模式发生了变化，国家卫生健康委员会需对医院的运行情况进行监控，构建以DRGs为抓手的监管体系，监督引导医院各级管理者与医务人员自发控制医疗经费的增长，合理配置医疗资源、提高医疗质量以及服务效率，使医院的运营管理水平得到提升。

（三）DRGs在医改决策支持中的应用

1. 分级诊疗

DRGs打包付费方式既考虑了病例的个性化差异，同时也考虑了不同医疗机构成本之间的差异，通过不同的疾病在不同层级医疗卫生机构设定不同的付费标准，对病人的行为和医疗机构的行为都产生经济杠杆的作用，引导医疗机构收治符合自身服务能力的疾病，鼓励和引导病人到基层医疗机构就医，缓解大医院人满为患、医疗资源紧张的现状，从而促进分级诊疗格局的形成。同时，对不同层级医疗机构的DRGs病组结构进行分析，重点关注低权重病组病例、常见病和简单病种的覆盖情况，为分级诊疗的执行效果提供衡量标准，为分级诊疗政策的制定和优化提供数据支撑。

2. 资源配置

应用DRGs指标，结合成本与费用，从医疗服务能力、医疗服务效率、医疗服务质量、投入产出等方面对医疗机构和临床专科进行评价分析。通过优化成本，提升运营效益，来发展龙头医院和优势学科；通过引进优秀人才和先进设备等，引导重点建设的医院和专科快速发展；通过政策扶持、资源配置倾斜、优势及重点学科的带动，提升弱势学科的能力。同时，通过对医院绩效评价和专科评价的结果进行分析，衡量政策扶持和资源投入的效果，调整政策指向，优化资源配置，以提升医疗机构的医疗服务能力和运营效益。

3. 财政补偿

在DRGs病组成本核算的基础上，通过对区域、医疗机构DRGs病组结构和DRGs病组成本以及医疗费用进行分析，了解各DRGs病组的盈亏情况及亏损原因，以DRGs病组为基础进行相应的补偿测算及追加预算影响的测算，明确补偿的方向和额度，解决目前按床位数、按人头的财政补偿方式存在精细化不足的弊端。同时，对财政补偿决策实行后的效果进行分析,有效防止重复补偿等情况的出现,提高补偿资金使用效率和投放精准性,形成基于医疗服务产出评价的财政补偿机制。

二、增强支付机构方的能力

DRGs 根据病人的年龄、性别、住院天数、临床诊断、病症、手术、疾病严重程度、合并症与并发症、转归等因素把病人分入不同的诊断相关组。DRGs 与医保支付结合,形成 DRGs-PPS 制度,以组为单位打包确定医保支付标准。在这种打包付费方式下,病人使用的药品、医用耗材和检查检验都成为诊疗服务的成本,而不是医院获得收益的手段。

(一) DRGs-PPS 的优势

1. 促进医院/医保的协同

在我国人口老年化日趋严重,医保覆盖人群不断扩大的背景下,医保基金压力巨大,因此,医保必然以控制费用增长为第一诉求。而医院为了自身的发展,有着强烈的获得更多结余的需求。在按项目付费的情况下,医保与医院的诉求冲突,双方关系以"博弈"为主、"协同"为辅,这也是我国未能真正形成"三医联动"的根本原因之一。

而在 DRGs-PPS 的机制下,医保基于控费的诉求,为每个组测算了既定的支付标准。医院为了获得合理的结余,必然降低诊疗过程中的各类资源消耗,这样既使医院获得较好的收益,也满足了医保控费的诉求。也就是说,在 DRGs-PPS 的机制下,医保与医院在利益诉求上一致,其关系也就从之前的"博弈"转变为"协同"。

2. 达成控费与医疗质量的平衡

在 DRGs-PPS 的机制下,DRGs 支付标准作为医保向医院预付费用的依据,可使医院在提供医疗服务前即预知资源消耗的最高限额,医院必须将耗费水平控制在该 DRGs 支付标准以内方有盈余,否则就亏损。

DRGs 支付标准成为项目盈亏的临界点,从而可调动医院积极性,促使医院在提供服务过程中,挖潜节支、提高诊断率、缩短住院天数。因此,DRGs-PPS 在控费方面的功能毋庸置疑。除了控费以外,DRGs-PPS 在医疗质量控制方面同样具有独到的优势。DRGs 除了是先进的医疗支付工具外,还是很好的医疗评价工具。它自带一整套指标体系,可以科学、客观的对医疗服务进行评价,该特性可以作为医疗质量控制的有效补充。更为重要的是,DRGs-PPS 的实行,必然催生真正临床路径的诞生。医疗机构为了控制成本的同时保障医疗质量指标达到支付方的要求,必然寻求"既保证医疗质量又兼顾自身成本控制"的治疗方案,并作为统一标准要求临床医生,而这将成为真正意义上的临床路径,从而完成临床路径从"政府要求实现"转变为"医院自身要求实现"的转变。而解决了医院自驱力的问题后,临床路径的实施和推广将不再艰难,美国等国家实施 DRGs 支付后的情况有力地证明了这点。

3. 促进医疗资源合理配置

DRGs-PPS 能够有效实现对医疗资源的合理配置。

首先,它将顺了医院和医生的价值序列,使得分级诊疗局面的真正形成。以单纯性阑尾炎为例。DRGs 将这个病打包,假定无论是二级还是三级医院,医保的支付标准都是5 500元,医院就会自己计算这个病的实际支出成本,包括人工、耗材、设备等,大型医院的成本普遍在七八千元,收不抵支。这时该院就可以告诉下一级的医院,这类疾病可以留在下级医院,或建议病人在当地治疗,而不需转诊到上级医院。如果下级医疗机构医生觉得自己解决不了,需要会诊,大医院再派医生到下级医院出诊。整个过程不用任何行政指令干预,医院自己主动分流病人,分级诊疗自然形成。

其次,DRGs-PPS可以通过调节支付标准,有针对性的完善医疗服务能力,使得医疗资源得到有效分配和利用。医保在初步完成控费目标,基金出现一定结余的情况下,可以根据本地疾病发生情况,有针对性地对需要重点发展的区域或临床专科能力进行扶持。而扶持的方式当然也是有意调整这些地区的医院或病组的支付标准,使得医院本身产生针对性发展的动力,从而有效补充、完善当地医疗服务能力。

(二) DRGs-PPS的整体体系

从整体而言,DRGs-PPS可以分为标准、结算及监管三大体系。

DRGs-PPS标准体系包含了数据标准、分组标准和支付标准三大内容。这些标准的确立是实现DRGs-PPS的基本前提。目前,在国家相关标准尚未完全确定之前,各个地区应根据自身情况选择合适的标准,而不是被动地等待国家标准的出现。因为整个DRGs-PPS的实现,历史数据质量至关重要。无论实现怎样的标准,都有利于数据质量的提升,这必然为后续真正实现DRGs支付打下坚实的基础。

DRGs-PPS结算体系作为医保日常运行保障,包含了数据处理与分组、月度结算和年终清算三大内容。为了有效达成相关目标,一般而言,DRGs-PPS结算需要分为月度结算和年终清算两大部分。年终清算依托于年度考核的结果,可有效实现医保对医院的"目标管理"的达成。

DRGs-PPS并非是一套完美的机制,因为其打包付费、基于编码等特性,必然产生医院分解住院、高编码、低标准入院、将费用转移至病人或门诊等道德风险。为有效解决这些问题,完全有必要构建一套完善的基于DRGs-PPS的医保监管体系。一般而言,DRGs-PPS的医保监管体系由日常审核、年度考核、长效评价三部分组成。在形成事前、事中、事后全面性监管的同时,区分出短期、中期和长期不同阶段的监管方式。

1. 构建DRGs-PPS标准体系

建设标准规范体系是DRGs-PPS实施的前提,其意义在于保证整体制度在实现过程中的一致性、开放性和稳定性。其构建过程包括完善数据标准、选择分组标准和测算支付标准(图6-3-2)。

完善数据标准的重点在于完善病案首页控制机制、统一疾病诊断与手术操作编码。疾病分类编码和手术操作分类编码是DRGs分组的主要依据,DRGs分组对于疾病主要诊断的选择要求很高,是分组的最基础数据,直接影响到DRGs分组结果。因此,医院需要建立完善病案管理系统,维护信息系统疾病编码库和手术操作编码库,保证病案首页编码和手术操作编码的准确性。医保局专业人员根据病案质控情况,定期统计、汇总各医院病案首页差错情况,进行分析评价,对存在的病案质量问题可以要求医院如何对病案质量进行整改。同时,医保局需要持续追踪改进情况,按照病案首页填写考评标准纳入医院年终绩效考核,这样可以快速明显提升医院病案首页填写质量。

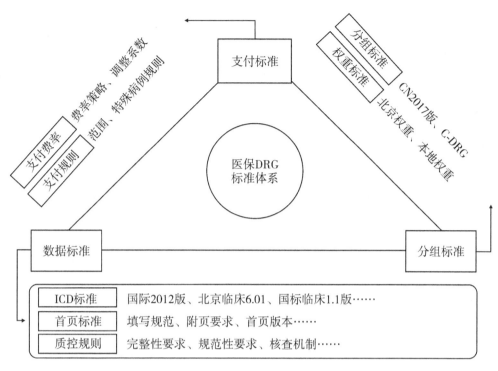

图 6-3-2 医保 DRGs 标准体系

分组标准的建立需要注意两大重点。一是分组标准本身的成熟度，二是为尊重现状实现短期内 DRGs 落地，如何完成相对权重的本地化，以期长期实现更大范围的权重统一。DRGs 系统需要医院病案首页的数据，通过 DRGs 分组器软件，完成疾病分组。对于按 DRGs 付费，分组完成后，就需要根据当地历史实际数据，选择付费范围（时间范围、医保类型范围、医院等级范围）进行权重、费率测算。需要明确不同级别医院和不同医保类型是否使用统一费率如果现医保局政策中有总额控制上限，测算费率时可考虑使用总额上限金额替代总费用。

测算支付标准是标准体系构建中最为复杂的部分。支付标准测算过程中一般需要直面历史数据质量和合理定价两大问题。DRGs 组支付标准等于 DRGs 组的相对权重乘以费率得到。但是，DRGs-PPS 支付标准并不是一个静态指标，需要根据成本因素、物价因素以及新技术、新疗法的应用及时进行动态调整。医保部门在支付标准制定中要适时对 DRGs 病组付费进行前瞻性的研究，并将疾病的诊疗手段考虑进分组因素中，避免发生医院为降低成本而减少甚至放弃使用新技术的情况。要对 DRGs 病组成本做出科学合理的预测，并在实践过程中不断调整与改进。

2. 构建 DRGs-PPS 结算体系

建立 DRGs-PPS 结算体系，包括确定医保支付类型、支付规则与支付流程，按照相对应的方式进行医保支付，主要包括 DRGs 支付、单病种支付和项目支付。

DRGs 年终决算以及医保基金管理系统的建设，实现基于 DRGs 的医保控费分析、基金总额管理、预算管理、年终绩效考核与清算（图 6-3-3）。按照 DRGs 付费办法及其他相关政策规定的要求，提供对定点医疗机构的 DRGs "管理、费用、效率、安全"等指标的年度考核与清算数据的全面管理，使年终考核清算工作向"科学、高效、合理"的方向建设发展。对考核维度、指标进行设定，对于考核和结果进行审批，实现市级、区级、院级、科室级的绩效考核指标统计分析。

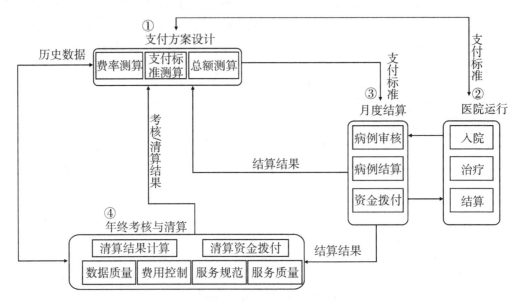

图 6-3-3　DRGs-PPS 结算体系

3. 构建 DRGs-PPS 监管体系

构建 DRGs-PPS 监管体系，首先要明确 DRGs-PPS 监管体系与项目付费下的医保监管体系间的差别（图 6-3-4）。首先，在 DRGs-PPS 付费方式下，病人使用的药品、医用耗材和检查检验都成为诊疗服务的成本，因此，监控重点已经从费用明细转变成对病例整体的合理性和准确性进行审核。其次，从医保局的角度，另一个主要的监管目标是监控医院的医疗质量是否因为合理控费而明显地降低。将次均费用、平均住院日、CMI、总权重、低风险组死亡率、中低风险组死亡率等关键指标纳入考核范围，强化医保对医疗服务的监控作用，并将 DRGs 方法作为对医院服务能力、服务绩效和医疗质量进行客观定量评价的重要手段之一，逐步加大量化评价方法在医院评审中所占的比例。

总之，DRGs-PPS 医保监管体系可以总结为：日常审核抓典型、年度考核控指标、长效评价做价值引导。下面分别介绍该三部分内容的构建。

首先，医保应开展基于 DRGs-PPS 的日常审核。它完全简化以前医保项目付费下的对医保内药品与收费项目明细的审核，因为在 DRG 付费方式下病人使用的药品、医用耗材和检查检验都成为诊疗服务的成本，而不是医院获得收益的手段。DRG 智能审核主要是针对住院病例的整体审核，通过数据分析和智能编码等方式，使用统计和逆运算对医院病案进行监控管理，杜绝医院发生高编码、分解住院、低标准入院等违规行为。

其次，医保应建立年度考核制度，确保医保年度控费、质量控制等目标的达成。年度考核的指标应依据年初制定的支付方案，将次均费用和总费用增长率、各 DRGs 组费

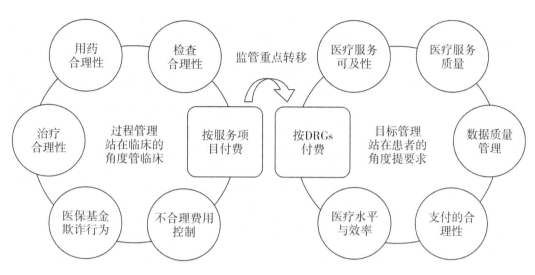

图 6-3-4　DRGs-PPS 监管体系

用增长率以及占比等指标纳入绩效考核范围，强化医保对医疗服务的监控作用。同时也为统筹区内的各医院提供病案质控，医疗服务绩效、医疗质量管理、医疗安全等数据分析服务，用于医院精细化管理及提升 DRGs 相关临床工作效率和质量，并将 DRG 方法作为对医院服务能力、服务绩效和医疗质量进行客观定量评价的重要手段之一，逐步加大量化评价方法在医院评审中所占的比例。

最后，医保应有效监控并评价当地医疗服务能力、医疗质量与安全、医疗服务效率、病人负担、病人健康状况等多方面情况。一是为了有效评价 DRGs-PPS 支付改革的效果；二是这些监控和评价的实现，可以让医保更为清晰的了解当地病人的诉求、掌握医疗资源的分布和利用效率，为后续制定更为合理的改革措施提供事实依据。

按照 DRGs 相关疾病组医保支付，是今后发展的大趋势。建立以 DRGs-PPS 为主流的医保支付制度，最终实现医保基金支出可控、医院控费有动力、服务质量有保障、参保人群得实惠的多方共赢的医改目标。

三、提升医疗机构运营管理能力

未来，在 DRGs 付费的大背景下，国内医院将面临空前的运营压力。医院要着力降低财务责任风险、降低运营成本、提高医疗机构收入，并加强质量安全控制等方面，医院运营管理关注点从此前的科室成本转向 DRGs 病组成本。

而 DRGs 作为实现病例标准化的有效工具，在提高医疗效率、监控医疗质量、降低医疗成本等各方面，均能起到有益助推，帮助医疗机构实现成本下降及效率提升。现阶段，各医疗机构越早应用 DRGs 进行精细化管理，从数据标准化及成本测算两方面进行实践与积累，越能掌握未来改革变动中的主动权，适应政府的监管、评审及支付相关要求。

对于公立医院而言，学科发展和运营管理是相辅相成的。学科的发展需要科学的运营管理支撑，而运营管理的提升也需要学科的不断发展来优化。DRGs 是一个良好的工具，可以帮助医院从业财融合、管理和临床结合的层面，把传统的管理围墙打通，进而帮助医院提升运营管理水平并促进学科发展。

（一）建立学科能力评价及提升体系

在开展学科评价的时候引入 DRGs 和成本指标，对不同学科进行科学精准的定位和引导，以提供与之匹配的资源。针对重点学科，选定重点病组进行资源倾斜，以引导其实现快速发展；针对发展好的学科，引入先进技术和人才，不断分析并优化成本管控以提升运营效益；针对辅助学科与弱势学科，提供政策扶持，尝试结合重点学科发展上下游学科群，深化绩效联动以提升整体发展。

在开展学科能力评价的时候引入 DRGs 指标，从能力（CMI、DRG 组数、总权重、缺失专业数、转诊率、每开放床位平均权重、有效 DRGs 组占比）、效率（时间消耗指数、费用消耗指数、每住院医生权重、每床日权重、住院病人基本费率）、成本与费用（每权重成本、药占比、标准药耗比、人员支出比、人均管理费用）、质量与安全（低风险组死亡率、中低风险组死亡率、中高风险治愈率、高风险治愈率、非计划重返率）四个维度对学科能力展开可量化的科学评价，实现院内不同学科的横向对比和区域不同医疗机构间相同学科的纵向对比，及时发现问题和不足，进行科学的引导，以实现学科能力的提升。

（二）构建基于 DRGs 的预算管理体系

医院传统的预算管理往往根据往年的增长基数并参考监管政策设定当年的增长指标，并不能科学地反应实际业务的发展需求。引入 DRGs 工具后，医院的预算管理可基于往年 DRGs 病组结构和病组资源消耗情况，结合医院的临床发展目标，精细化地进行各科室的收入和支出目标分解，进而制订整体的预算收入和支出指标，从而提升医院的整体预算管理水平（图6-3-5）。

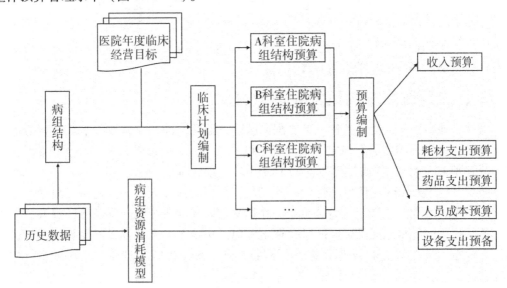

图6-3-5 基于 DRGs 的预算管理体系

(三) 构建基于 DRGs 的成本管理体系

众所周知，在按项目付费的制度下，过往医务人员在诊疗过程中，检查、药品、耗材等使用不受成本压力的限制，医院自身没有控制成本的动力，医保部门难以有效地控制医疗费用的快速增长。DRGs 支付方式改革对于医院来说，将把病人的诊疗费用压力转变为医院的成本压力，在病组付费金额固定的前提下，如何在保证医疗服务质量的前提下获得收益，成为医院面临的首要难题，构建基于 DRGs 的成本管理体系成为当务之急。

(四) 构建基于 DRGs 的绩效评价体系

长期以来，我国医院的绩效管理处于较落后的状态，薪酬体系的设计受限于国家政策等原因，不能根据医务工作者的实际劳务情况体现按劳分配、多劳多得的原则，且不同工作岗位的劳动强度、工作效率、技术风险差异较大，传统的绩效制度很难起到正向、科学的激励作用。DRGs 则有利于建立科学合理的绩效评价体系。

第四节 疾病诊断相关组 (DRGs) 智能管理平台的应用

随着医改的不断深化，公立医院精益化改革迫在眉睫，其中支付方式的改革成为医院改革的核心环节之一。因此，亟须建立完备的 DRGs 智能管理平台 (图 6-4-1)，该平台需要深度切合医改目标，能够完善公立医院管理体制，帮助建立规范高效的运行机制和建立以质量为核心、公益性为导向的医院考评机制。该平台要成为控制公立医院医疗费用不合理增长，深化医保支付方式改革提供有力的工具。同时，该平台要协助建立以医疗结构、卫生监督部门、支付机构、药械供应商、医生、病人为利益共同体的协同共赢医疗生态体系。这一平台的建立，需要多方的共同努力，也需要强有力的信息技术支撑。

一、国家卫生健康委员会：全面助力区域医疗监管升级

DRGs 智能管理平台提供病例分组的结果查询以及关键指标测算，它基于国内主流的分组器。

分组后的病例在科室成本、项目成本的基础上，与临床路径结合，计算 DRGs 成本，并提供标杆值，用于 DRGs 成本监管，包括区域成本监管、机构成本监管和综合分析等。通过对例均费用、例均成本及其他综合分析，实现对医疗机构的控费监管。DRGs 指标还可用于绩效评价，涵盖能力、效率、成本与费用、质量与安全维度，绩效评价结果可反映各医院的综合实力或反馈到医院管理层，作为医院内部绩效评价的依据。在控费监管过程中，通过无保本点病组测试、政策性亏损测算等方法，辅助财政补偿工作。

基于各地方卫生主管部门的实际管理需求，DRGs 智能管理平台也可以接入 C-

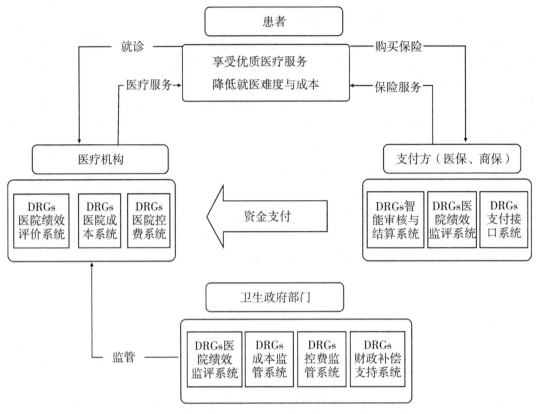

图 6-4-1 DRGs 智能管理平台打造协同共赢医疗生态体系

DRGs，BJ-DRGs 等其他版本的 DRGs 分组器。

DRGs 智能管理平台能够在现代医院管理体系中实现以下预期效果，全面助力区域医疗监管升级（图 6-4-2）。

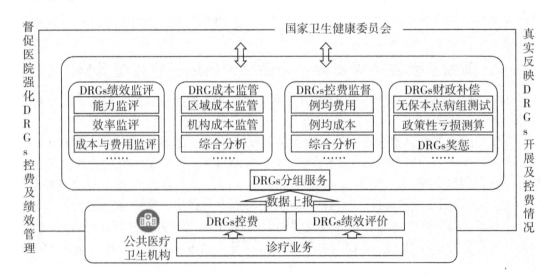

图 6-4-2 国家卫生健康委员会全面助力区域医疗监管升级

第六章 疾病诊断相关分组（DRGs）的发展与应用

(1) 促进医疗服务标准化与规范化。

首先，DRGs 的应用要求有高质量的病案首页数据。DRGs 智能管理平台卫健委端的应用，可以有效促进住院病案首页数据填写质量规范，医院的信息系统建设和发展（图 6-4-3）。

其次，在不合理的医疗服务项目定价基础上，以费用为分组依据的 DRGs 分组导致医院拒收疑难杂症、不愿意采用新技术进行治疗等问题，DRGs 智能管理平台充分结合成本指数，可以避免上述情况。

图 6-4-3 国家卫生健康委员会智能监管平台

(2) 强化绩效监评体系。

首先，DRGs 绩效监评提供 DRGs 绩效评价关键指标，搭配其他可灵活选择的能力、效率、成本、安全相关评价指标，并结合现在主流的 KPI 绩效考核方法，形成一套科学、有效、灵活的医院绩效评价产品。对医院整体 DRGs 产出、服务效率和质量，以及相关病例救治能力和医院专业优势形成全方位直观了解和认识。

其次，系统可查看各时间段（年度、季度、月度）科室和个人 DRGs 相关绩效指标（能力、质量、效率、成本和安全指标），将实际诊疗过程中发生的不确定和变化所产生的影响控制在可承受的范围内，及时发现问题，控制风险。

(3) 丰富成本监管维度。

在原有基于财务的成本数据的基础上，增加符合临床与医保管理的维度，一方面可以丰富成本管理的专业维度；另一方面为国家与地方控制医疗费用过快增长的目标，提供了更全面的成本依据，包括 DRGs 组维度名称、医院名称、病例数、例均成本、例均费用、权重、平均住院日等。

(4) 加强事前事中控费监管。

通过对病历首页数据、医院病例收费数据与医院 DRGs 标杆成本进行比对，进行异常病例费用、成本挖掘分析；通过诊疗项目对比，单位成本对比，从而优化临床路径、分析医疗行为。

控费监管可根据管理目的灵活设置指标，定义管理目标值，体现管理的差异性。设置丰富的控费指标及标杆值，进行多维度分析与展示，便于决策者进行控费的事后评价与监督。设置控费评分系统，可根据自身管理重点调节评分全责，量化控费水平。

对医院的运营状态监管，通过对医院收入、成本等运营状况的监管，对医院的运营进行绩效评价，从而达到合理控制医院费用增长，合理化资源结构，降低病人负担。

(5) 提供全面的财政补偿决策支持。

DRGs 财政补偿应用以 DRGs 分组为基础进行相应的补偿测算及追加预算影响测算，可精准测算医院补偿金额和政策性亏损，做到有据可依，具备可比性，可以有效防止重复补偿，提高补偿资金使用效率和投放准确性。

内置预测分析模型，预测财政补偿对医院运营的影响。同时可根据历史数据测算后徐财政补偿额度，为财政补偿资金准备提供基础。

二、支付机构：全面助力医疗支付方式改革

我国医保基金作为医疗费用最大的支付方，一直承担巨大的压力。应用 DRGs 医保定价与支付方式，结合在医保和卫生管理部门的医疗成本全面分析系统，可为医保支付机构提供医疗机构真实的运营成本数据，为支付标准的调整提供重要依据，协助政府做好基本医疗保险的管理和服务工作，推动医保支付方式从项目付费向按 DRGs 付费方式的转变，协助医保支付机构构建科学的支付方法体系，有效地使用医保基金，切实降低基本医保体系的压力。

服务与支付机构端的 DRGs 智能管理平台（图 6-4-4）应基于国内主流分组器提供的分组服务，将 DRGs 分组与成本结合，提供医保智能审核与结算服务、控费监管服务和绩效监评服务，加强医保支付的精细化建设，为医保与医疗机构谈判提供支付依据和谈判基础。

DRGs 智能管理平台将帮助医院逐步构建正向激励机制，为支付机构与医疗机构谈判提供支付依据和谈判基础，营造医疗产业链协同控费新生态。

基于支付机构的实际管理需求，DRGs 智能管理平台也可以接入 C-DRGs、BJ-DRGs 等其他版本的 DRGs 分组器。

DRGs 智能管理平台支付方端预期实现以下效果，全面助力医疗支付方式改革（图 6-4-5）。

(1) 病案首页数据质量督导与提升。

根据医保管理部门要求，医疗机构填报数据上传过程中为保证病案首页质量合规，不断完善病案首页数据标准与病案质控工作体系，提升病案首页数据质量，在满足支付方式改革的同时，作为重要的卫生信息数据积累，为医改其他方面提供数据支持。

(2) 构建正向降低成本的激励机制。

建立 DRGs 的预付费方式，形成控制成本的正向激励机制，激发公立医院的内生控

第六章 疾病诊断相关分组（DRGs）的发展与应用

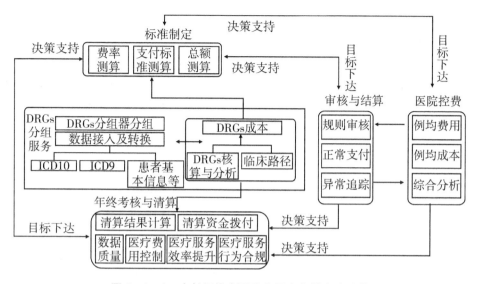

图6-4-4　支付机构全面助力医疗支付方式改革

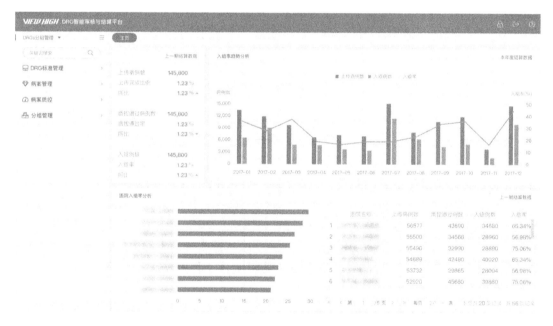

图6-4-5　支付机构智能管理平台

费动力，在医疗保险部门和医院之间实现风险的分担，实现真正意义上的"总量控制"，激励医院自觉地进行"结构调整"，有效控制费用的过快增长，缩短住院时间，有效控制药品、耗材、检查检验等不合理医疗费用的增长，切实解决百姓"看病贵"问题。

（3）引导建立质量与效益平衡的医疗服务体系。

通过建立科学的审核与结算规则，规范医务人员诊疗行为，减少不合理用药、过度医疗、分解住院、重症推诿等现象，保证医疗服务质量与病人的合法权益；初步建立基于绩效的支付机制，在 DRGs 付费的年终结算环节引进绩效评价，为开展基于 DRGs 的绩效评价工作奠定基础。

（4）实现多维度绩效监评。

DRGs 医院绩效监评通过监评指标定义、数据采集、对比分析和趋势分析等模块，结合 DRGs 成本与医院"能力、安全、效率"标杆值，多维度对医院监评指标进行分析，及时发现问题以便采取纠正措施，保障医改向着预定的目标发展。

（5）实现全程控费监管。

DRGs 控费主要通过对各个 DRGs 的费用分布进行分析，对费用控制上下限以外的病例和控制线范围内的病例通过费用结构进行对比分析，找到差异的原因，进一步通过医嘱数据挖掘，进而分析其医疗行为的合理性，优化临床路径，建立 DRGs 标杆值，作为 DRGs 病组费用预警线。为进行事前、事中、事后的控费提供支持。

（6）促进医保医疗联动，保障基金有效投放。

DRGs 智能审核与结算应用结合医院 DRGs 费用控制应用，覆盖从支付标准制定到最终结算支付的全过程。基于大数据模型和审核规则的智能审核方式，提高审核效率和准确性。从病人入院到出院的全程信息跟踪，帮助社保和商保提升其基金使用。营造医保管理部门、医院、医务人员共赢的发展环境，实现协同控费，保障医保基金有效投放。

三、医院：全面助力公立医院运营管理提升

随着公立医院改革进入深水区，DRGs 支付方式改革的作用日渐凸显。它能够有效提升管理的精益化水平，保证管理效果，进而推动公立医院可持续发展。

北京东软望海科技有限公司结合相关专家的咨询建议与医院的切实管理需求，基于国内主流的分组器提供的分组服务，提供 DRGs 绩效评价、DRGs 成本管理、DRGs 控费服务功能，贯穿医院战略目标落地全过程，借助 DRGs 科学的指标体系与标杆值，辅助医院建立完善的病案质控体系、DRGs 绩效管理体系、DRGs 成本核算体系，明确 DRGs 控费目标，构建正向的控费激励机制，强化医院成本控制的内生动力，借助保证医疗服务质量与医院经济运行协同发展，促进医院的临床业务与经济运行管理协同发展（图 6-4-6）。

DRGs 智能管理平台基于国内权威的 CN-DRGs 分组器提供的分组服务，提供 DRGs 绩效评价、DRGs 成本管理、DRGs 控费服务功能，贯穿医院战略目标落地全过程，借助 DRGs 科学的指标体系与标杆值，促进医院的临床业务与经济运行管理协同发展。

基于医疗机构的实际管理需求，DRGs 智能管理平台也可以接入 C-DRGs、BJ-DRGs 等其他版本的 DRGs 分组器。

DRGs 智能管理平台能够在现代医院管理体系中实现以下预期效果，全面助力医院运营管理提升。

（1）促进医疗服务标准化与规范化。

DRGs 智能管理平台从两方面协助医院促进医疗服务的质量稳定性以及医疗服务中资源投入的标准化。

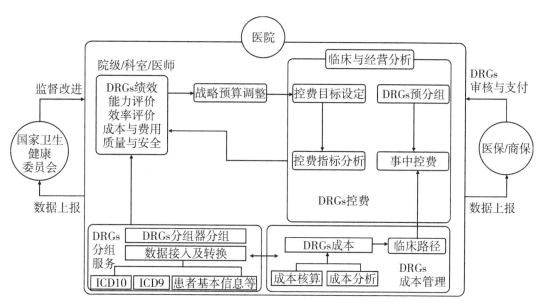

图 6-4-6 公立医院全面助力医院运营管理提升

1）DRGs 分组管理。根据监管部门与医保管理部门要求，协助医院建立科学的病案质控体系，保证病案首页质量合规、建立病案质控制定与流程、提升病案质控人员业务水平。将经过病案质控后的短期急症病例通过本土权威的 CN-DRGs 分组器进行分组，最终实现将诊疗过程相似、资源消耗相近的病例分组管理，体现在合理管理资源消耗的同时关注医疗服务质量的管理思想。

2）基于大数据的标杆值。基于大数据技术，利用 DRGs 分组信息、成本数据与费用数据，建立 DRGs 成本、费用、绩效指标的标杆值。通过对标分析，设置 DRGs 病组费用预警线，评价在医疗服务质量、效率、安全以及费用和成本管理等各维度与监管部门要求、标杆医院、科室的差距，以提升医疗服务质量与运营管理水平（图 6-4-7）。

图 6-4-7 医院智能管理平台

(2) DRGs 成本核算优化医院资源配置。

我国目前的医疗服务定价机制和按项目付费的模式对医疗费用造成扭曲，导致医疗服务费用与实际成本偏离较大。因此，医院通过成本核算工作掌握真实的医疗资源消耗，对医院的预算及战略管理至关重要。在 DRGs 分组的基础上，对组内的各个单病种病例进行成本分析，依托数据给管理和决策提供依据，规范、透明化诊疗流程促使医院、医生以最少的医疗花费取得最好的诊疗结果。

(3) 强化医院绩效管理体系。

协助医院建立 DRGs 特有的医疗服务能力、效率、成本与费用和质量与安全指标体系，将 DRGs 绩效评价指标与资金监管相结合，从而有效发挥 DRGs 在医院绩效评估和医院管理领域的作用，使得对医院医疗服务的评估结果更加全面和丰富。

同时，DRGs 是基于疾病临床表现和卫生资源消耗的相关性和相似性对不同的病例进行分组，通过"风险调整"对不同科室、医生收治的病人进行标化，解决绩效考核中可比性和量化的难题，为医院进行资源调控和规划提供客观的数据支撑，让医院绩效考核落到实处，从而促使科室和医生能够提高医疗工作效率和整体医疗技术水平。

(4) 提升医疗费用管理的合理性。

通过对各 DRGs 组的费用与成本进行分析，并与标杆值比对，筛选出异常病例，按照全院、科室、病历的时时经营情况，判断是否超出预设费用，进行事前、事中、事后控制。

对费用控制上、下限以外的病例和控制线范围内的病例通过费用结构进行对比分析，找到差异的原因，进一步通过医嘱数据挖掘，从而分析其医疗行为的合理性，优化临床路径，以降低不必要的医疗资源消耗，持续降低不合理医疗费用支出。

(5) 多维度、多层级的数据决策支持。

对病例、各 DRGs 组、医生、主诊组、科室、院级的多层级、多维度数据分析。支持院级、科室、主诊组、医生逐层数据下钻，为各级管理者与业务人员提供针对性的数据决策支撑。对诊疗过程与经济运营过程中的问题做到及时发现、精准定位。实现院级、科室、主诊组、医生的服务质量和技术水平的科学评价，并真实反映各管理层级的费用消耗与成本管理状况，为费用控制与成本控制提供科学依据。

四、DRGs 智能管理平台的未来

未来，DRGs 智能管理平台将帮助医院逐步构建正向激励机制，引导医院提升运营管理水平，强化医院成本控制的内生动力。在此基础上，根据医疗机构、医疗服务支付方、医疗服务监管方的不同需求，提供针对性的 DRGs 咨询方案＋信息系统，帮助各方合理控制医疗成本，提升医疗质量与服务水平。

DRGs 智能管理平台的不断推广，必将促进中国医疗服务生态圈各方的协同发展，满足各方管理需求，从而营造服务质量有保障、协同控费的医疗服务新生态体系，最终实现医保基金支出可控、医院控费有动力、服务质量有保障、人民群众得实惠的多方共赢的医改目标。

第五节　疾病诊断相关组（DRGs）支付方式改革实践

云南省玉溪市自 2015 年被列为第三批公立医院改革国家联系试点城市以来，坚持以问题为导向，高位推动、系统设计、突出重点、全面推开，公立医院改革顺利推进，成效明显。其中，尤以在全国范围内率先全面实现 DRGs 支付方式改革为亮点。

近年来，玉溪市将国内外先进经验与自身实际情况相结合，借力信息化技术，探索出了一条 DRGs 支付方式改革路径。通过 DRGs 支付方式改革，有效增强医保控费能力，降低医保运行风险，并增强医院临床业务水平与竞争力，使病人切实得到实惠。

一、改革试点——玉溪

云南省玉溪市户籍人口 216 万人，常住人口 237 万人，全市参加基本医疗保险 212.57 万人，参保率 97.91%。其中，城镇职工参保 26.98 万人，城乡居民参保 185.59 万人。

截至 2017 年年底，全市开展住院业务的医保定点医疗机构 139 个，其中，三级医疗机构 3 个，二级医疗机构 47 个，一级医疗机构 89 个。2017 年，城镇职工医保住院 7.45 万人次，住院率 27.61%；城乡居民医保住院 32.51 万人次，住院率 17.52%。

2015 年，玉溪市被列为第三批公立医院改革国家联系试点城市，中共玉溪市委、市政府高度重视改革工作，市医改方案报经中共云南省委常委会研究通过，市委书记、市长亲自担任医改领导小组的组长、副组长，分管副市长担任医改办公室主任。从市卫生和计划生育委员会、人力资源和社会保障局、发展和改革委员会、医院等多部门抽调人员组成 11 个医改小组，同步推进各项改革工作。DRGs 作为一种科学先进的病例组合工具，因其可用于住院医疗服务综合评价及医保费用控制，被定位为玉溪市医改的核心和重点加以推进。

2016 年 1 月，玉溪市在云南省率先开展医保整合工作，实现了医保制度的"两保合一"和经办机构的"三保合一"。截至 2016 年年底，玉溪市参加基本医疗保险人数为 211.49 万人，参保率 97.91%。

2010—2017 年，玉溪市医保基金支出的平均增长率达 16.58%，其中，2012 年的增长率高达 27.29%。之前，玉溪经历了按病种付费、双均数定额付费、总额预付制等数轮支付方式改革，虽然也起到了作用，但医疗负担仍在连年增长。

在参考国外先进经验的基础上，玉溪市结合自身实际情况，开拓出日常审核抓典型、年度考核控指标、长期评价做价值引导的改革。在破解 DRGs 日常审核的难题基础上，充分利用"东软望海"的大数据尤其是成本大数据，找到了优质解决方案（图 6 – 5 – 1）。

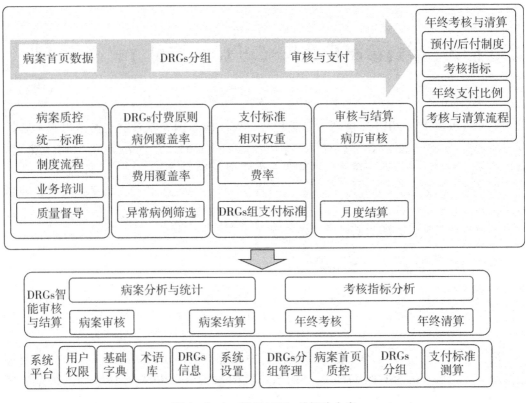

图 6-5-1 基于 DRGs 的解决方案

二、玉溪市 DRGs 的应用及成效

玉溪市 DRGs 支付方式改革从 2016 年试点运行，到 2017 年进入实质性付费，改革设计思路基本得到落实，支付方式改革对现有运行机制的撬动作用逐渐显现。同时，玉溪市结合实际，不断修改完善、持续优化付费方案，改革成效显著。

2017 年，玉溪市实行 DRGs 付费的 10 家医院医保基金支出增长率仅为 5%，较全市 12% 的医保基金支出增长率，降幅近 60%。10 家医院按 DRGs 支付人次占比为 83.05%，按 DRGs 支付结算占比 77.97%。2017 年，这 10 家医院获得结余留用收益 5 000 余万元，平均留用率 5.75%。住院次均费用增幅 2015 年为 8.9%，10 家医院人次均住院医疗费用增长率由 2015 年的 8.9%，下降到 2016 年的 -1.8%，再到 2017 年的 1.91%。2017 年，城镇职工实际补偿比为 77.93%，较 2016 年上升 2%。2018 年 1—9 月，10 家试点医院按 DRGs 支付人次占比为 86.23%，总费用占比为 80.13%。

不同参保人的实际补偿比差距进一步缩小，公平性增强。改革已经激发医院主动控制成本的内生动力，从而实现医保、医院、病人多方共赢的有利局面。回顾改革历程，玉溪市的 DRGs 支付方式改革有许多可借鉴之处。

1. 稳步扩大实施范围 改革医院深度参与

DRGs 付费改革并非易事，受医院信息化建设、病案质量、临床路径实施等诸多因素影响。为确保改革有序推进，玉溪市选择的定点医疗机构的信息化程度相对较高，基础工作相对规范、医疗服务范围相对较宽且医疗费用占比较高的 10 家人民医院重点实施。

同时，在 DRGs 支付方式改革过程中，较好地体现了医保医院协同推进。在支付方案设计之初，改革医院就深度参与，提出诸多建设性意见，协商谈判贯穿于支付的全过程。市县人民医院在支付方式改革过程中，逐步建立了适应新支付方式的成本管理、绩效奖金等管理制度，保障了 DRGs 支付方式改革真正深入临床一线。

2. 借力信息化，构建三大体系

DRGs 支付改革有两大关键基础：病案首页和成本核算。没有病案首页分组就不会精准、没有成本核算就测算不出准确的定额支付标准。这两大关键点都离不开信息化技术的支撑和科学、规范的体系建设。

善用信息化手段支撑。作为多方位精细化管理的付费模式，离不开信息系统的支持。基于医保信息系统，玉溪市和"东软望海"共同搭建 DRGs 付费系统。包含付费结算、审核、绩效评价三大模块。从病案传输、病例分组、审核监管、费用结算、统计分析到绩效评估形成闭环数据链，促进 DRGs 付费的高效管理。

着力构建三大体系，即标准体系、结算体系、监管体系。标准体系包括统一数据标准、建立分组标准、测算支付标准；结算体系包括数据处理与分组、月度结算、年终清算；监管体系包括日常审核、年度考核、长效评价。日常审核可以防止按 DRGs 付费导致的不良后果，建立对住院病例日常审核规则与监管体系，年度考核则可以保障支付方案切实落地，建立年度考核制度，考核结果影响年度清算，长效评价发挥 DRGs 促进医疗服务标准化的优势，建立评价指标体系与评价机制。

3. 增强医保基金可持续性

在推进医改过程中，玉溪市仍面临控费效果不理想、公立医院逐利机制尚未破除、医保基金运行风险加大等问题。

玉溪市以 DRGs 付费方式改革作为突破口和切入点，借助"东软望海"的专家团队与技术品牌，自主研发了 DRGs 付费结算系统，并依据目前国内最成熟的、国家 DRGs 质控中心的 CN-DRGs 分组器，科学地进行 DRGs 分组，细化时间消耗指数和费用消耗指数，精确测算付费标准，建立合理的费用结构比例模型，根据疾病诊治的难易程度确定各疾病诊断相关组的权重和付费标准。

2016 年，玉溪市对市人民医院、所有县区人民医院采用 DRGs 统一付费，入组病种按标准付费、超支不补、结余归己。

2017 年 4 月底，东软望海 DRGs 智能管理平台系统在玉溪市医保中心正式上线，实现市属 10 家定点医院 DRGs 结算和支付。

玉溪市的 DRGs 支付方式改革运行时间虽然不长，但改革已取得初步成效，医保基金控费效果初步显现：实行 DRGs 付费的 9 家县区人民医院医疗费用增幅为 5.2%，市人民医院医疗费用增幅为 4.3%。与此同时，没有参与 DRGs 付费改革的同级别中医院医疗费用却增长了 11.14%。

4. 着力推进医院精益化管理

玉溪市将病案首页质量、临床路径管理、信息系统建设列为重点工作，并对试点医院提出了病案质量甲级率要到达 90%、病案首页信息完整率达到 95%、临床路径使用率达到出院病历的 70% 三个硬性指标,对全市所有医疗机构提出主诊医生负责制、优质护理服务、医疗责任主干线可追溯、护理服务同质化等硬性要求。2017 年,玉溪市医疗保险 DRGs 付费病组范围扩大为 531 个。(图 6-5-2)

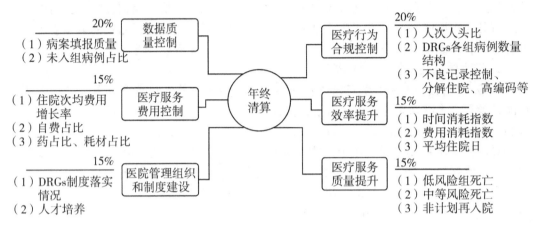

图 6-5-2 玉溪市 DRGs 年终考核与清算

首先,DRGs 帮助医疗机构切实提高病案质量。玉溪市人民医院 2016 年病历质量检查甲级病历大于 90%,县区在病案首页质控中,病种入组率由 2016 年的 83% 提高到 2017 年的 95% 以上。

其次,DRGs 帮助医疗机构切实规范临床路径。县区人民医院临床路径管理病种数由改革前的 30 个增加到 82~102 个,基本实现电子临床路径,临床路径完成率由 2015 年的 12% 提高到 2016 年 25%。

再次,DRGs 帮助医院逐步优化收入结构。玉溪市公立医院药占比由 2015 年的 40.25% 下降到 2016 年的 34.92%。医务性收入占比持续提高,2016 年市医院医务性收入占医疗收入比重从 25% 提高到 27%,县区人民医院从 29% 提高到 31%。

最后,DRGs 激发了医院活力,促进医院转变思想观念,加强内部管理,控制不合理费用增长,努力提高医疗水平和服务能力,推动医院可持续发展。2016 年 9 家县区人民医院开展新业务、新技术 119 项,为 31 873 人次提供新业务、新技术服务。医院诊治病种数量也得到极大提高,华宁县人民医院病种数由 2015 年的 622 个提高到 2016 年的 865 个,通海县人民医院由 674 个提高到 810 个,更多的病人留在了县域内就医,有效实现了分级诊疗。

5. 普惠病人,促和谐医患关系

2017 年,玉溪市通过进一步完善 DRGs 分组、付费标准、审核、结算、监管、考核等制度,确保病人得实惠、医患关系得和谐。

首先,玉溪市在不同参保人群中统一 DRGs 付费标准,实现同病同治同价。为改变不同付费方式对医疗费用的扭曲,促进社会公平,在制定 2017 年 DRGs 付费标准时,同级别医院不区分城镇职工医保和城乡居民医保,实行同一费用标准。对于二、三级医院间的费率差,尊重历史,承认现状,将其费率差按 5 年时间进行消化,2017 年消化

20%，逐步缩小二、三级医院间费用差距，最终实现同病同价，合理分流病人。

其次，玉溪市依托DRGs推广临床路径，将诊疗行为标准化、路径化、规范化，降低医疗成本和住院费用，提高医疗资源利用率。玉溪市通过建立完善付费监管制度和考核制度，以病案首页质量考核、例外处置监管等考核，从制度上保障病人利益，并在区域内留住更多病人。

除了扩大实施范围、合理配置资源、借力信息化技术、推进精益化管理、普惠病人等措施外，玉溪市在推行DRGs工作进程中，还格外注重"修炼内功"和"借助外力"。依托玉溪市病案质控中心和CN-DRGs专家组力量，不断强化病案管理和编码培训。不定期组织本土专家队伍对县区医保经办机构和医疗机构进行政策、业务及操作培训。同时，与清华大学公共管理学院开展医保支付方式改革合作项目研究。通过引智引才，对现行医保支付制度进行评估，找准存在问题，寻求解决办法，为深化玉溪市DRGs支付方式改革找到新的突破口。

6. 合理、优化配置医疗资源

通过将顺医院和医生的价值序列，使分级诊疗政策在玉溪得以实现。当DRGs将某种疾病打包付费后，上级医院就会核算实际支出成本，包括人工、耗材、设备等。如果收不抵支，医院就会主动告知下级医院或建议病人，留在下级医院治疗，不需转诊。如解决困难，需要会诊，上级医院再派医生前往诊治。如此便摆脱了行政指令的干预，医院根据成本等因素主动分流病人，分级诊疗得以落地。

如此，大医院将不再人满为患，而主要定位于难度系数高的疑难杂症，这也有利于大医院的医教研协同可持续发展。医院层面，在病人住院费用下降、疑难危重程度上升的前提下，医院实现结余。在结余留用的政策激励下，医院主动控制成本来增效。医生层面，为医生多点执业提供更好的渠道，使医生价值得以充分发挥，获得阳光收入；同时，促进上下级医院的交流互动，有助于提升基层医生的水平。病人层面，将节省病人时间和精力，提升病人就医获得感。

三、玉溪市人民医院DRGs智能管理平台

2017年1月，玉溪市开始实行DRGs按病种付费改革。同年，玉溪市人民医院也进行了院内的DRGs院端系统的安装部署和应用，对DRGs支付和院内管理起到了非常大的帮助。

玉溪市人民医院DRGs院端项目主要有两个层面：

1. DRGs支付管理

（1）DRGs支付报表分析系统：实现了院内的DRGs系统与人社的DRGs系统的数据打通，从医院DRGs系统可以直接调取医保DRGs支付的数据，并根据医院管理科室的要求，实现了院级、科室、医师和明细级多维度的报表统计分析功能。

（2）DRGs支付院端控费系统：DRGs院端系统与HIS系统深度结合，嵌入HIS系统中，可以实现在诊疗过程中的实时分组，并根据分组结果分析该病历的支付标准和结余情况，起到了医保的临床控费的功能，并结合了绩效系统，实时分析每个病历的绩效分析。医院临床对该系统黏性交大，使用率交高。

(3) DRGs 支付测算服务：每年社保会对支付标准和权重进行更新，测算服务根据社保的新权重和支付标准测算历年医保数据，对医院医保基金控制和临床控费起到了非常重要的作用。

2. 绩效与成本管理

(1) 院内管理：包括 DRGs 系统的基础功能，对出院病历进行质控分组和指标计算等功能。

(2) DRGs 成本系统：DRGs 院端系统结合了东软望海的成本系统，通过医院、科室、医生和明细等做出多维度的报表和统计分析功能，可以分析出每个 DRGs 病组和科室的成本，为医保谈判提供了重要的参考依据。

(3) DRGs 权重测算：由于医院的绩效要求，院内绩效奖金分配不能使用社保权重也不适用于北京权重，所以进行的内部测算，测算抽取了医院历史三年半的数据，并剔除高值耗材和药品费用利用统计学方法测算出一版适用于医院绩效的权重。

(4) DRGs 绩效奖金测算：玉溪市人民医院过去 5 年住院绩效奖金主要是通过 DRGs 绩效来进行发放，医院以前使用的是胡牧分组器，2017 年社保开始使用 CN 分组器，所以医院领导想统一分组器，需要我们来对医院的历史数据进行测算，并根据历史上的绩效奖金发放记录测算每个科室主诊组的 DRGs 权重单价。

（段成惠　孙茜　陈朝阳）

参考文献

[1] LUTHER P C. Diagnosis Related Groups (DRGs) and the Medicare Program: implications for medical technology [R]. Princeton University, 1983: 65-69.

[2] Centers for medicare & medicaid Services (CMS). Medicare hospital prospective payment system: how DRG rates are calculated and updated [EB]. [2001-08-01].

[3] AVERILL R F, MULDOON J H, VERTREES J C, et al. The evolution of casemix measurement using diagnosis related groups (DRGs) [R]. 1998.

[4] 张文中. 北京医疗卫生信息化成绩及展望 [J]. 中国信息界·e 医疗, 2003 (10): 40-41.

[5] 邓小虹. DRGs 在我国的发展应用与推广 [J]. 中华医院管理杂志, 2015, 31 (11): 809-812.

第七章 医院信息系统升级与改造

本章以广州市社会医疗保险住院医疗费用按病种分值付费工作为例，结合医院信息系统升级改造过程，重点阐述医院端面对医保支付改革时信息系统所需要完成的各项工作。

第一节 需求分析

一、需求概述

要明确病种分值付费系统改造的需求，首先要了解病种分值的来源和计算方式。

（一）从信息系统角度看几种医保支付方式之间的区别

医保支付方式主要可以分为按病种付费、按疾病诊断相关分组付费、按床日付费、按人头付费、按项目付费等。综合医院，针对住院医疗费用，以按病种付费、按疾病诊断相关分组付费、按项目付费为主。按项目付费即按照医疗服务项目收费，将诊断治疗、基本服务、仪器设备检查等都细化到每一个具体项目上，参保人员出院时按照接受医疗服务项目的种类和数量承担个人负担部分，其余统筹部分则由医疗机构事后支付给医院。按疾病诊断相关分组付费则是按疾病病情严重程度、治疗方法复杂程度和实际资源消耗水平等进行病种分组，将整个医疗服务过程视为一个单元，根据病组设定付费标准与医院结算。早期医保经办机构一般采取按项目付费，目前，按疾病诊断相关分组付费已经成为大势所趋。这两类付费方式的区别可见表7-1-1。

表7-1-1 按项目付费与按疾病诊断相关组付费的区别

	按项目付费	按疾病诊断相关组付费（病种分值付费/DRGs）
付费单元	将单个付费项目视为一个付费单元	将医疗服务的整个过程视为一个单元

续表 7-7-1

	按项目付费	按疾病诊断相关组付费（病种分值付费/DRGs）
支付依据	按每个项目的支付标准进行支付	按照确定的病组费用指标对医疗机构进行支付
成本相关	与治疗实际成本相关	与"病组"相关，与治疗实际成本无关
总额控制难度	困难	容易

按疾病诊断相关组付费又可分为按病种分值付费和DRGs。从信息系统角度考虑，按病种分值付费和DRGs既相似又有所不同。相同的地方是他们的数据来源均来自病案首页，且关键字段均为诊断编码及诊断描述和手术、操作编码及名称；不同的地方是病种分值付费对DRGs做了简化。表7-1-2列出了按病种分值付费与DRGs计算的区别。

表 7-1-2 按病种分值付费与DRGs的区别

	按病种分值付费	按DRGS结算
分组方式	按照第一诊断分组	将同一个DRGs内的疾病、手术或者操作临床过程相似、消耗资源相近的疾病进行分组
计算值	计算各个疾病组分值	计算各DRGs权重
调整方式	调整分值	调整权重
总额控制方式	累计分值，按总额计算分值价值	累计权重，按照总额计算权重价值
价格计算	确定每一个分值价格	确定每一个DRGs付费标准

具体而言，病种分值付费和DRGs的计算方法有一些差异，如图7-1-1所示。

由图7-1-1可知，按病种分值付费方式的总体思路与DRGs是一致的，计算难度比DRGs低，目前的条件下实现起来比较容易，在医院信息数据标准仍难以统一的情况下，病种分值方式是一种合理的折中方法。同时，实现病种分值付费也可以为实现DRGs积累经验。各地区虽然病种分值付费的实现方式有所不同，但都为了进一步实现DRGs做了准备，以广州市为例，医保经办机构要求医院不仅要上传主要诊断和手术操作，也要上传病案首页、出院小结的全部内容。其他统筹区还要求医院上传医嘱信息、手术记录、检查结果、检验结果、病理结果等信息。

（二）从信息系统角度看分值是如何得到的

简单来说，分值是由病人的主要诊断（出院第一诊断）编码亚目和相关诊疗操作共同决定的。以目录作为类比，诊断编码亚目是其中第一级目录，诊疗操作相当于第二级目录，查询病人的分值相当于对经过两级目录的检索。病种分值库的结构如表7-1-3所示。

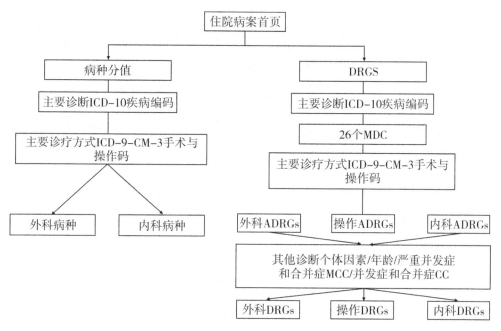

图 7-1-1　按病种分值付费与 DRGs 的计算数据来源差别

表 7-1-3　病种分值库结构

诊断编码及名称（一级）	操作编码及名称（二级）	病种分值
动脉硬化性心脏病 （I25.1）	非药物洗脱冠状动脉支架植入术（36.0601）	3 033
	药物洗脱冠状动脉支架植入术（36.0701）	3 988
	一根主动脉冠状动脉搭桥术（36.1101）	5 531
	……	……
胃肠出血 （K92.2）	保守治疗（含动脉插管术）（38.9101）	3 257
	食道病损切除术，经胃镜（42.3302）	1 979
	食管静脉曲张套扎术，经胃镜（42.3303）	2 615
……	……	……

二、需求分析

（一）用户和用户特点

（1）医生：医生使用病案填写模块，填写诊断信息、手术和操作信息，医生希望能及时查看相关的病种分值情况和费用使用指标等。病种分值付费中医生是主体，正确理解分值付费是保证分值付费工作正常开展的基本条件。

（2）编目人员：编目人员使用病案编目系统，可根据病人首页中的信息查看病种分值，可评估医生填写的是否合理。病种分值付费对编目人员提出了更高的要求，原本只需要对疾病、手术和相关编码熟悉，现在还需要对疾病、手术相关的分值库熟悉。

（3）医保费用结算人员：医保结算人员使用费用结算和医保接口系统。医保结算人员结算流程发生变化，除了上传病人住院信息、费用明细外，还需要上传病人的主要诊断和手术操作。了解分值付费的概念有助于结算工作。

（4）医保管理部门：医保结算人员使用医保控费系统，掌握医院整体分值情况。医保管理部门对分值做总体管理工作。作为对医保政策最熟悉的部门，医保管理部门负责掌握政策总体动向，及时向医院传达；处理医保罚分等医保局的反馈信息，对医院各科室提供指导。

（5）质量管理部门：使用病案质量管理系统。病案的质量对分值影响巨大，质量管理部门对病案数据质量负责，制定奖惩制度，定期组织抽查讲评。

（6）医疗管理部门：使用医疗指标统计分析系统。对病种分值付费的工作效果整体把控，统筹协调医院各方面的力量；病种分值付费下，医疗效率对医院收入有巨大影响，医疗管理部门要对影响医院效率的指标进行控制。

（7）辅助科室人员：如药剂科、耗材仓库等，使用合理用药监管平台、物资管理系统等，为医院指标统计提供数据；根据药占比、耗占比等数据为临床科室合理使用提供建议和指导。

（8）信息技术支持部门：信息科负责病种分值付费工作的技术支持，包括信息系统开发、培训、上线、维护等。

主要的用户和用户层级如图 7-1-2 所示。

图 7-1-2　用户和用户层级

（二）假定和约束

实施病种分值付费是建立在对病案首页和电子病历基础上的，需要一个完整的、充分可靠的住院病人电子信息系统作为技术支撑。因此，系统改造项目一般假定医院已建设有完善的医生工作站和电子病历系统、病案和编目管理系统、医保费用结算系统等。该项目仅在以上项目的基础上进行部分改造。

（三）主要目标

从以上分析可知，病种分值付费的重点是分值的计算。从信息系统的角度来说，核心是让医生填对诊断，重点是保证医生合理的填写疾病诊断及手术和操作，确保编码正确，分值合理。既不可因为少填漏填手术、操作或疾病诊断顺序不合理造成的低编，也不可因为恶意高套编码出现作假情况而被处罚。要做到这一点，就要提供给医生足够的信息，例如有多个诊断的情况，选择哪一个诊断作为第一诊断比较合理等内容。

另外，在病种分值付费事实上是医院之间医疗效率的竞争，同等分值的情况下，医院消耗的成本越少，盈利越高。因此，掌握医院的医疗效率情况，也是病种分值付费系统的重要需求。具体来说，由于实施了药品和耗材零加成，药品和耗材的使用已经成为医院的成本，准确的多层次的药占比、耗占比的统计分析，是必要的需求；另外，平均住院日、无效住院日等指标也应该纳入统计分析体系当中。

（四）功能性需求分析

病种分值付费信息系统建设主要是为了使病种分值付费政策在医院落地，通过对医院信息系统改造辅助医院业务流程改造和优化，让医院工作人员可以更加方便快捷的掌握分值及相关的费用信息，以满足病种分值付费制度下医院管理的需要。

通过以上的分析可将信息系统改造分成多个模块，包括医生工作站模块、病案编目模块、收费和医保接口模块、医保控费监管模块等。

各个模块的功能需求如下。

1. 医生工作站模块

医生工作站原本就有填写诊断和手术、下达医嘱、书写病历等功能，本次改版主要是将病种分值付费的相关内容嵌入到系统中。标准分值表内容繁杂，通过该模块内容，医生在录入、查询、修改诊断和手术信息时可同时查看到对应分值信息，修改诊疗方案时可及时体现对应分值的变化；医生可以对当前自己管理的病人的分值、费用限额、当前费用使用情况等进行查询；医生可与编目人员就诊断和手术编目情况进行互动；可以查询药占比、耗占比平均住院天数等医疗效率指标信息等。

2. 病案编目模块

病案编目模块原有对病案首页的诊断和手术（操作）进行编目的功能，本次改版需要加入的功能主要有：对病种分值付费的字典进行维护，保持医院的诊断、手术编码与医保统一编码的一致；在进行编目的过程中，同时显示该首页对应的病种分值；如病案编目员对诊断和手术的填写有意见，可与临床医生交流意见；对病案首页的填写质量进行评价和统计分子等。

3. 医保接口模块

医保接口模块原有上传病人住院信息和病人费用明细，并通过医保结算得到病人支付金额的功能。本次改版需要加入的功能主要有：上传医保要求的病种分值付费相关的信息（如病案首页、出院小结信息等），并可获取医保中心反馈的该病人当此住院的病种分值。

4. 医保控费与监管模块

从医院、科室、医生、病人等多个维度对出院病人的分值情况进行汇总及分析，密切监控支用比低的病种情况。通过平均住院日、"无效"住院日、药占比、耗材占比等指标找出重点监管的环节。

（五）非功能性需求分析

系统的非功能需求分析主要包括性能需求、安全需求、可靠稳定需求、设计需求等。

1. 系统安全性需求

因涉及病人医保信息和费用信息，因此，系统的安全性是核心需求之一。系统需要在软件、硬件、网络层面进行安全加固，确保信息安全。

2. 系统可靠性

医保病人占医院总住院人数的比率也越来越高，病人结算系统的稳定性极大的影响医院结算系统运行的效率，影响病人的就医体验。因此，系统必须确保医保系统的可靠性，强调系统必须经过严格测试后才能上线，降低不可用时间。

3. 系统与原信息系统集成性

病种分值付费是在原系统上的改造，应该与原系统合理集成，不应该单独建立系统，造成用户的不便。

4. 系统可扩展性

病种分值付费可以看作DRGs-PPS的一种简化版本，系统也应该为DRGs-PPS实施做好扩展的准备。

三、系统可行性分析

（一）技术可行性

病种分值付费要求的前提条件包括诊断和手术信息的标准化，目前医院均已采用ICD-10的疾病编码和ICD-9-CM-3的手术编码，这一条件已经得到满足。各省市前期也对病案首页的数据格式做了统一，医院早已按要求上报病人的病案首页，数据的规范化达到了实施病种分值付费的要求。

医保联网结算已经实施多年，各医院均已完成医院信息系统与医保系统的对接。病种分值付费只是在原有系统基础上改进，硬件和网络均可沿用原有的系统。

从以上两点分析可知，病种分值付费系统改造在技术上是可行的。

（二）经济可行性

医保收入是医院收入的主要来源，各地医保政策一般是统一执行的，因此医院必须按照医保的要求实施病种分值付费的系统改造，否则影响医保病人的收治和医保费用的结算。按广州医保的规则，医保结算的收入每月扣留10%，每年按病种分值计算结果补给医院，如未能正确的上传分值，这 10% 的医保收入就拿不到了。

另一方面，病种分值付费的系统改造相对于 DRGs-PPS 并不复杂，对 HIS 的改造相对简单。对病种分值付费的控费系统，市场上成熟的产品较多，医院系统改造的成本不高。

从以上两点分析可知，项目在经济方面而言也是可行的。

四、用例模型分析

（一）医生工作站系统改造

医生工作站中与病种分值付费相关的用例主要包括四个方面：①下达和修改主要诊断时，查看对应的诊断含义以及与其对应的分值系列，并根据病人实际情况及诊断含义选择恰当的诊治方式；②病种分值字典查询；③病种分值反馈，如填写申诉，查看申诉反馈等；④查看当前病人分值、费用和效率指标等（图 7-4-3）。

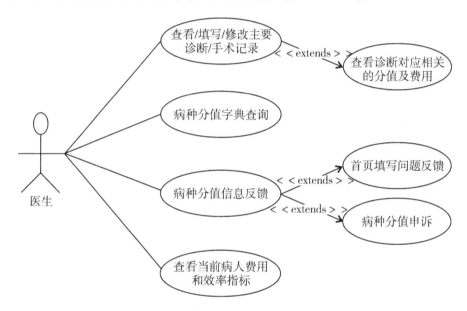

图 7-1-3 病种分值付费医生工作站用例

（二）病案编目系统改造

病案编目系统改造主要包括四个方面：①在编目时查看当前对应的分值及费用；②诊断/手术（操作）字典维护；③病种分值信息反馈；④首页填写质控等。（图 7-1-4）

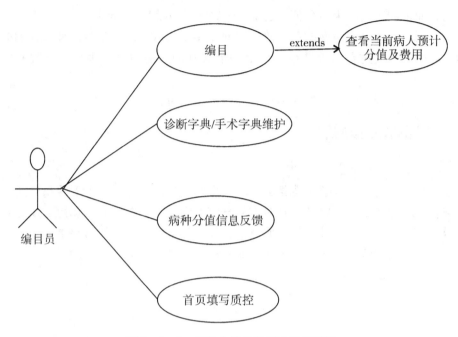

图7-1-4 病种分值付费编目系统用例

(三) 收费与医保接口系统改造

医保接口模块改造中的用例主要有医保接口上传和医保分值反馈两个,其中,医保接口上传包括病案首页信息和出院小结信息。(图7-1-5)

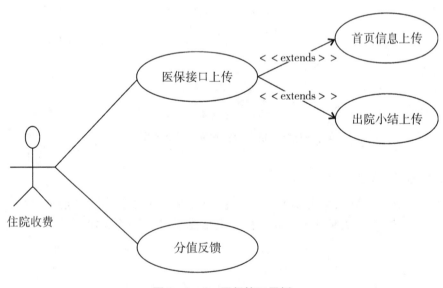

图7-1-5 医保接口用例

（四）医保控费与监管

医保控费系统改造主要包括病种分值统计分析和分值对账两个部分，其中，病种分值统计包括按医院全病种统计、按科室统计、按医生统计和按病人统计四种方式。（图7-1-6）

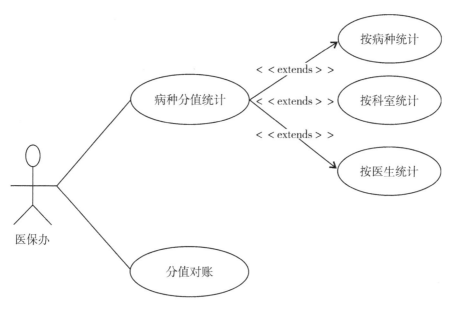

图7-1-6 医保控费用例图

第二节 规划与设计

一、系统的总体设计

（一）系统组织架构

系统的总体组织架构保持不变，主要相关的服务器包括电子病历服务器、HIS服务器、医保前置机、医保中心服务器等，相关的系统客户端包括医生工作站客户端、编目系统客户端、医保管理客户端、医保结算客户端等。（图7-2-1）

（二）总体流程变更

与原有的流程相比，增加了医生查看预计分值和查看分值反馈的流程；增加了病案编目部门反馈分值问题，编目时根据病种分值的要求对首页内容进行审核，如发现问题需要发送反馈给医生，及时进行调整；增加了病人出院后提交分值相关信息（如：首页和出院小结等）信息。（图7-2-2）

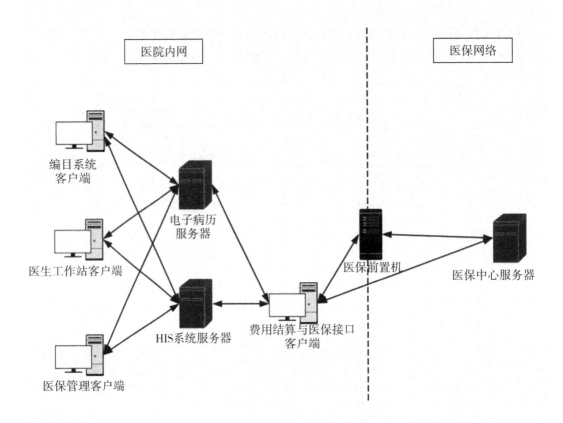

图 7-2-1 系统组织架构

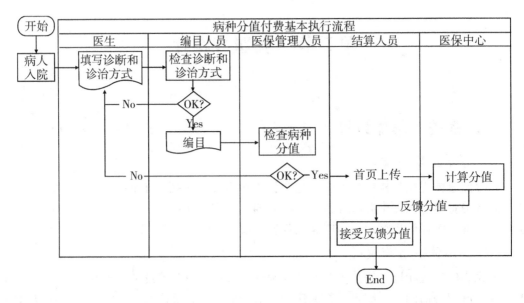

图 7-2-2 病种分值付费基本执行流程

（三）系统总体范围

根据以上的总体流程，系统总体的范围如图 7-2-3 所示。

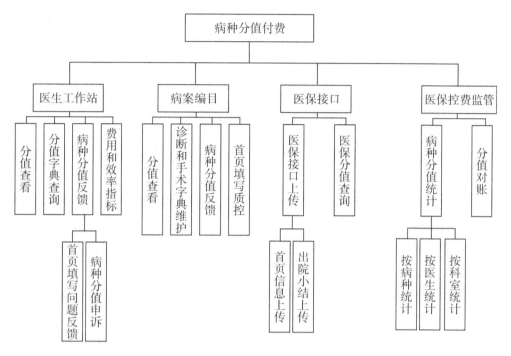

图 7-2-3 病种分值付费系统的总体范围

二、医生工作站改版设计与实现

（一）分值查看设计与实现

医生工作站的分值查看操作流程如图 7-2-4 所示。

在原来的医生工作站流程中，病人入院后不要求医生立即填写诊断信息，一般是在入院 24 小时内填写首次病程记录时填写。实施病种分值付费后，为了更好地提示控费，我们设计了当医生每天第一次打开下达医嘱的界面时，检查该病人是否已经填写了诊断，如果没有填写提醒医生先填写诊断并预设诊治方式，如果已经填写则显示当前诊断、分值和费用信息。该诊断是初步诊断，用于分值和费用提示，可根据情况随时修改诊断和治疗方式。为了防止过度干扰医生诊疗，每天只打开一次，但医生可以手动选择查看病人病种分值付费。

显示分值时，一般同时显示标准费用、0.5 倍费用和 2 倍费用的范围（根据穗人社发〔2017〕70 号通知，费用偏差病例其分值计算方式不同），以及当前已经使用的费用。了解这些信息，可以让医生在下达医嘱前做到心中有数，控制医疗费用总额。

分值查看主要有两个界面。一是填写或者修改诊断和诊治方式，如图 7-2-5 所示。

二是选择完成后显示分值相关信息和费用信息，如图 7-2-6 所示：

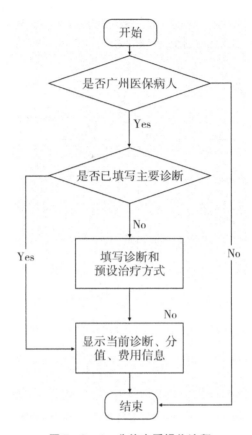

图 7-2-4 分值查看操作流程

（二）病种分值字典查询

医生可通过这个模块查询和浏览疾病的编码对应诊疗操作的具体分值，从而熟悉本科室常见疾病的病种分值。本模块中仅能查询和浏览，不能进行编辑。一般医院的疾病库和病种分值库由病案室负责编辑，其内容将在后文介绍。

（三）首页和分值信息交互设计与实现

交互主要在医生、编目员、医保办审核人之间进行，总体的交互流程如图 7-2-7 所示。

首页和分值交互设计功能包括首页信息交互和分值信息交互两个部分，如图 7-2-8 所示。

在原有的病案质量监控模块中增加专门用于病种分值付费信息反馈的页面，医生应该定期查看分值审核人（如编目员、医保办等）对于病人病种分值方面的反馈。如果存在填写缺陷或者费用严重超支等情况，且医生在规定的时间内未处理，则绩效考核减分。

病种分值的主要数据来源于病案首页，病案首页由医生填写，经过病案编目室编目时审核一次，经过医保处时再审核一次，两次审核的过程中都可能发现一些问题，医生需要将他的意见与编目员、医保人员之间进行沟通。另外，医生还可以就疾病和诊疗编

图7-2-5 填写主要诊断和选择诊治方式

码的问题向编目人员进行提问。如果因首页填写质量被扣分，医生也可以通过该渠道正式向审核人提出申诉，并可接收审核人的反馈意见。

医生工作站接受病案室发送的首页填写问题清单，根据该清单修改病案首页。首页填写问题清单如图7-2-9所示。

如果对首页填写有疑问，可以填写首页填写和问题反馈，将问题提交给病案室，如图7-2-10所示。

如果对病种分值的判定有疑问，可通过病种分值反馈界面向医保办反馈，如图7-2-11所示。

病人姓名：			病人性别：男性		病人年龄：54岁	
住院天数：0天			病人费别：广州医保		当前诊断：冠心病	
病例分型：请选择病例分型...			结算类别：普通住院			

病种分值 | 定额预警

病种名称：【I25.1】动脉硬化性心脏病

选择	诊治方式	病种分值	标准费用	0.5倍费用	2倍费用	参考费用	当前费用
☐	非药物洗脱冠状动脉支架植入术	3033	40596.71	20298.35	81193.41	40596.71	1143.66
☐	药物洗脱冠状动脉支架植入术	3988	53379.38	26689.69	106758.76	53379.38	1143.66
☐	一根主动脉冠状动脉搭桥术	5531	74032.44	37016.22	148064.87	74032.44	1143.66
☐	二根主动脉冠状动脉搭桥术	7643	102301.56	51150.78	204603.11	102301.56	1143.66
☐	三根主动脉冠状动脉搭桥术	8871	118738.34	59369.17	237476.67	118738.34	1143.66
☐	心电生理测定(EPS)	3191	42711.54	21355.77	85423.07	42711.54	1143.66
☐	心脏病损腔内消融术	5750	76963.75	38481.88	153927.5	76963.75	1143.66
☐	主动脉内球囊反博术(IABP)（搏动性球...	10182	136286.07	68143.04	272572.14	136286.07	1143.66
☐	临时心脏起搏器置入术，经静脉	6418	85904.93	42952.47	171809.86	85904.93	1143.66
☐	永久心脏起搏器置入术（装置类型未特...	7095	94966.58	47483.29	189933.15	94966.58	1143.66
☐	VVI永久心脏起搏器置入术	1546	20693.21	10346.61	41386.42	20693.21	1143.66
☐	DDD永久心脏起搏器置入术	5409	72399.47	36199.73	144798.93	72399.47	1143.66

图7-2-6 显示诊断、治疗方式和当前费用

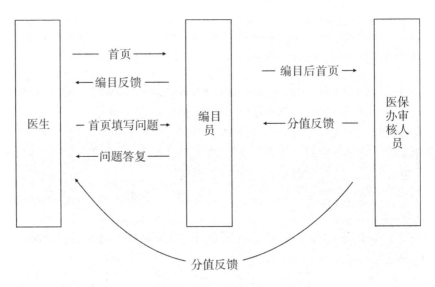

图7-2-7 信息交互总体流程

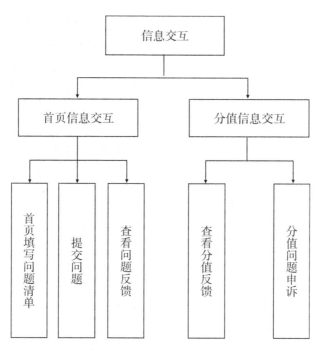

图 7-2-8 首页和分值信息交互设计与实现

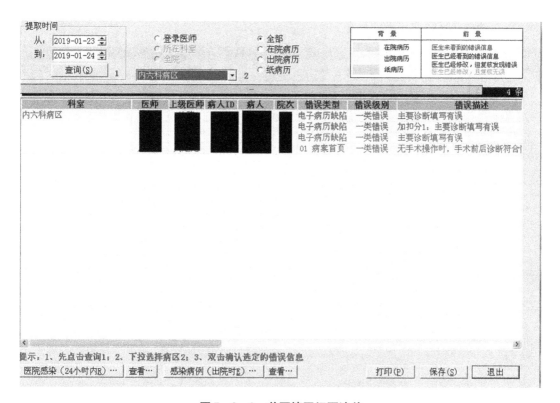

图 7-2-9 首页填写问题清单

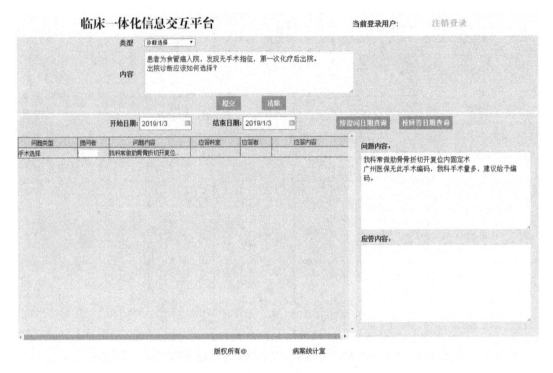

图 7-2-10 首页填写问题和反馈

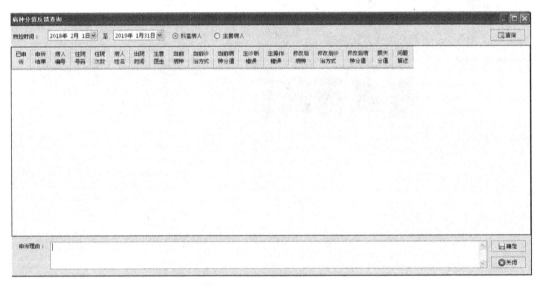

图 7-2-11 病种分值反馈

（四）费用和效率指标查询设计与实现

在病种分值付费的情况下，医生有必要随时保持对病人费用和效率指标的关注，包括各费用分类的总金额，自费比、药占比、耗占比等信息。如果指标值超出医院制定的合理指标范围，应该由给出提示。（图 7－2－12）

费用名称	总金额	自费金额	部分自费金额	费用名称	总金额	自费金额	部分自费金额
西药费	0	0	0	中药费	0	0	0
材料费	33.2	5.2	0	化验费	609.96	0	0
检查费	0	0	0	治疗费	0	0	0
手术费	0	0	0	麻醉费	0	0	0
输血费	0	0	0	床位费	0	0	0
护理费	0	0	0	膳食费	0	0	0

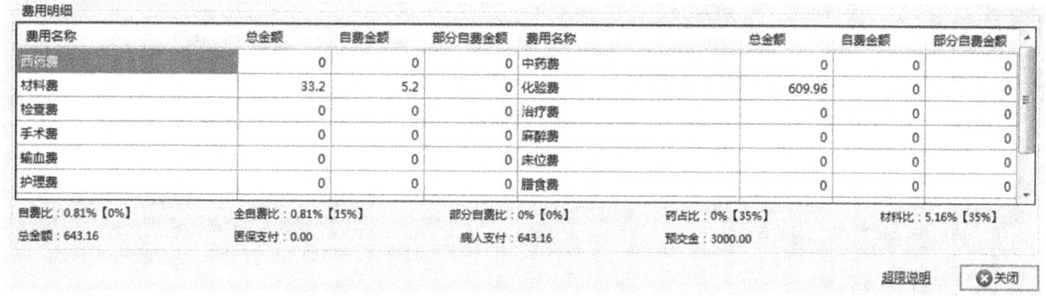

图 7－2－12　费用和效率指标显示

三、病案编目系统改版设计与实现

（一）编目时实时查看分值设计与实现

原编目系统使用时仅查看医生填写的首页信息，实施病种分值付费后，编目员需要能够实时查看病人的病种分值情况，审核医生填写的诊断和手术信息。与医生工作站类似，显示分值时，同时显示标准费用、0.5 倍费用和 2 倍费用的范围，以及当前已经使用的费用。（图 7－2－13）

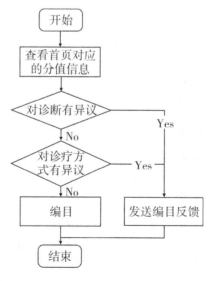

图 7－2－13　编目时查看病种分值的流程

实际变更系统时在原有的编目界面下面加上了分值信息，系统界面如图 7－2－14

所示。

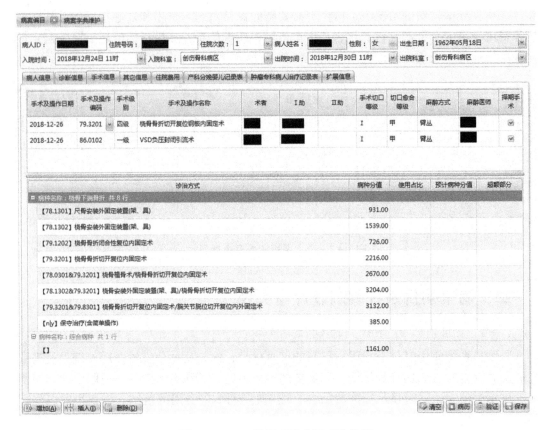

图7-2-14 编目系统查看病种分值

（二）诊断字典和手术操作字典维护

医院通常需要将原有信息系统中的诊断字典和手术操作字典与病种分值字典做对照。医院的诊断和手术字典由病案室负责维护。医生工作站中查询到的诊断、手术操作和分值字典应该与病案系统中维护的字典一致。（图7-2-15）

（三）病种分值信息反馈

如前所述，医生可通过系统填写问题发送到病案室，病案室也可通过系统发送反馈给医生。（图7-2-16）

（四）首页填写质量控制

首页填写质量与病种分值息息相关，与医院的医保收入也息息相关。为了激励医生高质量的填写病案首页，医院制定了病案首页质量控制管理规定，有相应的奖惩指标。病案室需要为质量管理科提供首页质控数据，例如：主要诊断填写错误扣0.3分，出院记录未填写扣0.3分。首页质控数据需要按全院、科室、医生和分别统计，并可查询明细。（图7-2-17至图7-2-21）

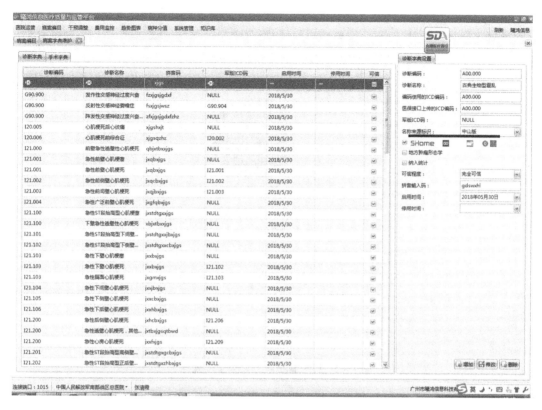

图 7-2-15 诊断字典维护

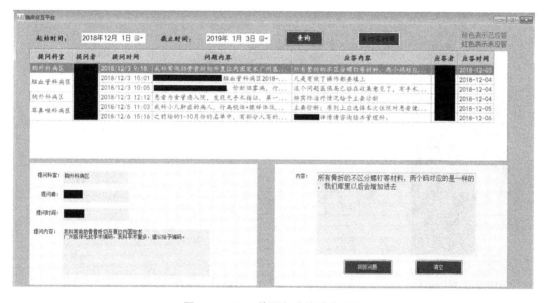

图 7-2-16 首页和分值信息交互

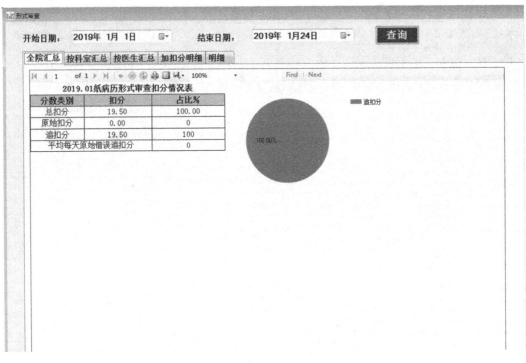

图 7-2-17 首页质控扣分全院统计

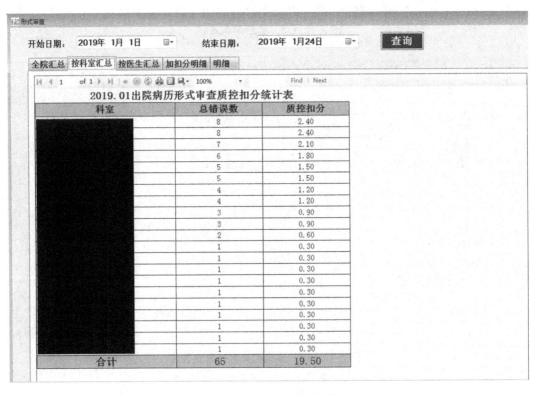

图 7-2-18 首页质控扣分按科室统计

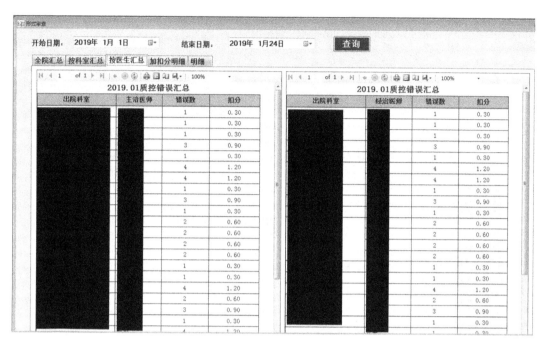

图 7-2-19　首页质控扣分按医生统计

图 7-2-20　首页质控扣分明细

图7-2-21 首页纠偏记录

四、收费与医保接口系统改造设计与实现

（一）医保接口整体流程改造

实施分值付费以后，病人在出院结算时流程并未发生变化，病种分值并不是实时上传和反馈的。病人出院后，医生一般在数个工作日内完成病案首页的填写和病历文件的整理，将整份病历提交到病案室。病案室在完成病案首页的编目后，该份病案的上传准备工作才算完成。医院一般定时（每月或每周）上传病案首页和其他医保要求的病历文件。整体的医保接口改造流程如图7-2-22所示。

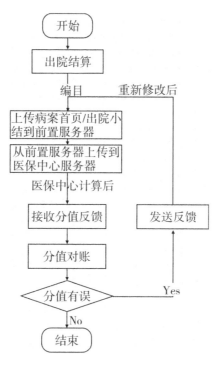

图 7-2-22 医保接口改造流程

(二) 首页与出院小结上传

虽然病种分值计算主要来源于主要诊断加诊疗方式，但为了数据审核需要或将来升级 DRGs-PPS 的需要等，各地要求上传的数据有所不同。例如，广州市要求上传的数据包括首页的大部分内容和出院小结的分解内容。如图 7-2-23 所示。

分值付费接口的界面截图如图 7-2-24 所示。

上传后可通过医保接口查询上传结果，如图 7-2-25 所示。

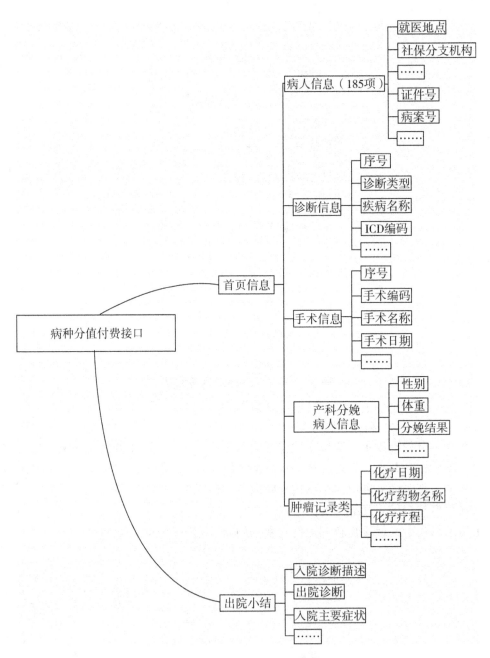

图 7-2-23 病种分值付费接口

图 7-2-24 分值付费接口

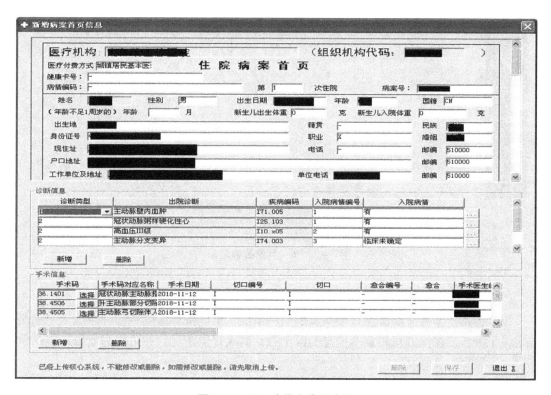

图 7-2-25 分值上传后查询

（三）医保分值反馈

通过接口上传信息后，医保中心经过计算得到该次住院的分值信息。医院可通过医保接口下载一段时间内的出院已结算病人的病种分值，提供给医保办进行分析和对账。

五、医保控费与监管系统改版设计与实现

该模块主要由医保办使用，监测人均费用、自费项目限制类药品、平均住院日、药占比、耗材占比等费用效率情况。特别对于高费用病人、不合理医疗情况等情况做出预警。病种分支付费实施后，本模块主要增加了实时监控全院病种分值付费情况的功能，主要包括按科室、按医生、按病种等三个维度的分析与监控。

（一）按科室病种分值统计分析

该分析用于全面掌握各科室收治的病种和治疗情况，按照科室→病种→病人→病历层层向下分析，从全院各科室的总体情况到每一位病人的全部首页和电子病历都可以一目了然。医保办可以根据该项统计结果，为各科室提供收治病种的指导意见。（图7-2-26至图7-2-28）

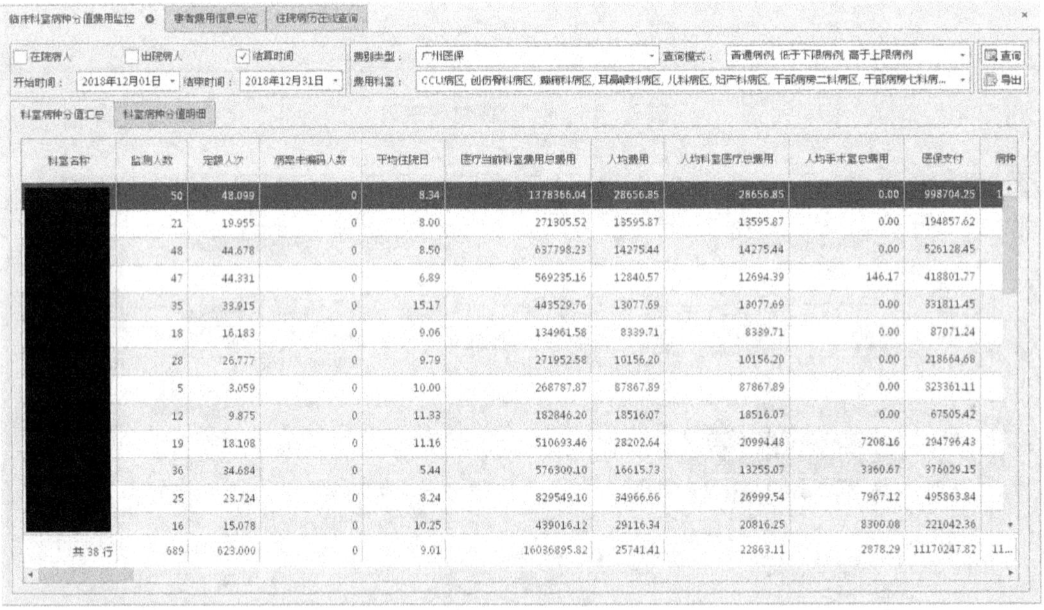

图7-2-26　科室病种汇总

（二）按医生病种分值统计分析

该分析用于掌握全院医生收治病人的病种情况，可以按照医生→病种→病人→病历层层向下分析。医保办可根据本信息为医生收治病人提供意见，并可作为绩效考核的依据之一。（图7-2-29）

图 7-2-27 科室病种明细

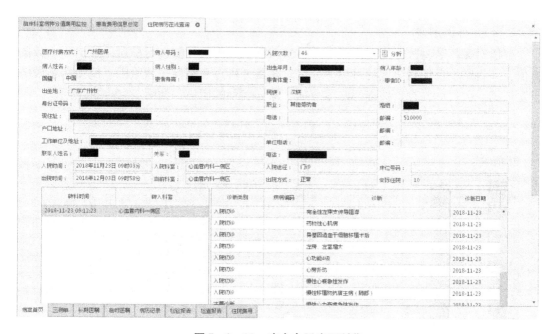

图 7-2-28 病人电子病历浏览

(三)按病种统计分析

同样可以按照病种→科室(或医生)→病人→病历层层向下分析。医保办可根据本信息,掌握全院的总体病种分布,为医院总体收治提供意见。

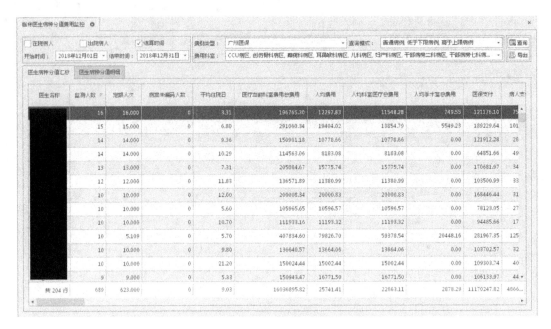

图 7-2-29 按医生病种汇总

（四）分值对账

分值对账就是将医保局反馈回来的分值与医院上传的分值进行核对，找出不一致的分值，并将结果反馈到医生的过程。分值对账是分析每月医保扣款原因、反馈和整改的重要依据。医保办要重点核查那些零分值、综合病种的病历，如图 7-2-30 所示。

图 7-2-30 分值反馈与对账

第三节 组织与实施

信息系统改版和实施是病种分值付费在医院落地的重要组成部分，下面简要说明其组织与实施的过程。

一、院端和医保端诊断库映射

虽然医院的信息系统诊断库均采用 ICD-10 编码，但使用的版本可能各不相同，医院根据实际情况还做了一些增补和调整。这样就可能导致各医院的 ICD 库可能与医保统一的 ICD 库不一致。例如，广州市试行阶段，要求各医院上传 2018 年 12 月的诊断信息，结果发现有部分医院上传的本院 ICD 诊断编码在统一的分值诊断库中找不到对应的编码，也就无法确定分值。广州医保因此修改了上传的规则，对上传的疾病编码进行校验，如不在统一库内的编码会上传失败，强制要求医院将本院 ICD 编码转换成统一的 ICD 编码。

另外，各医院医生下诊断的习惯也有不同，采用统一的库疾病名可能让医生找不到常用的诊断名。系统上线的初始阶段，病案编目室最经常接到的咨询就是医生问某疾病如何输入。

因此，通常需要将本院使用的 ICD 编码库与统一的诊断编码库做一个对照；将医院近 3 年的诊断做一个汇总分析，确保常用的诊断可以找得到对应的分值，实现疾病库、编码库、分值库三库合一。

二、信息系统改造计划与实施

（一）做好整体规划

从信息系统改造来说，因病种分值付费工作需要对原有多个信息系统进行改造，各系统之间还需要进行正确的对接，存在着互相依赖的关系，因此，信息系统改造也需要有一个整体的计划。一般来说医院信息系统改版包括 HIS 系统改版、准备分值诊断库、医生工作站改版、编目系统改版、医保结算改版、医保管理系统改版等。通常医生工作站和编目程序之间需要做一些交互，如果各软件由不同供应商提供，要做好开发商之间的协同工作。系统的整体变更流程示例如图 7-3-1 所示。

（二）明确范围和责任

如前所述，病种分值付费的改造包括多个系统的联合开发，因此对各系统的改版应指定负责人，明确修改的范围，减少因为范围和责任不清造成的对接不畅。

（三）合理规划开发进度

一般来说，各地实施病种分值付费政策有一个时间表，要求医院在固定的时间点前

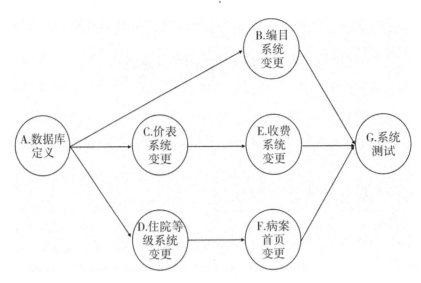

图 7-3-1 信息系统改造的整体步骤

必须完成病种分值付费的落地工作。信息系统的改造作为医院病种分值付费实施的前提条件，必须按照医保的统一要求，合理的安排进度。表 7-3-1 和图 7-3-2 是医院进行病种分值付费系统改造的进度规划表和进度甘特图的示例。

表 7-3-1 项目实施进度表示例

	计划开始日	天数	已完成	未完成
项目设计	2018/3/24	7	7	0
数据库定义	2018/4/1	3	3	0
编目程序	2018/4/4	30	19	11
价表程序	2018/4/4	7	7	0
住院收费程序	2018/4/11	14	12	2
住院登记	2018/4/25	14	0	14
病案首页	2018/4/4	30	19	11
系统测试	2018/5/4	20	0	20

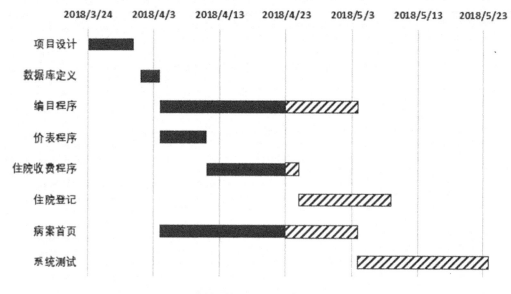

图 7-3-2 项目实施进度甘特图

三、组织信息系统上线前培训

与信息系统相关的培训主要分成两个部分：①信息系统改版内容培训；②各科室疾病编码常见问题培训。其中，系统改版内容培训主要包括对医生的医生工作站使用培训，包括：如何查看当前病人分值和费用范围，是否已经超额等；对收费人员医保接口的使用培训，如提取病案首页内容，校验后上传等；对医保管理人员进行医保管理系统培训，如查询一段时间内出院病人的分值统计等。

第四节 经 验 教 训

病种分值付费在医院实施的过程中，有很多的经验教训，本章中重点总结医院在信息系统升级和改造过程中的经验教训。

一、重塑基于医保的临床路径

临床路径是指针对某一疾病建立一套标准化治疗模式与治疗程序，是一个有关临床治疗的综合模式，以循证医学证据和指南为指导来促进治疗组织和疾病管理的方法，最终起到规范医疗行为，减少变异，降低成本，提高质量的作用。随着基本医疗保险支付方式改革的不断深入，医院需要结合属地的医保政策重塑原有的临床路径，要更加注重治疗过程中各专科间的协同性、更注重治疗的结果、更注重时间性。只有如此，才能在确保治疗效果的同时使医院更加适应基本医疗保险支付改革。（表7-4-2）

表7-4-2 临床路径与病种分值付费关系

	临床路径	病种分值付费
目的	规范化诊疗，保障医疗安全，在此基础上控制医疗费用	实现精准的费用控制
优点	形成诊疗规范，明确了基本诊疗项目、选择项目和收费项目，有利于引导和规范医疗服务行为	能够根据疾病和诊疗操作确定费用范围，费用控制精准
缺点	实施过程中经常发生流程灵活性差、覆盖面窄，病种单一等问题。对于大型医院，实施动力不足，推广困难	存在一定的安全风险，如高套分值的冲动、为了经济利益牺牲病人利益，为了"节约成本"降低医疗服务质量等

从表7-4-2可以看出病种分值付费和临床路径能够做到优势互补。将病种分值付费与临床路径相结合，有利于医院合理预算病种的诊疗成本，不但可以有效地制定医院端医保政策实施细则，更可以为政策性亏损的病种提供理论支撑，从而达到1+1>2的效果。

二、精简医生工作站嵌入信息

病种分值付费是一种控制医疗费用的工具，但对医生的诊疗活动还是有一定的影响。因此，减少不必要的信息干扰，只对必要的费用情况进行提示，对于医生来说是更为体贴的方式。在基本保持原有的医疗流程不变的情况下，对医生工作站的修改，但应该尽量简洁，减少不必要的弹窗，界面仅显示必要信息即可。

三、按要求合理规划实施进度

目前，全国开始实施病种分值付费的省市越来越多，但各省市的实施方案仍各有不同，多数有边试行边推进的情况。具体的实施方案往往远远落后于政策制定，例如，广州市在2017年12月27日下发了《关于开展广州市社会医疗保险住院医疗费用按病种分值付费工作的通知》（穗人社发〔2017〕70号），要求2018年1月1日开始正式实施按病种分值付费，但直到2018年11月7日才下发《广州市人力资源和社会保障局关于印发广州市社会医疗保险按病种分值付费病种分值表及定点医疗机构权重系数确定规则的通知》（穗人社发〔2018〕52号），最终确定病种分值表和医疗机构权限系数。在这段时间里，医院要结合医保政策做好合理规划。例如，在收到医保支付改革通知后，首先要做好医院的诊断库、手术和操作库的整理工作，要以科室为单位分析整理常见病种；其次，要调取近3年出院病人的病案信息，预先进行分值计算，评估医院的盈亏情况，并根据具体情况制定改进措施；再次，要按照病种分值付费的时间节点，提前做好软件改版前的准备工作，做好时间表和进度安排，确保系统稳定运行。

四、信息系统为业务流程服务

信息系统是为医院的业务流程服务的，特别是面对像基本医疗保险支付方式改革这样的大事，我们已经介绍了为适应业务流程在信息系统层面所做出的调整，但在实施过程中还有一些重要环节的流程需要由医院事先明确。

一是事先约定首页信息最终解释权归属问题。在实际工作当中，临床医生和病案编码人员对于病人的诊断编码、诊断顺序、手术编码等内容的意见总会出现分歧。特别是实施按病种分值付费后，诊断编码的准确性对于医院和科室的重要意义不言而喻，很多时候仅调整出院诊断的顺序就可以使分值发生变化。对于医生而言自然是按照《诊断学》书本上的内容完成诊断的填写，但对于编目人员来说，必须按照编码规则来完成病案编目，如治疗情况优先、病因优先、急性疾病优先、本科室疾病优先、特异性情况优先等。在这种情况下，绝大多数医院会以病案编码人员的意见为准。根据这一流程，信息系统需要设计病案编码人员和临床医生之间对于诊断和手术的意见反馈机制，例如：在病案编码人员认为诊断不妥时，可以将意见和首页发回医生，要求修改；医生如有不同意见，也可以将意见发给病案室，但如无法达成一致意见，则病案室可决定最终的诊断。

二是约定病案首页等信息上传部门。究竟由哪个部门负责上传病案信息，各个医院也有不同的规定。过去，病案室和收费室业务流程并不紧密，病种分值付费实施后，两个部门的工作开始紧密相连，病人结算时需要上传诊断编目，但结算人员通常不懂疾病编码的，需要病案编码人员提供。以广州市为例，医保经办机构不仅要求上传诊断和手术信息，还要求上传病案首页和出院小结的内容。这部分通常实在病人出院后一段时间才能整理好，从出院到上传信息有一个时间差。对于信息系统而言，究竟什么时间上传，由什么人上传，均需要准确的界定好。通常可以由病案管理人员、结算人员或医保管理部门负责上传，但医院应该明确指定责任部门，防止互相推诿。时间通常可以设置为每周或每月上传，注意需要预留给病案审查人员足够的时间，确保每份病历在上传之前的完整性和准确性。

五、用数据支撑医疗质量管理

病种分值付费要求医院管理更加精细化，以数据为支撑利用信息化手段和统计学方法辅助决策、辅助管理是重中之重。下面举两个实例说明。

实例一：为了保证病案填写质量，医院通常都制定各种奖惩机制以保证病案首页填写的正确率。以某医院为例，医生每完成一份病历，如未发生错漏问题，就可以得到一定的奖金，反之将受到处罚。该医院将出现病案错漏的问题分为三级，一级是科室内部审核中发现问题，该级别只做记录，不做处理；二级是病案室病案编码员审核中发现问题，根据问题的严重程度，记入绩效并罚金；三级是医保中心审核中发现的问题，则需要全院检讨，做出更严重的处罚。在这种管理模式下，信息系统必须要记录相应的数据并能够作为奖惩的依据和记录。病种分值付费质控日志如图 7-4-1 所示。

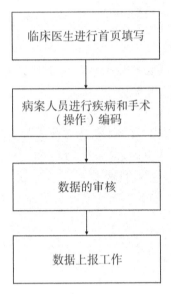

图7-4-1 病种分值付费质控日志

实例二：为降低医院运行成本，医院通常都将全成本核算引入到医院管理中。随着近期《国务院办公厅关于印发国家组织药品集中采购和使用试点方案的通知》（国办发〔2019〕2号）和《国务院办公厅关于加强三级公立医院绩效考核工作的意见》（国办发〔2019〕4号）等文件的出台，传统意义上关注的药占比指标已经被取代。很多医院已经提前将关注点转向了更合理地降低平均住院日这个方向上来。以某医院为例，该院在病种分值付费模式下，虽然已经完成了基于医保的临床路径重塑，但一段时间后病人费用并没有显著下降。此时，医院医保办管理部门与信息部门一起，利用统计学方法对主要病种数据进行了重新分析，并结合实际情况找出了影响病人费用的主要因素，即"无效"住院日。病人入院后通常要做一些检查，但很多规模较大的医院无法实现当日回报检查结果，这使得临床医生确诊时间耽误了1~2天；临床医生将需要对病人进行科间会诊时，会诊医生的响应时间，也会影响病人的治疗时间；还有就是为了工作方便，部分科室极少安排病人节假日出院，这无形中使病人的治疗时间延长了1~2天。在"无效"住院日中，病人只能进行零利润的药物治疗，这就使得单床收入降低，病人费用无明显下降。再找到了问题的原因后，该医院出台了很多的管理办法，明显地减少了各科室的"无效"住院日。

六、培训才是系统运行的基础

只有针对不同医务人员灵活采取多种形式的医保培训方式，同时配合全面培训和分层次培训相结合的办法，才能最终达到全员培训的效果；医护人员只有真正掌握医保政策，才能让医院医保管理绩效迈上新的台阶。分值付费的实质在于医保控费环节的前移，医生需要控制医保费用。过去的医保政策虽然把一部分控费的责任归到医生那里，但通常来说没有很直观的控制到每位病人本次住院的费用范围。病种分值付费将费用控制点提前到医生这里,从明确住院诊断后,医生就需要对本次住院的费用有明确的控制,因此对医生提出了更高的要求,要求他们随时掌握病人的费用情况,费用控制的好坏有了明确的目标。这种观念的变更,不是简单的变更,需要长期的宣传、培训和实践,才能够树立起来的。因此,病种分值付费的培训非常有必要。各科室的培训要责任到人,软件培训使用要人人过关。要组织多轮次的培训,组织专家到科室讲课。

(胡占生　高轶)

第八章 医院信息系统实例

第一节 医院医保控费综合管理系统

一、产品背景

广州市曦鸿信息科技有限公司为国内医院合理医疗解决方案提供商,特别是提供医疗质量监管细分领域(医保控费监管平台、智能院感、传染病监测上报、阳光用药)信息化整体解决方案。该公司通过与多家大型综合三甲医院的战略合作,以数据集成平台为依托,立足新医改,把握医院医保费用监测管理系统建设要求,将各类能利用计算机语言处理的医疗业务,作为参数配置,对医疗活动过程进行"事前、事中、事后"全程监管,对用药、治疗、护理、检验、检查、输血、麻醉、手术等医疗活动的过程数据进行实时管理与干预,本着"政策引导,顶层设计,管理为主,技术实现",努力让临床医护人员做到"让标准养成习惯,让习惯符合标准",收集一线医疗质量、病种分值管理专家的思想、策略,通过讨论、抽取、分析、整理,形成了一套及时、高效、准确的医院医保控费综合管理系统。

随着医院信息化建设的深入,全民医疗保险的建立,全国异地就医即时结算陆续实行。目前,医疗保险以由扩大范围转向提升质量的转变,进一步深化医疗保险付费方式改革,结合基本医疗保险基金预算管理的全面施行,开展基本医疗保险付费总额控制。通过信息化手段,医疗保险管理模式已由事后管理推进至事中和事前,及时性、有效性、合理性得到很大的提高,将原来各类医疗保险管理制度只停留在文件、会议、事后抽查以及应对检查工作的层面上,量化为各类标准参数,全过程伴随医生所开展各项医疗活动中;对违反制度的活动直接即时管理与干预,做到病人对诊疗效果满意,科室对定额管理满意,全院医保定额不超,最终对全部医疗数据进行立体分析与评价,逐步建立以保证质量、控制成本、规范诊疗为核心的医疗服务评价与监管体系,不断提高医疗质量,保证医疗安全,改善医疗服务、贯彻医保政策。

临床诊疗活动中,医护人员遵从的是各类法律法规、规章制度和医疗操作规程,以及相关的质量考核体系、考核标准,把这些相关标准量化成计算机语言,通过科学计算模型,设成参数在医院信息平台的基础库中,并对其他相关的辅助数据进行配置,包括和各临床业务数据库的配置。配置活动并非一成不变,而是个长期、渐进的过程,各类标准也会随着管理的深入而变动,因此,配置活动必须是一项灵活、可自由组合的、可增减的工作。

在诊疗行为过程中,如何把上述标准贯彻和伴随整个医疗行为中,但又不影响正常的医疗活动,是我们一直研究和讨论的重点。结合管理的力度,总结了三个方面的方法,即自我管理、监控管理、强制管理。自我管理即诊疗行为过程有达到设定条件行为发生时,系统进行相应的提示后自行隐去,医生看到提示信息自行决定处理方法。监控管理即对过程数据进行全面分析、校验规则,对不合规行为进行提示、记录和反馈,确认后医院信息平台分类保存以供查阅审核。强制管理即对法律法规上有明文规定的条款,达到这些情况的医疗行为必须终止并改变处置方法,医院科室医保控费管理软件自动进行监控,如果医生想继续使用,由相关职能部门审核之后才能使用,并且记录相关信息。

过程监管只是保障诊疗行为的手段,可以应用在用药、感控、护理、输血、费用控制等方面,最终目的使医院的诊疗行为在日常工作中让标准养成习惯,让习惯符合标准。

目前,医院每年产生的数据都是以 GB 或 TB 级增长,急需在海量的数据中挖掘对医院自身建议有用的统计结果,查找一些深层次、规律性的问题,为医院管理者提供分析问题、建立模型、决策过程和方案的数据环境,辅助医院管理者提高决策水平和质量。

通过医保病人医疗质量控制指标和绩效评价,实现对全院各类医护人员和科室全面综合评价,对持续改进医疗质量提供参考指标,对激励政策的制定提供依据。

二、医院医保控费综合管理系统简介

医院医保控费管理软件系统(hospital of medical insurance management platform system)是构建以数据集成平台为基础的全过程、实时监测、提示、预警、管理、分析等活动为一体的综合应用管理系统。

本系统通过数据集成平台聚合技术,实现数据的自动采集和定时同步,同时通过医院集成平台与医院现有的 HIS、LIS、PACS 等系统进行集成,实时掌握病人的相关生理信息、诊疗信息、管理信息,辅助医护人员对各类医保病人的分值使用情况、药占比、材料比、自费项目、病人自费金额、不合理入院、不合理收费等相关医保管理指标进行有效监管,做到病人对诊疗效果满意,科室对分值管理满意,全院医保定额分值不超,最终对全部医疗数据进行立体分析与评价,逐步建立以保证质量、控制成本、规范诊疗为核心的医疗服务评价与监管体系,不断提高医疗质量,保证医疗安全,改善医疗服务,贯彻医保政策。

随着医院建设规模越来越大,科室发展日新月异,收治各类医保病人也越来越多,完全依靠医院医保科来管理全院所有医护人员对医保病人治疗的合理性、合规性日趋困难,构建一套符合医院院情又可让临床科室主任管理本科医保病人的信息系统尤为迫切,不同科室不同设置,独立管理,内科、外科、专科各自根据自身科室管理要求进行不同参数配置，一方面让临床一线科室管理人员切实履行科主任管科的职责，另一方面减轻医院医保中心的管理压力，把更多精力投入到医院医保宏观管理上来。

（一）系统功能结构

医院医保控费综合管理系统功能结构如图8-1-1所示。

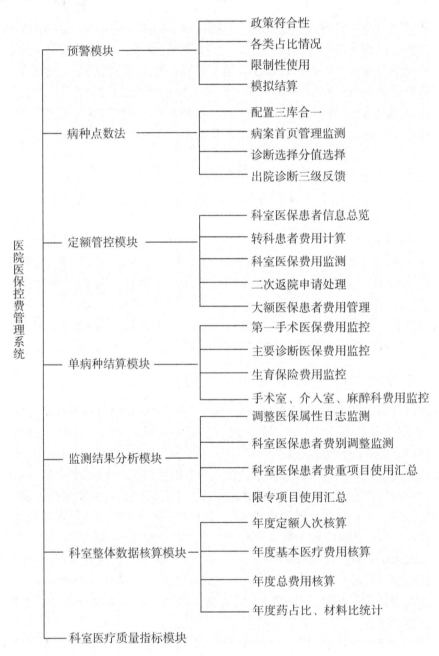

图8-1-1 医院医保控费综合管理系统功能结构

（二）软件技术架构

1. 基于 Windows 平台

系统运行在 windows 平台上，windows 平台具有以下特点：直观、高效的面向对象的图形用户界面，易学易用；用户界面统一、友好、漂亮；丰富的设备无关的图形操作；多任务。采用 windows 平台，极大降低了操作系统的管理维护成本和系统操作培训成本。

2. 采用 .NET 技术体系和 C#开发语言

.NET 是统一的开发平台，用来提供开发人员生成企业级应用程序所需的服务，同时提供一种新的编程模型和结构，用于生成更安全、可伸缩和稳定的应用程序，可以用任何与 .NET 兼容的语言（包括 Visual Basic .NET、C#和 JScript .NET.）。C#以其良好的结构及扩展性、简易性、可用性、可缩放性、可管理性、高性能的执行效率、强大的工具和平台支持和良好的安全性等特点成为目前最流行的开发工具之一。

3. 采用 MVC 开发模式

软件开发的模式直接决定了系统将来维护和升级的工作量大小甚至是否可以升级。采用 MVC 模式进行开发是众多成功系统的最佳实践总结。MVC 模式将系统的表现层（V）、控制层（C）和模型层（M）有效分割，可以保证系统高度的可扩展性和灵活配置：在模型层（M 层），采用了类工厂和 DAO 抽象等设计模式，对不同大型数据库的适应仅需要通过简单配置即可；在控制层，通过事件传递和代理的方式递交请求和获取结果，确保各层间耦合度最低；在表现层，可以像开发 WINDOWS 界面一样直接在集成开发环境下通过拖动部件来完成页面开发。基于此架构，系统各层次间有统一的入口，构件有风格一致的入口，保证了个层次间，各构件间耦合程度最低。

4. 采用 HL7 信息交换标准

HL7 卫生信息交换标准（Health Level 7），标准化的卫生信息传输协议，是医疗领域不同应用之间电子传输的协议。HL7 汇集了不同厂商用来设计应用软件之间界面的标准格式，它将允许各个医疗机构在异构系统之间，进行数据交互。

（三）软件设计原则

1. 系统的先进性

从医院的实际需求出发，对系统工程进行全面规划，采用现代化的理念和技术，对系统的设计做到合理化、科学化，达到低投资、高效益；建成系统先进、适应未来发展，并具有强大的发展潜力。

2. 系统的可靠性

此系统是一个实际使用的工程，其技术是相对成熟的。应当充分利用现代最新技术、最可靠的成果，以便该系统在尽可能长的时间内与社会发展相适应。

3. 系统的可维护性

系统建成后满足一是易于故障的排除，二是系统人性化管理，日常管理操作简便。

4. 系统的安全性

此系统采用多种手段防止各种形式与途径的非法破坏，建立健全各种保证措施，使系统处于正常运行。系统需在应用层面提供对数据的保护，保护数据的完整性、保密性、抗抵赖性；需提供所见即所得的痕迹管理功能。

5. **系统的整体性**

此系统为综合系统。针对各子系统有着很好的兼容性，统筹各种因素，预留外接接口，构成一个有机的安全管理系统。要求采用 Web Service 接口方式。

6. **系统的应用型**

此系统的设计要完全考虑到医院的实际要求。建成后的系统要达到各种使用要求，并会为医院的管理带来便利，提高效率，带来明显的经济和社会效益。

7. **系统的开放性**

为了保证此系统中各供应商产品的协同运行，系统必须是开放系统，并结合相关的国际标准或工业标准进行。

8. **系统的可扩充性**

此系统建成后具有在系统产品的系列、容量与处理能力等方面的扩充与换代的可能。需以医院现有的各种应用系统为基础，进行整合的原则，尽量保护现有投资，以完善和扩展现有系统为主要任务；需考虑业务扩充带来的使用者和数据量的剧增。

9. **系统的规范性**

此系统是一个规范综合性系统，遵从所涉及的业务的国际标准、国家标准及规范各项技术规定，做好系统的标准化设计与管理工作。

（四）系统模块与功能说明

系统模块与功能如表 8-1-1 所示。

表 8-1-1　医院医保控费综合管理系统的模块与功能

医生工作站预警及监控（医保各结算方式）	
1.	医保项目自付比例、费用等级及定额使用情况提示
2.	费别变更预警
3.	病历分型选择提示
4.	住院病人限门诊项目监控
5.	单病种重要提示监控
6.	限工伤项目监控
7.	限生育项目监控
8.	限透析门特项目监控
9.	限专病用药监控
10.	超出医保额定值预警
11.	超出额定比预警
12.	超出药占比预警
13.	超出自费占比预警

续表 8-1-1

14.	超出材料占比预警
15.	医保病人预结算查询
16.	入院知情同意和自费项目及大型检查、高值耗材知情同意书打印
17.	超额病人辅助治疗药品审批
18.	30 天、60 天和 90 天病例医生工作站提示
19.	15 天内二次住院提示及二次返院
20.	结算方式提示（出现相应专科的项目，使用指定耗材，系统进行结算方式预警）和选定
医保办在线监管工作站	
21.	病人诊疗信息查看
22.	病人费别变更监控
23.	临床科室医保费用监控
24.	特殊病种（单病种）医保费用监控（科室）
25.	特殊病种（单病种）医保费用监控（病种）
26.	临床医生医保费用监控
27.	特殊科室（手术室、介入室等）医保费用监控
28.	麻醉医生医保费用监控
29.	大额病人（超三倍或四倍病人）医保费用监控
30.	转科病人医保费用监控
31.	主要诊断医保费用监控
32.	第一手术医保费用监控
33.	贵重项目使用汇总结果
34.	限专项目使用汇总结果
35.	特殊项目使用明细结果
36.	次均药费排名（按科室、按医生）
37.	日均药费排名（按科室、按医生）
38.	药品比例排名（按科室、按医生）
39.	耗材使用监控（进口耗材比例，总耗材比例等）
40.	15 天内二次住院病人监控及二次返院
41.	30 天、60 天和 90 天病例监控
42.	医保办调整定额人次及结算方式
43.	科主任在线监控科室和医生的医保业务数据
趋势对比图表	

续表 8-1-1

44.	年度定额人次趋势对比
45.	年度总费用趋势对比
46.	年度基本医疗费用趋势对比
47.	年度使用定额趋势对比
48.	年度超四倍定额趋势对比
49.	年度药占比趋势对比
50.	年度材料比趋势对比
51.	年度药耗比趋势对比
52.	年度自费比趋势对比
53.	年度人均总费用趋势对比
54.	年度人均基本医疗费用趋势对比
55.	年度人均使用定额趋势对比
物价智能审核	
56.	性别错误收费
57.	日内超时收费
58.	分解住院审查
59.	不合理入院审查
60.	限儿童项目审查
61.	限性别项目审查
62.	限频次项目审查
63.	限数量项目审查
64.	限定价格项目审查
65.	限定总额项目审查
66.	漏收多收项目审查
67.	有收费医嘱无收费明细审查
68.	有收费明细无检验检查报告审查
医保综合知识库	
69.	医保政策更新
70.	问题答疑库更新
71.	第三方医保知识查询
医保规制设置	
72.	结算类别维护与修改

续表 8-1-1

73.	医保年度维护与修改
74.	医保目录维护与修改
75.	贵重、高值、辅助等特殊项目维护与修改
76.	医保支付规则维护与修改
77.	医保定额维护与修改
78.	结算类别匹配规则维护与修改
79.	超限说明维护与修改
病种点数法管理	
80.	疾病编码库（含手术编码）
81.	病种分值库
82.	医疗收费规则库
83.	全面整合相关基础数据，包括三大目录库、人员字典库、科室字典库，权限划分库、策略库、排除库、提示警示库、辅助用药管理库等
84.	与医院工作站的嵌套调用要求做相应的修改，对诊断的预选及终选有提示框供医生选择和确认
85.	医生工作站的弹出窗口内容根据点数法进行相应修正，增加与点数法相关的内容，如分值、诊断代码、推荐最佳诊断
86.	系统功能设置主要是增加点数法下各级管理人员和临床医生浏览数据的权限设置，分级管理，不同的人群对应不同的功能权限
数据集成平台	
87.	因数据量大，智能化程序高，系统应采用三层或多层架构，有独立的中间件处理业务数据，支持 Remoting、WebService 技术
88.	支持多种数据库连接，SQL Server、ORACLE、DB2、Sybase
89.	支持所有客户端通过中间件共享数据库连接池
90.	支持同时连接多种且不同类型的数据库服务器，连接个数不受限制
91.	支持数据缓存技术
92.	支持提供定时执行用户自定义脚本服务
93.	支持跨数据库事务
94.	支持自动关闭空闲的连接，释放资源
95.	支持数据加密传输
96.	支持数据压缩传输
97.	为系统的客户端程序提供软件包自动下载升级、回滚功能

续表 8-1-1

98.	支持自动将错误和警告信息发送到所有客户端显示
99.	支持服务中心发生异常时自动重新启动
100.	支持对所以操作都有运行日志
101.	支持本系统与医院其他业务系统的嵌入、数据库连接、应答等操作
102.	支持为保证本系统不影响其他业务系统运行,保证其他业务系统数据库安全,数据交互必须通过中间件实现

1. 医保控费系统辅助数据集成

通过系统中间件自动完成 HIS、LIS、PACS、电子病历、病案、手术麻醉、护理系统等临床业务系统的数据加载,自动完成各项数据匹配,在控制监测指引系统内可直观查看单个病人的 HIS、LIS、PACS、电子病历、病案、手术麻醉、护理系统等临床业务系统相关信息,对管理本科医保病人提供依据。能对同个病人的多次住院信息进行病历追踪并查阅既往信息,分析比较治疗方案优劣,为进一步提高医疗质量、降低医疗风险、合理使用医疗资源提供依据。

2. 预警模块

对传统工作流程进行全面改造,将原来对医保病人的医疗行为中违规、超额等活动由事后检查、讲评,改造为相应的医保类型对应的医保政策,在医生开具或即将开具医嘱时,对相关医保政策进行提示和预警;对自费项目即时提示医生告知病人并填写相关文书,降低医疗纠纷概率,对限专、限门进行限制使用;对按单病种结算的医保病人提供结算方式选择,并对初始设定的各项目、药品占比动态分析提示,达到预警线告之主管医生应调整治疗方案或申请变更定额。

3. 病(组)种点数法模块

《广东省进一步深化基本医疗保险支付方式改革实施方案》(以下简称《实施方案》)指出,广东省将全面推行以按病种付费为主的多元复合式医保支付方式。

医保支付方式主要是指医保基金对医疗机构的结算方式。据《实施方案》显示,在 2017 年底前各市开展按病种分值付费病种数不少于 1 000 个,进一步完善按人头、按床日等多种付费方式。到 2020 年,全面建立符合广东省医疗服务特点的医保支付体系,普遍实施适应不同疾病、不同服务特点的多元复合式医保支付方式,按项目付费占比明显下降。

采用按病种分值付费的地区确定医保基金总额控制指标后,将病种的费用以分值体现,年底根据各医疗机构所提供医疗服务的总分值及地区医保支出预算指标,得出每个分值的实际价值,按照各医疗机构实际分值付费,促进医疗机构合理控费、有序竞争和资源合理配置。按病种收付费的费用,包括诊疗过程所涉及的诊查、护理、床位、检查检验、手术、药品等全部费用。将日间手术和符合条件的门诊特定病种纳入按病种收付费范围。参保人住院手术前在同一医疗机构的门诊必需检查费用可纳入当次按病种付费结算范围。

按病种分值付费的整个管理流程大致如下：①系统分析、推荐临床最优病种（病组）；②病案室进行病案编码填写指引；③医保部审核、临床复核病种；④进行成本测算，做好成本控制；⑤控药控耗材控自费项目；⑥进行病种分值与费用预测算，指导临床控费；⑦解读及培训政策细则；⑧医疗质量指标评价。

4. 定额管控模块

医保定额管理是医保管理业务的基础内容，按三级管理方法，即医生—科室—全院的模式来设计医保定额管理内容，由医生经管的单个医保病人生成相关数据，包括病人基本信息、病人入院信息、费别信息、费用信息、排除信息等，全面分析定额使用情况，对转科病人系统自动分解定额比例，对由平均定额变更为其他定额，系统自动对相关数据进行重新计算，单独分解介入、手术、麻醉费用，对跨月度、年度结算病例，可灵活选择报表归并时间，对二次返院且不计算定额、同次住院中途结算住院天数合计大于 90 天会提示应另增加定额。对非单病种结算管理的平均定额病人，在总定额不变动的原则下，可以根据病情需要对单个病人进行平均定额调整，灵活调剂定额。

5. 单病种结算管理模块

单病种管理是由普通定额管理细化而来的一类根据病情给予特定定额的一种模式，是一种精细化管理，分段计算，对医保管理专员要求更高，对单病种管理的各项指标的设定、调整、分析、计算都要求更科学、更贴近实际，传统的手工分析计算费时费力且结果的客观性及时性得不到保证，更无法实时监测各项指标及时提示医生，特别是需要门诊部分和住院部分相结合来计算的病种如生育保险，手工操作异常烦琐、时间跨度大、费用分散、诊断不明确、排除条件不明显等因素制约，但通过此平台集成相关数据、内嵌相关模型运算后，只需简单判断、排除、合并即完成分析计算。

6. 监测结果分析模块

在医疗活动中，对各项参数指标运行监测结果进行分析评价，是提高各类定额使用效率、促进医生对医保政策融会贯通、保障病人合理使用医疗资源、降低医院超额扣款的重要方法。目前主要开展的监测内容包括平均定额管理监测、单病种管理监测、项目结算管理监测、临床医生医保费用监测、一般临床科室医保费用监测、特殊临床科室医保费用监测、大额病人医保费用监测、限专项目使用监测、贵重项目使用监测等，通过监测上述目标得到客观公正的数据，为改进医院医保管理工作提供依据。

7. 整体数据核算模块

对全科医疗费用数据进行各项分析，既注重数据的完整性又方便操作的灵活性，既有同比、环比、月季年时间段的自由组合又有点与面、局部与整体的比较分析、当前与历史的比较分析，对累积时间达一定年限的历史数据进行数据挖掘，形成专业强大的图表，针对不同专业场景、不同角色人群、不同专注面，提供不同视角的数据报表，且报表数据可做到全程可回溯，可追踪，让用户从海量数据里解放出来，专注于管理工作。

8. 医疗质量指标模块

医疗质量指标的设立是为了方便管理者通过医疗质量指标可以全面了解医保病人就医治疗效果优劣，分析内部管理不足原因，及时进行过程改进，降低医疗风险，形成医院良好品牌，吸引更多病源就诊；整体掌握定额使用情况，可预防严重超支使用定额，降低医保管理机构扣款风险。

9. **医保知识库模块**

医保知识库包含医保政策、规定、考查试题、案例分析、医院内部医保规定、标准等资料，由于各医院医护人员变动较大，组织定期学习效果不理想，因值班、休假等原因参加人员不齐，覆盖面不广，系统通过特定工具，让医护人员在空闲时间或医嘱下达时及时提示相关政策法规，疑难问题可直接查阅问题解答库或与医保专员在线沟通交流，使医护人员在日常工作中就完成医保知识学习，既减少占用大家时间，又提高学习效率。

10. **通讯模块**

医院科室医保控费系统通讯功能能通过嵌入医生工作站的类似"信息悬浮框"实现与医保科管理人员的及时交流、干预。"信息悬浮框"应包括各类医生应该报送的知识库、干预信息等相关资料，并能利用颜色、声音等提示医生。医保管理专员能定期总结管理工作、统计数据，通过邮件等形式通知给相关人员或报送领导。

（五）非功能性需求

要求系统能防止各种非法的访问、使用、修改、破坏或者泄密。

要求系统提供多级安全手段，如利用可靠的密码技术、掌握特定的记录或历史数据集、给不同的模块分配不同的功能、限定一个程序中某些区域的通信、计算临界值的检查和判断等机制，确保系统运行稳定可靠。

1. **操作系统安全**

数据库服务器和工作站设定管理员密码，安装相应的防病毒软件。

2. **数据安全**

提供多级数据备份和恢复机制。可以使用操作系统提供机制进行备份和恢复；可以使用数据库管理系统提供的冷备和热备机制进行备份和恢复。院前急救系统部分数据传输采用加密算法，保证数据安全性

3. **用户安全**

每个操作人员都设有用户名和口令；操作人员的权限被划分为浏览、管理、示教申请等权限，用户只能操作其享有的权限规定的操作；用户管理可以和医院信息系统无缝集成，由计算机室或相关部门统一维护。

（何攀）

第二节 无纸化数字病案管理平台

一、产品背景

沈阳鸿信科技公司是一家专业从事医疗卫生领域信息化、数字化、软件研发的信息技术企业，拥有专业化的医疗软件研发团队，基于传统临床、护理、病案等基础业务，重构医疗办公管理模式，从而使医院的办公、管理向着更简单、更快捷、更科学、更高效的目标迈进，目前已有丰富的产品线（无纸化病案管理系列、无纸化护理系列、智慧门诊系列、医院精细化管理等）。

病案是病人病情、诊断和处理方法的记录，仅是医护人员进行医疗活动的信息传递媒介和执行依据，也是临床教学和科研工作的主要信息源，这是医院最宝贵的财富，也是医院管理的重要数据来源。住院的纸质病案有其优势，也存在诸多弊端，其归档管理存在易损毁、成本高、效率低、共享难、归档情况掌握不及时、各级医师病案完成质量评价困难、精细化管理缺乏有效依据等诸多问题。如何将进入病案室的临床数据转化成可被充分利用的档案资料，提升管理效率成为医院面临的一项新课题。在众多医疗信息平台的解决方案中，病案无纸化管理将是医院信息化建设发展的必然趋势。

（1）易损毁。纸质病案抗击自然损害能力较为脆弱，必须做好防火、防潮、防霉、防蛀等工作。病案经多年保存后，纸张脆弱，易发生字迹模糊、变脆损毁等问题。由于工作或科研需要产生的病案借阅丢失情况依然存在。

（2）成本高。根据病案管理相关规定，门诊病历需要保存15年以上，住院病案需要留存30年以上，留存时间长，医院运营成本居高不下，呈逐年增长态势。纸质病案费用高，主要包括打印耗材成本、存储成本、设备成本、人力成本、临床工作成本、环控成本、二次电子存档成本等，成本分析详见表8-2-1。

表8-2-1 病案管理成本

成本类型	成本描述	以某家三甲医院为例以年出院量6万人次计
打印成本	纸张	20万元/年
	打印耗材	60万元/年
	打印机损耗/维护	15万元/年
存储成本	房屋营建成本	80 m² 存储空间/年
	病案架等设备成本	5万元/年
	装订成本	5万元/年
环控成本	用于防火、防潮、防蛀、防霉	5万/年

续表 8-2-1

成本类型	成本描述	以某家三甲医院为例以年出院量6万人次计
人力成本	病案室传统模式复印一份病历需要15～20分钟，需要人工查找、拆装、复印、重装订等多个步骤，新模式一键式打印完成，仅需2分钟即可	随着医院规模发展，人力成本逐年增加。可将节省的人力投入质控方面，提高病案管理的质量
	临床医护人员用于病案打印、交送、流通所消耗的时间大大减少	将医护人员的工作时间还给病人
二次存档成本	用于历史病案二次存档，采用缩微、翻拍、扫描等其他方式的存档成本	已经上线的医院未做扫描存档，其他医院平均成本为0.15元/页，按例折合为20万元/年
机会成本	节省下来的房屋、人员可做他用，将带来更多收益	—
预估总计		200余万元

（3）效率低。从病案室工作角度来说，归档时需要翻阅病历、编目上架；复印时，需要上架寻找，拆装复印，再次装订，病人等待时间长。从临床工作角度来说，医护人员要对病历进行打印、装订，耗费大量时间，质控发现问题需要人工取回修改。从病案流转角度来说，无论采用病案室下科接收还是科室送交的方式，都占用了大量人力，使流通过程耗时长，病案审批复杂化。

（4）共享难。病案流转方面，在病案流转过程中存在单一性、不可控性等问题，例如，三甲评审过程中多个部门需要借阅同一份病历或借出病历不能及时返还等情况。业务需要方面，不能为医患提供方便，如远程会诊、复印病历等，特别是外地病人，常需为报销、司法等诉求多次往返医院。医疗科研方面，多依赖手工统计病案数据，不能对病案多层次、多维度进行深度挖掘分析，制约了科研发展的进度。

（5）传统模式下闭环管理缺失。从病案的产生到归档，无法做到精细化管理，对病案提交、修改、归档情况不能一目了然，缺失了重要的管理环节，无法实现闭环管理。

病案管理模式经历了纯纸质管理、病案缩微管理、病案扫描存档等阶段，但始终未能实现真正意义上的无纸化病案，即病案在线实时无纸归档。究其原因，一是医院信息化建设程度决定的，没有足够的临床信息采集能力，无法完成无纸的蜕变；二是电子技术发展程度决定的，想要完成无纸化病案，必须提供完善的解决方案以保证病案的完整性、保密性和不可篡改性；三是政策法规决定的，从法律层面认可无纸化病案的法律效力。

当前医院临床信息采集手段日趋完善，数字签名技术的发展也逐步在金融、医疗领域取得了认可，相关的政策法规相继出台，这为我们进一步改善病案管理模式，填补管理空白提供了契机。

无纸化病案管理平台实现了病案的闭环管理和追踪，彻底改变了医院病案的传统管理模式，能有效降低管理成本、提升管理效率，使医院管理更加有据可依。病案采用标准通用的 PDF 格式存档，有效提升病案数据共享能力，促进了医疗信息化建设，提高了医院的病案管理质量。

国家卫生健康委员会认可病案无纸化存储的这一变革，以明确的法律条文提出电子病案归档的有效性和法律性，从而开启了医疗历史的全新一页。

二、无纸化病案管理平台简介

无纸化病案管理平台（以下简称"H-EMR 系统"）是专为医疗机构无纸化病案应用而建立的专业应用软件系统，是以医疗信息系统数据整合为核心基础，从电子病案的数据采集、生成、存储的基本应用逐步扩展为病案检诊管理、质控管理、流转管理、工作绩效管理、科研应用管理，甚至向大数据分析领域延伸。

无纸化病案管理平台实现了病案的闭环管理和追踪，彻底改变了医院病案的传统管理模式，能有效降低管理成本、提升管理效率，使医院管理更加有据可依，促进了医疗信息化建设，提高了医院的管理质量。通过大数据为医院提供远超出纸质病案价值的服务平台，彻底取代了传统的纸质病案，将无纸化病案推上医疗信息化的巅峰。

H-EMR 系统是无纸化病案管理平台核心应用系统，包含数据整合、电子病案生成与存储、检诊管理、基础质控（标注式）、流转管理、病案管理工作跟踪等应用模块。

H-EMR 系统具备成型的数字签名集成体系，应医疗机构实际需求而选择性集成加入，即在所有 H-EMR 系统的管理环节中均可进行可靠的数字签名集成应用。

（一）系统功能结构

无纸化病案管理平台结构采用模块化设计，各功能模块通过集成或接口方式进行数据交互（图 8-2-1）。

（二）软件技术架构

无纸化病案管理平台采用 C/S/S（客户/应用服务器/数据库服务器）三层架构，提高运行和访问效率的同时，进一步加强接口安全性和数据安全性。客户端支持自动部署和自动升级，用户只需要在初次使用时在发布网站上点击运行链接就可以完成自动化部署和启动。

1. H-EMR 系统体系结构

H-EMR 整体结构由服务端、PC 客户端和移动客户端组成，包括签名及 CA 签署、移动手书签署等组件（图 8-2-2）。

H-EMR 服务端：独立的服务器端应用程序，包含 H-EMR 系统数据整合、存档管理等核心服务，为客户端提供数据和业务逻辑服务，同时提供第三方数据调用接口。

H-EMR 客户端：是 H-EMR 系统 PC 端工作站的应用程序，为医生、护士、病案室提供 H-EMR 系统应用功能。

移动签署客户端：基于 Android 系统的 PAD 端应用，提供病案签署等移动端的原笔迹绘签及可靠的时间戳认证功能。

CA 签署和移动手书服务：是进行签署相关的第三方系统，也是 H-EMR 系统在集成 CA 签署和移动手书签署所引入的第三方应用服务器。

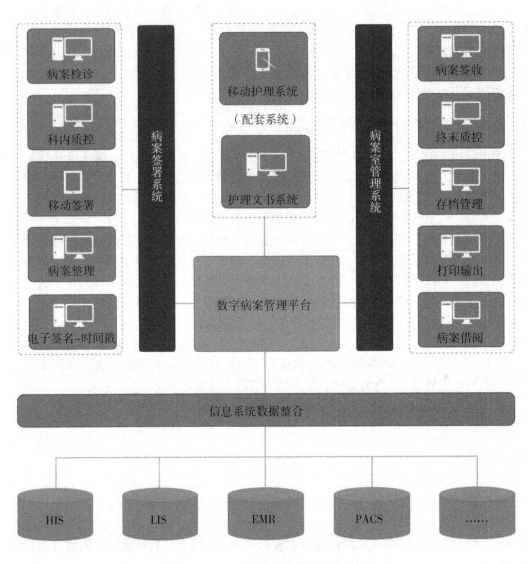

图 8-2-1 无纸化病案管理平台结构

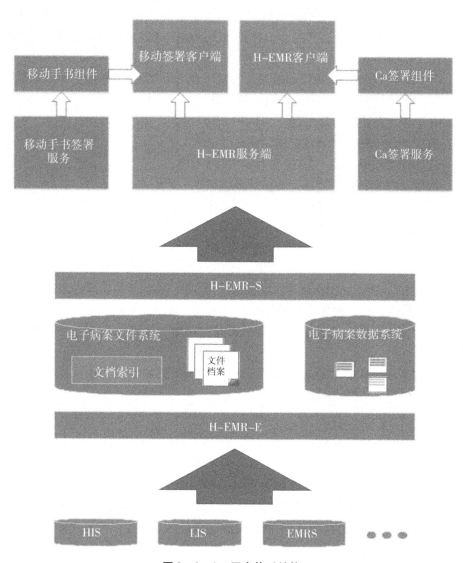

图 8-2-2 平台体系结构

2. 灵活的低耦合模块化设计

无纸化病案管理平台的采用模块化设计，根据医院规模和业务需要进行模块化配置，各功能模块之间低耦合，为院方提供更加灵活的产品方案和功能配置。

主要设计原则如下：

（1）平台提供较为完整的功能模块，主要模块块可单独部署及使用，如无纸化病案管理系统、移动签署系统、智能采集系统。

（2）各模块之前进行分层处理。

（3）各模块的依赖关系通过接口完成。

（4）进行同类业务封装，使功能设计更具通用性。

（5）数据层归集，统一口径，为统计分析提供可靠数据支撑。

3. 高效、安全的存储管理体系

服务器端负责管理和存储电子病案的完整数据体系，包括电子病案文件及文件索引，也包括业务数据和电子病案结构化数据维护。服务端采用便于维护和容灾备份的体系结构，保证电子病案数据资产化的同时也能保证数据的高效应用。

（1）通过对存储路径及获取方式的智能化管理，使平台各功能以最小的代价提取文档，为平台的高效运行提供可靠保障。

（2）平台文档存储采用节点双备的方式进行存储，以确保病案文档及相关数据的长期安全。

（3）病案采用标准的 PDF 格式进行存储，以确保最终数据的通用性和持久性，更有利于其他系统获取病案数据。

（三）产品特色

无纸化病案管理体系的建立，实现了无纸化病案内容涉及的各个数据源的接入，并保证病案数据的法律可靠性，即内容完整性和不可篡改性，针对不同数据来源给出解决方案。同时，由于病案管理业务流程不是单一部门业务，涉及临床医生、护士、医技、质控等各个环节部门，因此，对现有纸质病案流转流程，进行无纸化分析重塑是必须解决的问题。综上，无纸化病案管理平台建设的总体目标是建设以可靠法律保障为前提的无纸化病案管理体系。

1. 数字认证体系的建立与法律效力保障

（1）无纸化病案管理平台与国内 CA 数字认证公司合作，采用个人数字证书和企业数字证书结合对电子病案文档进行数字签名认证，并结合时间戳数字认证服务从文档确定性、时效性等司法角度进行数字签名保障，确保司法证据调取时电子病案文档的每一个文件都具备其司法效力。

无纸化病案管理平台并没有采用在数据编辑过程中进行数字签名的一般签名过程，而是采用更符合传统病案操作习惯的方式，即先生成病案再进行签名的应用过程。这一过程的采用不仅从签名的操作便捷性上做出保障，也对作为司法证据时的验证过程的便捷性上做出保障；同时，也避免因为数字证书引入可能影响医疗过程连续性的潜在问题。

（2）无纸化病案管理平台具备了完整的数字认证体系，同时也具备了接入其他电子文件及数字签名的能力，即对第三方提供的数据和签名进行接入。

（3）手写文书的法律保障（CA + TSA + 多媒体证据链）。采用原笔迹签名 + TSA（时间戳）+ 多媒体证据链的电子病案移动签署系统。利用 PAD 采集病人签名，在签署过程中记录音频、视频等强有力的信息，保护了病人权益的同时，也收集了强有效的证据维护医护人员。在无线 AP 网络下，实现 PAD 端手签的功能，可随时在任何位置进行移动手签操作，在特定的应用场景下，其便捷性远远超过了固定手写板；同时也可通过移动客户端自带的影像功能，丰富了病案的内容，如在家属谈话、查房中需要记录的图像、音频、视频、床旁评估手绘等。由此解决了手写文书的丢失、破损问题，达到了病案的全程无纸化。

2. 异构临床系统集成

由于病案信息来源于多个异构临床信息系统，如 HIS、LIS、PACS、EMR、N-EMR、手麻、病理等系统，因此，无纸化病案管理平台完成与多个异构信息系统的对接集成与智能数据采集，并提供各种病案文书的数字认证签署。

在保证病案完整性的前提下，大大缩短了医院实施无纸化病案管理平台的上线时间，同时无须第三方厂商配合，为医院节省了大量因集成第三方系统所需要付出的额外费用，真正实现快速集成、快速上线的目标。

无纸化病案数据整合平台整合现有的病案资源，通过多种技术手段形成电子病案，根据生产环境的不同提供更有针对性的电子病案接入方式，如导入、扫描、智能解析或数据采集等，最大限度地避免其他医疗系统的二次开发，减少管理成本。

导入：EMR 工作站产生的电子病案。

扫描：门诊以及独立设备产生的纸质文书。

智能解析：病案首页等有标准书写格式的医疗文书。

数据采集：通过特有的采集手段，将医技科室的报告文档上传至病案册中，可接入所有可生成标准文档格式的医疗文书，如 PACS 医疗影像、手麻系统文档、护理文书等。

3. 病案签署及流转流程重塑

病案室的病案管理业务流程涉及病案的整个生命周期，其中包括病案从产生到流转、从签署到提交、从质控到归档、从归档到流通/输出的整个过程。无纸化病案管理平台不是一个单纯的业务系统，也不是一个单纯的管理系统，而是在保留原有工作流程的基础上，实现病案的无纸化。对病案检诊、病案质控、病案流转等多个业务流程及管理流程，进行重新梳理和重塑，并以一种崭新的面貌呈现出来。

通过检诊与电子病案的结合，及电子化检诊过程的建设，从而做到检诊过程留痕；对于发现的问题可跟踪、可统计，使医生工作质量、病案质量达到精细化管理。从病案在科室内的流转过程中对病案进行质量保障，减少因病案质量、诊断过程等方面的问题造成医患纠纷。

（1）科内质控。

1）实现病案签署及线上流转，可以为没有实现电子病历三级审签和数字认证的医院提供补充解决方案。

2）为科内各级医生提供线上质控平台。

3）医生无须抱着厚厚的病历等待上级医师签字，提升三级审签效率。

4）通过统计分析，可发现高频返修点，提升病案书写质量。

（2）终末质控。采用"所见即所得"的操作方式，终末质控人员可以像在纸质病案管理时一样，在错误位置进行勾画、提示，质控内容可直接反馈给医生，医生双击质控信息即可定位错误位置，并且为终末质控及病案质量评价提供统计分析支持。

（3）带教体系的建立。可根据医院实际情况，建立病案完成质量及医师带教情况的评价体系。通过平台相关的权限控制功能，为使用者提供可控的系统使用权限，并有效展现每名规培/实习医师的工作情况，包括工作量、工作效率、工作质量等评定指标。

4. 后结构化处理夯实科研数据基础

无纸化病案管理平台对科研的支持应该做到更为系统和全面，以往纸质病案存档进行的科研应用，主要靠人工阅读和查找。而无纸化病案管理平台通过对多个异构数据以及半结构化数据的清理与重构，从而具备了更完善的查询、统计和分析能力；并有条件提供更为智能的科研数据调阅支持，提升科研效率的同时，解决医疗科研人员巧妇难为无米之炊的尴尬现状。

5. 无纸化病案室的实现

电子病案存档后，病案室的工作形式将被改变，从原来纸质病案管理的人工过程，转换成对电子病案进行全面信息化管理的数字病案室建设。将病案收录、审核、输出打印、借阅审核等过程，全部信息化、自动化，并建立高效率病案管理体系，从而大幅改善病案室工作现状，将原病案室管理中的装订、上架体力劳动消耗，全部节约下来以进行更加重要的病案管理工作，单份病案复印可由原来大于15分钟缩短为小于3分钟。

6. 实现无纸化病案闭环管理

无纸化病案管理平台的应用，打入了传统纸质管理无法进入的信息真空地带，能够从病案产生的源头开始追踪，生成病案流转轨迹。例如，传统病案送返率达不到要求时，病案室无法跟踪该病案因何原因滞留，医生病案未完成或是主任出差未签署、带教学生因效率低导致病案重复修改等不可控因素。系统将解决上述无法追踪的问题，为临床科室以及病案室提供丰富的业务数据，为提高病历质量、人工效率等方面起到重大的作用。

（四）系统功能简介

无纸化病案管理平台功能见表8-2-2。

表8-2-2 无纸化病案管理平台功能

功能	功能项	功能简介
平台整体需求	登录与管理	集成医生、护士、病案室管理为一体的平台式软件管理与登录方式，根据用户权限显示不同的操作模块
	软件架构	实现C/S/S（客户/应用服务器/数据库服务器）三层架构
	大数据传输	FTP数据传输管理服务，HTTP数据传输协议
	数据库	采用Oracle大型数控进行数据存储
	CA接入	可以与CA系统集成提高系统安全性和真正实现无纸化
	归档支持	支持所有医疗文书进行PDF归档
	系统更新	更新发布后自动识别更新，实现一键式系统升级服务
	帮助系统	完善的无纸化病案管理平台操作手册以及在线技术支持
	基础数据维护	用户Key信息、病案文档提交类型、节假日设置、默认打印机设置、统计条件等基础数据用户可维护
	设备接入	无纸化扫描专用高拍扫描仪接入（捷宇高拍仪），采用驱动自动安装，一键完成扫描
病案检诊	EMRS文档导入	将EMRS中医生编辑完成的医疗文书接入到无纸化病案
	病人信息	与HIS接口，后台实时获取病人的基本信息以及入院信息。可通过病人ID、姓名的条件进行检索
	查看全科病人	医生可查看本科室全部病人信息，可通过病人ID、姓名等条件进行检索查询
	认领病人	医生可将未安排住院医的病人认领到自己名下，主要用于转科后护士未安排住院医的病人
	病案创建和电子签名	病人入院自动创建本次入院的病案册，对接入到无纸化的文档进行电子签名，包含原笔迹签章、CA签署、时间戳签名，保证电子文档的合法性和时效性
	后补申请	提交出院病历后，发现有遗漏文档，可使用该功能向病案室递交的后补申请，医生也可根据病案室退回情况对病人的文档进行后补，后补申请审核通过后自动加入病案册中
	学生管理	用来管理实习医生，并开放学生的相关权限，以便于实习医生书写和整理病案
	超期提醒	根据病人出院后的时间进行提醒，显示病人已经出院几天，与即将超期的倒计时
	完成病案	将整理并签署完成的病案，通过该功能提交至办公护士，以便于护士整理出院病历
	科内检诊质控	实现科内三级检诊提交。每级医师可对文档进行质量控制和电子签署等操作

续表8-2-2

功能	功能项	功能简介
移动签署PC端	模板管理	移动签署文档模板的导入和修改。该功能也可直接创建模板,并将模板进行分类
	套餐管理	创建模板套餐,用户可按照文档类型自定义模板套餐,日后使用时,通过套餐类型可一键生成所需的全部知情同意书文档
	文档创建	选择对应模板或套餐,创建相应文档,自动形成的带有用户信息的PDF文档。用户可自定义常用模板或套餐,方便操作
	文档导入	导入EMR系统已有的电子病案
	智能解析	用户在第三方系统的电脑上使用无纸化病案管理平台客户端采集文档,并自动识别并解析文档以及病人数据
	第三方接口	移动签署提供WebService接口,对接第三方系统,接入需要手签的文档
	数字签名	针对医护人员,对移动签署电子文档进行电子签名和时间戳签名,确保文档的时效性和法律效力
	手写板签名	外接手写板后,可在手写板直接手写签名,并同步显示在PC端PDF文档上。手写板同时提供指纹录入功能,可根据院方意愿选择是否使用,可增强签署的法律效力
	签署统计	为了方便管理,系统提供了签署统计功能。该功能包括每日创建文档数、每日签署文档数、每日提交文档数,并提供了签署率、提交率等
	查询	多种条件查询病人手签数据,如按科室、按日期、按病人基本信息等
	提交(与无纸化系统对接功能,可选)	提交至病案册,提交后手签系统不可以修改,可为无纸化电子归档提供基础文档数据
移动签署PAD端	登录	无纸化移动签署登录,登录用户自动同步院内HIS账户
	文档创建	选择模板,创建对应的移动签署电子文档,形成可签署的PDF文档
	签署(原笔迹绘签)	打开文档进行文书内容确认,对电子文档进行原笔迹签名,签字效果清晰,与原笔迹力度、笔锋一致,并通过国家认可的权威认证机构服务器创建时间戳,为医疗文件提供有效的法律依据
	时间戳签名	进行时间戳电子签名,确保文档签署时效及内容一致性
	文档保存与提交	签署完成的文档保存后即存入系统
	拍照、录音	医生可根据实际需要,开启谈话录音、拍照等功能。此功能利用语音和照片,记录了签署时候的交流场景。进行病情及风险告知时的实时录音,及被告知人的拍照,将影像资料保存在告知书文档上作为影像留证
	提交	提交至病案册,提交后手签系统不可以修改,为无纸化电子归档提供基础文档数据

续表 8-2-2

功能	功能项	功能简介
手术移动签署PC端	模板管理	移动签署文档模板采用 PDF 表单形式，将制作好的 PDF 模板导入或者修改存储于系统中
	套餐管理	为了更方便快捷生成所需文档，系统推出套餐创建功能。用户可按照文档类型自定义模板套餐，一键生成所需的全部手术文档
	文档创建	选择对应模板或套餐，创建相应文档； 为使用方便，提供常用模板或套餐功能 该功能实现了 PDF 表单值域自动展示，创建后即可得到病人的相关信息，无须再次填写，提高了医护工作效率
	文档导入	对于已存在的文档需要签署的情况，系统设置了导入功能。可导入 EMRS 系统已有的电子文档
	智能解析	该功能是对于在第三方系统打印文档，采用了智能解析技术，提供自动识别并解析文档以及病人数据，通过智能采集接入病案中
	第三方接口	该功能采用 WebService 技术，提供相应接口，对接第三方系统，接入需要手签的手术文档
	数字签名	针对医护人员，对手术签署电子文档进行电子签名和时间戳签名，确保文档的时效性和法律效力
	提交	文档签署完成后，提交至病案册，提交后手术签署系统不可以修改，为无纸化电子归档提供基础文档数据
手术移动签署PAD端	登录	用户使用院内 HIS 账户登录无纸化手术签署系统。登录方式为账号密码，登录后即可在 PAD 端操作文档签署
	文档创建	登录成功后，即可查看所有手术病人，并创建文档。选择模板，创建对应的手术签署电子文档
	签署（原笔迹绘签）	创建文档后，对电子文档进行手写签名，即原笔迹签名，该方式签字效果清晰，与原笔迹力度、笔锋一致。已有时间戳系统为所签署的电子文书加盖时间戳，为医疗文件提供有效的法律依据
	拍照、录音	创建过程中，医生可根据实际需要，开启谈话录音、签署录像、拍照等功能
	提交	文档签署完成后，提交至病案册，提交后手签系统不可以修改，为无纸化电子归档提供基础文档数据

续表 8-2-2

功能	功能项	功能简介
病案扫描		针对门诊文档、无网络连接生成的文档等医疗文档以扫描方式接入无纸化病案管理平台中
	病案接收、拒收	办公护士对医生提交完成的病案文档进行接收和拒收操作，拒收可填写拒收原因
	护理文书接入	长临医嘱单、体温单、护理文书等护理客户端产生的文档采用智能采集的方式接入到无纸化系统
	文档排序	以自动+手动的方式实现病案文档排序功能，即系统按一定规则对文档进行排序，同时支持用户手动对文档顺序进行调整
	医嘱核对	对医生所下医嘱和病案文档进行核对
	病案提交	办公护士对病人病案进行整理完毕后，将病案提交到下一科室或者病案室。支持自动对病案的完整性检查以及病案类型的自定义提交
病案采集	打印	在该科室第三方系统中将需要打印的报告单进行打印（打印时需要选择打印机 Bullzip PDF Printer），"无纸化病案采集系统"自动采集打印数据，接入到系统中
	数字签名	系统开机自动启动（可自定义设置），启动后之前打印的文档自动解析采集接入系统，将该报告单直接显示到列表中，医生需要在电脑的 USB 接口，插入 KEY，将弹出 KEY 的登录界面。
	保存签署	在文档需要签名的位置，同时点击鼠标左键加键盘【Ctrl】，该位置将出现医生的电子签名。点击【保存签名】，该文档将上传到该病人的病案册中
	自动上传	当上传的文档不需要签名时，可以勾选【自动上传】按钮，登录 KEY 后，所有打印过来的文档将会自动上传到该科室
	历史记录	可以根据日期、科室进行查询文档上传的历史记录统计
	物理打印	当该文档要纸质版输出时，可直接点击【物理打印】，此时文档会从系统设置的默认物理打印机输出
	刷新重置	当该界面签名位置错误，或者需要重新签署时，可点击【刷新重置】，清空签署信息
	删除文档	当打印过来的文档发现有需要修改，或打印错误时，可执行【删除文档】

续表 8-2-2

功能	功能项	功能简介
病案室管理	病案的接收、拒收	对各个科室提交上来的病案进行接收、拒收操作，拒收提供填写拒收原因功能，同时可对二次提交上来的病案进行审查
	病案检索	支持通过出院科室、病人病案号等条件对病人进行检索查询
	病案签收类型	对特殊病案类型进行区分，如死亡病案、24小时出入院病案等，方便病案室人员接收病案时对病案的重点审核
	超期查询	对超期病案按时间、科室、经治医、病人姓名等条件的检索查询
	完整性检查配置	可按科室实现自定义病案完整性检查的必要文档类型
	后补申请审核	对医生后补加入的病案文档进行审核，实现申请通过与拒收的操作
	高拍纸质签收	对于需要保存的纸质文档进行签收后编入对应档案袋，并提供便捷的查找功能
	病案提交	对已经接收并通过审核的病案进行提交操作
	批量接受、提交	支持病案的批量接收和批量提交，提高工作效率
	存档签收	对病案进行最终的归档操作。实现完整病案的数字签名、时间戳签名，保证病案的合法性
病案打印输出	病案检索	通过病人标识、入院次数、病案号、病人姓名、住院医师、是否打印、入院科室、出院科室、入院日期、出院日期等多项检索条件查询存档病人病案
	病案预览	查看选中病人的病案文档，以标准PDF格式展示
	病案打印	打印选中病案文档，支持分页选择打印，自定义套餐打印
	打印套餐设置	用户可自定义打印套餐，如医保、特病等常用的打印套餐
	打印记录查看	对于已打印病案有明确标识，并能查看病案的打印记录，包含打印人、打印时间等信息

续表 8-2-2

功能	功能项	功能简介
病案借阅管理	病案检索	根据病人 ID、姓名等条件检索需要借阅的病案
	申请借阅	选择要借阅的病案，提交借阅申请，支持批量选择借阅
	借阅审核	用户自定义借阅审核权限，对已经提交的借阅病案申请进行审核，实现通过申请或拒绝申请。申请通过后借阅者可查看该病案文档内容
	借阅文档	对于已通过申请的借阅病案文档加入水印信息，防止丢失或已作他用
	借阅归还	对于已借阅病案，可手动执行归还操作，及借阅时间截止时系统自动收回功能，支持续借功能
用户权限管理	用户同步	系统自动同步 HIS 用户，包含所有用户的基本信息
	绑定 KEY	对选中用户进行电子签名 Ukey 的绑定与分配证书操作
	用户权限设置	用户可自定义医生、护士等角色权限
		用户可自定义每个角色下可执行的功能模块权限
		可集中处理各系统提供的 Word、图片、PDF 等数据或报告
		可通过医生信息对报告资料进行查询及分析
数据访问服务		实现与 HIS、EMRS 和无纸化数据库读写、数据处理和存储管理等功能

（五）系统功能展示

1. 文档导入

将 EMRS 中医生编辑完成的文档导入无纸化系统（图 8-2-3、图 8-2-4）。

图 8-2-3 文档导入功能（1）

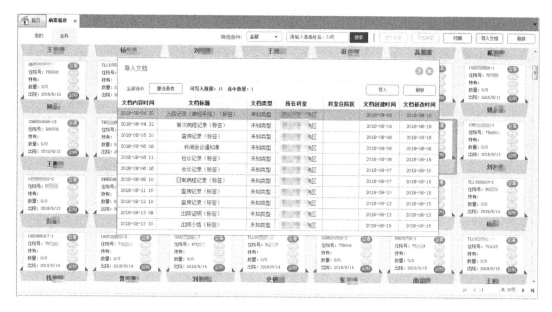

图 8-2-4 文档导入功能（2）

2. 数字签名

对导入的文档进行原笔迹签名，并后台加盖时间戳和数字认证，保证签名的法律效应（图 8-2-5、图 8-2-6）。

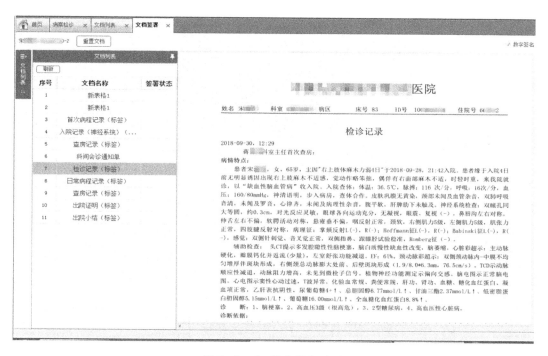

图 8-2-5 数字签名（1）

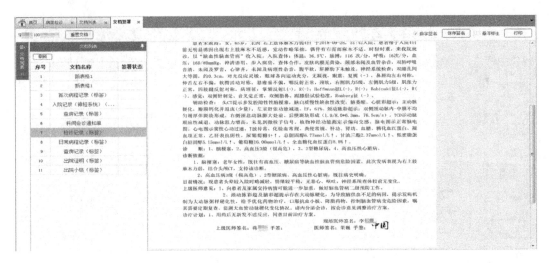

图 8-2-6 数字签名（2）

3. 病案采集

医技科室医生在报告单上数字签名后，可直接上传至病人病案册中（图 8-2-7）。

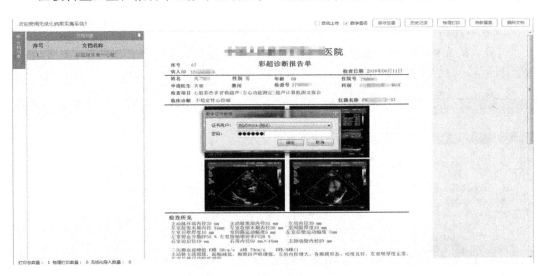

图 8-2-7 医技科室签名提交

4. 移动签署

移动签署界面支持录音、拍照、上传等功能（图 8-2-8 至 8-2-10）。

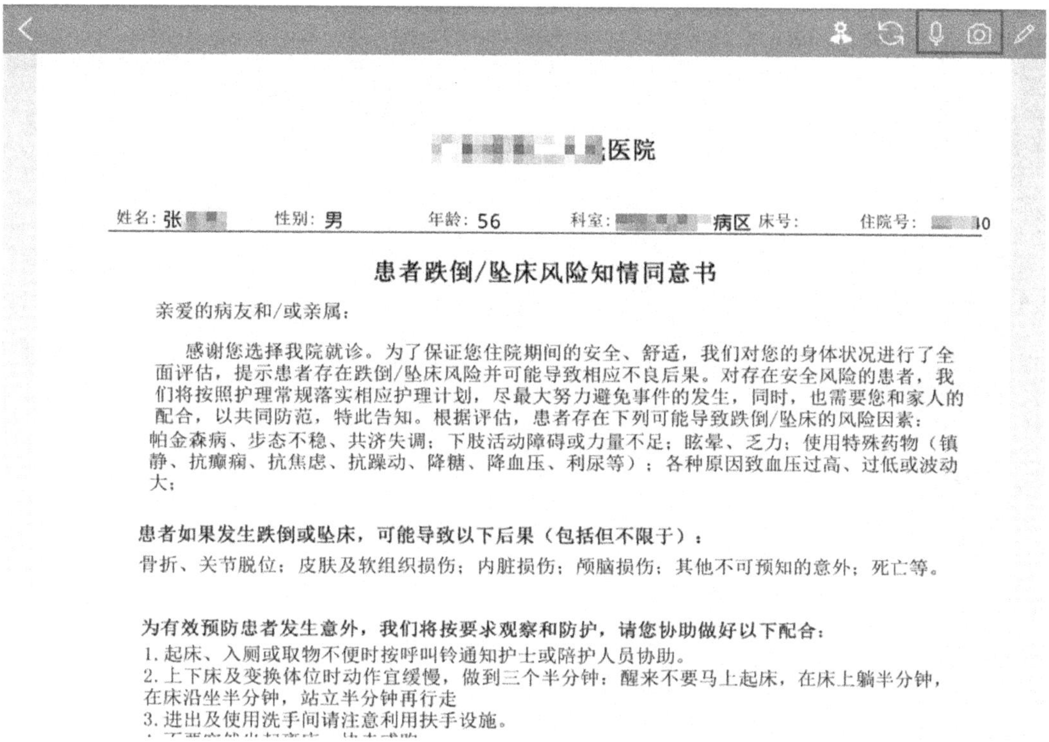

图 8-2-8　移动签署多媒体操作

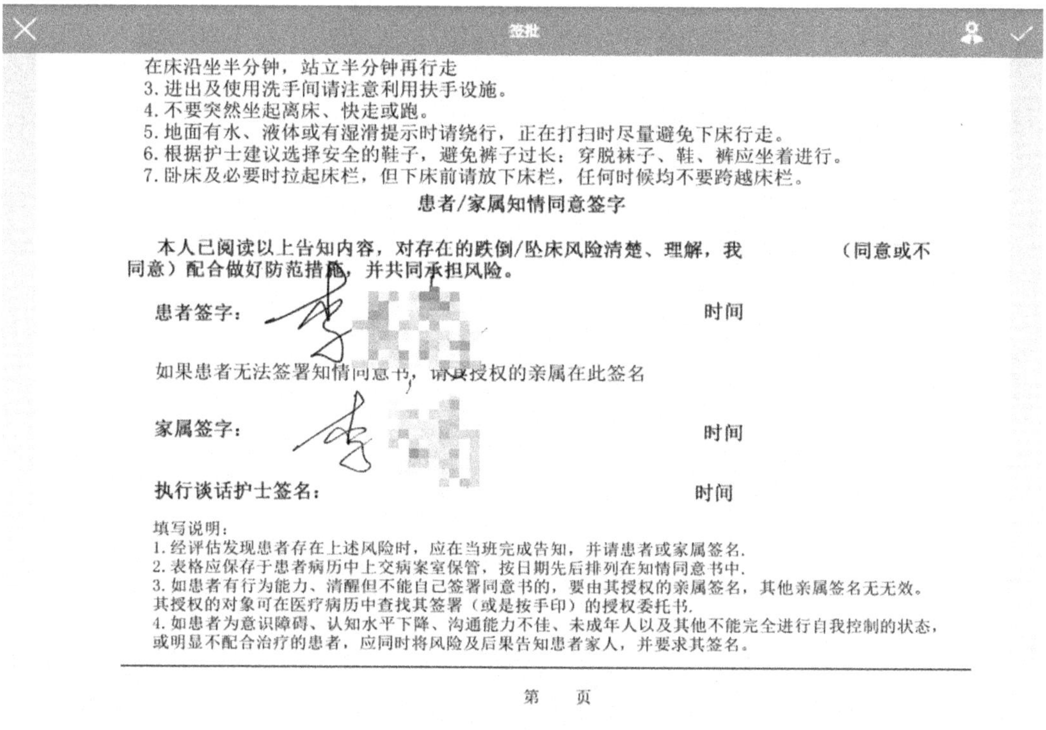

图 8-2-9　移动端签名

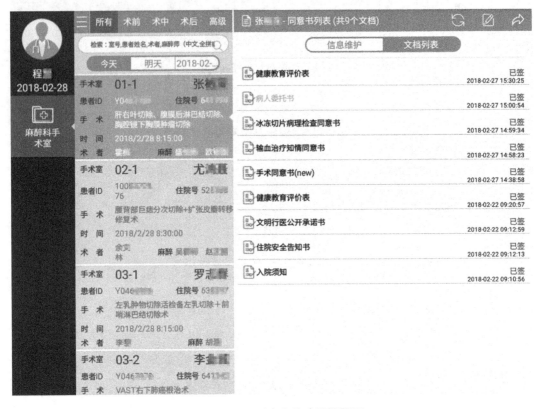

图 8-2-10　手术室移动签署界面

5. 病案质控

上级医师或者病案室对医师病案文档进行质量控制（图 8-2-11）。

6. 病案室管理

病案室对科室提交的病案进行管理，包括接收纸质病历、提交、存档等操作（图 8-2-12）。

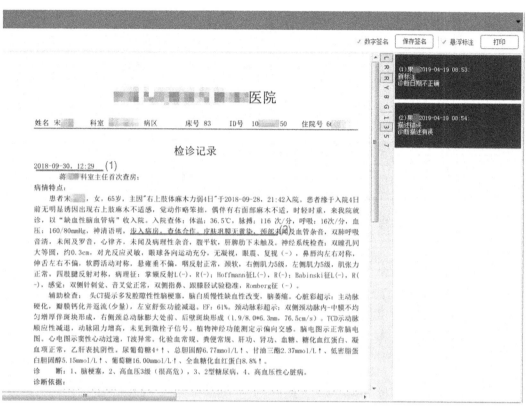

图 8-2-11　病案质控

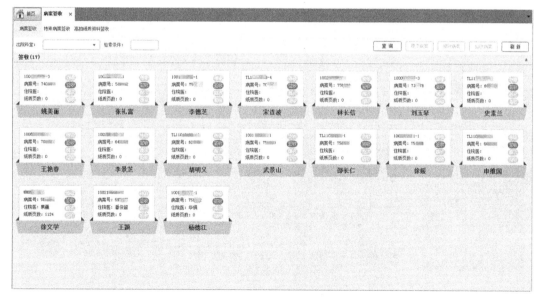

图 8-2-12　病案室管理操作

三、其他产品(图 8-2-13)

产品名称	说明
无纸化病案归档管理系统	实现了病案整体的流程管理,借助系统集成能力,从医生到护士到提交病案室的流转,不再需要纸质病案的中转,实现了全流程无纸化,增强了医疗信息化的建设。
移动签署系统	移动签署是当前最新的移动应用技术,在平板电脑上实现文书原笔迹签署,结合医疗知情同意书,为科间会诊单、病案流转等过程,提供实时的移动手签应用服务。
手术移动签署系统	根据手术室的特殊情况,可满足术中知情同意书的签署、病案流转的管理需求,利用移动签署技术,在平板电脑上实现各种病案文档的原笔迹签署。
医生移动查房系统	为医生提供随时随地调阅患者病历、医嘱、体征、各种检查及化验报告结果的服务;同时可根据患者的病情进行床头医嘱的下达或病程记录,避免了遗漏或延误治疗的最佳时机,缩短执行医嘱的响应时间,增强治疗的时效性和及时率。
病案复印预约系统	将微信服务应用到病案复印预约,结合快递业务让患者及家属获得更实惠、更优质的院后服务,同时减轻服务窗口的工作压力,从而减少医患矛盾,进一步提升医院公众形象,成为医院形象有力的宣传平台。
移动护理	实现医院病区护理工作规范化、标准化,预防医疗失误,提高护理效率和管理水平,减轻护士的劳动强度,最大限度的拉近了护士与病人的距离,使护理工作的执行信息得到完整的数字化体现。
护理文书	实现患者护理文书数字化、规范化、标准化,通过与移动护理系统无缝结合,自动形成护理记录单,系统针对性强,可随时记录,并避免漏记和错记的疏忽,缩短了护士的工作时间,提高护理工作的时效性。
护理管理	采用PDCA闭环式动态管理方法,结合护理工作实际需求,实现人员管理、不良事件、排班、绩效、护理日常管理等功能,精准定位护理工作关键点,确保护理工作质量的稳步提升,提高工作效率,提升管理水平。
移动护理质控	以质量标准为中心实现护理工作的闭环管理。随时掌握患者病情,真实地反映出护理工作中的问题与不足,包括自查房、夜查房、质控小组查房等三级质控内容,支持随机、分组等多种模式,支持自定义问卷配置,对问题及时应对解决,更好的帮助管理人员把控护理服务质量及病区管理的质量。
护士长移动查房系统	实现护士长查房工作的智能化,方便护士长对病区及患者的日常巡查工作,可随时查阅患者病历、医嘱、护理文书、各种检查检验结果,通过对巡查结果阶段性汇总,真实地反映出护理工作中的问题与不足,加强护理安全,提升护理质量。
掌上智慧医院	采用"互联网+医疗"模式,利用微信、支付宝、自助服务等平台提供多种就医服务渠道,简化预约、挂号、交费、查看检验检查报告、入院办理、住院交费、出院清帐、病案预约复印等流程,提供优质快捷的便民就医服务。
门诊分诊管理系统	系统集"患者队列管理、医生出诊信息管理、信息显示、自动语音合成播放、门诊信息数据处理"等功能于一体,解决门诊医疗就诊信息提示不足,患者就诊顺序不合理等问题。
医生操作考评系统	建立"实操"考评标准库,实现了无纸化考评、智能出题、阅卷及统计分析,电子化数据存档,不占实体存储空间,即考即评,提高工作效率,并以丰富的知识库及精准的统计分析,高效加强人才技能的培养。
护理操作考评系统	较其他考评系统内容更加丰富,系统配置灵活,操作使用简便,适用于护理"实操"考评、实习生面试、竞赛现场打分、科室日常检查、夜查房、质控检查、危重患者访视、满意度调查等多种场景,同时将考评及质控结果纳入护理绩效。
药师移动查房系统	为药师建立医保政策及药品知识库,采用信息化系统,完成采集临床资料,辅助药师分析、整理、归纳形成完整的药师查房记录。
医保计费统计分析系统	从HIS等相关系统中自动抽取数据,对数据进行整合,统一二次存储,根据现有医保政策对数据进行全方位多角度的检查分析,使院方掌握院内医保违规情况,有效避免医院因违反医保规则遭受处罚,并严控药品使用,提升医院公信力,减少医患纠纷。
院长综合查询管理系统	系统采用科学的方法,对院内员工的业绩、能力、态度等方面进行综合的评定,展现一个部门、个人的业绩目标的完成情况,以确定其工作绩效和未来发展潜力的管理方法。同时让院长对院内情况一目了然,便于管理。

图 8-2-13 产品目录

第三节 医博数据分析系统

一、产品背景

广州医博信息技术有限公司为医疗行业数据管理解决方案服务商，以数据为中心，为医疗行业提供信息化咨询规划、数据整合及数据分析利用、大数据管理等医疗行业数据管理服务，拥有熟悉医疗行业、数据管理、大数据技术、数据统计及算法的专家团队与技术研发团队，其产品基于大数据技术架构，建立元数据标准定义的数据中心，根据客户需求，提供数据整理、校验、分析、挖掘、管理等服务。现有产品以用户需求为核心，整合与汇集全院所有信息系统数据，遵循国家、省等数据标准，结合本地特点，建立元标准定义数据中心，统一管理医疗业务系统产生的数据，使医院数据标准、完整和一致。在数据中心基础上建立运营数据分析、绩效管理、医疗质量控制、临床科研、基于DRGs费用管控、决策支持等应用，并建立医院数据上报、校验、应用、监管等体系及标准，为院领导、管理部门、医护人员、病人提供统一的医疗信息咨询、检索、展现、挖掘、科研平台，实现对全院数据的深度利用和分析，最大化释放数据价值。通过数据应用，加强医院管理，促进业务系统改进数据数量和质量，实现管理闭环。产品结合大数据及机器学习，研究人工智能算法，形成智能处方、智能路径等智能医学应用，可提供相关插件供医院业务系统调用。在统一数据标准的基础上，可经用户同意汇集相关主题数据，形成数据服务云，为医院、药品厂商、医械厂商、医疗保险机构、商业保险机构、医学院校科研机构乃至个人提供医学数据服务。

二、医博数据分析系统简介

(一) 软件设计原则

1. 前瞻性、先进性原则

系统的设计和所采用的技术必须具备足够的前瞻性和先进性。该软件能体现医院先进的管理理念，适应未来发展，并具有强大的发展潜力，确保未来5年内可以满足医院业务运作对整个系统的需求。

2. 可靠性原则

系统设计和软件编程使用容错技术，满足医院中使用人员水平参差不齐的复杂现状。完全符合规范的数据库和事务处理，保证资料的完整性和一致性。

3. 易维护性原则

在设计和开发系统时，要把减少系统维护放在重要的地位，把系统维护量控制在最低水平。对用户提出的系统修改意见能够及时、有效、正确地反馈。修改后的软件程序及时、自动发布到客户端。

4. 安全性原则

在系统设计、实施阶段必须从多个方面充分考虑整个系统的安全性。系统需采用多种手段防止各种形式与途径的非法破坏，建立健全各种保证措施，使系统正常运行。系统需在应用层面提供对数据的保护，保护数据的完整性、保密性、抗抵赖性，系统中所有的重要操作留有痕迹；按照每个用户所在的岗位和所需完成的业务，由系统管理员分配权限，每个用户只能看到本人所允许和应该看到的信息。

5. 规范性与个性化原则

通过软件使用，促使医院管理业务逐步规范化；同时根据业务自身的特点，能灵活定制个性化的需要。能充分满足这种规范化管理和个性化需求之间的结合。

6. 经济性原则

要充分考虑到医院的经济承受能力和成本预算，从医院的实际需求出发，对系统工程进行全面规划，充分利用好现有资源，避免重复建设，达到低投资、高效益。建成后的系统要达到各种使用要求，并为医院的管理带来便利，提高效率，带来明显的经济和社会效益。

7. 扩充性、开放性原则

能适应不断发展的医院业务，具备良好的扩展性、开放性和移植性，能适应业务规模的增长和业务种类的增加，能适应今后可能的组织架构变动、流程重组、业务功能调整或增加等变化。要求系统采用结构化、模块化设计，对外提供清晰、完整的资料和控制接口，支持业界通用的标准平台和协议，以便进行系统集成和系统资料交换。提供二次开发环境，用户能方便进行二次开发。

8. 易操作性原则

要考虑操作人员的使用习惯，人机界面友好、直观、清楚、统一。减少烦琐费时的手工输入，简化操作，提高软件的可用性，保证资料的一致性。原始数据一次录入、全程关联、全程使用。

9. 无缝集成和平稳过渡原则

能与医院现有应用系统之间实现有效集成，实现各个系统模块之间的协同运作，实现业务整合，数据共享。在新旧系统切换时，保证新旧系统的平稳过渡。

（二）系统技术架构

根据项目的建设内容和规划思路，搭建整体架构，主要由数据源、数据采集、数据集成、数据处理、统一数据管理门户以及交互层五个部分构成（图8-3-1）。

（1）数据源。整合来源于医院的各个业务系统的业务数据，形成基础数据，如HIS系统、EMR系统、财务系统、PACS系统等。

（2）数据采集。对医院各业务系统的数据进行ETL（抽取、清洗、更新及汇总）过程，加载到数据中心。

（3）数据集成。建立数据资源管理中心，集成经过处理后的各个业务系统的数据，建立运营数据中心，将分析数据与业务数据分开，统一数据的出入口，以便对内进行运营支持，对外实行上报。

（4）数据处理。建立作业，自动增量更新医院数据，根据分析主题创建数据仓库，

第八章 医院信息系统实例

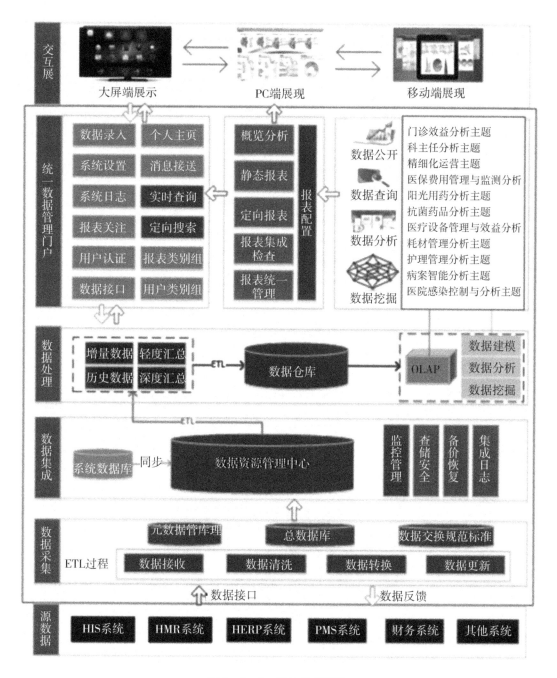

图 8-3-1 系统技术架构

并建立 OLAP 多维模型,用户能够快速、多角度的分析指标,实现应用系统的各项功能奠定基础。

(5)统一数据管理门户。利用先进的前端展示工具及开发,根据医院管理需要,以多维方式灵活地展现医院信息。并对各项报表进行定义,实现报表全方位的搜索。整个过程可减轻原系统操作型数据库的负担,同时提高数据统计分析的效率。

(6) 交互层。通过不同的交互手段，如大屏端、PC 界面、移动端等，用户可以通过统一门户实时搜索和查询分析结果，并接收、发送消息，实现信息共享。

（三）系统功能结构

系统功能结构如图 8-3-2 所示。

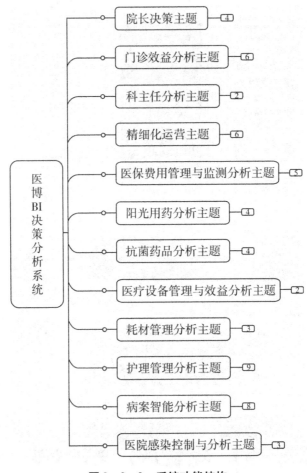

图 8-3-2 系统功能结构

三、系统模块与功能说明

（一）院长决策主题（PC 端、大屏端、移动端）

本功能是一个为医院领导（院长、科主任）提供数据分析以及展示的决策辅助系统。首先，基于医院各业务系统，从中抽取采集医院管理相关的重点数据，并通过大数据处理技术对其进行整理，使其从繁杂错乱的数据，变成标准一致、统一规范的数据。其次，对所处理的数据进行分析，形成能帮助医院管理人员对医院运作情况进行实时监控和精细化管理的结果。最后，以数字、图表、同比、环比等多样化、可视化的形式进行直观呈现，所展示的内容包括全院总金额、全院药费、全院药比、挂号人次、就诊人次、入院例数、门诊药费、门诊总费用、门诊药比等。

1. **院长首页设置**

本系统的所有展示内容均可以按照用户的习惯与喜好进行自由设置,保证系统能够最大限度地支持用户的管理理念与思维。支持对首页内容的设置,支持对展示方式的设置,支持展示主题的自由切换,支持对数据权限的设置。

2. **日常统计功能**

对医院日常指标进行统计和分析,并以直观、可视化的方式进行展示,使得院领导可以实时掌握全院运作管理情况及其发展趋势,对异常情况可以及时、有效地采取相关措施,通过以下方式对统计和分析的结果进行展示。

(1) 整体展示。以固定时间周期或自定义时间为区间,针对医院管理工作中的重点指标项目进行展示,包括门诊指标、住院指标、全院指标,按照不同的指标分为主题区间,并支持用户自定义的设置与修改。

(2) 深入展示。若用户希望对首页指标进行更为深入的了解,可点击具体的数据,进入该项目,系统即会展示更为丰富的信息,如数据指标之间的比对:质控或 KPI 指标比对、各部门业务对比、指标细化等。

(3) 多样化展示。如同比环比展示、图表展示、排名展示、支持搜索与筛选等。

3. **院长决策功能**

当医院业务指标发生一定程度的变化时(包括趋势变化以及结构变化),帮助医院管理人员分析其变化的原因,从而更好地进行管理工作,控制指标。分析的方法包括:采用联动分析的方法找出所有与指标变化有关系的因素,并按照关联性进行排列;采用 R 语言建立分析模型的方式进行分析。

4. **多端登录与使用功能**

本功能应用形式广泛,用户可使用多种电子设备、多个客户端登录使用,包括一体机大屏端、PC 网页端以及手机 APP/微信移动端三大使用端,各使用端功能一致,用户无论使用何种端口均能清晰全面地了解相关医院指标,方便用户随时随地开展管理工作。

用户可以在以下三大客户端中进行登录和相关功能的使用,所有客户端均支持任意网络状况、任意型号电子设备的适配和使用,同时具备安全机制,保证信息不外漏。

(二) 门诊效益分析主题

1. **门诊收入分析**

通过对门诊收入的费用结构、费别结构以及充值卡收入等情况的分析,以报表和图形化的形式呈现门诊收入的总体情况。同时,支持按照不同的病种或者科室进行分开分析。

2. **门诊全院就诊量分析**

将不同科室、病种甚至医生的门诊业务数据进行分开统计,观察全院门诊的就诊量情况,分析的指标包括挂号人次、不同挂号类型人次、手术例数、退号人次、检查人次等。

3. 门诊全院就诊效率分析

根据瓶颈等待就诊时长、等待交费时长、等待取药时长、检查等待时间、等待检查结果时间、检验等待时间等指标数据，对全院门诊的就诊效率情况进行分析，同时在分析结果中，对不同科室以及病种进行分别排名，对与平均水平差距较大的科室或病种采用不同的字体进行标识。

4. 门诊全院病种分析

对门诊常见病种、传染病种的诊断以及其他各项费用进行分析，包括费用的分布以及结构等，用直观化图形的形式进行呈现。

5. 职工工作量分析

以业务开展过程中，各个环节的具体数据为基础，统计各科医生、检查处、收费处、挂号处、药房、检验处、客服中心、自助机、分诊台、中注、辅助部门的工作量，结合质控以及其他指标，分析得出他们的工作效率水平。由于各岗位分工不同，分析结果将主要在同岗位的范围内进行对比，以单个员工的数据进行排名。

6. 工作效率分析

分析病人在就诊流程中的整个工作效率的情况以及在各个环节中，如挂号效率、各科室医生的看诊效率、收费效率、药房效率、检查效率、检验效率等的详细分析。

7. 预约系统工作量分析

通过分析预约挂号人次和预约检查人次等情况查看预约系统的工作情况。

（三）科主任分析主题

针对科主任对于科室在任务、指标、绩效、质量、数据库等方面的管理需求，提供一个完整的系统平台，使得科主任可以通过信息化的手段对科室进行全面细致的管理。在此系统之中，科主任不仅可以快速查询科室的业务开展情况，还可以对医疗服务的投入以及产出进行详细的分析，有利于科室最大化地输出价值。

1. 指标监控

对科室的重点指标进行分析和统计，从统计维度而言，支持从科室整体细化到科室成员的监控，从分析的方式而言，支持同比、环比、占比等多种分析方式，此外，还支持科室与科室、成员与成员之间的指标水平对比以及异常指标的警示，进一步提高科主任的管理掌控能力。

其指标监控内容包括：科室分析总览、科室门诊人次分析、科室药比分析、科室平均住院日分析、科室住院人均费用分析等。

2. 科室绩效管理

根据科室绩效考核的实际需求，本功能可以按照不同的考核主题，对绩效指标进行统计和分析并展示，包括报表、百分比图示等。系统预设的考核主题分为医保考核（包括医保超额情况的预警与统计分析等）以及医疗质量考核（包括不良事件发生率、平均住院日等）。

（四）精细化运营主题

针对医院不同的运营管理主题，提供业务指标数据的管理工具。具体功能包括对业务指标数据的查询统计分析、管理流程的监控和实现、管理决策辅助等，通过对这些功能的使用，帮助医院建立起科学完整、基于数据和标准化流程的精细化运营管理体系。

1. 财务标准字典管理

提供核算科室、职工信息、供应商信息、生产厂商信息、仓库信息、科教和工程类项目信息、用户信息、收入信息、银行信息、结算方式、会计科目、现金流量、预算科目、成本项目、成本分类、固定资产编码、固定资产分类、无形资产编码、无形资产分类、病种分类、医保分类、绩效指标等字典信息的标准化处理工具。

2. 财务数据管理

在对医院的 HERP、HIS、EMR、PACS 等系统进行数据采集的基础上，对原始的财务和精细化运营数据进行跟踪、追溯。

3. 财务数据集中管控工具

为医院财务工作提供规范化的管理工具，并发挥指导医院整体业务发展方向的作用。具体功能包括：财务日常统计报表功能、数据指标统计公式功能、财务数据追踪功能、历史数据分析功能、自由可配置报表功能、可自由添加统计公式功能、可自由建立分析图表功能、可配置的智能报告功能。

4. 经济运营数据监控

通过数值监控以及科学分析两种方法，从投入产出的角度整体评估医院经济运营情况，并为用户提供决策辅助。具体功能包括：资源配置分析、收入分析、成本分析、收益分析、效率效益分析、资产负债分析。

5. 项目成本数据分析

提供针对院内项目的精细化成本控制工具。具体功能包括：项目对比排名、新项目的收益评估、科室成本分析、单病种成本分析。

6. 固定资产分析

提供固定资产的科学管理工具，帮助医院以固定资产的全生命流程为角度，建立完整的固定资产分析体系，实现以规范化和标准化的手段对固定资产的使用流程以及效益进行管理。具体功能包括：固定资产总量分析、固定资产收入分析、固定资产成本分析、固定资产收益分析。

7. 物资材料分类管理

通过对医院不同类型耗材的采购、领用、库存、费用等情况和指标进行分析，帮助医院管理者了解物资耗材的详细使用情况。具体功能包括：物资材料收益分析功能、对材料类别及明细的统计分析、库存分类构成分析功能、采购价格和采购数量的对比等。

（五）医保费用管理与监测分析主题

通过提供医保事前预测、事中控制和事后分析三大分析模块，全流程帮助医保科工作人员有效监控和管理医保病人的费用，为解决医院医保费用超标或未达标的问题提供解决途径。

1. 医院医保管理门户

提供一个统一的服务门户，以供用户在此门户中进行查阅指标、获得分析结果、执行相关流程等工作，所有的分析类结果均会提供可视化的展示形式，同时本功能能够根据决策需要建立 KPI 指标体系。

2. 事前监控功能

通过对医院 HIS 系统接口的开发，本系统可以实时与医院当前数据进行数据交换；通过对医保中心系统接口的开发，本系统可以保证与医保相关的最新政策保持一致性。保证提供给医护人员的提示信息正确，模拟结算结果正确。

数据维护的内容包括：医保选点及信息维护、人员类型及信息维护、结算类型及信息维护、三大目录信息及维护、结算类型与三大目录的关系、病种诊断设置、门诊相关定额维护等。

3. 规则引擎设置功能

为进一步规范诊疗行为，除了医保费用以外，三大目录及其他政策性文件也对诊疗行为提出了如下一系列的管控规则。为保证诊疗行为符合管控规则，加强对过程的管理，系统提供诊疗过程的规则引擎的制定，工作人员可在系统中自定义相关规则，如只有符合某一类或者同时符合某一类条件的情况下，才能进行某项操作等等。在规则制定完毕后，即可与 HIS 系统进行集成，形成管控机制，当诊疗行为与管控规则发生冲突时，系统将通过 HIS 系统对该行为进行显示、提醒或限制等干预，并将相关报告向管理人员发送。

设置好的规则将保存在医保知识库中，当医生在 HIS 系统中开具医嘱时，可将医嘱内容发送给本系统，本系统检查医嘱内容是否符合规则，若不符合，将予以提醒。

4. 事中监控功能

（1）单病种分值付费监控。具体功能包括：病种信息维护、标准 ICD - 10 编码与临床诊断对照、标准 ICD - 9 编码与拟手术名称/医院收费对照、单病种分值库维护、单病种入准条件的维护、单病种结算的实时预警。

（2）模拟结算。系统特提供模拟结算功能，通过对医生模拟、病人模拟、科室模拟乃至对全院结算模拟，为医院提供最佳的结算选择。

（3）在院病人费用监控。当病人结算时，系统会提供病人详细的结算明细，便于工作人员了解每个医保病人的详细费用情况。

（4）特殊病人费用监控。对住院天数超长、单个药品费超长或材料及总费用超长等特殊病人，系统提供对特殊病人费用的监控，帮助工作人员详细掌握费用使用情况明细。

5. 事后监控功能

（1）门诊医保智能分析。包括门诊特定项目结算分析、医保普通门诊分析、诊慢性病限额结算等。

（2）普通住院医保智能分析。包括普通住院医保设定科室定额分析、普通住院医保科室费用超额分析、普通住院医保医生费用超额分析、普通住院医保费用科室同比环比分析、普通住院病人居民医保分析、普通住院病人职工医保分析、普通住院医保病人费用查询分析、普通住院病人费用占比分析等。

（3）单病种结算分析。

1）单病种分值分析。从单病种角度、医院名称、科室、医生、人员类别、时间、费别等维度，分析病种就诊人次、费用信息、分值统计、排名情况等，形成各项分析报表。

2）科室病种分值分析。从科室角度分析该科室的病种分布、病种分值、住院人次、总费用、自费费用、乙类个人先自付费用、起付标准费用、共付段（个人支付＋统筹基金支付）费用、病人自费率、平均医疗费用、超定额总费用、住院天数、科室之间的占比、同科室间同比环比、药品费、材料费、手术费等。

3）非手术科室与手术科室病种分摊分析。对于治疗方式采用手术治疗的病种，根据医院病人发生费用，将病种分值分摊到临床科室及手术科室，对手术科室进行专项分析。

（4）转科分析。系统提供了转科病人科室分摊功能，模拟医院通常采取两种分摊方式：第一按住院天数，第二按金额，对转科的医保病人进行分摊。分摊效果可以显示转科病人及其所住科室，每个科室的金额及天数，最后出科室超额结果。

6. 医保对账功能

将医保局最终结算的数据与医院 HIS 中的发票数据进行对账功能，避免漏报及报错现象产生。具体功能包括：医保数据导入功能、医保对账原始数据查询功能、医保数据对账功能。

7. 医保政策公告发布

提供发布医保政策公告的平台，包括公告文档的上传下载、增删查改等功能，可对全院、科室、个人发布通知。用户可通过医保平台查询和查看医保政策、公告等。

（六）阳光用药分析主题

通过用药监测智能分析系统，协助医院管理层从各个角度分析与监控药品的流向、用量、金额等情况。从药品的入库、出库，到药品在各个部门、科室、医生的用药情况，严格的监控药品的使用；从药品的类型、剂型、抗菌、国家基本药物、类别等多个角度分析药品在全院、科室、医生的使用数量、金额、排名、占比等；为医院严格掌握药品的使用提供了极大的便利，也为医院分析药品的用药趋势及规律提供了科学依据。

1. 单品种用药分析

单品种用药分析具体包括：门诊单品种药品数量分析、门诊单品种药品收入分析、门诊单品种药品收入环比分析，本月药品收入与上月收入对比增减率、门诊就诊人次人均药费，根据科室或医生的看诊人次来平均药费、住院单品种药品数量分析、住院单品种药品收入分析、住院单品种药品收入环比分析、本月药品收入与上月收入对比增减率、全院单品种药品数量分析、全院单品种药品收入分析、全院单品种药品收入环比分析、本月药品收入与上月收入对比增减率、药品使用排名、医生用药排名等。

2. 国家基本用药分析

国家基本用药分析包括：门诊国家基本药品数量分析、门诊国家基本药品收入分析、门诊国家基本药品收入环比分析、门诊国家基本药品排名分析、门诊国家基本药品注射剂占总药品比例监控分析、门诊国家基本用药占处方用药百分率、住院国家基本药品数量分析、住院国家基本药品收入分析、住院国家基本药品收入环比分析、住院国家基本药品排名分析、住院国家基本药品占总药品比例监控分析、全院国家基本药品数量分析、全院国家基本药品收入分析、全院国家基本药品收入环比分析、全院国家基本药品排名分析、全院国家基本药品占总药品比例监控分析、国家基本药物目录品种使用金额比例、国家基本药物金额占药品总金额的比例、门诊住院基本药物占处方药物种类的百分率、国家基本用药金额排序、国家基本药物收入同比、环比分析等。

3. 注射剂用药分析

注射剂用药分析具体包括：门诊注射剂数量分析、门诊注射剂收入分析、门诊注射剂收入环比分析、门诊注射剂排名分析、门诊注射剂占总药品比例监控分析、门诊使用注射剂百分率分析、住院注射剂数量分析、住院注射剂收入分析、住院注射剂收入环比分析、住院注射剂排名分析、住院注射剂占总药品比例监控分析、全院注射剂数量分析、全院注射剂收入分析、全院注射剂收入环比分析、全院注射剂排名分析、全院注射剂占总药品比例监控分析、注射剂金额占药品总金额比例、门诊使用注射剂的百分率、注射剂金额排名、注射剂收入同比、环比分析。

4. 阳光用药分析

阳光用药分析具体包括：药品用量排名分析、药品厂家排名分析、药品类别用量分析、药品分布比例分析、处方用药百分率分析、药品异动分析、药品收入结构分析、药品收入环比分析、药品用法分析、单病种用药分析、药品费用比例分析、药品用药天数分析、药品使用对象分析、均次药费分析、药品供应商分析。

（七）抗菌药品分析主题

通过对医院抗菌药品的分析与监控，实现对抗菌药品采购、医生开方用药、药品使用的规范化、数据化和网络化，对医生抗菌药品进行信息分析以及在线追踪监控，从而实现对医疗机构非常态化抗菌药品使用现象的及时发现、预警提示、评价分析、纠正改进的全过程。

通过分析抗菌药药品在临床的使用情况，有效地控制抗菌药品的合理使用，从而提高抗菌药物的治疗效果、减少细菌性耐药、提升临床药物治疗水平、保证医疗质量和医疗安全。

1. 门诊抗菌药品分析

门诊抗菌药品分析具体包括：门诊药品的科室医生排名分析、门诊抗菌药物的科室医生排名分析、药品通用名占处方用药的百分率、门诊抗菌药品使用金额占药品收入比例分析、平均处方用药品品种数分析、门诊病人抗菌药品使用率分析、门诊输液使用率分析、门诊人均处方金额分析。

2. 住院抗菌药品分析

住院抗菌药品分析具体包括：住院药品的科室医生排名分析、住院抗菌药物的科室医生排名分析、住院病人人均使用抗菌药物品种数分析、住院病人人均使用抗菌药物费用分析、住院病人使用抗菌药物百分率分析、抗菌药物使用强度分析、住院抗菌药物费用占药费总额百分率分析、住院抗菌药物特殊品种使用量占抗菌药物使用量百分率分析、住院病人抗菌药品使用情况。

3. 全院抗菌药品分析

全院抗菌药品分析具体包括：全院抗菌药品使用金额占药品总收入的比例分析、全院基本药物使用金额占药品总收入的比例分析、全院药品的科室医生排名分析、全院抗菌药物的科室医生排名分析。

4. 手术抗菌药品分析

手术抗菌药品分析具体包括：所有围手术期及Ⅰ类切口手术预防使用抗菌药物比例分析、所有围手术期及Ⅰ类切口手术24小时内使用抗菌药物比例分析、所有围手术期及Ⅰ类切口手术24～48小时内使用抗菌药物比例分析、所有围手术期及Ⅰ类切口手术48小时后使用抗菌药物比例分析、所有围手术期及Ⅰ类切口手术术前0.5～2小时使用抗菌药物比例。

（八）医疗设备管理与效益分析主题

大型医疗设备能否实现科学、规范的管理，能否充分发挥其作用，关系着医院的经济效益和社会效益。按月汇总统计每台设备的收入、使用次数（诊疗人次），逐月统计每台设备的维修成本和折旧费。对其年利润、月均纯利润、月均利润、使用率和额定次数进行设备收入和成分进行统计分析。通过分析统计，能为医院的决策者提供及时、可靠、真实的设备运行数据、使医院的管理者清楚每个科室及每台设备的经济效益和使用情况，以实现科学配置和统筹安排，达到医疗设备配置的最优化的目的。

同时，有鉴于医疗设备在使用过程中将会包括许多环节，提供基于设备生命周期的管理功能模块，帮助用户明晰设备从预算计划，购置申请，采购、入库、出库、检测计量、折旧等整个院内流转的所有环节的明细过程，同时能够统计设备全生命周期的运行参数、计算设备运行能耗、效益，并按照科室业务需求对相应的数据进行分析，统计分析结果能用于绩效分析、医疗服务项目定价、物价定价谈判等工作。

1. 项目分类及费用分摊处理

按照收费项目、设备和科室的关系对设备数据进行分析，并按照不同的情况进行费用分摊处理，能够自动对在用设备进行归类，并建立统计范围，能够自动根据设备的收费编码，对执行的科室进行关联。

2. 设备情况全面分析

能够对设备的整体情况进行分析，分析的内容包括工作量情况、成本、效益、时效指标、技术效益等。其具体指标包括：医疗设备收入与成本分析、医疗设备收入趋势分析、医疗设备利润排名分析、大型设备数量分析、大型设备收入分析、大型设备收入环比分析、大型设备成本总额分析、投资成本收益率分析、科室设备检查（治疗）人次分析、科室预期人次分析、科室设备检查（治疗）人次环比分析、达标率、累计设备净现金流量出现正值的年（月）数分析、上一年（月）累计设备净现金流量的绝对值分析、设备静态投资回收期等。

（九）耗材管理分析主题

通过对医院不同类型的耗材的采购、领用、库存、费用等进行分析，了解医院耗材的财务状况，同时从不同维度分析耗材的进出量、平均使用量、进出额等，并对相应的指标进行排名，帮助医院管理者了解物资耗材的详细使用情况。

1. 耗材财务分析

分析耗材的财务情况，指标包括采购量、领用量、库存量、采购额、领用额、库存额以及单收费材料的收入，分析的维度则包括库房、使用科室、耗材类别等，分析后的结果将会按照进、销、存、盘、调价盈亏等财务信息进行归类，分别展示，展示的方式为报表或者各类图形，用户可以自由变化统计分析的维度以及范围。

2. 耗材管理材料分析

从不同科室、不同时间、耗材名称、供应商、是否为高值耗材、采购源等角度分析耗材的进出量、进出额、平均使用量、最大用量、最小用量、用量的环比和同比等内容。

3. 耗材使用排名分析

从不同科室、不同时间、耗材名称、供应商、是否为高值耗材、采购源等角度对入库量、出库量、入库额、出库额进行排名。用户可以自行定义排名结果的展示方式，如前十、前二十等。

（十）护理管理分析主题

护理管理系统的作用分为几大部分，首先可用于详尽地记录管理人员的情况，包括基本信息以及技术能力，并使之形成完整的人员档案，方便进行管理，然后是对护理工作量指标数据的监管以及展示，能够对护理人员的工作成果进行量化，保证工作安排、绩效考核以及服务定价等工作的顺利落地，而在病人护理管理的角度，还提供了风险预警的功能，能够根据病历信息，对病情存在风险的病人进行预警提醒。具体功能如下：

1. 护理人员档案

支持对护士基本情况和业务技术档案的统一综合管理。可检索医院护士编制与实际人数进行比较，护士岗位分布情况，并对护理部门的人员结构、任满职情况、离职率情况和健康状况进行统计分析。

2. 护理病历分析

支持从护理病历中提取住院病人病情和身体情况的跟踪信息，统计分析病人的病情变化情况、治疗情况以及采取的护理措施情况，并根据设置的参数进行风险、预警提示。

3. 护理工作量分析

支持护理工作量监管指标的数据展示，以护理人员角度，按照不同年、月的角度进行统计，包括高危工作护理指标、特殊科室和人群护理工作指标等。

4. 高危护理工作量分析

对全院高危护理工作量进行分析，分析内容包括每日/每月高危药物外渗的发生率或例次、导管留置总日数、病人中心静脉插管总日数、病人尿道插管总日数等。

5. 护理质量分析

支持对护理质量目标的管理、护理质量抽查信息记录和检索、护理行政查房信息记录和检索、护理夜查房管理、质量问题汇总、护理不良事件上报、会诊记录管理、会议记录管理等。同时，对 4/48 小时重返 ICU 病例数、非预期的 24/48 小时重返 ICU 率等指标进行分析。

6. 特殊人群护理分析

对全院特殊人群的护理情况进行分析，分析内容包括住院新生儿的总人数、住院新生儿烧伤、烫伤发生率、发生产后出血例数、产后出血发生率等。

7. 不良事件分析

对全院护理工作中不良事件进行分析，分析内容包括每日/每月有一处或多出压疮的病人例数、失禁病人发生失禁性皮炎人数、跌倒/坠床高风险病人评估阳性例等。

8. 护理排班管理

针对护理人员结构，实现护理排班。需要对护理人员进行分病区、分科室管理，而且还可以对班种进行自定义的增加、删除等，同时还具有二线班、人员弹性排班等功能。在排班操作页面护理排班人员除了进行正常排班还可以设置了批量排班、复制排班、导出排班结果等功能。

9. 绩效考核

支持护理绩效考核指标维护，设置考核指标分值，设置考核指标扣分细则。根据设定的绩效评价指标和护理人员的工作量和护理质量情况，评估护理人员的绩效，得出绩效分数。以便有效地进行激励，持续提升组织和个人的绩效，保证部门任务的实现。

（十一）病案智能分析主题

病种分析是医疗管理的有机组成部分之一，通过对病种从诊断、治疗、治疗效果以及费用实行较全面的分析，以达到提高医疗质量、降低成本、减少不合理费用，充分利用医院资源增强服务效益的目的，同时，为制定单病种临床路径提供参考及数据支持。

1. 重点疾病、重点手术分析

（1）重点疾病分析。根据病案首页收集的信息，对医院重点疾病进行详细的分析，分析内容包括：入院人数、出院人数、治愈率、好转率、未愈率，死亡率、危重病人抢救成功率、床位使用率、床位周转次数、三日确诊率、出院诊断符合率、每出院者住院天数、每出院者费用、每出院者药费、每出院者床位费、每出院者诊察费、每出院者治疗费、每出院者手术费、每出院者化验费等。

（2）重点手术情况分析。根据病案首页收集的信息，对医院重点疾病进行详细的分析。分析内容包括：入院人数、出院人数、治愈率、好转率、未愈率，死亡率、危重病人抢救成功率、床位使用率、床位周转次数、三日确诊率、出院诊断符合率、每出院者住院天数、每出院者费用、每出院者药费、每出院者床位费、每出院者诊察费、每出院者治疗费、每出院者手术费、每出院者化验费等。

2. 病种出院人数

为了实现对单病种出院人数进行相关分析，可从时间（年、季、月、日）、ICD10、科室、性别、病人类型、病人来源、年龄段条件分析病种出院人数及其影响因素，协助医院掌握各病种病发状况及趋势。

3. 单病种住院费用分析

对病种费用进行相关分析，合理安排该病种的医生和护士，对病种的平均费用进行相关分析，可以从趋势分析医院的整体医疗水平。可从时间（年、季、月、日）、ICD10、科室、性别、病人类型、病人来源、年龄段条件分析各病种人均费用及其影响因素，对各医院在保证医疗质量的前提下，控制医疗费用的上涨，对降低病人负担、提高医院在医疗行业的竞争力将起到非常积极的作用。主要分析量值包括人均费用、人均检查费、人均手术费、人均诊疗费、人均药品费等。

4. 单病种疗效分析

病种疗效是医院医疗质量管理的有机组成部分,在医院现代管理中有十分重要的地位。各单病种相对独立地组成不同的医疗质量管理单元,能较准确地评价、分析并相互比较,相互影响,因而,从时间(年、季、月、日)、ICD10、科室、年龄段、病人来源条件单病种疗效分析既有利于组织医院宏观医疗质量管理,又有利于提高医院整体医疗质量和管理水平。分析量值包括治愈率、好转率、未愈率、死亡率。

5. 病种相关性分析

分析病种主诊断和其他诊断的相关性,方便对疾病进行监控,存储主诊断常伴随的附属诊断。可从时间(年、季、月、日)、主诊断ICD10、非主诊断ICD10、诊断类型条件,通过分析主诊断与非主要诊断、附属诊断等之间的关系,发现它们之间某些的相关性,为临床医生提供医疗的辅助信息,对于临床科研和诊断具有十分重要的意义。

6. 单病种手术分析

从时间(年、季、月、日)、主诊断ICD10、手术类型、科室条件对手术例数的进行分析,从而分析出手术疗效,关注病种的手术情况,了解病种手术率。

7. 单病种平均住院日

从时间(年、季、月、日)、ICD10、科室、年龄段、病人来源条件分析各病种的平均住院日,为医院制定病种的治疗方法提供参考支持。

8. 单病种诊断符合率分析

从时间(年、季、月、日)、门诊ICD10、入院ICD10、出院ICD10、科室条件,通过针对诊断不符合情况发生率较高的病种及其临床表现的分析,使得医务人员在降低误诊漏诊率时更有针对性。

9. 病人分布情况分析

分析入、出院病人的年龄分布、疾病分布等情况。

10. 妇婴情况分析

统计分析医院妇婴的诊疗情况,包括各种生产类型人数、各类婴儿人数、活产婴儿专柜情况、婴儿院内感染情况、婴儿抢救情况的分析。

11. 网络上报

(1)感染例数直报。根据医院感染模型自动定位感染疑似病人,将其推送至医生工作站,医生可以进行感染病例直报,医院感染管理科进行病例审核确认,同时也可以进行漏报病例管理。主要用于直接对日常监测模块中监测的感染病例进行上报操作。

(2)感染暴发直报。用于对暴发警告监测中的感染病例进行暴发直报登记。

(十二)医院感染控制与分析主题

1. 实时监测

据医院感染模型自动定位感染疑似病人,实现对全院住院病人的全覆盖。

(1)感染病例实时监测。根据录入的住院病人资料、入院诊断、医嘱信息、抗生素药品、导管相关、检查报告、检验结果、体温信息、手术信息等,监测符合基本病例判定标准的住院病人,判断预警病人感染情况。监测的匹配率可以根据系统参数进行调整。

（2）感染暴发监测。监测医院感染暴发，根据系统参数设置。例如，在 7 天内，同一病区、发生达到 3 例以上相同的感染或相邻病床的病人同时多例体温异常，系统将自动给予暴发预警提示。同时也建立了病区与医院感染办公室的流程机制。

（3）重症监护病房（ICU）病例监测。主要是对 ICU 的病人进行目标性的监测。按日调查 ICU 床位上的病人发生感染情况，每逢周一还需对 ICU 床位上的病人填写病情评估分值。

（4）导管相关监测。监测在院病人导管留置情况，对于留置导管超过一定天数的在院病人进行评估，填写相应的评估表，有效地监测每个病人是否发生导管相关感染的情况。

（5）手术目标监测。本模块用于监测 I 类手术，建立 I 类手术调查表，并完成对 I 类手术相关的植入性材料、腔镜以及围手术期抗菌药物的使用监测。

2. 统计报表

提供了全面可定制的统计分析报表和图表，可以生成各类动态设计报表，以及多种各期统计（对比）表；并提供导出成多种格式文件的功能，可方便地实现与上级管理单位对接。主要包括：感染监测报表、感染率/检出率/漏报率一览表、感染暴发汇总表、感染暴发明细表、ICU 监测汇总表、导管感染监测汇总表、细菌与药物监测报表、多重耐药监测表、环境卫生监测报表等。

（牛启润）

第四节　医院信息集成平台

一、产品背景

依据数据（湖南）科技有限公司为专注于医疗大数据平台集成核心技术研究、智能化医疗产品研发以及医疗大数据产业应用的国家级高新技术企业，在医疗大数据集成技术及医疗大数据应用方面居于国内领先水平，是中国最早从事医疗大数据集成核心技术研究和建立医疗健康大数据生态体系应用的公司。在业内首先提出了"基于大数据平台的智能化医疗信息生态系统建设"的新型建设模式，在产品中率先实现了无侵入集成技术和流式计算技术的应用，通过自适应动态数据建模技术的应用，使平台在无须第三方配合的情况下，快速完成不同系统间的信息集成和交换，并且依托于平台强大的信息资源索引库、数据模型标准库、交换和规则引擎套件，将数据集成和流程集成合二为一，在构建平台的同时完成医疗大数据中心的搭建，建立智慧流程、智慧管理、智慧决策金三角，实现执行、管理、决策的完全智慧一体化，在节省成本的同时有效提升数据综合使用效能。产品被评为首批"广东省大数据示范应用项目",使该公司成为在国内医疗大数据领域中最早获得省部级奖项的公司,同时还获得了"互联网+创新企业奖""中国国际软件博览会医疗信息化产品金奖""中国软件行业创新产品应用奖""中国软件行业医疗信息化最佳解决方案奖"等奖项。目前,该公司产品正在向医疗大数据服务、AI智能诊断及服务系统、医疗健康生态系统等领域发展,致力于打造全国最大的可持续发展的医疗健康生态体系,努力成为中国领先的智能化医疗及医疗大数据系统产品研发和服务的提供商。

二、医院信息集成平台简介

(一)系统功能结构

设计架构以 SOA(service-oriented architecture)为中心,基于 IHE 的技术架构,整合医院现有信息系统,建立临床数据中心,同时通过面向服务的平台架构,提供统一门户、APP 应用、决策支持、流程管理协同等应用服务(图 8-4-1)。

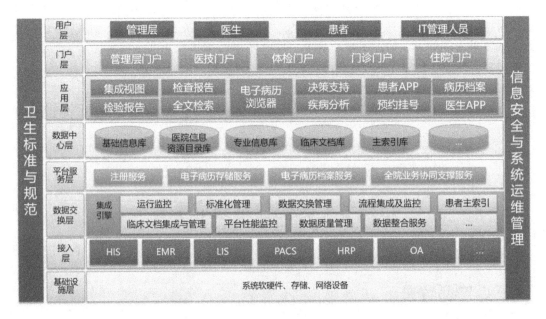

图 8-4-1 医院信息集成平台结构

1. 智能化医院信息平台用户层

面向终端用户,使用对象包括医院管理层、医生、病人、IT 管理人员等。为不同的用户角色提供相关的应用,简化工作流程、提高工作效率;改善医患关系、提高病人满意度。

2. 智能化医院信息平台门户层

主要包括管理层门户、医技门户、体检门户、门诊门户、住院门户,实现基于业务流程的单点登录(SSO)功能、协同工作的需求。

3. 智能化医院信息平台应用层

医院信息平台应用层基于医院信息平台，通过基础业务数据的交换、共享和整合，结合实际的医疗业务和管理需要，建立扩展应用，主要包括病人服务 APP、医生服务 APP、集成视图、全文检索、医院管理辅助决策支持、临床辅助决策支持等。

4. 智能化医院信息平台数据资源层

数据资源层用于整个平台各类数据的存储、处理和管理，主要包括信息目录库、基础信息库、业务信息库、临床文档信息库、交换信息库、操作数据存储 ODS、数据仓库、对外服务信息库、智能化管理信息库。以病人为中心建立医院级的临床数据中心 CDR，并在此基础之上建立可供分析的运营数据中心 ODR。

5. 智能化医院信息平台信息交互层

医院信息平台信息交换层的主要任务以满足临床信息、医疗服务信息和医院管理信息的共享和协同应用为目标，采集相关业务数据，并对外部系统提供数据交换服务，包括与区域平台的数据交换。

信息交换层为整个平台的数据来源提供了技术基础和保障，通过信息标准、交换原则的制定，对业务系统提供标准的信息交换服务，确保数据交换过程的安全性、可靠性，实现数据在系统平台范围内自由、可靠、可信的交换。

6. 智能化医院信息平台业务接入层

医院业务应用是医院信息平台的基础，包括医疗服务系统、医疗管理系统以及运营管理系统三大类业务系统。业务应用层要接入医院信息平台，向平台提供诊疗数据，同时也要从平台获得业务协同支持。

7. 智能化医院信息平台基础设施层

信息基础设施层是支撑整个医院信息平台运行的基础设施资源、软硬件及网络等资源，主要包括各类系统软件、系统硬件、数据存储、网络设备、安全设备等。

8. 智能化医院信息平台安全与系统运维管理

信息安全与系统运维管理是整个平台建设和运作的重要组成部分，也应该贯穿医院信息化建设的始终。其中，信息安全不仅包括技术层面的安全保障（如网络安全、系统安全、应用安全等），而且还包括各项安全管理制度，因为只有在一系列安全管理的规章制度实行的前提下，技术才能更好地为安全保障做出贡献。同时，完善的系统的运维管理也是系统稳定、安全运行的重要保障。

9. 智能化医院信息平台标准与规范

整个信息平台的建设遵循国家、国际标准与规范。

（二）技术架构

1. 采用 SOA 总体架构

SOA 是一种架构模型，它可以根据需求通过网络对松散耦合的粗粒度应用组件进行分布式部署、组合和使用。服务层是 SOA 的基础，可以直接被应用调用，从而有效控制系统中与软件代理交互的人为依赖性。

SOA 的关键是"服务"概念，W3C 将服务定义为："服务提供者完成一组工作，为服务使用者交付所需的最终结果。最终结果通常会使使用者的状态发生变化，但也可能使提供者的状态改变，或者双方都产生变化。"

在业务组件化后，接着要做的就是根据流程分析来考虑业务组件之间存在的关联关系，业务组件之间究竟存在什么样的关联，需要传输什么样的数据，这一步是重要的一个分析步骤，通过该步骤的分析后我们发现关联关系会转化到 SOA 业务建模中的服务视图，而传递的数据和信息转换为 SOA 业务建模中的数据视图，接着再详细描述服务信息和数据元的定义。

2. 三层（多层）架构

软件系统采用三层（多层）分布式体系结构。三层（多层）分布式体系结构既可以满足用户个性化需求以及系统安全性等方面的需要，又能保持系统核心架构的稳定性。

3. 企业服务总线 ESB

数据交换服务总线 ESB 是整个区域全民健康信息综合管理平台的技术核心，ESB 通常采用面向服务的体系结构。该服务保证在一个异构的环境中实现信息稳定、可靠的传输，屏蔽掉用户实际中的硬件层、操作系统层、网络层等相对复杂、烦琐的界面，为用户提供一个统一、标准的信息通道，保证用户的逻辑应用和这些底层平台没有任何关系，最大限度地提高用户应用的可移植性、可扩充性和可靠性。提供一个基于应用总线的先进应用整合理念，最大限度地减少应用系统互联所面临的复杂性。系统的实现维护都相对简单，保证每一个应用系统的更新和修改都能够实时地实现；同时当新的应用系统出现时能够简便地纳入整个 IT 环境当中，与其他的应用系统相互协作，共同为用户提供服务。

4. 基于 J2EE

选用 J2EE 作为主要系统的框架，并以它为基础搭建整个技术架构平台。

J2EE 是一种利用 Java 2 平台来简化企业解决方案的开发、部署和管理相关的复杂问题的体系结构。J2EE 是一个标准，而不是一个现成的产品。

J2EE 将组成一个完整企业级应用的不同部分纳入不同的容器，每个容器中都包含若干组件（这些组件是需要部署在相应容器中的），同时各种组件都能使用各种 J2EE Service/API。J2EE 容器包括：Web 容器服务器端容器、EJB 容器、Applet 容器客户端容器和 Application Client 容器。通过这四个容器，J2EE 能够灵活地实现前面描述的企业级应用的架构。

采用 J2EE 体系结构可以用来满足信息系统高可用性、高可靠性以及可扩展性的应用的需求。通过提供统一的开发平台，J2EE 降低了开发费用和复杂性，同时提供对现有应用程序集成强有力支持，完全支持 Enterprise JavaBeans，有良好的向导支持打包和部署应用，添加目录支持，增强了安全机制，提高了性能。J2EE 方案的实施可显著地提高系统的可移植性、安全性、可伸缩性、负载平衡和可重用性。

5. 基于 XML

可扩展的标记语言（extensible markup language，XML）允许开发者建立他们的属于自己的保存信息的标记结构。XML 解析语法是非常明确，而且是一种广泛应用的工具，它能从在各种各样的环境中 XML 文件使获得知识，在 Unicode 基础的基础上建立 XML

使它更容易建立使国际化文件。XML 是一套定义语义标记的规则，这些标记将文档分成许多部件并对这些部件加以标识。它也是元标记语言，即定义了用于定义其他与特定领域有关的、语义的、结构化的标记语言的句法语言。XML 主要有三个要素：Schema（模式）、XSL（extensible stylesheet language，可扩展样式语言）和 XLL（extensible link language，可扩展链接语言）。Schema 规定了 XML 文档的逻辑结构，定义了 XML 文档中的元素、元素的属性以及元素和元素的属性之间的关系，它能够帮助 XML 的解析器校验 XML 文档标记是否合法；XSL 是用来规定 XML 文档表现形式的语言，同 CSS 类似；XLL 则进一步地扩展了当前 Web 上已有的简单链接。

6. 采用 Web Services 系统集成

目前，业界正在为未来集成标准化方向铺路的重要标准之一是 Web Services。Web Services 将 XML 作为数据格式，将标准 HTTP 协议作为传输协议，以统一的集成平台为基础将现有应用集成到企业中。与其他方法（如 CORBA 或消息传送）相比，这种方法的侵入性不强，因而是与现有系统集成的最佳方法。

7. 采用 Web Services 对外接口

Web Services 技术描述了一些操作的接口，通过标准化的 XML 消息传递机制，可以通过网络访问这些操作。Web Services 是用标准的、规范的基于 XML 的 WSDL 语言描述的，它隐藏了服务实现的细节，允许独立于硬件或软件平台、独立于编写服务所用的编程语言方式使用该服务。这使得基于 Web Services 的应用程序具备松散耦合、面向组件和跨技术实现的特点。

8. 采用主流的操作系统

出于系统运行的平稳性和可靠性考虑，操作系统的性能，与数据库系统的配合，是保证数据中心为各医疗机构提供业务服务支撑的基本需求。系统整体上支持市面上主流操作系统。

9. 采用主流的数据库系统

为保证将来平台的可扩张性和兼容性，相关的业务系统应该提供对市场主流数据库的兼容性，系统将支持市场主流数据库。

（三）信息资源和数据库设计

基于国家卫生健康委员会《电子病历基本架构和数据标准》的数据模型，实现电子病历数据的交换和存储。数据交换采用 IHE XDS 规范实现基于文档的交换和共享，数据信息的交换遵循 HL7、CDA 标准。

对于医院信息系统业务、流程以及各个管理系统产生的医疗业务信息、临床信息、医院管理信息需要有机地整合。这些专业信息需要病人基本信息、医疗卫生从业人员注册信息和各种术语字典等基础信息的支撑。医院系统的重要特点是根据数据仓库中历史积累的数据实现决策支持。此外，还要有医院内部子系统之间的交换和对外信息交换数据库（图 8-4-2）。

数据库的总体设计包含基础信息、专业信息、数据仓库、交换库以及管理信息库。

1. 基础信息库

基础信息库集中了整个医院信息系统的基础信息和共享数据，是为各个分系统提供

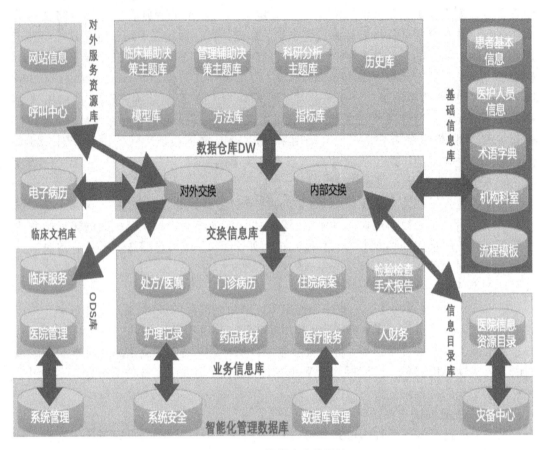

图 8-4-2 数据库总体设计

基础信息服务的，基础共享信息库包括了病人的人口信息、医疗卫生人员的注册信息，及各种医疗卫生、公共卫生术语字典数据及流程模板数据等。

患者基本信息是基础信息数据库中的核心内容之一。无论是电子病历、医疗业务、临床信息，还是疾病分析信息和公共卫生条线数据，都是以人口信息为基础的。在此基础上，实现电子病历、医疗业务（含临床数据）和疾病控制数据的关联；医疗卫生人员信息是基础信息数据库中的另一个核心内容，以医疗卫生人员信息为基础可以建立医院诊疗资源注册库，可以作为医院管理以及绩效考核的基础；术语字典是辅助各类医院业务、临床业务的基本数据元、代码集以及数据字典；另外还包含了医院各种业务、流程说明模版的操作模型。

流程模板库是包含了医疗机构医疗业务、管理流程、财务结算等所有信息系统正常运转、分布协同的规则库。通过流程模板库的流程引擎指导，能够明确病人在医疗机构内如何进行就医，临床医生如何对病人进行准确诊断，防保医生如何对疾病进行控制和分析，管理及后勤人员如何对医疗资源进行合理分配或者补充采购、财务结算人员如何统计和控制医院的收入和开支。流程模板库是医疗机构保证正常运转的核心，对各级医疗卫生人员和病人的医疗行为起着规范和指导作用。

2. 医院信息资源目录库

信息资源目录库提供每条医疗信息记录的真实存放地址，在数据读取过程中，读取服务会通过信息资源目录库查询到真实存放地址，地址信息包括存放服务器地址，存放服务名等信息。存放服务器都需要实现统一的基于 Web Services 的数据存储服务，同时使用非显性认证机制来解决安全问题。数据读取服务可以通过信息资源目录库直接到远端系统中读取相关数据。

3. 专业信息库

专业业务信息库是整个医院信息系统的核心，专业业务信息库存储原始业务产生的数据，诊疗业务流程产生的结果数据——电子病历。从时效性和实际业务需求出发，专业业务信息库至少要保存 50 年之内在线业务操作及结果数据。

医疗业务、临床数据除了在标准化数据中心保存即时产生的，符合临床诊疗要求的各种业务原始数据以外，还需要以病人的基本信息为基础，整合病人历次就诊的就诊履历，完善病人的医院电子病历 EMR。电子病历不仅包含了病人在医院进行诊疗治疗的过程数据，还包括了综合征所做的基本健康体检、可能收集的既往病史或者家族病史。另外，临床信息在存储管理时是不分病种的，但是疾病预防控制是根据病种来管理的，所以原始业务数据需要在标准化数据中心进行清洗和转换。

临床信息与区域医疗卫生体系的居民健康档案一方面可以从基础层面通过居民基本信息关联，另一方面可从业务层面通过诊断码 ICD10 关联，即在临床诊断为某种疾病，则相关信息进入健康档案的某个专项档案，如流感、糖尿病、高血压等。

4. 临床文档库

临床文档信息库是医院为支持临床诊疗和全部医、教、研活动而以病人为中心重新构建的新的一层数据存储结构。它应该是物理存在的，而不仅仅是概念存在或者是逻辑存在。它是医院基于电子病历的信息平台的核心构件。它是否存在可以作为医院是否拥有真正电子病历系统的标志。它与直接支持医疗操作的前台业务信息库不同，其数据来自这些业务系统，但与前台业务流程无关。它也不是通常意义上的数据仓库，因为它的内容是随着医院业务活动动态变化的，并且直接支持医生/护士对病人临床记录的实时应用。

5. 数据仓库

决策支持业务通过从历史数据库和专业信息库中抽取数据，将所需的信息存储于数据仓库中，在此基础上进行联机分析处理和决策。而历史数据库保存的是 6—10 年的所有业务信息，与专业信息库一起保证了在线业务数据的完整性和长久性。

数据交换和存储技术的进步导致卫生领域庞大的数据库日益增多，如临床医嘱处方、检验检查报告、影像数据等业务领域每年产生大量的数据。为了从这些数据中提取出对数据库拥有者有价值的信息，我们通过数据挖掘技术实现数据仓库。

数据分析挖掘业务是构建在基础信息库、专业信息库和数据仓库基础之上的综合查询分析、信息挖掘平台。

6. 信息交换库

（1）对内交换。对内交换是医疗机构内部各个信息系统之间进行基础信息和专业信息交换的信息存储区域。考虑到医疗机构各个信息系统相对的独立性以及数据之间的关联性，我们在医院信息平台中设立对内信息交换数据库，存放各个信息系统交互的信息，包括了基础信息（病人基本信息、医疗人员信息等）、专业信息（医疗业务、临床数据、检验检查报告以及影像数据等）。

（2）对外交换。对外信息交换库是医院信息系统与区域医疗卫生体系的其他外部系统进行数据交换的信息存储区域。为保证系统的相对独立，设立对外信息交换数据库，存放对外共享的信息及从其他外部系统获取本系统所需的信息。

数据库设计在常规的、静态的数据仓库之外，建立一个ODS（操作性数据存储）系统数据来源于在线业务系统的实时映像。为了完成实时报表，建立一个特别的ODS，其在物理和管理上独立于传统的数据仓库。ODS通常不是数据库概念上的一个表分区，实时分区是一个独立的表，可以在其上进行更新和查询操作。存储实时分区的系统可以称为ODS。ODS是存储和管理实时分区的系统。ODS处于业务系统和数据仓库之间，具有实时的、常变的、当前的、临时的等特点。引入ODS后，数据仓库的体系架构为：源数据→ODS→数据仓库DW→OLAP。实时分区ODS必须满足下面苛刻的需求：①在静态数据仓库更新前，承担所有的查询操作。②在粒度和内容上与静态数据仓库的事实表能够吻合链接。③支持查询的高响应。

（3）智能化管理信息库。智能化管理信息库中存在几个相对独立的数据库，包括系统管理数据库、系统安全数据库、数据库管理数据库和灾难备份数据库。其中，前三个数据库是出于软件自身的功能需求，记录一些有关系统资源、数据库性能、监控等方面的系统信息、历史数据和日志；而灾难备份数据库则是从数据保护及最终应用切换的角度出发，提供对核心业务数据库、网站数据库、数据库等的异地备份。

异地备份的目标在于当信息中心的主服务器硬件失效、软件失效或系统运行环境失效（如电源失效、空调失效、大楼失火等）导致计算机系统的失效时，能在较短的时间内进行系统恢复，并且最大限度地防止数据的丢失。

（四）标准规范设计

1. 标准规范的建设

医院的信息化建设涉及多家机构及厂商，由此不可避免地造成了信息化建设的复杂性，所以，对医院信息系统接口进行规范化是十分有必要的。标准化的制定是医疗信息集成平台建设的基础，通过建立并制定标准集成规范，并充分利用医院相关信息系统资源，形成统一的资源交换规则和格式，标准规范体系包括数据规范、业务功能规范、应用规范、管理规范、安全规范、技术规范等部分。

医院信息化的建设将充分满足对标准集成规范建立的要求，在信息资源整合的过程中强调标准化，确保医院信息系统内部及与区域信息平台的互联互通和信息共享。同时使投入信息化建设的资源得到充分利用，加快建设步伐。另外，业务上的标准化将可以从业务的角度让所有的信息交换的参与者之间在业务数据的定义、共享方面达成一致的意见。

标准化建设是医疗信息集成平台建设的基础工作，也是进行信息交换与共享的基本前提。在信息化的建设中，必须强调"统一规范、统一代码、统一接口"；必须规范医院各领域信息化建设的基本功能、业务流程、数据模型和数据编码等信息标准，逐步满足信息化建设的需要。

2. 标准规范的应用

（1）遵循的相关标准说明。在编制标准时必须要参考国际标准，国际标准大致分为两大类：一类是代码、术语标准，如 ICD10、LOINC、SNOMED、CPT4、ICPC、NDC、UMLS 等；另一类是不仅含有数据标准，更是一种信息技术框架，如 HL7、DICOM 及 IHE 标准。

（2）参考的标准。包括：医院信息互联互通标准化成熟度测评方案（2017 版）、卫生信息数据元标准化规则、卫生信息数据模式描述指南、卫生信息数据集元数据规范、电子病历基本架构与数据标准、医院信息系统软件基本功能规范。

（3）引用的标准。在标准编制的过程中，有关数据元值域代码的部分，若有相关国标则以国标为准进行直接引用，针对地方情况进行补充或修改，若没有国标则自行编制。目前国标代码主要为：WS/T 303《卫生信息数据元标准化规则》、WS/T 305《卫生信息数据集元数据规范》、WS/T 306《卫生信息数据集分类与编码规则》、《卫生信息数据模式描述规则》、WS 370《卫生信息基本数据集编制规范》、《医院信息系统基本功能规范》、WS 218—2002 卫生机构（组织）分类与代码、GB/T 2260—2007 中华人民共和国行政区划代码、GB/T 2261.1—2003 个人基本信息分类与代码第 1 部分人的性别代码、GB/T 4658—2006 学历代码、GB/T 4754—2002 国民经济行业分类、GB/T 6864—2003 中华人民共和国学位代码、GB/T 7408—2005 数据元和交换格式信息交换日期和时间表示法、GB/T 8561—2001 专业技术职务代码、GB/T 12402—2000 经济类型分类与代码。

3. 标准规范的制定

标准化基本过程是 PDCA 循环，标准化过程模式是倒四面体，说明标准化内容随着时间的推移而逐步扩大。对于标准的制定，涉及三方面内容：

（1）搜集现有的国家、行业和地方标准，并借鉴国际标准。国内的国家、行业和地方标准是必须遵循的，体现了标准的完善性和规范性。国际标准目前仍然代表技术发展趋势，体现了国内标准是符合发展方向的。

（2）建立标准体系。建立标准体系才能明确哪些标准是我们要使用的，哪些是要制定的。目前标准体系可以遵循国家电子政务标准体系，在该体系下结合卫生行业的特点建立。

（3）编制标准。首先结合业务需求开展系统建模，建立概念模型、功能模型和信息模型才能结合业务把握规律，体现标准的科学性和前瞻性。其次结合地方的卫生信息化现状，使标准具有可行性。

（五）成效分析

1. 临床业务、运营管理、医院管理三环驱动设计模式

以临床业务、医疗管理、运营管理三环为核心，驱动各自业务域相关工作流，产生的能效最终体现为丰富多样的病人体验。（图 8-4-3）

自顶向下的设计有助于管理者和厂家之间达成默契的合作，清晰定位各种不同类型

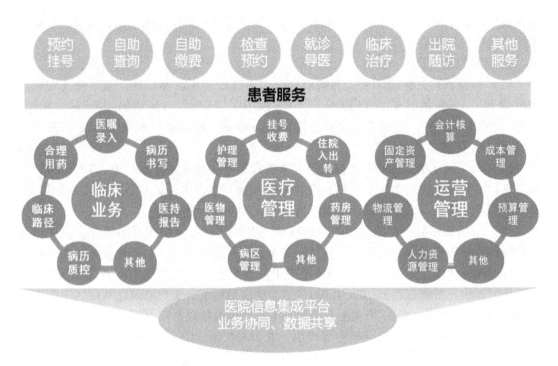

图8-4-3 临床业务、运营管理、医院管理三环驱动设计模式

厂家软件的职能,并通过平台融合其间的差异性,使之为病人、管理层以及临床工作者服务。

2. 以集成平台为基础专业化一体化集成设计的建设模式

通过建设以电子病历为核心的医院信息平台,通过数据中心实现不同信息系统、组织机构间信息资源整合,实现业务数据实时更新,确保信息同步;满足管理决策、临床决策、科学研究、对外信息共享;实现统一的数据仓库的设计及技术文档、元数据管理等功能。建设医院信息平台需制定信息交换标准,统一卫生信息标准与数据字典,并基于平台建立专业化一体化的应用系统。

在应用系统的过程中,由于医院提供的诊疗服务具备自身的内涵和特色,其专业性和领域深度与周边医院有很大不同,固需要从专业化角度狠下力气,专业化的临床信息系统不仅需要支持医护人员的正常工作,而且要在专业知识积累、危急值告警、临床辅助诊疗方面具备相应功能。

一体化主要体现在两个方面:一是业务协同方面需要我们驱动多套系统精确、有效地工作,使之达到互操作运行的效果;二是多套业务系统的基础数据需要与信息集成平台保持同步运行,确保信息有效及时交互。

3. 顺应时代发展,建立新型智慧医院

智慧医院建设的四大特点是:

(1)从规划咨询、系统设计、设备采购、工程项目管理、调试集成到运营维护的全过程服务。

(2)将医院的结构(智能建筑环境结构)、系统(信息系统)、服务(医疗服务)、管理（综合管理）作为设计的四个基本要素，特别突出了智能化和信息化的整合与集成。

（3）强大的智能化医院信息平台架构，可按标准化"插座式"方式轻松集成各类厂商的不同系统，彻底告别信息孤岛。

（4）对医院集团化发展的支持。

4. 建立院级数据中心及集成规范

通过建设以电子病历为核心的医院数据中心系统，通过数据中心实现不同信息系统、组织机构间信息资源整合，实现基础数据实时更新，确保信息同步；满足管理决策、临床决策、科学研究、对外信息共享；实现统一的数据仓库的设计及技术文档、元数据管理等功能。

通过建设医院信息平台需制定信息交换标准，统一卫生信息标准与数据字典；形成健康档案的内容规范与标准；基于电子病历，建立医院信息系统的基础架构与标准。

5. 建立临床业务医护门户

（1）完善基本功能的临床信息系统。在整合资源的基础上推进院内临床系统建设，包括电子病历、临床路径、抗菌药物管理、危急值管理等，整合成信息集成门户，并与医技信息系统有效衔接，提高临床服务水平。

（2）探索适合医院实际的指标分析评价系统。响应国家号召，研究卫生监督体系建设和发展规划、专科体系建设与发展规划，并探索基于以上规划和体系、适合在医院推广使用的指标分析系统。

（3）以医护门户为核心，开展一点多面的医疗业务。通过利用信息技术带来的便利性，医护人员可以在门户及时查看到想要的病人信息，并保持互动，拉近医患距离，并有效将医疗救治业务从院内救治拓展到院前健康管理。

6. 区域卫生信息平台互联互通

通过区域医疗协作管理体系以连接居民家庭、专业体检机构、大中小型医院之间的庞大的医疗健康服务网为基础，以健康档案、电子病历、检验检查结果等医疗健康服务信息的共享为核心，促进协作医疗业务中在信息整合、资源共享、流程再造和数据挖掘等方面的创新应用，推动医疗协作业务中的各医院优化就诊流程、减少医疗差错、降低运营成本、提高服务质量、提高工作效率和管理水平；面向社会提供优质经济的医疗健康服务，系统除了支持联合预约管理、就医绿色通道、远程会诊、双向转诊、健康管理、病历共享、检验检查设备资源共享等常规协作医疗业务协同外，同时还提供远程培训、客户关系管理、领导决策分析、异地数据托管、协作医院运行监管等众多功能。

（丁昕炜　杨凌）

附　　录

附录一
国务院办公厅关于进一步深化
基本医疗保险支付方式改革的指导意见

国办发〔2017〕55号

医保支付是基本医保管理和深化医改的重要环节，是调节医疗服务行为、引导医疗资源配置的重要杠杆。新一轮医改以来，各地积极探索医保支付方式改革，在保障参保人员权益、控制医保基金不合理支出等方面取得积极成效，但医保对医疗服务供需双方特别是对供方的引导制约作用尚未得到有效发挥。为更好地保障参保人员权益、规范医疗服务行为、控制医疗费用不合理增长，充分发挥医保在医改中的基础性作用，经国务院同意，现就进一步深化基本医疗保险支付方式改革提出如下意见。

一、总体要求

（一）指导思想

全面贯彻党的十八大和十八届三中、四中、五中、六中全会精神，深入贯彻习近平总书记系列重要讲话精神和治国理政新理念新思想新战略，按照党中央、国务院决策部署，落实全国卫生与健康大会精神，紧紧围绕深化医药卫生体制改革目标，正确处理政府和市场关系，全面建立并不断完善符合我国国情和医疗服务特点的医保支付体系。健全医保支付机制和利益调控机制，实行精细化管理，激发医疗机构规范行为、控制成本、合理收治和转诊病人的内生动力，引导医疗资源合理配置和病人有序就医，支持建立分级诊疗模式和基层医疗卫生机构健康发展，切实保障广大参保人员基本医疗权益和医保制度长期可持续发展。

（二）基本原则

一是保障基本。坚持以收定支、收支平衡、略有结余，不断提高医保基金使用效率，着力保障参保人员基本医疗需求，促进医疗卫生资源合理利用，筑牢保障底线。

二是建立机制。发挥医保第三方优势，健全医保对医疗行为的激励约束机制以及对医疗费用的控制机制。建立健全医保经办机构与医疗机构间公开平等的谈判协商机制、"结余留用、合理超支分担"的激励和风险分担机制，提高医疗机构自我管理的积极性，促进医疗机构从规模扩张向内涵式发展转变。

三是因地制宜。各地要从实际出发，充分考虑医保基金支付能力、医保管理服务能力、医疗服务特点、疾病谱分布等因素，积极探索创新，实行符合本地实际的医保支付方式。

四是统筹推进。统筹推进医疗、医保、医药各项改革，注重改革的系统性、整体性、协调性，发挥部门合力，多措并举，实现政策叠加效应。

（三）主要目标

2017年起，进一步加强医保基金预算管理，全面推行以按病种付费为主的多元复合式医保支付方式。各地要选择一定数量的病种实施按病种付费，国家选择部分地区开展按疾病诊断相关分组（DRGs）付费试点，鼓励各地完善按人头、按床日等多种付费方式。到2020年，医保支付方式改革覆盖所有医疗机构及医疗服务，全国范围内普遍实施适应不同疾病、不同服务特点的多元复合式医保支付方式，按项目付费占比明显下降。

二、改革的主要内容

（一）实行多元复合式医保支付方式

针对不同医疗服务特点，推进医保支付方式分类改革。对住院医疗服务，主要按病种、按疾病诊断相关分组付费，长期、慢性病住院医疗服务可按床日付费；对基层医疗服务，可按人头付费，积极探索将按人头付费与慢性病管理相结合；对不宜打包付费的复杂病例和门诊费用，可按项目付费。探索符合中医药服务特点的支付方式，鼓励提供和使用适宜的中医药服务。

（二）重点推行按病种付费

原则上对诊疗方案和出入院标准比较明确、诊疗技术比较成熟的疾病实行按病种付费。逐步将日间手术以及符合条件的中西医病种门诊治疗纳入医保基金病种付费范围。建立健全谈判协商机制，以既往费用数据和医保基金支付能力为基础，在保证疗效的基础上科学合理确定中西医病种付费标准，引导适宜技术使用，节约医疗费用。做好按病种收费、付费政策衔接，合理确定收费、付费标准，由医保基金和个人共同分担。加快制定医疗服务项目技术规范，实现全国范围内医疗服务项目名称和内涵的统一。逐步统一疾病分类编码（ICD-10）、手术与操作编码系统，明确病历及病案首页书写规范，制定完善符合基本医疗需求的临床路径等行业技术标准，为推行按病种付费打下良好基础。

（三）开展按疾病诊断相关分组付费试点

探索建立按疾病诊断相关分组付费体系。按疾病病情严重程度、治疗方法复杂程度和实际资源消耗水平等进行病种分组，坚持分组公开、分组逻辑公开、基础费率公开，结合实际确定和调整完善各组之间的相对比价关系。可以疾病诊断相关分组技术为支撑进行医疗机构诊疗成本与疗效测量评价，加强不同医疗机构同一病种组间的横向比较，利用评价结果完善医保付费机制，促进医疗机构提升绩效、控制费用。加快提升医保精细化管理水平，逐步将疾病诊断相关分组用于实际付费并扩大应用范围。疾病诊断相关分组收费、付费标准包括医保基金和个人付费在内的全部医疗费用。

（四）完善按人头付费、按床日付费等支付方式

支持分级诊疗模式和家庭医生签约服务制度建设，依托基层医疗卫生机构推行门诊统筹按人头付费，促进基层医疗卫生机构提供优质医疗服务。各统筹地区要明确按人头付费的基本医疗服务包范围，保障医保目录内药品、基本医疗服务费用和一般诊疗费的支付。逐步从糖尿病、高血压、慢性肾功能衰竭等治疗方案标准、评估指标明确的慢性病入手，开展特殊慢性病按人头付费，鼓励医疗机构做好健康管理。有条件的地区可探索将签约居民的门诊基金按人头支付给基层医疗卫生机构或家庭医生团队，病人向医院转诊的，由基层医疗卫生机构或家庭医生团队支付一定的转诊费用。对于精神病、安宁疗护、医疗康复等需要长期住院治疗且日均费用较稳定的疾病，可采取按床日付费的方式，同时加强对平均住院天数、日均费用以及治疗效果的考核评估。

（五）强化医保对医疗行为的监管

完善医保服务协议管理，将监管重点从医疗费用控制转向医疗费用和医疗质量双控制。根据各级各类医疗机构的功能定位和服务特点，分类完善科学合理的考核评价体系，将考核结果与医保基金支付挂钩。中医医疗机构考核指标应包括中医药服务提供比例。有条件的地方医保经办机构可以按协议约定向医疗机构预付一部分医保资金，缓解其资金运行压力。医保经办机构要全面推开医保智能监控工作，实现医保费用结算从部分审核向全面审核转变，从事后纠正向事前提示、事中监督转变，从单纯管制向监督、管理、服务相结合转变。不断完善医保信息系统，确保信息安全。积极探索将医保监管延伸到医务人员医疗服务行为的有效方式，探索将监管考核结果向社会公布，促进医疗机构强化医务人员管理。

三、配套改革措施

（一）加强医保基金预算管理

按照以收定支、收支平衡、略有结余的原则，科学编制并严格执行医保基金收支预算。加快推进医保基金收支决算公开，接受社会监督。

各统筹地区要结合医保基金预算管理完善总额控制办法，提高总额控制指标的科学性、合理性。完善与总额控制相适应的考核评价体系和动态调整机制，对超总额控制指标的医疗机构合理增加的工作量，可根据考核情况按协议约定给予补偿，保证医疗机构正常运行。健全医保经办机构与医疗机构之间的协商机制，促进医疗机构集体协商。总额控制指标应向基层医疗卫生机构、儿童医疗机构等适当倾斜，制定过程按规定向医疗机构、相关部门和社会公开。

有条件的地区可积极探索将点数法与预算总额管理、按病种付费等相结合，逐步使用区域（或一定范围内）医保基金总额控制代替具体医疗机构总额控制。采取点数法的地区确定本区域（或一定范围内）医保基金总额控制指标后，不再细化明确各医疗机构的总额控制指标，而是将项目、病种、床日等各种医疗服务的价值以一定点数体现，年底根据各医疗机构所提供服务的总点数以及地区医保基金支出预算指标，得出每个点的实际价值，按照各医疗机构实际点数付费，促进医疗机构之间分工协作、有序竞

争和资源合理配置。

(二) 完善医保支付政策措施

严格规范基本医保责任边界，基本医保重点保障符合"临床必需、安全有效、价格合理"原则的药品、医疗服务和基本服务设施相关费用。公共卫生费用、与疾病治疗无直接关系的体育健身或养生保健消费等，不得纳入医保支付范围。各地要充分考虑医保基金支付能力、社会总体承受能力和参保人个人负担，坚持基本保障和责任分担的原则，按照规定程序调整待遇政策。科学合理确定药品和医疗服务项目的医保支付标准。

结合分级诊疗模式和家庭医生签约服务制度建设，引导参保人员优先到基层首诊，对符合规定的转诊住院病人可以连续计算起付线，将符合规定的家庭医生签约服务费纳入医保支付范围。探索对纵向合作的医疗联合体等分工协作模式实行医保总额付费，合理引导双向转诊，发挥家庭医生在医保控费方面的"守门人"作用。鼓励定点零售药店做好慢性病用药供应保障，病人可凭处方自由选择在医疗机构或到医疗机构外购药。

(三) 协同推进医药卫生体制相关改革

建立区域内医疗卫生资源总量、医疗费用总量与经济发展水平、医保基金支付能力相适应的宏观调控机制，控制医疗费用过快增长。推行临床路径管理，提高诊疗行为透明度。推进同级医疗机构医学检查检验结果互认，减少重复检查。建立医疗机构效率和费用信息公开机制，将费用、病人负担水平等指标定期公开，接受社会监督，并为参保人就医选择提供参考。完善公立医疗机构内部绩效考核和收入分配机制，引导医疗机构建立以合理诊疗为核心的绩效考核评价体系，体现多劳多得、优劳优酬。规范和推动医务人员多点执业。

四、组织实施

(一) 加强组织领导

各省（区、市）要高度认识深化医保支付方式改革的重要性，在医改领导小组领导下，协调推进医保支付方式及相关领域改革，妥善做好政策衔接，发挥政策合力。各级人力资源社会保障、卫生计生、财政、发展改革、中医药等部门要根据各自职能，协同推进医保支付方式改革，明确时间表、路线图，做好规划和组织落实工作。

(二) 切实抓好落实

各统筹地区要按照本意见精神，在总结经验的基础上，结合本地实际，于2017年9月底前制定具体改革实施方案。人力资源社会保障部、国家卫生计生委会同财政部、国家中医药局成立按疾病诊断相关分组付费试点工作组，2017年选择部分地区开展按疾病诊断相关分组付费试点，并加强技术指导。

(三) 做好交流评估

加强不同地区间医保支付方式改革成果交流，及时总结推广好的经验做法。各统筹地区要开展改革效果评估，既对改革前后医疗费用、医疗服务数量和质量、医保待遇水平、参保人员健康水平等进行纵向评估，又与周边地区、经济和医疗水平相似地区进行横向比较，通过评估为完善政策提供支持。

附录二
广东省人力资源和社会保障厅、广东省卫生和计划生育委员会关于全面开展基本医疗保险按病种分值付费工作的通知

粤人社函〔2017〕3457号

各地级以上市人力资源社会保障（社会保障）局、卫生计生局（委）：

近年来，我省部分地市积极开展基本医疗保险按病种分值付费方式改革，对于促进医疗机构间良性竞争，激励医疗机构加强自我管理，控制医疗费用不合理增长，轻群众就医负担，维护基金平稳运行发挥了积极作用。为深入贯彻落实《国务院办公厅关于进一步深化基本医疗保险支付方式改革的指导意见》（国办发〔2017〕55号），现就全面开展基本医疗保险按病种分值付费工作通知如下：

一、全面实行按病种分值付费工作

按病种分值付费是指在基本医疗保险统筹基金支付本统筹区内住院医费的总额预算内，根据各病种均次费用与某固定值（或基准病种）的比例关系确定相应的病种分值，按照医疗机构服务能力和水平确定医院系数。年终医保经办部门报据医院得到的总分值和系数，按约定规则进行住院费用结算的付费方式。按照省政府关于进一步深化基本医疗保险支付方式改革的要求，各市要全面开展按病种分值付费工作，到2017年底各市实行按病种分值付费的病种数不少于1000个，有条件的市可进一步扩大病种范围。

二、科学合理确定年度基金分配总量

各地要严格执行基本医疗保险基金预算管规定，加强医保基金精算管理，认真编制基本医疗保险基金收入预算，将基金预算管理和费用结算管理相结合，完善基本医疗保险基金收支预算管理制度。按照以收定支、收支平衡、略有结余的原则，以当年度基本医疗保险统筹金总收入，在扣除参保单位和个人一次性预费费、统筹区域外就医、普通门诊统筹、门诊特定病种、大病保险等支出费用以及一定的机动基金后，确定会市定点医疗机住院可分配的基金总额。

三、科学编制各病和分值和医院系数

省人社厅在比对先行市的病种范后，印制《广东省基本医疗保险按病粕分值的病种参考目录》，作为各市制订病种范图的参考，各市结合本市定点医疗机构近三年医疗机病案数据，筛选确定本市按病种分位结算病种的范围，并按照近三年费用情况对每一病种确定相应分值，建立分值库，要综合考虑医院级别，病种结构、医院功能定位等因

素，确定医院系数。要建立动态调整机制，根据运行情况，定期对病种、分值等进行微调。

四、建立完善医疗保险费用质量监控标准体系

各市要建立医疗保险费用质量监控标准体系，要将重复住院率、病种费用增长率、疾病编码准确率、大型设备阳性率、"三大目录"外费用比例、合理用药情况、转诊率等，纳入医保协议，加强对医疗机构费用的控制和质量的监管，重点防范降低住院标准，诊断升级、分解住院等违规行为。通过引入参保人满意度调查、同行评议等评价方式，完善考核评价办法。要充分利用信息管理系统，通过完善数据采集和加强数分析，探索将各医院基本医疗保险指标与同级医院管理指标平均水平对比，设立考核清算系数，促进医疗机构间良性竞争。监测，考评和监督检查的结果与医保付费挂钩。

五、按时向医疗机构拨付医保基金

按照"总额控制、病种赋值、月预结算、年度清算"的原则与医疗机构进行结算。各地要严格贾彻突《关于明确基本医疗保险基金预拨付问题的通知》（粤财社〔2014〕444号），按照总额控制指标的一定比例设立周转金并对两年内未违反医疗保险有关管理规定的定点医疗机构进行预拨付。各地可以根据全市上年度统筹基金实际支付医疗机构住院费用总额的月平均值的一定比例，确定月度预结算总额，社保经办机构每月根据月基金付费总额及当月全市病种分数总和，与医疗机构按约定的规则进行月预结算。

六、强化医疗机构规范化管理

2017年全省医疗费用增长幅度控制在10%以下。医疗机构要加强内部管理，强化对接诊病人的首诊负责制，严格执行国家和省的诊疗技术规范，不得简化诊疗过程或分解住院总人数，严控同一疾病的重复住院率，确保医疗质量。住院病案首填写应当真实、及时、规范，项目填写完整，准确反映住院期间诊疗信息，疾病诊断码应当统一使用ICD-10（国际版），手术和操作编码应当统一使用ICD-9-CM-3（广东省版），编码要求见《关于统一和规范全省疾病和手术代码应用》。

附录三
广州市人力资源和社会保障局、广州市财政局 广州市卫生和计划生育委员会关于开展 广州市社会医疗保障住院医疗费用 按病种分值付费工作的通知

穗人社发〔2017〕70号

各社会保险定点医疗机构，各有关单位：

为进一步推进我市社会医疗保险付费方式改革，根据省人社厅《关于全面开展基本医疗保险按病种分值付费工作的通知》（粤人社函〔2017〕3457号）有关要求和规定，本市自2018年1月1日起开展广州市社会医疗保险住院医疗费用按病种分值付费工作。现将有关事项通知如下：

一、适用范围

广州市社会医疗保险参保人员（含职工社会医疗保险和城乡居民社会医疗保险参保人员，以下简称为"参保人员"）在本市定点医疗机构住院发生的医疗总费用，由医保经办机构按照"总额控制、病种赋值、月预结算、年度清算"的原则，与定点医疗机构按病种分值付费方式结算。指定手术单病种项目、广州市社会医疗保险医疗联合体医疗费用按总额付费项目等按有关规定确定的付费项目不纳入按病种分值付费范围。

具备相应诊疗科目并实际开展业务的定点医疗机构，收治相应病种所发生的医疗总费用均纳入按病种分值付费范围。广州市社会医疗保险医疗联合体签约参保人员在签约医疗联合体以外定点医疗机构发生的住院医疗费用纳入该定点医疗机构按病种分值付费范围。医保经办机构与定点医疗机构签订相应补充服务协议。

二、全市年度住院统筹基金支出总额

综合考虑本市社会医疗保险基金收入水平、参保人员就医需求、经济社会发展水平、物价水平等因素，根据上年度住院统筹基金实际支出情况，按险种合理确定全市年度住院统筹基金支出增长率和全市住院统筹基金支出总额。具体方法如下：

（1）全市年度住院统筹基金支出增长率＝（全市上年度参保人员住院就医人数增长率＋1）×（本市上年度医疗保健消费价格同比增长率＋1）－1。

（2）全市年度按病种分值付费调节金支出总额＝上一年度全市按病种分值付费调节金支出总额×（本市上年度医疗保健消费价格同比增长率＋1）。

2018年全市按病种分值付费调节金支出总额为2017年全市住院统筹基金实际记账

费用总额的 5%。

（3）全市年度住院统筹基金支出总额 = 全市上年度住院统筹基金实际支出总额 ×（1 + 全市年度住院统筹基金支出增长率）+ 全市年度按病种分值付费调节金支出总额。

全市年度住院统筹基金支出增长率高于省下达我市医疗费用增长率控制目标或省、市规定公立医院医疗费用增长幅度的，按其规定确定基金支出增长率。因重大政策调整、影响范围较大的突发事件、自然灾害或其他特殊情形发生需要调整住院统筹基金支出总额或全市年度按病种分值付费调节金支出总额的，由医保经办机构根据实际情况提出调整意见，报市人力资源社会保障行政部门审定后执行。

三、全市年度按病种分值付费支出总额

（1）全市年度按病种分值付费住院统筹基金支出总额 = 全市年度住院统筹基金支出总额 − 全市异地住院就医参保人年度实际记账金额 − 全市年度非按病种分值付费项目住院统筹基金支出总额 − 全市年度按病种分值付费调节金支出总额 + 广州市社会医疗保险医疗联合体签约参保人员在签约医疗联合体外定点医疗机构发生的实际记账费用总额。

（2）全市年度按病种分值付费住院医疗总费用总额 = 全市年度按病种分值付费住院统筹基金支出总额 × 全市按病种分值付费年度住院实际医疗总费用总额 ÷ 全市按病种分值付费年度住院实际记账费用总额。

住院实际记账费用是指参保人员在定点医疗机构住院实际发生的记账费用（不含城乡居民大病医疗保险记账费用）。

四、病种分值和权重系数确定

（一）基准病种及其分值的确定

在全市定点医疗机构近三年社会医疗保险住院病例中选择一种普遍开展、临床路径明确、并发症与合并症少、诊疗技术成熟且费用相对稳定的病种作为基准病种，基准病种分值设为 1000 分。

（二）病种确定方法

根据定点医疗机构一定时期出院病例的临床主要诊断编码

（ICD－10 国标版），结合手术与操作编码（ICD－9－CM－3 广东省版），筛选出有关病种。《广东省基本医疗保险按病种分值付费的病种参考目录》（广东省人力资源和社会保障厅印制）覆盖的病种应纳入我市按病种分值付费病种范围。

指定病种长期住院、精神病专科和护理医疗机构住院治疗等住院时间较长的住院病例，可组成床日费用结算病种。其他病种视为综合病种。

（三）确定病种分值

1. 根据各病种及基准病种的次均医疗总费用，对照基准病种分值计算各病种分值

（1）各病种分值 =（各病种次均医疗总费用 ÷ 基准病种次均医疗总费用）× 1000。

（2）各病种每床日分值 =（各病种床日平均医疗总费用 ÷ 基准病种次均医疗总费

用）×1000。

2. 费用偏差病例分值确定

（1）当病例医疗总费用在该病种上一年度同级别定点医疗机构次均医疗总费用的 50% 以下或 2 倍以上时，为费用偏差病例。其病种分值计算公式为：

费用在 50% 以下的病例病种分值 = 该病例医疗总费用 ÷ 上一年度同级别定点医疗机构该病种次均医疗总费用 × 该病种分值

费用在 2 倍以上的病例病种分值 = ［（该病例医疗总费用 ÷ 上一年度同级别定点医疗机构该病种次均医疗总费用 - 2）+ 1］× 该病种分值。

（2）床日费用结算病种的费用偏差病例按照前述第（1）点规定，计算有关分值。

（四）综合病种分值确定

综合病种根据上一年度实际情况，参照第（三）点规定，确定分值计算方法和结果。

（五）病种分值表和权重系数确定

市人力资源和社会保障部门组织编制本市按病种分值付费病种分值表和定点医疗机构权重系数（以下简称为"权重系数"），由市人力资源社会保障局征求市卫生和计划生育委员会和市财政局意见后确定。综合考虑定点医疗机构级别、病种结构、功能定位等因素，确定权重系数。病种分值表和权重系数清算年度内不 作调整。次年需调整的，按前述规定执行。当年度为新增定点医疗机构的，权重系数由医保经办机构按同级别同类型定点医疗机构的最低档执行。

五、月度预结算

以各定点医疗机构当月申报的纳入按病种分值付费结算范围病例发生的统筹基金记账金额为基数，由医保经办机构按照

95% 的比例预拨付给各定点医疗机构。

六、年度清算

（一）清算范围

清算年度为每年 1 月 1 日至当年 12 月 31 日，每一病例以费用结算数据和病案首页数据均上传完成时间为准。

（二）各定点医疗机构年度分值和全市病种每分值费用

（1）定点医疗机构年度分值 = ∑〔各病种（床日）分值 × 定点医疗机构年度各病种病例（床日）数 × 权重系数〕+ 定点医疗机构费用偏差病例总分值 × 权重系数 × 当年度病例评审得分占病例评审总分比 + 定点医疗机构综合病种总分值 × 权重系数 × 当年度病例评审得分占病例评审总分比 - 审核扣减分值 × 权重系数。

（2）全市病种每分值费用 = 全市年度按病种分值付费住院医疗总费用总额 ÷ 全市定点医疗机构年度分值总和。

（三）各定点医疗机构年度统筹基金决算支付金额

（1）当年度定点医疗机构住院实际医疗总费用统筹基金支付率 = 当年度纳入按病种分值付费范围参保人员在该定点医疗机构住院发生的实际记账费用总额 ÷ 当年度纳入按病种分值付费范围参保人员在该定点医疗机构住院发生的实际医疗总费用总额。

（2）各定点医疗机构按病种分值付费年度统筹基金预决算支付总额 = 定点医疗机构年度分值 × 全市病种每分值费用 × 当年度定点医疗机构住院实际医疗总费用统筹基金支付率 × 年度考核系数 – 审核扣减金额。年度考核系数确定方法由医保经办机构另行制定。

（3）当年度各定点医疗机构纳入按病种分值付费范围参保人员住院发生的实际记账费用总额在各定点医疗机构按病种分值付费年度统筹基金预决算支付总额80%以下的，各定点医疗机构按病种分值付费年度统筹基金决算支付总额等于纳入按病种分值付费范围参保人住院发生的实际记账费用总额减去审核扣减金额。

在80%～100%之间（含80%和100%）的，各定点医疗机构按病种分值付费年度统筹基金决算支付总额等于各定点医疗机构按病种分值付费年度统筹基金预决算支付总额。

在100%以上的，各定点医疗机构按病种分值付费年度统筹基金决算支付总额 = 各定点医疗机构按病种分值付费年度统筹基金预决算支付总额 + 各定点医疗机构按病种分值付费调节金。各定点医疗机构按病种分值付费调节金按以下规定支付：

当年度各定点医疗机构纳入按病种分值付费范围参保人员住院发生的实际记账费用总额与各定点医疗机构按病种分值付费年度统筹基金预决算支付总额两者之间的差额在各定点医疗机构按病种分值付费年度统筹基金预决算支付总额10%（含10%）以内的部分，由全市年度按病种分值付费调节金支出总额按各定点医疗机构前述差额70%的标准支付相应调节金费用。

两者差额超过各定点医疗机构按病种分值付费年度统筹基金预决算支付总额10%以上的部分，不纳入调节金计算范围。

年度内定点医疗机构因违反医疗保险有关规定受到市社会保险经办机构责令限期整改、暂停服务协议、解除服务协议等处理或因各种原因受到卫生计生部门行政处罚的，不予支付调节金。

当全市各定点医疗机构按病种分值付费调节金累计金额大于全市年度按病种分值付费调节金支出总额时，由全市年度按病种分值付费调节金支出总额根据前述计算结果按比例支付。

（四）各定点医疗机构按病种分值付费年度清算统筹基金支付金额

各定点医疗机构按病种分值付费年度清算统筹基金支付金额 = 各定点医疗机构按病种分值付费年度统筹基金决算支付总额 – 月度预结算金额。

七、就医及监督管理

（1）各定点医疗机构应按规定做好按病种分值付费管理工作，规范诊疗行为，保证医疗服务质量，引导病人合理就医。住院病案首页填写应当真实、及时、规范、完整,准确反映住院期间诊疗信息。疾病诊断编码应当使用 ICD-10(国标版),手术和操作编码应当统一使用(ICD-9-CM-3 广东省版),编码要求见《关于统一和规范全省疾病和手术代码应用的通知》(粤卫办函〔2015〕637 号)。定点医疗机构应按照按病种分值付费数据传输接口标准及时上传数据。

(2)定点医疗机构有分解住院、挂名住院、诊断升级、高套分值或降低入院标准等行为的,当次住院的分值不予计算,并按该分值的 3 倍予以扣减。

(3)医保经办机构定期组织医疗专家对实施按病种分值付费的费用偏差病例和综合病种病例按一定比例抽调,进行集体评审,计算定点医疗机构平均得分。病例评审具体办法和标准由医保经办机构拟定,报市人力资源社会保障行政部门审定后执行。

(4)定点医疗机构纳入按病种分值付费范围住院医疗费用的年度总体自费率分别控制在一级医院 5%、二级医院 10%、三级医院 15%、肿瘤专科医院及精神病专科医院 20% 以内。

(5)医保经办机构应将疾病和手术编码准确率、人次人头比增长率、年度总体自费率以及病人满意度调查等纳入定点医疗机构年度考核范围,年度考核结果应与定点医疗机构分级管理及医保支付制度挂钩。定期将按病种分值付费运行情况向定点医疗机构通报。不断完善相应服务协议,对违反有关规定的定点医疗机构,按医疗保险相关政策规定及服务协议要求进行处理。

本通知自 2018 年 1 月 1 日起实施。《广州市人力资源和社会保障局关于开展社会医疗保险按病种付费工作的通知》(穗人社函〔2017〕238 号)同时废止。

附录四
中山市社会医疗保险住院病种分值库（2018年度）

（请扫二维码获取）

附录五
广州市社会医疗保险住院医疗费用病种分值库
（2018年版）

（请扫二维码获取）